GERHARD SCHÖNE:
ICH BIN EIN GAST AUF ERDEN

Danuta und Matthias Görnandt

GERHARD SCHÖNE: ICH BIN EIN GAST AUF ERDEN

Ansichten, Gespräche, Lieder

Schwarzkopf & Schwarzkopf

I. TEIL

II. TEIL: GESPRÄCHE ÜBER GERHARD SCHÖNE

VORWORT

Gerhard Schöne hat weit über hundert Lieder geschrieben, die man auf Platten und CDs anhören oder in Liederbüchern nachlesen kann. Warum dann noch ein Buch über diesen Liedermacher, der doch schon in den Liedern sein Seelentürchen so weit geöffnet hat, daß man ihn gut zu kennen glaubt?

Es ist wie mit einer Stadt, deren schönste Plätze und Häuser man am Tage besucht hat. Man meint sie zu kennen. Schaut man aber am Abend in den Stadtplan, liest nach über Geschichte, Nutzung und Besitzer der einzelnen Orte, versteht man plötzlich die Stadt noch viel besser.

Denn jedes emotionale Erlebnis wird verstärkt durch die Kenntnisse innerer und äußerer Zusammenhänge, die das Erlebnis erst möglich gemacht haben.

So könnte es auch mit diesem Buch über Gerhard Schöne sein.

Das Wichtigste an Gerhard Schöne sind natürlich seine Lieder. Wir aber beschäftigen uns mit dem Zweitwichtigsten, dem zeitgeschichtlichen, persönlichen und manchmal auch zufälligen Umfeld, in dem diese Lieder geschrieben, in das sie entlassen und in dem sie vielfach gehört wurden. Durch die Aufhellung der Bedingungen, unter denen diese Kunstwerke entstanden, fällt oft auch ein neues Licht, ein neuer Akzent auf die Werke selbst!

Dabei kommt den Erinnerungen von Gerhard Schöne, seinen Freunden und Wegbegleitern eine große Bedeutung zu. Wie in einer Collage haben wir unsere Bemerkungen mit Originaltönen gemixt. So entsteht ein bunter Teppich, der nicht alle Nuancen, aber viele Farbtöne des Gerhard Schöne und seiner Zeit erfaßt.

Im zweiten Teil des Buches kommen Menschen zu Wort, die Gerhard Schönes Lieder und sein Wirken seit vielen Jahren aufmerksam verfolgen, und die, jeder für sich, eine Wertung versuchen. Dabei sind ihre Ergebnisse so unterschiedlich wie ihre eigene Position und Sichtweise auf ihn und das Gefüge, in dem er bislang gelebt und gearbeitet hat. Diese Interviews fordern den Leser zur Wahl auf, welche Karte er für sich ziehen und welcher Hommage er am liebsten folgen will.

Wir danken Gerhard Schöne für seine Offenheit und Auskunftsbereitschaft.

Ohne seine Hilfe wäre ein solches Buch nicht möglich gewesen.

Seinen Wegbegleitern und den Gesprächspartnern, die in diesem Buch zu Wort kommen, gilt unser Dank für ihr Mitdenken und Mittun.

Wir danken auch allen Freunden und Bekannten und besonders unserer Tochter Julia, die uns bei der Arbeit am Buch geholfen haben, sei es durch geduldiges Anhören von Geschichten, durch die Beantwortung von Fragen oder durch die treffgenauen Schenkungen von Geräten oder Fotos. Sie alle waren nötig, um das Puzzle zu vervollständigen.

Der Gerhard-Schöne-Fan wird natürlich noch offene Stellen im Bild entdecken. Er mag sie uns nicht übelnehmen, sondern sein Puzzle-Teil mit Spaß und für sich selbst in das Gesamtbild einsetzen.

Dazu ist Zeit bei der Lektüre dieses Buches, beim Anschauen einer Sternschnuppe oder beim nächsten Gerhard-Schöne-Konzert...

Krams, im Juli 2000 *Danuta und Matthias Görnandt*

1. DAS LEBEN – EIN FEST

Als die Oma mal wieder zu lang auf der Schaukel blieb und der Heizer anläßlich seines Geburtstags im Keller ordentlich Druck auf den Kessel gab, da konnte der F-Tsch-Chqu-&%-Wumm-Apparat sich mit einem gelben Wellensittich heimlich dorthin stehlen, wo nur Sternschnuppen sonst noch verliebt flüstern: Hier könnte Gerhard Schöne entstanden sein. Es brauchte nur noch ein geeigneter Austrittsort ins irdische Leben gefunden zu werden, um die Frucht einer Liebe zwischen Himmel und Erde, Technik und Fantasie in den normalen Alltag zu entlassen. Was lag näher, als diesen Ort nach Sachsen zu verlegen, ins Tal der vermeintlich Ahnungslosen bei Dresden, wo ohne Westfernsehen der DDR-Kaffee »Rondo« und manchmal auch »Jakobs Kaffee« aus dem Westpaket schmeckten. Die Nennung beider Kaffeesorten geschieht bewußt: Gerhard Schöne wuchs in der sächsischen Nußschale untypisch ostdeutsch als Pfarrerssohn auf. Er wurde weder Junger Pionier noch FDJ-ler, er trat keiner Partei bei und wurde doch einer, den man ab 1990 ungestraft als »richtigen Ossi« bezeichnen durfte. Die Weltsicht seines elterlichen Pfarrhauses ankerte nicht an Ost- oder Westküsten, sondern suchte ihren Inhalt in dem Auftrag, den Ort mit Leben und Sinn zu erfüllen, an den einen die Fügung gestellt hatte. So wuchs Gerhard Schöne zwischen Westliteratur und Ostschule, zwischen Christenlehre und Staatsbürgerkundeunterricht auf. Er wurde nicht dazu erzogen, diese Gegensätze zuzuspitzen, sondern dazu angeleitet, mit diesen Widersprüchen versöhnend umzugehen, sie vielleicht auch für sich produktiv zu machen. Die Grundbotschaft lautete: Kompromißbereit sein, sich aber nicht instrumentalisieren lassen! Deshalb schlüpfte Gerhard Schöne in keinen der Schuhe, die von der offiziellen DDR für die offizielle Karriere bereitgestellt wurden, und doch war er in ebendiesem Lande überaus erfolgreich. Er verkaufte mehr Schallplatten als jeder andere Liedermacherkollege und wurde mit Preisen – zuletzt 1989 noch dem Nationalpreis der DDR – geehrt. Dies, obwohl er nach der Annahme des Preises mitgeteilt hatte, daß er das Preisgeld u.a. einer Initiative zukommen lassen würde, die sich mit den Opfern der Demonstrationen auf dem Pekinger Platz des Himmlischen Friedens solidarisierte. Seine Haltung war hier genauso geradlinig, wie die, die hinter seiner Antwort steht, die er 1995 dem Bundespräsidialamt gab. Er war gebeten worden, anläßlich eines Kindesfestes des Bundespräsidenten dort zu singen und sollte vorher seine Liedtexte abgeben. Mit dem Hinweis auf seine diesbezüglichen Erfahrungen in der DDR meldete er zurück, daß er dies nicht tun werde und unter diesen Bedingungen lieber auf den Auftritt verzichten würde. Sein »Angebot« wurde vom Bundespräsidenten so angenommen. Bevor er diese und viele andere Erfahrungen aus zwei Welten gesammelt hatte, lernte Gerhard Schöne im kleinen Coswig bei Dresden ein erstes Stück der Welt kennen.

Wie klein diese Welt damals, in den 50er Jahren der DDR, war, kann man sich heute kaum vorstellen. Gerhard Schönes Eltern konnten nach fast allen Himmelsrichtungen an Grenzen langen, wenn sie die Arme nur einmal ausstreckten. Nicht nur die »Friedensgrenze« nach Polen und der CSSR oder die »Zonengrenze« nach Bayern ist gemeint, auch die Schranken der atheistischen Gründerzeit in der pupertierenden DDR standen gleich vor dem Pfarrhaus. Gerhard Schöne war Mitglied einer Gemeinschaft, deren Reduzierung zur Minderheit staatspolitisches Ziel war. Da lebte also neben den Geschwistern auch dieser Fantasiebalg Gerhard, der von sich selbst erzählt, daß er eigentlich immer mit sich selbst beschäftigt war, von dem aber Freunde der Familie erzählen, er hätte einem penetrant ein Loch in den Bauch gefragt und geredet. Weite und Freiheit konnten in dieser Lebenssituation nicht durch Weltreisen, Fernsehen oder Auslandsstudien erworben werden. Das gab es alles nicht.

Im Westen Deutschlands bahnte sich das Wirtschaftswunder an. Durch emsige Betriebsamkeit, Fleiß und ein effektives Wirtschaftsmanagment beflügelt, flogen die Türen zur Welt für die Nachkriegsgenerationen bald weit auf.

Im Osten existierte die gleiche Emsigkeit und der Wille, »aus den Ruinen aufzuerstehen«. Ein reglementierendes Staatssystem, eine ängstlich gehütete Ideologie und die Abhängigkeit von dem großen Bruder Sowjetunion vereitelten jedoch eine dynamische Entwicklung von Wirtschaft und Gesellschaft Ostdeutschlands. Die Energien der Menschen, die dort wohnten, mußten sich zwangsläufig an den aufgebauten widernatürlichen Barrieren abreiben. Neben denen, die sich in den Verhältnissen einrichteten, suchten einige die Lösung dieses Konfliktes in der Flucht nach außen oder in der Flucht nach innen. Andere versuchten Freiheit und Weite im Kopf zu gewinnen und mit den einfachsten Zutaten zu verwirklichen. Wichtigste Bedingung: Nicht groß auftrumpfen, sondern klein beginnen.

Gerhard Schöne scheint ein Grundmuster seiner Kinheit, nämlich die Demut vor den Dingen und den Ratschlägen des Schicksals, unbeschadet mit in sein Erwachsensein und sein künstlerisches Werk hinübergenommen zu haben. Es ist das angeborene, vielleicht auch anerzogene Vertrauen, daß immer jemand da ist, den man nach dem Weg fragen kann. Und in einer Sackgasse kehrt man eben einfach um, ohne sich lange damit aufzuhalten, an Wände zu trommeln.

»Wo geht's 'n hier lang?« – darf man in Sachsen jeden fragen, und der fragt dann brav zurück: »Wo willst'n hin?« So ist das mit gemütvollen Menschen. Sie bewegen sich mit dem Ziel, zu überlegen, wohin sie denn wollen.

Auch Gerhard Schöne rennt in seinem Leben nicht auf Ziele blindlings und stracks zu, aber er denkt ununterbrochen über sein Ziel nach. Ob Schule, Abendstudium, Bausoldatenzeit, Jahre des Erfolgs, große Gefühle oder große Trennung: Das Ziel scheint, obwohl es oft erreicht wurde, immer als eine Fata Morgana vor ihm herzutanzen. Er ist nicht fertig, dieser Gerhard Schöne mit seinen über zwanzig Schallplatten, CDs, Videos und Liederbüchern. Er wird nicht fertig mit dem Schreiben von Briefen und Autogrammen für seine Fans, aber er wird auch noch nicht fertig mit sich – welch ein Glück.

Diese Feststellung mag auf den ersten Blick verwundern, denn sein Liederwerk gilt als eine gesicherte Position in der Liederszene der DDR und darüber hinaus. Eine Unzahl von Liedern und Kinderliedern von Gerhard Schöne sind »Klassiker« geworden. Was ist daran nicht fertig?

Um diese Frage zu beantworten, muß man sich in die Psyche eines Menschen versetzen, dessen fester Glaube es ist, daß der Sinn seines Lebens nicht im Erreichen eines Zieles, sondern im Beschreiten eines Weges liegt. Die Gelassenheit nämlich, mit der ein solcher Mensch durchs Leben geht, rührt nicht von einem besonders ausgeprägten Phlegma her, sondern von dem Wissen, daß alles ein Weg ist, also ein Ziel gar nicht verpasst werden kann. Streberhafter Karrierismus ist ihm fern. Er muß nicht schuften, betteln oder Intrigen spinnen, um das zu erreichen, was ihn allein glücklich macht: sein Ziel.

Nein, er wandert glücklich seines Weges und ist erstaunt darüber, oft an lohnenswerten Stellen vorbeizukommen.

Ein solcher Mensch scheint Gerhard Schöne zu sein. Er wirkt nie bemüht und kommt dennoch voran. Er thront nicht über seinem Publikum, er rennt seinem Publikum nicht hinterher, sondern er bleibt auf gleicher Augenhöhe mit ihm. Er hat auch keine Eile – und deshalb läuft er auch keinem zu schnell vornweg. Sehr viele Menschen können ihm im besten Sinne des Wortes »gut folgen«. Sie verstehen seine Gedanken, seine Wünsche und Mahnungen, weil sie etwas Ähnliches gerade auch denken könnten. So kommt es, daß das Publikum in Gerhard Schönes Konzerten zur Publikumsgemeinde wird. Man tut etwas miteinander, ohne daß es formale, religiöse oder ideologische Vorschriften gibt. Der Vorwurf, daß der Liedermacher in dieser Verabredung zum Missionar wird, liegt nahe, kann jedoch entkräftet werden.

Ein Missionar hat immer eine fertige Botschaft. Er weiß, was er zu sagen hat und wozu er seine Gemeinde bekehren will.

Gerhard Schöne dagegen nimmt das Publikum ein Stück auf seinen Weg mit. Hier wird die schon beschriebene »Unfertigkeit« seiner Lieder kreativ. Sie fragen, fabulieren, wünschen und sind unterwegs. Die Mission lautet: Laßt uns überlegen, wohin wir wirklich wollen!

Gerhard Schöne wird in diesem Buch nicht unerhebliches Lob erfahren. Er hat dieses Lob verdient, vielleicht nicht immer für die Perfektion seines Vortrags, die Geschliffenheit seiner Texte, die Genialität seiner Kompositionen, den Mut vor dem Feinde...

Nein, da sind überall Zwischenbilanzen zu ziehen oder es ist manchmal auch ein liebevoller Tritt nötig. Lob gebührt ihm dafür, daß sein Unterwegssein so intensiv und doch so nah an seinem Publikum ist, wie es den Autoren für keinen vergleichbaren Künstler bekannt ist. »Charisma« kann man diese Eigenschaft nennen, die Leute in der hintersten Ecke eines Konzertsaales erreicht. Unzulänglichkeiten führen da nicht zu Ärger, sondern zu zusätzlicher Sympathie. »Gerhard, deine Hose steht offen«, ruft ein Fan vor der dritten Zugabe eines großen Konzertes. Gerhard Schöne antwortet: »Es ist schön, wenn man gute Freunde im Saal hat, die einem alles sagen...«

Ach, sind die alle lieb! Aber es denke keiner, lieb sein wäre so einfach. Gerhard Schöne arbeitet an dieser Sehnsucht, immer Harmonie haben zu wollen. Warum nur, so scheint er in allen Liedern zu fragen, gibt es immer wieder Ecken und Kanten, an denen ich mir und der Rest der Welt ebenfalls sich blaue Flecke holen? Du kannst doch glücklich sein, ich kann es auch. Warum nicht immer? Warum nicht länger? Und dann ist er auch

Mit Musikern von »L'art de passage« und Gästen im Garten seines Hauses

mit einem Augenblick Seligkeit zufrieden. Seifenblasen und sekundenkurze Feuerfontänen aus seinem Mund werden nicht ohne Grund Symbol für ihn. Er ruft seinem Publikum zu: Kommt, wir machen uns ein Fest!

Es werden alle Wünsche und geheimen Gedanken zelebriert, die eigentlich jeder hat. Die meisten schämen sich nur, vor den Hochglanzillustrierten oder der Breitwandshow sitzend zuzugeben, daß auch sie gern mit der Seele baumeln und dabei an Kerzen herumkokeln. Gerhard Schöne ist ein sehr normaler Mensch. Unnormal und damit besonders macht ihn, daß er sich traut es zuzugeben!

Seine Lieder konnten aus zwei Gründen besonders unter den Bedingungen der DDR der 60er, 70er und 80er Jahre entstehen: Zum einen war seine moralische Ausstattung so in der Mitte dieser Gesellschaft, daß sich oft eine heute nicht vorzustellende Übereinstimmung mit seinem Publikum ergab. Sein Potential an Kompromissbereitschaft, Mut, Lust auf Freiheit, Ängstlichkeit, Anpassungsbedürfnis und dickköpfiger Standhaftigkeit war ähnlich wie bei einem nicht unerheblich großen Teil der DDR-Bevölkerung. Dieser Teil erstreckte sich durch alle gesellschaftlichen Kreise und dort bildete sich seine Gemeinde.

Zum anderen war die offizielle Kultur- und Kunstpolitik der DDR nicht in der Lage, die Freiheit der Kunst zu gewähren. So kam es zu skandalösen Einengungen, die in der Ausbürgerung von Wolf Biermann einen tragischen Höhepunkt erfuhren. Im Schatten dieser ideologischen Kämpfe konnten jedoch andere künstlerische Leistungen, so auch die Lieder von Gerhard Schöne, zu höchster Verbreitung und Akzeptanz finden. Denn seine aufrichtigen, aber sanften Lieder lösten im Kontrollsystem nicht die Stoplampen aus, die bei Biermann ständig aufleuchteten, obwohl auch sie in bestimmter Weise Stimme einer Gegenkultur und einer Gegenöffentlichkeit waren. Nicht nur, aber auch aufgrund dieser Tatsache ist die staatlich tolerierte und bald auch geförderte Karriere des Pazifisten und Christen Gerhard Schöne in der DDR zu verstehen. Ob eine bewußte Strategie der Kulturpolitik der DDR hinter dieser Karriere stand, war für die Autoren eine spannende Frage, die es in diesem Buch zu beantworten galt. Der Blitzstart Gerhard Schönes, der ihm zwischen 1979 und 1981 gelang, ist in jedem Falle untypisch für das träge Entwicklungstempo in der DDR. Gerade von den Bausoldaten entlassen, plaziert er sich in den Medien und als ersten krönenden Höhepunkt mit seiner viel verkauften und beachteten Schallplattenproduktion »Spar deinen Wein nicht auf für morgen«. Wußten die Funktionäre über Herkunft, Inhalte und Standpunkte des Gerhard Schöne wirklich Bescheid? Gab es eine »von oben« sanktionierte Strategie, ihn als »wichtigen humanistischen Bündnispartner« einzubinden? Oder geschah alles kraft der Intensität seiner

Lieder und der sie tragenden Persönlichkeit, unterstützt durch ein paar glückliche Zufälle? Das Publikum des Gerhard Schöne wuchs jedenfalls seit Anfang der 80er Jahre Tag für Tag, weil er durch Großkonzerte, Rundfunk, Fernsehen und Tonträger einen weiten Verbreitungsgrad erreichte, der sich sogar über die Grenze hinaus in die Bundesrepublik erweiterte. Heute ist er auch dort angekommen.

Dieses Buch will nicht den Satz vieler wissenschaftlicher Publikationen voranstellen, der da ungefähr lautet, daß sich die Autoren um größtmöglichste Vollständigkeit in der Darstellung ihres Gegenstandes bemüht haben ...

Solch langweiliger Objektivitätskult ist hier nicht gemeint und angestrebt – eher das Gegenteil. In der erzählten Anekdote, im Aufspüren von beispielhaften Situationen leuchtet viel häufiger ein Stück Authentizität auf als in der tot recherchierten Auflistung. Insofern ist mit diesem Buch über Gerhard Schöne immer auch die Zeit gemeint, in der er sich bewegte und bewegt. »Größtmögliche« Unvollständigkeit ist deshalb zwar nicht angestrebt, aber Unvollständigkeit in der Beachtung und Bewertung von Einzelphänomenen ist mit diesem Buch sehr wohl beabsichtigt. Das hier Beschriebene ist ein Teil des Lebens von Gerhard Schöne, es hebt hier hervor und vernachlässigt da. Das eine Lied findet Erwähnung, das andere nicht. Dies geschieht nicht im Sinne einer Wertung, sondern um ein Bild zu malen, das eine Impression bildet von einem Stück Leben in einem Stück DDR. Und es verfolgt diesen Liedermacher in die neue Welt des vereinigten Deutschlands der neunziger Jahre, weil er und sein Publikum auch dort beieinander und zugleich anders geworden sind.

Die Autoren kennen Gerhard Schöne aus langjährigen, professionellen und privaten Kontakten. So ergab sich eine Zusammenarbeit, die Hintergründe erschloß, die in diesem Buch nichts zu suchen haben, deren Kenntnis aber zum Gelingen wesentlich beitrugen. Danuta Görnandt beobachtete seit den 80er Jahren Gerhard Schöne als Musikjournalistin von Jugendradio DT64, führte viele Interviews und Gespräche mit ihm und begleitete auch nach 1990 viele seiner Neuproduktionen und Projekte medienseitig als Redakteurin und Moderatorin der Sendung »LiederSprüche« (erst Radio Brandenburg, dann *radio kultur). Matthias Görnandt arbeitete mit Gerhard Schöne in vielen Programmen als Liedermacherkollege (Circus Lila) und als Regisseur (Liedercircus u.ä.) zusammen. Die Väter kannten sich, der Ziehvater Joachim Schöne arbeitet mit Walter Görnandt in der kirchlichen Spielarbeit eng zusammen. Die Alten sprachen manchmal von ihren »künstlerischen« Jungs und meinten dann Gerhard Schöne und Matthias Görnandt. Dies alles bildete ein Ursprungsland, aus dem eine gute Zusammenarbeit für dieses Buch entstehen konnte.

Zu Ende ist die Geschichte des Gerhard Schöne also noch lange nicht. Es gibt nur einen Zwischenbericht. Der aber, da sind sich die Autoren sicher, weist auf eines in aller Bescheidenheit, aber mit dem gehörigen Nachdruck hin: Das Leben **könnte** nicht nur eigentlich ein Fest sein, wie es Gerhard Schöne in einem Text für das Programm »Die sieben Gaben« 1992 formulierte. Mit Gerhard Schöne und seinen Lieder **ist** das Leben oft ein Fest!

2.

»SAG MIR, WAS IST DEINE WELT« –

KINDHEIT UND JUGEND IN COSWIG

Enge Jeans, enger, quergestreifter Pulli, lange Haare und tief herabgezogene Koteletten – so trat Gerhard Schöne Ende der 60er Jahre mit seiner Gitarre, auf der ein Jesus-Aufkleber prangte, vor sein Kirchenpublikum. »Sag mir, was ist deine Welt« ist der Titel eines seiner ersten und in Kirchenkreisen sehr bekannten Lieder. Es ist der Ruf einer Generation nach dem Sinn des Lebens, nach der Vernunft der Menschen.

Sag mir, was ist deine Welt
Sag mir, was du so treibst
Was du magst, wo du bleibst.

Gerhard Schöne hatte knapp 15jährig diesen Text 1966/67 auf die Melodie des Liedes von Drafi Deutscher »Sag mir, wieviel Farben hat die Welt« gedichtet. Und während Drafi Deutscher weiterfabulierte, ob diese Welt blau, grün oder gelb sei, fragte Gerhard Schöne nach Alternativen zu Auspuffgasen, billigen Schlagern und dem Bierchen an der Ecke. Ein anderer junger Mensch in der DDR, Hartmut König, damals 19jähriger angehender Journalistikstudent, Hauptautor und erster Frontmann der in dieser Zeit entstehenden Singebewegung der FDJ kam im gleichen Jahr an der Weltfrage auch nicht vorbei: »Sag mir, wo du stehst und welchen Weg du gehst«, schrieb und sang er in dem ersten wirklich populären Lied dieser Bewegung.

Doch während sich Hartmut König auf den parteipolitischen Weg macht, indem er einen marxistischen Standpunkt zur Beurteilung dieser Welt einfordert, den Klassenstandpunkt, von dem aus Gut und Böse, richtig und falsch mit Hilfe einer Welttheorie eindeutig bestimmbar ist, begibt sich Gerhard Schöne fragend, suchend und sehr nachdenklich auf die Reise in eine widersprüchliche Welt.

Was bleibt am Tag, an dem alles zerfällt?
Sag, ist das alles, ist das die ganze Welt?

So fragt er in den letzten Zeilen seines Liedes. Bei aller Wackeligkeit und Unfertigkeit dieses kleinen Jugendliedes wird hier schon eine Tendenz klar: Gerhard Schöne ist kein Mann der fertigen Antworten, er ist ein Mann der Fragen. Er meidet die Konfrontation und sucht den Ausgleich. Er sucht seinen Weg, indem er versucht, andere zu begreifen.

Die Lebensgeschichte von Gerhard Schöne ist geeignet, Beispielgeschichte für ein Leben im Osten Deutschlands zu sein, das weder in der parteilichen Unterwerfung unter eine vermeintlich höhere Idee noch in der widerständischen Absolutheit der (später so genannten) Dissidenten aufging. Vielmehr geht es um ein Leben, das stetig und mit liebender Hingabe den Weg des Ausgleichs, den Weg der Verständigung und des Zuhörens suchte. Denn auch das war möglich in 40 Jahren DDR, die aus unterschiedlichen Gründen heute oft als eine schwarz-weiße Gesellschaft beschrieben und erinnert wird: ein Leben dazwischen, vielfarbig, ausprobierend. Das alles lag noch weit vor Gerhard Schöne, als er 1952 in Dresden geboren wurde. Sein Ankunftsbahnhof im irdischen Leben waren das Pfarrhaus und die Familie in Coswig bei Dresden. Dort saß er am Tisch, an dem der Vater die Losung las und das Tischgebet sprach. Man bedenke: 1952 war die DDR drei Jahre alt. Die neue Welt sollte gestaltet werden, eine Alternative nach Faschismus und Krieg. Das weltweite Kapital und der Imperialismus waren als Feinde ausgemacht. Christ sein und an Gott glauben war da altmodisch und galt als geschichtlich zurückgeblieben. Wo doch längst wissenschaftlich bewiesen war, daß es Gott gar nicht geben konnte. 1961 berichtete Juri Gagarin, als er als erster Mensch von seinem Flug ins Weltall zurückkehrte, Gott habe er dort nicht gesehen...

Pfarrer hatten es in dieser Zeit nicht leicht. So mußte sich innerhalb des Pfarrhauses zwangsläufig ein Biotop bilden, in dem man sich ein Klima zum Überleben schuf. Pfarrern ging es in diesen 50er Jahren der DDR aber auch nicht schlecht. Sie stellten in einer politisch sehr dogmatischen Welt eine Alternative dar, der sich besonders junge Menschen zuwandten. Sie boten Formen des Umgangs miteinander an, die die Gesellschaft anderswo nicht vorhielt. Sie konnten Weichen stellen für den differenzierten, den vielfarbigen Umgang mit dem gesellschaftlichen Umfeld – nicht mit der Absicht, das bestehende System zu provozieren, sondern die Lebensräume im System human auszufüllen. Hier also, im geschützten Hafen mit vielen kleinen Öffnungen zum rauhen Meer, legte Gerhard Schöne an. Und irgendetwas steckte in diesen Kindern aus den evangelischen Pfarrhäusern, das sie so sanftmütig und kommunikativ machte. Geboren wurden sie wie Gerhard Schöne in den 50er Jahren in der DDR, aber natürlich wurden nicht lauter Gerhard Schönes aus ihnen. Aber eine gewisse Mitgift haben viele von ihnen. Väter

Mit seinem Vater Johannes Schöne, ca. 1956

und Mütter haben in diese Kinder Strukturen eingewoben, die sie auch jenseits ihres eigenen Willens beeinflussten.

Familie Schöne war, was man eine »kinderreiche« Familie nannte: Zunächst kamen im Abstand von zwei Jahren zwei Mädchen zur Welt, dann der erste Junge, nach eineinhalb Jahren der nächste. Nach einer größeren Pause von drei Jahren wurde Gerhard geboren, ein Jahr später noch einmal ein Mädchen. Das jüngste Kind der Familie war von Geburt an körperbehindert und verbrachte einen Großteil seiner Kindheit und Jugend in verschiedenen Heilstätten und Sonderschulen. So wuchs Gerhard in der Rolle des jüngsten von fünf Geschwistern auf. Die beiden älteren Schwestern verließen schon mit 14 oder 15 Jahren das Elternhaus. Sie lernten in einer kirchlichen Ausbildungsstätte in Radebeul »lebenspraktische« Dinge und begannen später eine Berufsausbildung. So hatte Gerhard in der Kindheit mehrheitlich mit den beiden größeren Brüdern zu tun, die aber, weil so kurz hintereinander geboren, sehr viel miteinander spielten und Unfug trieben und somit ein Paar für sich waren. Vielleicht auch hielten sie den jüngeren Gerhard für das Hätschelkind der Familie, der folglich viel allein spielte und sich selbst beschäftigte. Gerhards Sympathie und Bewunderung aber galt immer seinem nächstälteren Bruder. Er war der Unangepasste der Familie, galt als ein bißchen verrückt und wurde Gerhard schon bald von der Lehrerin als schlimmes Beispiel vorgehalten. »Willst du etwa in die Fußstapfen deines Bruders treten?« Er war einer der ersten, der lange Haare trug, und zwar richtig lange Haare, wie der nächtsältere Bruder dann auch. Er lehnte den Wehrdienst ab und ging zu den Bausoldaten. Später wurde er Grobschmied in Lobetal, danach hat er sich zum Kunstschmied weitergebildet. Gerhard bewunderte sehr bald, wie der ältere Bruder selbständig Leuchter und andere kunsthandwerkliche Gegenstände zeichnen, entwerfen und dann schmieden konnte. So spielte später sicher auch ein Stück Nachahmung des älteren Bruders eine Rolle, als Gerhard sich selbst für einen ähnlichen Lehrberuf entschied.

Joachim Schöne, ein in der sächsischen Landeskirche und darüber

Im Sandkasten in Coswig, ca. 1954

hinaus tätiger und für seine Förderung künstlerischer Talente bekannter Pfarrer war damals ein Freund des Hauses Schöne. Er arbeitete später viel mit Gerhard Schöne zusammen und die Namensgleichheit, die nicht verwandtschaftlich begründet ist, gab oft Anlaß zur Verwunderung. Dieser mit Gerhard Schöne im Geiste verwandte Freund des Hauses erinnert sich:

Joachim Schöne: *Ich kann sagen, von heute aus gesehen, denn damals habe ich darüber nicht reflektiert, es wohl aber empfunden: Gerhard Schönes Mutter war die die ganze Familie beherrschende und prägende Person. Der Vater, der damals schon gute Bücher geschrieben und eine interessante Gemeindearbeit gemacht hat, aber auch kulturell mit verschiedenen Angeboten aufwartete, die über seine kirchliche Arbeit weit hinausgingen, dieser Vater hatte also mit den Kindern wenig Kontakt, er war in einer anderen Welt. Die Mutter hingegen hatte diesen Kontakt sehr wohl. Sie hat die Kinder, solange sie Kinder waren, ganz bestimmt und streng in die Organisation der Familie und des Tages einbezogen. Da hatte jeder seine Pflicht. Johannes Schöne, der Vater, hat ein kleines Kinderbuch geschrieben: »Mutters Helfer«. Das kann man als sehr authentisches Beispiel für den Alltag der Familie nehmen.Gerhard war in dieser Zeit also auch als Helfer eingeteilt, er war fürs Einholen zuständig. Die Organisation war wichtig. Die Geselligkeit in der Familie Schöne hingegen bestand in den geistigen Dingen. Da waren zwar Laternen, da waren zwar Teelichter auf dem Goldfischteich, aber was Jungen in so einem Alter von 6 bis 14 so wollten, das gab es eher nicht. Ich habe nie erlebt, daß bei Schönes mal ein Spiel miteinander gespielt wurde. Das gab es nicht, das interessierte nicht. Das lehnte man ab. Außerdem sollten die Jungen und die Mädchen so früh wie möglich selbständig werden. Eine Leistung in der Schule wurde zwar getadelt, wenn sie schlecht war, aber das war nicht eigentlich der Maßstab.*

Gerhard war immer das »Männel«. Er wurde als jüngster Bruder gehätschelt. Darum mochten ihn die Geschwister auch nicht so sehr. Ich selbst habe ihn zunächst auch gar

Mit seinen Brüdern, ca. 1958

nicht leiden können. »Männel« hinten, »Männel« vorne, das paßte mir erst überhaupt nicht.

Ich selbst kam in die Familie, als Gerhard Grundschüler war. Für mich war dieses Haus etwas wirklich Ungewöhnliches, denn ich stamme aus einem Arbeitermilieu. Auf einmal kam ich in eine wunderbare Atmosphäre: Zimmer mit bemalten Möbeln, Blaudruckgardinen, Geschirr aus Keramik – das alles hat mich sehr fasziniert. Die ganze Art, wie man dort lebte, wie man musizierte, das sprach mich sehr an, trotz der gewissen Strenge und Reserviertheit, die im Haus auch herrschte.

Als Gerhard so ungefähr zwölf Jahre alt war, ist er zu mir gekommen und hat gesagt: »Onkel Joachim, ich hab zwei Lieder gemacht, willst du sie dir mal anhören?« Und dann spielte er mir seine ersten beiden Songs vor: »Kitsch in Rathen« und noch ein anderes, die er damals schon in einem Talente-Wettbewerb vorgestellt hatte. Ich merkte gleich: Der Junge kann was. Da haben wir also gemeinsam einige Lieder gemacht. Seine Mutter konnte das zum Anfang weniger leiden. Er brachte also Textentwürfe, die oft noch furchtbar holprig waren, und ich habe ihn bei der Textgestaltung beraten. Er hat ja damals bekannte Melodien verwendet. Zum Beispiel von Drafi Deutscher das Lied »Weine nicht, wenn der Regen fällt« wurde bei ihm benutzt als Melodie für »Weine nicht, wenn der Papa sagt: Ins Bett, ins Bett«.

Gerhard hatte eine kleine Klampfe, und in der Wohnung störten wir da nur. So setzten wir uns im Haus auf die Treppe. Dann rief die Mutter von unten: »Gerhard, du mußt jetzt erst mal Käse einkaufen.« Als sich das Talent bei Gerhard sichtbar machte, hat es nicht lange gedauert, und die Mutter hat ihm auch den Freiraum gegeben, den Gerhard brauchte. Ich war also richtig in die Familie integriert, wir mochten uns damals sehr, und das hält bis heute. Aber Gerhard ist doch bald mein Favorit geworden, weil ich merkte, was in dem Burschen steckt.

Gerhard Schöne erinnert sich dieser Anfänge in Coswig ebenfalls sehr lebhaft. Zu seinen ersten Liedchen war er von zwei Seiten angeregt und gefördert worden. Von der kirchlichen Seite kam ihm zugute, daß solch unangepaßte und fantasievolle Pastoren wie Joachim Schöne mit Kabarett und Musik stark säkularisierte Kunstformen in die Kirche holten. Da entdeckte er die Faszination von Bühne und Scheinwerferlicht. Und von der schulischen Seite wurde er zielgenau von der kulturpolitisch geförderten Suche nach jungen Talenten aufgefangen. Ähnlich wie beim Sport betrieb ja die DDR eine mehr oder weniger systematische Talentesuche und Talenteentwicklung. Jede Schule mußte, wenn irgend möglich, daran teilnehmen. Und wenn man dazu noch ein Talent unter den Schülern fand, das Hoffnung auf gutes Abschneiden machte, war es für die Schule besonders ehrenvoll.

Gerhard Schöne: *Meine allerersten Lieder entstanden wirklich schon in der Kindheit. Dieser Joachim Schöne, ein Pfarrer aus unserer Gegend, der oft mit meinem Vater, der Johannes Schöne heißt, verwechselt wurde, traf sich 1957 einmal mit meinem Vater. Die beiden wollten sich, auch wegen der ewigen Verwechslungen, endlich einmal kennenlernen. Joachim Schöne hatte ein kleines »Kirchenkabarett«, und er brachte es zu einer Aufführung zu uns mit. Ich war damals begeistert. Die Kabarettisten von Joachim Schöne sangen mit Hilfe einer alten Spieldose neue Texte. Sobald ich also Zeit hatte, setzte ich mich an meine Mandoline und versuchte, etwas Ähnliches zustande zu bringen. Es entstand damals zum Beispiel auf die Melodie von Drafi Deutschers »Weine nicht, wenn der Regen fällt« eines meiner ersten Lieder mit dem Text: »Weine nicht, wenn der Vater sagt: ins Bett, ins Bett«. In diesem Lied werden die Wut und der Kummer eines 12jährigen beschrieben, der immer, wenn es am schönsten wird, ins Bett gehen muß. »Kitsch in Rathen« und ähnliche Schmunzelstückchen habe ich ausgesucht und zusammengebastelt mit dem Ziel, auf einer Faschingsveranstaltung damit aufzutreten. Das tat ich dann auch und zwar mit großem Erfolg. Die Lieder kamen sehr gut an. Am letzten Schultag vor den Ferien, als sich die Klasse wie üblich von der Lehrerin noch was wünschen durfte, schlugen die Mitschüler vor, ich sollte doch noch mal meine Lieder vorsingen. Die hätten allen so gut gefallen. Ich durfte extra schnell nach Hause gehen, um meine Mandoline zu holen und sang also noch mal. Wenn man so will, waren das meine ersten Auftritte und meine »Entdeckung«. Die Lehrerin befand nämlich nun, sie müßte mich zu einem Ausscheid junger Talente delegieren.*

In Meißen war dann dieser Talentewettbewerb und dort war auch mein erster großer Auftritt. Vor allem traten ja dort Kinder auf, die klassische Musik spielten, Klavier, Blockflöte, Akkordeon usw. oder die Gedichte rezitierten. Im Publikum saßen nicht nur Erwachsene, sondern auch viele andere Kinder, die sich bei diesem Repertoire naturgemäß ziemlich langweilten. Es gehörte also keine besonders große Kunstfertigkeit dazu, daß ich mit meinen Schlagermelodien und den witzigen Texten Höhepunkt und Publikumsrenner der Veranstaltung wurde. Quasi »berauscht« vom Beifall taumelte ich nach Hause und dachte mir: Das ist es! Das ist toll! Das mach ich weiter!

Das Haus der Pioniere in Meißen schreibt ihm am 21.12.1965:

Lieber Gerhard, ... durch Deinen vorbildlichen Auftritt trugst Du wesentlich dazu bei, daß diese Veranstaltung zu einem vollen Erfolg wurde. Für Frieden und Sozialismus – Seid bereit!

Der eigentliche Mentor und Förderer in den Anfangsjahren aber sollte Joachim Schöne mit dem Tonbandstudio der Landeskirche Sachsen und seinen Auftrittsmöglichkeiten später in den 70er Jahren werden. Vorerst mußte Gerhard Schöne noch die Pflichten im elterlichen Hause erfüllen und sich langsam und auf verschlungenen Wegen seine eigene Identität suchen.

Während in vielen Pfarrfamilien der DDR nicht selten Benachteiligungen durch das bestehende Bildungssystem erlebt wurden, weil z.B. aus politischen Gründen der Zugang zur Erweiterten Oberschule und damit zum Abitur erschwert oder verwehrt wurde, blieb in der Familie Schöne dieses Konfliktfeld mit dem Staat weitestgehend ausgeklammert. Der Grund dafür war eher einfach und pragmatisch und gar nicht im diplomatisch-listigen Bereich zu suchen. Die Berufs- und Lebensplanungen der Schöne-Kinder waren nicht auf »höhere Bildung« ausgerichtet. Man verließ die Schule ebenso zeitig wie das Elternhaus und erlernte einen »handfesten« Beruf. Da waren Gerhard und sein älterer Bruder schon diejenigen, die am längsten durchhielten und die 10. Klasse abschlossen. Mit spätestens 16 Jahren »aus dem Haus« zu gehen und sich selbst zu organisieren, habe ihm schon damals sehr gefallen und sei ihm ja wohl auch nicht schlecht bekommen, bekennt Gerhard Schöne viele Jahre später. Auch, daß dies ganz bewußt das Konzept der Eltern gewesen sei und er froh war, als die Reihe an ihn kam, nach Leipzig zu ziehen, um die Lehre zu beginnen.

Wäre da noch das andere Klischee der musisch interessierten, Hausmusik treibenden Familie, die für den späteren Musiker und Dichter Gerhard Schöne die ersten Anregungen geben konnte. Vater Schöne spielte Flöte, die Mutter Spinett. Beide hatten den Wunsch, Kultur nicht nur ins Pfarrhaus, auch in die Stadt zu tragen. So kümmerten sie sich z.B. darum, die ältere und vom Verfall bedrohte Kirche in Coswig mit kulturellen Veranstaltungen am Leben zu halten. »Singen und Sagen« hieß eine solche Veranstaltung, die auch Leute anlocken sollte, denen die Kirche sonst fremd war, die aber gern ein kleines Konzert oder einen Gedichtvortrag hören wollten. Im Sommer lud man ebenso zu Konzerten in den Pfarrgarten. Um den Goldfischteich wurden Kerzen gestellt, Lampions entzündet und für die Gäste Bowle gereicht. Die Kinder waren mit dabei, obwohl sie sich nicht durchweg wohlfühlten in dieser Öffentlichkeit.

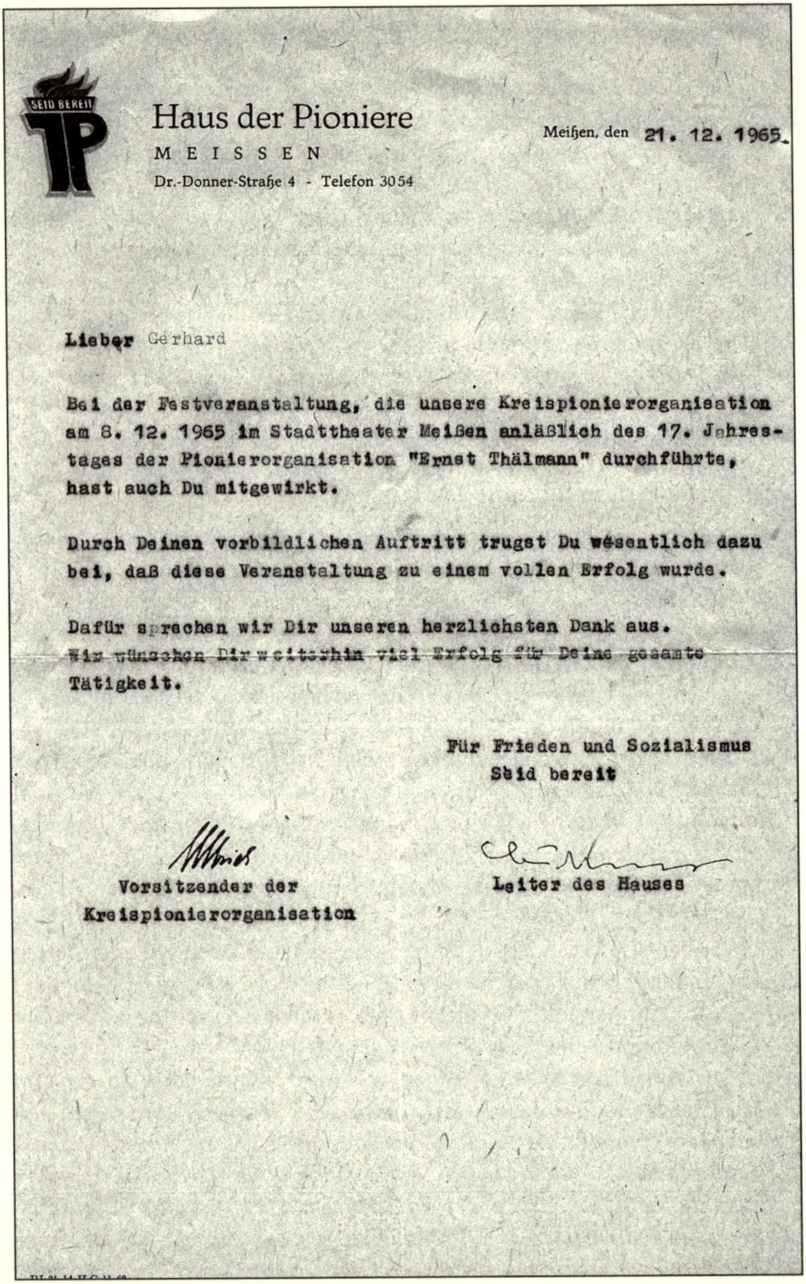

Haus der Pioniere
MEISSEN
Dr.-Donner-Straße 4 - Telefon 3054

Meißen, den 21. 12. 1965

Lieber Gerhard

Bei der Festveranstaltung, die unsere Kreispionierorganisation am 8. 12. 1965 im Stadttheater Meißen anläßlich des 17. Jahrestages der Pionierorganisation "Ernst Thälmann" durchführte, hast auch Du mitgewirkt.

Durch Deinen vorbildlichen Auftritt trugst Du wesentlich dazu bei, daß diese Veranstaltung zu einem vollen Erfolg wurde.

Dafür sprechen wir Dir unseren herzlichsten Dank aus.
Wir wünschen Dir weiterhin viel Erfolg für Deine gesamte Tätigkeit.

Für Frieden und Sozialismus
Sbid bereit

Vorsitzender der Kreispionierorganisation

Leiter des Hauses

Dankschreiben der Pionierorganisation für seine erfolgreiche Teilnahme als junges Talent an der Festveranstaltung zum Pioniergeburtstag 1965

Gerhard Schöne: *Wir Kinder wußten oft nicht, wie man sich bei so etwas benimmt. Und dann war es auch den Eltern peinlich, wenn die eigenen Kinder in die Konzertsätze hineinklatschten. Ich glaube, besonders meine Mutter wünschte sich damals, daß auch wir mehr Sinn für Hausmusik und Kultur aufgebracht hätten. Aber wir waren eben nicht so. Die beiden älteren Brüder gingen zwar in den Posaunenchor und bliesen recht und schlecht in ihr Horn, meine beiden älteren Schwestern traktierten höchstens die Blockflöte, und ich fing an, Gitarre zu schrammeln und Schlager nachzuspielen. Leider war das alles nicht in dem Rahmen, den sich meine Mutter erträumt hatte und wie es die andere Pfarrersfamilie in Coswig so ideal vorlebte. Dort waren alle ganz fantastische Musiker und sehr gute Schüler, und wir waren eher schlechte Schüler, eben keine Vorzeigekinder.*

Trotz des Anspruchs an sich selbst blieben die Eltern aber tolerant. Auch in anderen Fragen ließen sie die Kinder »laufen«, selbst als es wegen der langen Haare der Söhne im Kirchenvorstand zu unangenehmen Fragen und Bemerkungen kam.

Gerhard Schöne: *Natürlich war das meinen Eltern lästig und wahrscheinlich hätten sie ein adrettes Aussehen auch angenehmer gefunden. Aber am Ende haben sie keinem von uns wirklich reingeredet, ob es um Freund oder Freundin ging oder die Entscheidung für den Berufsweg betraf oder eben die Haarlänge. Und nie kam von meinem Vater der Wunsch, daß doch wenigstens einer von uns in seine Fußstapfen treten sollte, wie man das oft aus anderen Pfarrersfamilien hört. Sie akzeptierten und liebten uns so, daß sie das Idealbild der musischen und wohlerzogenen Kinder eben nicht über diese Liebe stellten und uns so nahmen, wie wir nun einmal waren.*

Sechs Kinder und davon drei Jungen – da dürfte an Streichen und Rangeleien eigentlich nie Mangel gewesen sein, womöglich auch in dem Bereich, in dem der Vater als Respektsperson gelten konnte: als Pfarrer in der Kirche und bei der Predigt.

Gerhard Schöne: *Wir waren auch da manchmal richtige Rowdys. Ich weiß noch, wie mir mein Bruder im Kindergottesdienst in der Kirchenbank mal gezeigt hat, wie sein Glied steif wird. Ein anderer Bruder hat beim Weihnachtsgottesdienst oben auf der Empore eine weiße Maus ausgesetzt, während das Krippenspiel lief. Er hat sich diebisch gefreut, als die ganze Kirchgemeinde nicht mehr nach vorn schaute, sondern nur noch auf seine weiße Maus. Der Blödsinn meiner Brüder brachte die Eltern mitunter ganz schön zur Verzweiflung.*

DEUTSCHE DEMOKRATISCHE REPUBLIK

Leonhard - Frank - Schule

Schule

Coswig / Dresden

Ort

G e r h a r d   S c h ö n e

geboren am 10. 1. 1952 in Dresden

hat die zehnklassige allgemeinbildende polytechnische Oberschule von 1958 bis 1968 besucht

und sich vom 16.5.68 bis 19.6.68 der Abschlußprüfung unterzogen

GESAMTEINSCHÄTZUNG

Gerhard war als Schülerpersönlichkeit meist ein ruhiger, ausgeglichener und mehr zurückhaltend-bescheidener Schüler und stets um ein gutes Verhalten bemüht, auch seinen Lehrern und Klassenkameraden gegenüber. Im Unterricht war er im allgemeinen aufmerksam, beobachtete gut, erfaßte Situationen richtig, dachte über Probleme nach, äußerte sich aber von sich aus wenig. Er könnte noch mehr leisten. Er sollte zielstrebiger und konzentrierter, mit größerer Willenskraft das Wesentliche erarbeiten und auch bei Hausaufgaben mehr von sich fordern. Außerschulisch verstand es Gerhard gut, sein Interesse für Literatur und Musik anzuwenden und durch Vorträge und sein Gitarrespiel Veranstaltungen der Klasse zu unterstützen.

Gesamtverhalten g u t

Betragen	gut	Ordnung	gut
Fleiß	gut	Mitarbeit	gut

Abschlußzeugnis der 10.Klasse der Leonhard-Frank-Schule Coswig mit Beurteilung und Kopfnoten

Bei mir war das wirklich etwas harmloser. Und als Jugendlicher dann habe ich auch die Predigten meines Vaters ganz gern gehört. Ich war da eifrig, habe mich in eine Bank ganz hinten in der Kirche gesetzt und zugehört. Das meiste, was ich hörte, habe ich damals einfach bejaht – so kritisch war ich noch nicht. Manchmal habe ich nachgefragt, aber in der Regel war es in dieser Zeit noch so, daß mein Vater einfach Recht hatte und sowieso viel mehr wußte als ich. Ich habe das akzeptiert. Ohnehin hatte ich nicht das Zeug, ihn zu widerlegen. Mein älterer Bruder war da kritischer – er und der Vater gerieten auch richtig aneinander. Das lag daran, daß mein Bruder oft wirklich etwas ausgefressen hatte, oder er fühlte sich nicht genug geliebt. Da gab es richtig Krach, und er bezeichnete den Vater auch schon mal als Heuchler. Das war aber eher die Ausnahme. Sonst gab es zu Hause klare Regeln, z.B.: Bei Tisch wird nicht »gequatscht«. Der Vater spricht das Gebet und dann wird gegessen. Natürlich haben wir trotzdem gequatscht oder mußten lachen, und derjenige, der aus der Reihe tanzte, der mußte dann raus. Vater fing an zu brüllen und schrie. Heute im Alter kann er sich gar nicht mehr vorstellen, daß es so gewesen ist. Es ist für ihn wie ein schwarzes Loch. Und wenn wir ihm davon erzählen, meint er, wir übertreiben alle. Aber wir wissen schon, daß es so war. Ich denke dann manchmal, all das ist wie in einer anderen Welt gewesen. Diese Strenge auf der einen und die erstaunliche Toleranz auf der anderen Seite. So haben mich meine Eltern z.B. mit Freunden im Wald übernachten lassen, eine ganze Jungensbande. Da waren sie ziemlich großzügig. Aber irgendwie passte einiges nicht zusammen. Pünktlichkeit wurde sehr ernst

Klassenfoto der 10. Klasse, Gerhard in der unteren Reihe mit Anzug, 1968

genommen. Wenn ich nur 5 Minuten zu spät nach Hause kam, gab's einen Riesenterror, bei anderen Sachen war mein Vater wieder unheimlich kulant. Er war, weil er neben seiner Arbeit als Pfarrer auch als Schriftsteller arbeitete, für mich eine besondere, manchmal geheimnisvolle Person. Daß die Sprache etwas ganz Wichtiges ist, habe ich damals angefangen zu ahnen. Auch in den Predigten meines Vaters habe ich immer besonders bemerkt, daß er sehr vieles zu sagen hatte und wohl auch viel wußte, dies aber nicht besonders herausgestrichen hat. Da versuchte er vielmehr, Fremdwörter unbedingt wegzulassen und es so zu sagen, daß es auch jeder in der Gemeinde verstehen konnte. Genauso war es auch zu Hause, wenn wir alle am Tisch saßen. Er dozierte schon gern und erklärte uns dabei die Sprachwurzeln von Worten. Das fand ich sehr interessant. Auch kunsthandwerklich und künstlerisch war er sehr vielseitig, hat gebastelt und in Linoleum geschnitten. Jedes Jahr hat er zur jeweiligen Jahreslosung einen großen Linolschnitt angefertigt, den dann auch andere Gemeinden kauften. Dadurch hat er sich nebenbei etwas verdient. Vor allem aber hatte er Spaß daran. Im Keller war sein Werkstattraum für all diese Sachen. Auch war er an bildender Kunst interessiert und konnte sehr kompetent und einleuchtend vieles erklären. Da hat er also bei mir viele Türen aufgestoßen und Interesse geweckt. Das aber war nicht der Alltag, das waren die besonderen Anlässe und Stunden.

Für die Alltagsprobleme gab's dann noch die Tante, die eigentlich gar keine Tante war, sondern als Hilfe im kinderreichen Pfarrhaushalt eben vorhanden war. Das war unsere Tante Christa. Sie war als Gemeindehel-

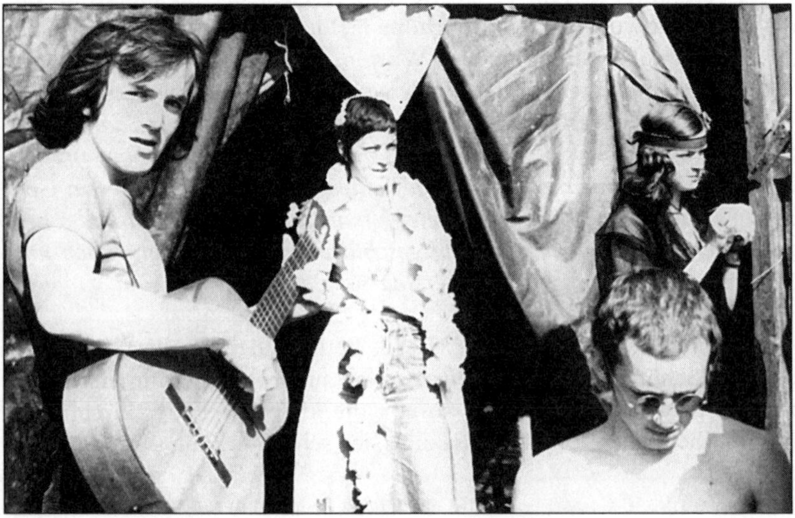

Mit Freunden der Spielbewegung der sächsischen Landeskirche

ferin mit meinen Eltern befreundet und lebte fast immer bei uns. Erst hieß sie nur Fräulein Mohr, dann durften wir Kinder Tante Christa zu ihr sagen. Zu ihr ging ich übrigens zuerst, wenn ich irgendein heikles Problem hatte, eine schlechte Zensur zum Beispiel. Sie hat das dann schonend meiner Mutter beigebracht und im Zweifel auch vermittelnd eingegriffen.

Zwischen Tante, den Eltern, den Geschwistern und den täglichen, streng geregelten Pflichten begann Gerhard Schöne also seinen Weg als »Märchenprinz«. Er fabulierte sich in seine Welt, indem er permanent nach allem fragte. Joachim Schöne erzählt davon, daß Gerhard ihm in dieser Zeit wirklich die buchstäblichen Löcher in den Bauch gefragt habe. Einmal habe er sich auf einen wichtigen Anlaß konzentrieren müssen und dem kleinen Gerhard zum Schluß fünf Mark angeboten, wenn er doch wenigstens jetzt mal fünf Minuten ruhig wäre. Daraufhin hielt es der Junge drei Minuten aus, dann platzte es wieder aus ihm heraus. »Gerhard, die fünf Mark sind futsch«, mahnte Joachim Schöne. »Wieso«, erboste sich Gerhard. »Ich habe doch drei Minuten Ruhe gehalten – drei Mark bekomme ich.« Die Auseinandersetzung über die Auslegung dieser Abrede dauerte danach bestimmt ewig...

Gerhard Schöne, der damals noch kleine Träumer und Realist, machte sich auf den Weg, seine Welt zu bestimmen. Wenig später erkannte Joachim Schöne die Chance, etwas ganz Neues in die Arbeit seines kirchlichen Tonbandstudios hineinzubringen. Er begann 1967 das erste Liedertonband mit Gerhard Schöne zu produzieren, das in der Folge zum großen Hit unter den für den Verleih vorgesehenen Tonbändern für die Kirchenarbeit wurde. Joachim Schöne meldet sich selbst darauf im Stile einer Rundfunksendung mit den Worten: *Hier ist das Tonstudio Dresden! An den Apparaten Walter Richter, am Mikrofon Joachim Schöne. Sag mir, was ist deine Welt? Gerhard Schöne singt ärgerliche Songs, damit man sich nicht ärgert, auch nicht wundert, sondern darüber redet. Sag mir, was ist deine Welt – eine sehr schöne Frage, denn sie wurde gestellt von Gerhard, Christian und Joachim Schöne. Johannes Schöne, der Vater der beiden ersten, hat darüber den Kopf geschüttelt, womit wir glücklich und ohne wesentliche Umwege beim ersten Song angekommen sind...*

»Weine nicht, wenn der Vater sagt: Ins Bett, ins Bett« trällert daraufhin Gerhard Schöne. Es war soweit: Er war aufgewacht! Seine erste Produktion ging in die Welt, die vorerst die kleine Welt der kirchlichen Jugendarbeit war. Von dort aus sollte sich seine Wirkung ständig multiplizieren.

3.

»ICH MAL' MEINE SEHNSUCHT, ICH BIN UNTERWEGS« –

LEHR- UND WANDERJAHRE 1968 BIS 1976

In der Sächsischen Schweiz, ca. 1969

Gerhard Schöne ist unterwegs. Obwohl er erste Erfolge mit seinen Liedern feiert, kann er sich einen Beruf als Liedermacher nicht vorstellen – seine Eltern auch nicht. Es muß eine Lehre her, die handfest, und doch auch kunstsinnig ist. Was liegt da näher als ein Kunsthandwerksberuf. Gerhard Schöne äußert zu Hause diesen Wunsch selbst, und doch scheint er zu ahnen, daß dies noch nicht die endgültige Entscheidung für den Beruf des Lebens ist. Später, 1978, schreibt er das Lied »Unterwegs«:

Die Bäume haben sich dünn gemacht.
Das Dickicht ward sauber planiert.
Der Hans hat die Fiedel zum Trödler gebracht.
Jetzt wird er als Diskjockey geführt.
Zu Johannis wird nicht mehr getanzt unterm Mond,
die Lampions sind längst verstaubt.
Vielleicht kommt ein Film, daß das Aufbleiben lohnt.
Bis zehn Uhr ist Singen erlaubt.

Wohin soll die Nachtigall, wohin soll ich?
Da fehlt was, sagt mir mein Gefühl.
Ich mal meine Sehnsucht, ich bin unterwegs.
Das ist es noch nicht, das Ziel.

Der größere Bruder, der auch einen Kunsthandwerksberuf erlernt hat, ist für Gerhard ein Vorbild, und so entschließt er sich, eine Korpusgürtlerlehre zu beginnen.

Gerhard Schöne: *Nachdem klar war, daß ich wirklich in diese Richtung wollte, haben sich meine Eltern umgehört, wo man so etwas lernen konnte. Wir hatten ein Heft aus dem Westen, in dem Kirchenarchitektur und sakrale Gegenstände und Gerät vorgestellt wurden, und darüber haben meine Eltern eine Adresse von einem Leipziger Kunsthandwerker herausgefunden, der aus Kupfermessing Abendmahlsgerät treiben konnte. Das war die Firma Roland Singer. Damals gab es nur eine Firma dieser Art weit und breit, ich glaube, nur noch eine in Erfurt und später noch in Dresden. Das machte dann eine Frau, die auch bei Singer gelernt hatte. Eben ein ziemlich seltenes Handwerk. Meine Eltern also schrieben ihm und er antwortete, daß er einen Lehrling einstellen würde. So bin ich also mit meinem Vater nach Leipzig gefahren zum Vorstellungsgespräch. Und natürlich hat mich mein Vater vorher belehrt, wie ich mich benehmen sollte: Nicht so dumm und unbeteiligt daneben stehen und nur zuhören, sondern interessierte Fragen sollte ich stellen.*

Mein Vater machte sich dann auch gleich Gedanken, wo ich denn nun wohnen sollte. Er schrieb verschiedene Pfarrhäuser im Raum Leipzig an, denn er hatte viele Bekanntschaften über seine Leseabende. Und ein Pfarrer aus Leipzig-Lützschena bot seine Hilfe an. So sind wir am Tag der Vorstellung in der Werkstatt, und nachdem klar war, daß ich dort anfangen könnte, gleich noch zu diesem Pfarrer gefahren. Er hat dann mit uns alle möglichen Leute abgeklappert, bei allen passte es aber irgendwie nicht. Keiner wollte mich als Untermieter. Zu guter Letzt sagte der Pfarrer: »Na, dann bleibt er eben bei mir. Wir teilen einfach das große Kinderzimmer mit einem Vorhang, da kriegt der Junge seinen Platz dahinter.« So bin ich dann dorthin gezogen und habe in dieser Familie gewohnt. Die Kinder dort waren alle noch klein, ich hab mich mit allen gut verstanden, aber es war nicht so, daß wir zusammen frühstückten. Meine Eltern haben monatlich Geld dagelassen, damit ich eine warme Mahlzeit am Tag bekommen konnte, ansonsten mußte ich mich selber kümmern. Dazu hatte ich außer der Ecke im Kinderzimmer auch eine Ecke im Kühlschrank. Später wurde mir dann auf dem Boden des Pfarrhauses eine Kammer ausgebaut, weil es auf Dauer doch nicht ging, daß ich im Kinderzimmer hinterm Vorhang saß. Ich habe also in den zwei Jahren von 1968 bis 1970 in Leipzig meine Lehre absolviert. Aber meine Vorstellungen von diesem Beruf, daß ich da nämlich eigene Ideen umsetzen könnte, die erwiesen sich doch schon bald als ein Trugschluß. Der Weg in die wirkliche Selbständigkeit erschien mir außerdem damals in den frühen 70er Jahren der DDR als wahnsinnig schwer und zu lang. Allein die Zeit bis zur Meisterprüfung, dann diverse Steine im Weg bis zu einer eigenen Werkstatt, wo gerade wieder Enteignungen kleiner Handwerksbetriebe stattfanden. Ich hielt das für nahezu unerreichbar für mich. Ebenso wie den Wunschtraum, dies mit meinem Bruder zusammen zu machen: Er sollte die groben Eisen- und Schmiedearbeiten, und ich die feineren Treibarbeiten aus Messing, Kupfer und Silber machen. Das war ja mal der Ausgangspunkt meiner Überlegungen gewesen, das hatte mich über die Jahre auch angespornt, aber dann zerschlug es sich. Ich merkte, daß es mindestens noch zehn Jahre dauern würde bis zum Ziel, und da verließ mich die Energie. Eine so lange Zeit in der Firma noch ziemlich stupide Arbeit zu machen – das wollte ich nicht.

Schon vor der Lehre hatte ich ja meine ersten Lieder geschrieben. Ich wurde auch eingeladen zu Jugendtagen der Kirche, nach Meißen und anderswo. Da sang ich also meine Liedchen und Joachim Schöne nahm mich immer öfter zu solchen Anlässen mit. So habe ich also neben meiner Lehre schon kleine Auftritte und Erfolge gehabt. Beim Tonbandstudio des Jungmännerwerkes in Dresden erschienen bald das erste Textbuch und ein Tonband mit Liedern von mir. Besonders das Tonband wurde dann wie wahnsinnig von den Jungen Gemeinden angefordert und bald ent-

108 "Sag mir, was ist deine Welt?" - 16' -
Gerhard Schöne singt ärgerliche Songs, damit man sich nicht ärgert, auch nicht wundert - sondern darüber redet.
Es sind sechs Songs als Anreiz zu Gesprächen über: Du und deine Eltern / Du und dein Mädchen / Du und dein Geschmack / Du und der Krieg / Was ist deine Welt?
Zwischentexte: Joachim Schöne.

M 114 "Stell dich mitten in den Regen" - 20' - ab 14 J.
Gerhard Schöne singt 10 Songs zu vielen Themen, voller Zartheit und Rhythmus, zum Lachen und zum Nachdenken:
"Ich wollte wie Orpheus singen" - "Ich möchte sein, wie Kinder sind" - "Träume" - "Schneewittchen" - "Fliegenliebe" - "Sie hieß Annett" - "Tramplied" - "Heutzutag wird gefragt" - "Stell dich mitten in den Regen" - "Er sang sein Lied".

M 119 "Und unsern kranken Nachbarn auch" 18' ab 15 J.
Weitere, teils heitere, aber immer fündige und hintergründige Songs von und mit Gerhard Schöne. Außerdem bringt er Songs von Jürgen Degenhardt und anderen.

123 "Du, meine Düne und mein Meer" - 35' - ab 16 J.
Gerhard Schöne singt Liebeslieder. Liebe und Liebe sind vielerlei - und so sind auch die Songs: Anregend u. aufregend. Also: Hören, auf die Stoptaste drücken und miteinander reden!

131 "Meine Augen sehn in dein Gesicht" - 20' - ab 14 J.
Neun neue Songs von und mit Gerhard Schöne:
Titelsong - Wenn du einen Garten hast...(Text: James Krüss) - Lumpenmax (der unbeachtete Mensch) - Am Bahndamm (Zeitnehmen) - Sag, Liebste... + Leg deine Hand... (gegen oberflächliche Liebe) - Briefträgersong (hundert Briefe - hundert verschiedene Leben) - Hausherr von morgen (den Tod vor Augen) - Ohne Gott bin ich.... (Leben mit Gott).

M 137 "Es macht die Wüste schön...." - 30' - ab 14 J.
Neue Lieder von Gerhard Schöne, Lieder aus dem Alltag, von unseren Freuden und Sorgen, von Problemen und Überraschungen. Lieder, die uns zum Nachdenken bringen über uns selber.

M 138 "Du glaubst nicht, was so passiert" - 22' - ab 14 J.
Neue, überwiegend heitere Songs von Gerhard Schöne. Sie beweisen nicht nur seinen Humor, sondern werden zeigen, ob der Zuhörer welchen hat.

Ausschnitt aus dem Ausleihkatalog des Tonbanddienstes der sächsischen Landeskirche mit sieben Kasettenproduktionen von Gerhard Schöne, ca. 1970-1972

stand ein zweiter Band. Für mich war ungeheuer wichtig, daß es etwas gab, was mir wirklich Spaß machte.
Dieses Jungmännerwerk war 1946 gegründet worden und betrieb eine interessante Jugend- und Medienarbeit. Es richtete eine Bildstelle und einen Tonbanddienst ein. Zuerst wurden Produktionen aus dem Westen übernommen, später und beispielhaft unter Joachim Schöne in Dresden wurden auch eigene Produktionen erstellt und verliehen. 300 bis 400 Bänder zählte der Katalog, aus dem Pfarrämter und Junge Gemeinden sich bedienen konnten. Dies war in der DDR ein wirksames Instrument, waren doch die Kirchgemeinden im Vergleich zu staatlichen Gemeinden oder Schulen mit technischem Gerät oft sehr gut ausgestattet. Die Apparate kamen aus dem Westen, und der Film- oder Tonbandabend »beim Pfarrer« war damals noch für viele eine Attraktion, da der Eigenbesitz von Tonbandgeräten und Projektoren gering, die DDR-Medien also zum einen Teil schwer erreichbar, zum anderen Teil auch unattraktiv waren.

Gerhard Schöne: *Das Jungmännerwerk verschickte z.B. die Weihnachtsspiele. Das lief dort aus meiner Sicht am häufigsten. Darüber hinaus gab es viele Spielgruppen in den Gemeinden, die auch zu anderen Themen und Anlässen etwas machen wollten. Sie wollten z.B. auch mal einen Krimi auf Tonband anhören, der als kirchlich vertretbar galt. Das Jungmännerwerk brachte also einen Katalog heraus und empfahl mit kurzen Inhaltsangaben die Einzelangebote. Und dann wurde da eben auch die Rubrik »Songs und neue Lieder« eingeführt. In einer Zeit, in der im Westen Deutschlands Franz-Josef Degenhardt und Hannes Wader auftauchten, da habe ich gerade meine ersten Liedchen fallenlassen. Neben den eigenen habe ich auch Titel aus dem Musical »Hair« nachgesungen oder Lieder von Hannes Wader oder Reinhard Mey. Zum Teil war auch der Text falsch abgehört, aber ich hab es frech im Tonbandstudio gleich auf Band gesungen. Dieses Studio war ein winziger Raum mit einem Mikrofon und einem Tonmeister, der draußen saß – also für die damalige Zeit schon richtig professionell.*

Joachim Schöne: *Immer, wenn Gerhard eine neue Serie mit Liedern fertig hatte, habe ich sie produziert. Zum Anfang sprach ich selbst Zwischentexte aufs Band, dann ließ ich die von anderen sprechen oder von Gerhard selbst. Bis 1971 habe ich mit ihm vorher noch an den Texten gearbeitet. Das heißt nicht, daß er die Texte nicht allein gemacht hätte, aber wir arbeiteten eben gemeinsam an sprachlichen Schlenkern und anderen Feinheiten. Dieses behutsame Zusammenarbeiten ging bis 1972, dann wußte ich, daß er es allein konnte. Er brauchte mich nicht mehr. Ich habe also aufgehört, ihn zu beraten, es sei denn, er hat mich gefragt. »Ixe Axe*

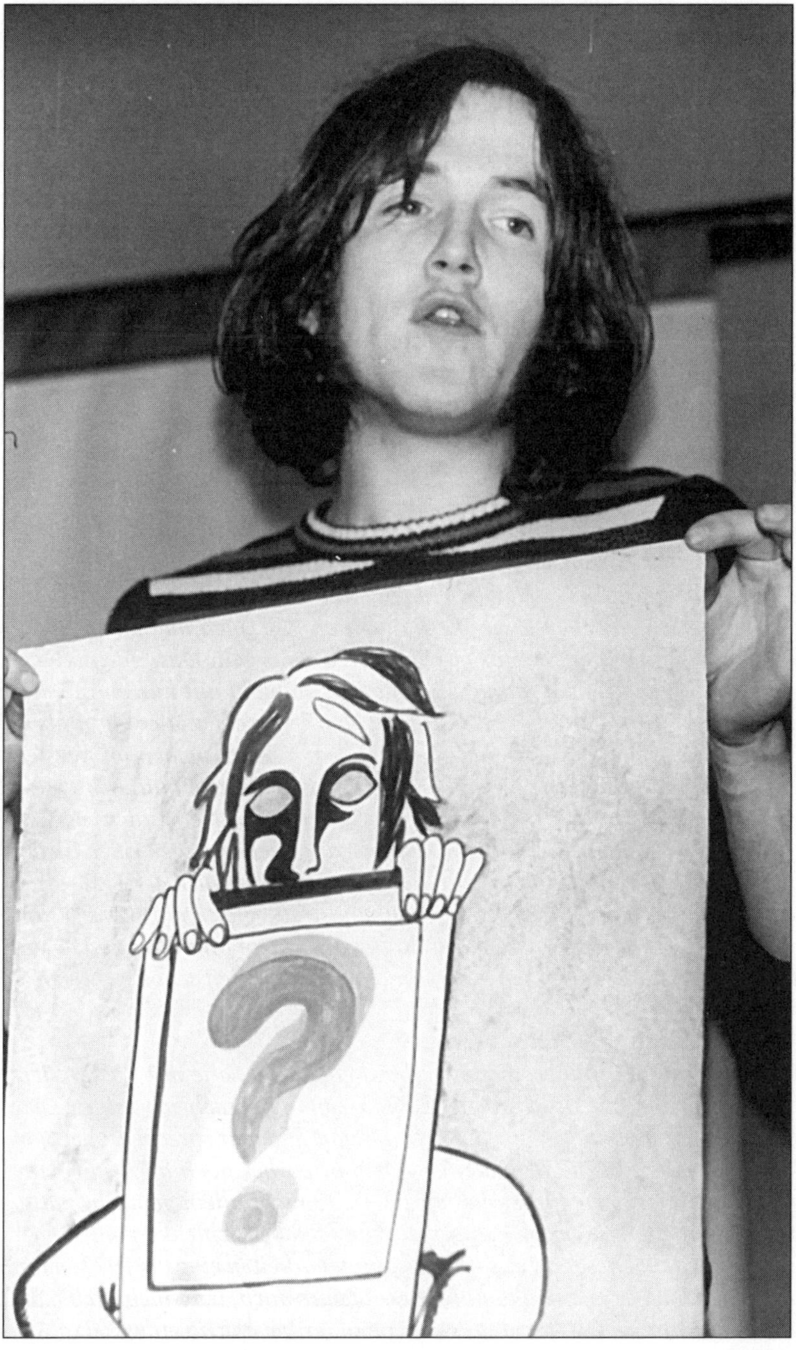

Mit seinem Förderer und Freund Joachim Schöne in »kabaretttistischer« Aktion

Märchenhut« war die Produktion, die diese Wende markiert. Er ist durch diese Tonbänder, die zahllos ausgeliehen wurden, in den Jungen Gemeinden sehr bekannt geworden. In dieser Zeit begannen wir auch, gemeinsam auf großen Jugendtagen der Kirche aufzutreten. Zensur haben wir übrigens bei diesen Produktionen nicht erfahren, nicht von der Kirchenleitung und nicht von anderswo. Wir haben die Titel korrekt bei der AWA gemeldet, auch die Fremdkompositionen, und damit war es gut.

Klingt ganz einfach und war doch ungewöhnlich. Aus heutiger Sicht müßte man also das Tonbandstudio des Jungmännerwerkes der Landeskirche Sachsen als einen wichtigen Förderer und Multiplikator für die spätere Liedermacherbewegung in der DDR benennen. So könnte man es sagen, denn eine Konkurrenz zu anderen Trends, wie z.B. der Hootenanny-Bewegung und dann der FDJ-Singebewegung, hat es kaum gegeben. Beide Seiten nahmen sich eigentlich überhaupt nicht wahr, jeder blieb in seinem Terrain. Die durchaus naheliegende Vermutung, kirchliche und staatliche Jugendarbeit auf diesem Gebiet hätten sich in Konkurrenz gegenseitig aneinander hochgeschaukelt, muß wohl als falsch beiseite gelegt werden. Auch die mögliche Überlegung, aus der in der Luft bzw. in der Zeit liegenden Sehnsucht der Jugend nach neuen Liedern könne man vielleicht sogar etwas gemeinsam machen, erscheint bestenfalls aus heutiger Sicht einen Gedanken wert zu sein. Damals, in einer Zeit, die nicht umsonst mit »kalter Krieg« beschrieben wird, die von Ereignissen wie der Niederschlagung des Prager Frühling gekennzeichnet war, konnten weder Funktionäre noch Pastoren auf diese Idee kommen. Es blieb also integrativen Künstlerpersönlichkeiten wie Gerhard Schöne vorbehalten, und dann auch erst einige Zeit später, zwischen den beiden gesellschaftlichen Sphären und ihren jeweiligen Möglichkeiten zu pendeln und etwas Eigenes daraus zu machen. Auch dies ist ein Grundstein für seinen späteren Erfolg und die enorme Popularität, die er erlangte. Gerhard Schöne nahm sich alle Anregungen und sog sie in sich auf, jenseits von ideologischen oder religiösen Scheuklappen.

Gerhard Schöne: *Es gab ein Bedürfnis nach Liedern in dieser Zeit und das wurde von Staat und Kirche parallel gefördert, jeder in seinem Kontext. Ich erinnere mich, daß ich 1968 in ein Konzert des Hootenanny-Clubs in Coswig erlebte und davon total begeistert war. Genau so etwas wollte ich auch machen! Dann hörte ich später, daß sich das Unternehmen in Oktoberklub umbenannt hatte und vom Zentralrat der FDJ umgebogen wurde. Es war schon ein Zufall, daß ich über diese Tournee die Truppe und einige ihrer Lieder damals kennenlernte. Dann bekam ich von meinen Eltern zu Weihnachten die erste Platte vom Oktoberklub geschenkt, auf dem Cover stehen sie alle vor dem Hotel »Berolina« am Kino »International« in Berlin. Vorher hatte ich schon die LPs von Pete Seeger und Joan Baez gehört, und der Oktoberklub war nun meine 3. Platte. Wir haben in Coswig dann auch gleich begonnen, dem nachzueifern. Der Kulturhausleiter hat gefragt, wer Lust hätte, etwas Ähnliches aufzubauen. Da gab es zwei Typen, die auf der Gitarre ganz gut Dylan und Beatles nachspielen konnten, ein Mädchen und ich haben gesungen. Ich war der Jüngste. Alles ging ungefähr ein halbes Jahr, wir hatten ein oder zwei Auftritte, dann brach es wieder auseinander.*

Viele andere Vorbilder gab es in dieser Zeit bei uns nicht, weil wir ja in Dresden, im sogenannten »Tal der Ahnungslosen«, wohnten. Was wir an Rundfunksendern aus dem Westen empfangen konnten, waren mit Ach und Krach der Deutschlandfunk und auf Kurzwelle Radio Luxemburg. Und früh, bevor wir zur Schule gingen, dudelte auf Radio Luxemburg immer eine christliche Erbauungssendung mit Verkündigungsliedern. Das habe ich mir morgens immer noch schnell angehört. Sonst habe ich nur Schlager und die Anfänge der Beat- und Rockmusik mitbekommen. Davon habe ich dann so einiges nachgeträllert.

Als Benachteiligung wurde das bei uns zu Hause aber nicht empfunden. Von anderen kenn' ich das schon, aber in unserer Familie spielte das keine Rolle. Wichtig waren mir ein paar Rhythmen und die lieferte mir schon Radio Luxemburg. Das reichte. Für die geistige Auseinandersetzung spielte der Deutschlandfunk eine gewisse Rolle, aber bei uns zu Hause auch eher weniger. Anregungen bekam ich über die Tonbänder, die ich mir im Tonbanddienst der Kirche anhören konnte. Die hatten damals z.B. schon ein Band von Wolf Biermann. Den kannte ich bis dahin nicht und wußte nichts von ihm, aber ich weiß noch heute die Zeile, die mir als erste im Gedächtnis blieb: »Soldat, Soldat in grauer Norm, Soldat, Soldat in Uniform«. Dieser pazifistische Ansatz prägte sich mir ein. Auch bei Hannes Wader und Reinhard Mey kann es sein, daß ich sie zuerst über diesen Tonbanddienst gehört habe. Das weiß ich so genau nicht mehr.

Die Lehre habe ich aber trotz meiner Ausflüge ins schönere Leben des Sängers doch ordentlich beendet. Aber mit der Abschlußprüfung hab ich den Beruf dann sofort geschmissen. Da keimte in mir schon der Wunsch, Schauspieler zu werden. Jedes Jahr hatte ich die Laienspielwochen und Spieltreffen der Kirche eifrig mitgemacht und sogar selbst Gruppen geleitet. Ich hab' mich auch mit einer Schauspielerin beraten, wie man an die Bewerbung für dieses Studium herangehen müßte. Sie sagte mir, ich solle mir viel Spielpraxis besorgen. Da lag es dann nahe, sich bei der Spielgemeinde in Leipzig zu bewerben. Ich ging dorthin zum Vorspiel und wurde genommen. Wieder war ich der Jüngste in einer Gruppe von ausgebildeten Schauspielern.

Gerhard Schöne landete auf der nächsten Freifläche kirchlicher Arbeit, die unkonventionell mit künstlerischen Mitteln im Verkündigungsdienst stand. Die »Spielgemeinde Leipzig« war ein kirchliches Tourneetheater, das in Leipzig gleichzeitig auch eigene Räume bespielte.

Gerhard Schöne: *Als Mitglied der Spielgemeinde nannte man sich »Volksmissionarischer Mitarbeiter im Reisedienst«. Die Leipziger Volksmission war der Geldgeber, Firma und Arbeitgeber sozusagen. Der alte Herr Dost war der Leiter dieser Volksmission, und er war mit einer Regisseurin, Ruth Langhammer, befreundet, die in der Regel Regie führte. Selten wurde die Regie auch auf andere Gruppenmitglieder übertragen. Die Spielgemeinde hatte eine eigene Bühne mit großem und kleinem Saal. Meistens wurde nur der kleine Saal bespielt. Dazu kamen Kleinbusse, in die das Bühnenbild, die Kostüme und das Ensemble passen mußten. So ausgestattet ging es auf kleine Tourneen, meistens durch das Erzgebirge und durch ganz Sachsen, wo wir die Gemeindehäuser und Kirchen bespielten. Vor Ort war das immer eine große Sache. Ich erinnere mich noch, daß ich das schon in meiner eigenen Kindheit erlebt hatte: Wenn die Leipziger Spielgemeinde kam, war das ein großartiges Ereignis bei uns zu Hause! Die Schauspieler saßen dann bei uns im Elternhaus am Abendbrottisch, ich durfte schon mal bei der Probe zuschauen – alles war sehr aufregend.*

Jetzt durfte ich also selber als »Schauspieler« in die Dörfer kommen und gehörte auf der anderen Seite dazu. Ich merkte allerdings bald, daß die Arbeit künstlerisch nicht so war, wie ich es mir erhofft hatte. Es wurde ein

»Auf Tournee«

sehr traditioneller Stil des klassischen Sprechtheaters gepflegt – weniger gespielt, mehr deklamiert. Manche andere Laienspieltruppe war da schon viel weiter. Manchmal schämte ich mich auch richtig und hoffte, daß keiner meiner Freunde vorbei kam und mich in der Rolle sah. Zum anderen war ich aber längst nicht so gut, als daß ich überhaupt hätte protestieren können, um ein anderes Konzept einzufordern.

Lieder habe ich in den Stücken in dieser Zeit nicht gemacht. Es kann höchstens sein, daß ich in einem Kinderstück auch mal gesungen habe. Die von der Spielgemeinde wußten schon, daß ich Lieder mache, fanden es auch interessant. Aber das war's dann auch schon.

Wir traten also auf mit verschiedenen Stücken und Stückbearbeitungen. So z.B. mit einer eigenen Bearbeitung von Dantes »Göttlicher Komödie«, die Ruth Langhammer gemacht hatte. Das Stück hieß dann »Zwischenstation«. Es ging davon aus, daß es zwischen dem Reich der Toten und dem Reich der Lebenden so eine Art ›Zwischenstation‹ gibt, wo man bereuen kann oder sich läutert. »Kortschak und die Kinder« war ein anderes Stück, an das ich mich erinnere. Das gefiel mir auch ganz gut. Aber insgesamt waren es eher problematische Stücke, denen man die verkrampfte Aufarbeitung biblischer Themen in »zeitgemäßem« Umfeld sehr anmerkte. Vieles geriet zum Klischee.

Es war eher eine Vermischung von Kunst, Verkündigung und Mission. Gleichzeitig gab es auch ein Handicap für die Spielgemeinden, weil die staatlichen Stellen die Arbeit auf den religiösen Charakter festnagelten, ähnlich wie auch bei den christlichen Literaten. Wir durften gar nichts anderes spielen, es mußte ein Verkündigungsstück sein. So waren uns natürlich auch für andere Experimente die Hände gebunden.

So befand sich Gerhard Schöne also in einem Zwiespalt: einerseits glücklich, in der Spielgemeinde eine Art von schauspielerischer Praxis zu erleben und zu erlernen und andererseits künstlerisch-konzeptionelle Defizite zu erkennen, aber nicht ändern zu können. Er fühlte sich weiter »unterwegs« und suchte nach neuen Horizonten.

Gerhard Schöne: *Ich habe mich dann 1972 an der Schauspielschule in Berlin beworben. In der Gruppe hatte ich von Anfang an mit offenen Karten gespielt und jeder wußte von meinem Plan. Die Spielgemeinde nur schnöde als Sprungbrett zu benutzen – das wollte ich nicht. Bei mir war von Anfang an klar, daß ich nicht länger als zwei Jahre bleiben wollte. Ich habe ja auch nebenbei noch Sprecherziehung gemacht und mich auf die Eignungsprüfung vorbereitet. Dafür bin ich dann nach Berlin an die Staatliche Schauspielschule gefahren und bald darauf bekam ich einen Brief, in dem stand, daß sie mich nehmen werden. Natürlich war ich enorm glück-*

lich, daß ich es schon im ersten Anlauf geschafft hatte. Dann habe ich mich um ein Zimmer in Berlin gekümmert, habe meine Eltern in Coswig noch mal besucht und ihnen erzählt, wie ich mir mein Leben in Berlin vorstellte. Plötzlich kam dann eine Woche vor Studienbeginn ein Brief der Schauspielschule ins Haus, in dem stand, daß sie vom Wehrkreiskommando Leipzig erfahren hätten, daß ich den aktiven Wehrdienst ablehnte und sie deshalb die Zusage zum Studium zurücknehmen müßten. Es wäre schließlich eine Ehre, an einer staatlichen Hochschule studieren zu dürfen, und wer sein Land nicht auch mit der Waffe verteidigen wolle, hätte diese Ehre eben nicht verdient. Als Nachsatz hatten sie noch etwas formuliert, aus dem ich schließen konnte, daß es nicht ihre alleinige Entscheidung war, aber daß sie so handeln mußten. Sinngemäß stand da noch: Wenn ich die Angelegenheit mit dem Wehrkreiskommando noch anders regeln würde, könnte ich dennoch gleich das Studium beginnen. Und wie immer ich mich entscheiden würde, ich sollte mir doch überlegen, ob angesichts der »Verbrechen des US-Imperialismus in Vietnam« meine Entscheidung wirklich richtig sei. Ich bin also tatsächlich noch mal in Leipzig zum Wehrkreiskommando in der vagen Hoffnung gegangen, ich könne mit denen irgendwie noch mal reden. Sie haben mich aber gleich auf dem Flur abgefertigt, und ich habe mich auch abfertigen lassen. Ich wußte, man kann eine Eingabe schreiben, aber dann dachte ich, wenn ich mich jetzt einigermaßen ruhig verhalte, wenn ich nicht großen Wind aufwirbele, kann ich über irgendeine andere Ecke in der Branche bleiben. Ich hatte auch niemanden, der mich in dieser Situation beraten hat. Ich habe das einfach geschluckt und gedacht: Na, dann muß ich es eben über einen anderen Weg versuchen.

Auch meine Eltern haben eher in dem Sinne reagiert, daß sie die Ablehnung als systemimmanent akzeptiert und eigentlich erwartet hatten. Sie waren ansonsten wacker in der Darstellung ihres Standpunktes. Zum Beispiel haben sie immer mit vielen Leuten gesprochen und ihnen erklärt, warum sie nicht zur Wahl gehen. Es war schon klar, daß meine Eltern nicht viel Positives gesehen haben am Staat DDR. Und eine solche Ablehnung gehörte in einer Pfarrersfamilie ja auch zum guten Ton. Ich sah das damals schon etwas differenzierter, obwohl es für mich wirklich auch ein harter Schlag war. Meine Devise war trotzdem: ruhig bleiben, keinen Staub aufwirbeln und es später noch mal versuchen.

In Berlin hatte ich nun aber schon eine Wohnung und wußte nicht so richtig, was ich nun machen sollte. Im Prenzlauer Berg, in der Elias-Gemeinde, gab es sehr nette Leute, die dafür sorgten, daß ich in der Gemeinde für zwei Monate erst mal etwas zu tun bekam. Mit Konfirmanden übte ich da ein Stück ein oder machte einfache Hilfsarbeiten. In dieser Zeit habe ich wieder Joachim Schöne, meinen guten Freund aus der

Schauspielschule Berlin

FACHSCHULE FÜR SCHAUSPIELKUNST

BERLIN-NIEDERSCHÖNEWEIDE
SCHNELLERSTRASSE 104
FERNRUF 63 19 93

Gerhard Schöne

7143 Lützschena
Schloßweg 4

Ihre Zeichen | Ihre Nachricht vom | Unsere Zeichen | Datum 7.6.72

Betreff

Sehr geehrte (r) Herr Schöne !

Wir können Ihnen heute die erfreuliche Mitteilung machen, dass Sie für das Studienjahr 1972/73 immatrikuliert sind.

Wir erwarten Sie am Montag, dem 4.September 1972, 10 Uhr, zur Begrüssung.

Richten Sie sich bitte darauf ein, dass Sie am Nachmittag des gleichen Tages mit Ihrem Studienkollektiv in das Braunkohlenwerk "Jugend" bei Lübbenau fahren werden, wo das Studium mit einem vierwöchigen Arbeitseinsatz in unserem Patenbetrieb beginnt.

Die beigefügte Verpflichtungserklärung und den Stipendienantrag schicken Sie uns vorher noch zu, zugleich teilen Sie uns bitte mit, ob Sie in Berlin eine Wohnmöglichkeit haben.

Mit sozialistischem Gruss

(E[illegible]t)
Stellvertr. Direktor
Vorsitzender der Zulassungskommission

Anlagen.

Zusage zum Schauspielstudium von der Schauspielschule Berlin

Staatliche Schauspielschule Berlin

FACHSCHULE FÜR SCHAUSPIELKUNST

119 BERLIN NIEDERSCHÖNEWEIDE
SCHNELLERSTRASSE 104
FERNRUF 63 19 93

Gerhard Schöne

8252 Coswig
Pestalozzistr. 2

Ihre Zeichen | Ihre Nachricht vom | Unsere Zeichen | Datum 23.8.72

Betreff

Sehr geehrter Herr Schöne !

In dem Bemühen, Sie für die Zeit des Studiums vom Grundwehrdienst freizustellen, erfahren wir, daß Sie den Wehrdienst verweigern.

Nach § 1 der Zulassungsordnung vom 15.April 1972 sind " die Mitwirkung an der Gestaltung der sozialistischen Gesellschaft und die Bereitschaft zur aktiven Verteidigung des Sozialismus..." Voraussetzung für die Studienbewerbung und die Zulassung zum Fachschuldirektstudium. Gemäß § 6 (4) der Zulassungsordnung ziehen wir daher die Ihnen am 7.6.72 erteilte Zulassung zurück.

Woher immer Ihre Haltung begründet sein mag, raten wir Ihnen, sie noch einmal gründlich zu durchdenken. Allein die ungeheuren Verbrechen des amerikanischen Imperialismus in Vietnam gebieten heute jedem ehrlich auf Frieden bedachten jungen Menschen, die Chance wahrzunehmen, seinen Teil bei der aktiven Verteidigung seiner Heimat zu leisten.
Wir stehen für eine Aussprache jederzeit zur Verfügung.

Mit sozialistischem Gruß

(Ebert)
Vors.d.Zulassungskomm.

Rücknahme der Immatrikulation wegen des fehlenden Willens zur Verteidigung der sozialistischen Heimat mit der Waffe

Dresdner Zeit, angerufen und ihm berichtet, daß ich in Berlin total in der Luft hänge und ob er mir nicht irgendwie helfen könnte. Er hat daraufhin im sächsischen Landesjugendpfarramt in Dresden nachgefragt. Kurz danach wurde ich als Praktikant in seinem Bereich eingestellt, für ein Jahr. Ich packte also wieder meine Koffer in Berlin und zog zurück nach Coswig, also nach Hause zu den Eltern.

Schon bald aber fand ich eine traumhafte Drei-Zimmer-Wohnung mit Türmchen und oben im Dach. Dort gab es aber kein fließendes Wasser und auch kein Klo und so konnte diese Wohnung nicht anders vergeben werden. Aber ich als junger Mann hatte auf einmal die Gelegenheit, in drei Zimmern zu wohnen! Dieses Jahr in Coswig war eine meiner schönsten Zeiten. Ich war mit mir im reinen und richtig glücklich. Ich war frei, konnte allein in meiner Wohnung leben und schaute von oben herab auf Coswig. Dazu hatte ich eine sehr freie Arbeit bei der Kirche, zuständig für »Spielen und Gestalten« im Landesjugendpfarramt. Ich konnte mir die Arbeit einteilen, wie ich es wollte. In ein Heftchen mußte ich nur aufschreiben, was ich in der jeweiligen Woche gemacht hatte. Da konnte ich vieles als Dienst verbuchen. Wenn ich also ein interessantes Buch gelesen und ein Lied geschrieben hatte, dann war das schon mein Dienst.

Joachim Schöne: *Er hing plötzlich in der Luft. Ich mußte was tun. Ich habe einfach diese Stelle für ihn schaffen lassen. Die Verantwortlichen in der Landeskirche, der Landesjugendpfarrer, alle waren uns wohlgesonnen. Die haben ja gesehen, wie es wird und was da wird. Es war natürlich eine finanzielle Frage, ob eine solche Planstelle plötzlich möglich würde. Aber das Landeskirchenamt hat ohne jede Schwierigkeit mitgemacht und die Stelle genehmigt. Sobald Gerhard wußte, daß er eine Perspektive hatte und dann auch die Sache mit der eigenen Wohnung in Coswig geklärt war, war er einfach glücklich. Die Ablehnung vom Schauspielstudium trat in den Hintergrund. Er hatte sie weggesteckt und das Thema hinter sich gelassen.*

So kurios kann eben nur das Leben, zumal das realsozialistische, die Dinge richten: Durch eine Ablehnung war Gerhard Schöne in eine glückliche Situation gekommen. Als eine Art »Stipendiat« der Kirche, dessen eigentlicher Auftrag es war, sich selbst zu entwickeln, kam er in eine vergleichsweise freiere und kreativere Position, als es das Schauspielstudium in Berlin je gewesen wäre. Nicht alle Ablehnungen, die in der DDR ausgesprochen wurden, gingen so in einem positiven Neuen auf. Viele davon Betroffene konnten oder wollten sich mit ungerechten Zurückweisungen nicht einfach zufriedengeben. Da bedeutete die Ablehnung für den Besuch der »Erweiterten Oberschule«, also des direkten Weges zum Abitur, für manche Familie eine Kette von Streitigkeiten mit dem Staat, die bis zum Ausreiseantrag für die ganze Famile führen konnten. Das Argument dafür lag auf der Hand: Hier, wo man mich nicht will, auch meine Leistung nicht will oder gerecht beurteilt, gehöre ich nicht hin. Auch gibt es heute noch »Geschädigte« von damals ausgesprochenen Ablehnungen, denn z.B. die Arbeitgeber des öffentliches Dienstes der Bundesrepublik fragen stets nach der Ausbildung, und nicht nach dem Grund der Ablehnung einer Ausbildung. So wird mitunter derjenige, der in der DDR den aufrechten Gang praktizierte, dafür in der von ihm selbst miterstrittenen Gesellschaft benachteiligt, weil er eben keinen Fach- oder Hochschulabschluß vorweisen kann. Bei anderem Naturell, einer anderen Persönlichkeitsstruktur oder anderen Berufswünschen hätte Gerhard Schöne das gleiche Schicksal ereilen können. Als Mensch, der sich jenseits von Diplomen und Abschlüssen weiterentwickeln konnte und wollte, leistete er sich an dieser Stelle die Erkenntnis, daß Fortschritte und Rückschritte im Leben nicht nur eindimensional zu sehen sind. So entließ ihn dieser vermeintliche Rückschritt in die beglückende Zusammenarbeit mit Joachim Schöne. Mit ihm trat er in der Folge häufig auf, sammelte Auftrittserfahrungen und damit ein Gutteil wichtigen Kapitals für die Folgejahre.

Gerhard Schöne: *Mit Joachim Schöne habe ich in dieser Zeit zahlreiche sogenannte »Offene Abende für junge Leute« entworfen und gestaltet. Er hat gesprochen und ich habe gesungen. Wir sind gemeinsam herumgereist und dabei habe ich zum ersten Mal so etwas wie richtige Freiheit geschnuppert. Das erste Mal konnte ich mein Leben wirklich selbst gestalten, ich hatte keinen Chef mehr, obwohl ich ja pro forma eine Anstellung bei der Kirche hatte. Es war ein generöser Zustand. Die Kirche hat mir Zeit, Geld und Raum gegeben für die eigene Entwicklung. Manchmal mußte ich zwar auch kurzfristig zur Verfügung stehen zum Briefmarkenkleben oder zu Weihnachtsverschick-Aktionen. Aber insgesamt*

Auftrittserfahrung. Das Leben als Rollenspiel

war ich sehr frei. Ich habe in diesem Jahr auch mehr als zuvor Lieder geschrieben und bin damit aufgetreten. Schauspieler wollte ich ja vor allem werden, weil ich dachte, ich könnte da auch meine Lieder irgendwie unterbringen. Daß man von der Singerei allein leben könnte, war mir nie in den Sinn gekommen. Aber nun merkte ich auf einmal, daß es vielleicht auch ohne Theater gehen könnte. Insgeheim hatte mir schon davor gegraut, am Theater etwas spielen zu müssen, was gegen meine Grundüberzeugung ging. Ich hatte einfach Angst, z.B. wegen meiner pazifistischen Einstellung eine Rolle ablehnen zu müssen. In dieser Zeit bekam ich dann von einer Pfarrersfrau aus Meißen den Hinweis, daß die Hochschule für Musik in Dresden eine Fortbildung für begabte Laien anbietet. Dort bekäme man Gesangsunterricht, Sprecherziehung und Schauspiel – eben von allem ein bißchen. So einen Sommerkurs habe ich dann besucht. Das Berufsbild »Liedermacher« schien mir aber damals für den Osten noch ziemlich unrealistisch. Ich wußte, daß es das im Westen gab, aber im Osten sah ich das eigentlich nicht. Kurt Demmler z.B., der war Arzt und machte darüber hinaus seine Lieder. Dann gab's Perry Friedman, aber der hatte schon eher wieder einen Sonderstatus als Kanadier im Sozialismus. Also, einen normalen DDR-Bürger, der nur von der Liedermacherei lebte, den kannte ich nicht und konnte ihn mir auch nicht vorstellen. Ich hatte mir jedenfalls nach dem Jahr bei der Kirche einen Job gesucht als Briefträger in Coswig. Durch einen Freund war ich drauf gekommen. Der konnte sich seine Zeit immer so schön einteilen, und das war mir auch wichtig. Als Briefträger mußte man zwar sehr früh aufstehen, aber dafür war man am Mittag auch fertig und hatte den Rest des Tages für sich. Am Wochenende konnte man sich die Dienste aushandeln: mal zwei hintereinander, dann zwei Tage frei – das war gut für mich.

Es war ja von Anfang an klar, daß der komfortable Zustand bei der Kirche nach einem Jahr definitiv zu Ende sein mußte. Und es wäre wohl auch nicht gut für mich gewesen, diesen Zustand ewig zu verlängern. Natürlich habe ich in dieser Zeit auch noch einige andere Versuche unternommen. So habe ich mich beworben beim Paulinum in Berlin, einer kirchlichen Ausbildungsstätte für Theologen. Versucht habe ich es auch als Arbeitstherapeut. Ich habe also die angrenzenden Felder abgegrast immer im Hinblick darauf, inwieweit der Job zu verbinden wäre mit meinen Liedern. Entweder bin ich aber nicht angenommen worden oder habe es mir dann doch noch anders überlegt. Jedenfalls dachte ich dann, daß ich ja auch meine Singerei so nebenbei machen könnte. Ich habe nicht verkrampft darauf spekuliert, das Liedersingen zum Beruf zu machen. Vielmehr hatte ich mich darauf eingerichtet, mit einem Job Geld zu verdienen und nebenher das zu machen, was mir wichtig war und Spaß machte. Die meisten Menschen in meinem Umfeld hatten ja einen ganz bestimmten Lebens-

plan. Sie qualifizierten sich von Stufe zu Stufe und wollten dann auf der Karriereleiter klettern. Wichtig für mich waren in dieser Phase Freunde meiner Eltern, ein Ehepaar aus Prag. Es waren Leute, die Theresienstadt überlebt hatten und ein wechselvolles Leben mit Höhen und Tiefen hinter sich hatten, einen steten Wechsel von Berufen und Lebensumständen. Der Mann war sogar einmal zum Tode verurteilt worden und wurde im letzten Moment begnadigt. Bei diesen Menschen begriff ich plötzlich, was in so ein Menschenleben eigentlich alles hineinpasst! Und daß Veränderungen, Überraschungen und Ungewißheiten doch viel wertvoller sein können als alle Geradlinigkeit. Warum also sollte ich mich festlegen? Ich hatte in so jungen Jahren auch überhaupt keine Lust, langfristig mein Leben zu planen. Also machte ich z.B. bei der Post immer nur einen Vertrag für ein Jahr. Danach wollte ich weitersehen. Und diesen Vertrag mit der Post machte ich bis zum 30. Juni, damit ich mir zwei Monate so etwas wie große Ferien gönnen konnte. Danach habe ich den nächsten Vertrag geschlossen. Die Leute von der Post mochten mich ganz gern, Arbeitskräfte in der DDR waren knapp und so blieb ich in Coswig zwei Jahre dort. Auftritte gab es für mich, sehr oft mit Joachim Schöne zusammen, in dieser Zeit ausschließlich in Kirchen. Am Ende des Sommerkurses in Dresden, den ich besucht hatte, habe ich die dortigen Lehrer gefragt, ob ich denn die Chance hätte, ein Fernstudium zu bekommen. Mir war klar, daß es sinnlos für mich war, ein Direktstudium anzustreben. Direktstudenten werden dem Wehrkreiskommando gemeldet, das wußte ich ja nun schon nur zu gut und auch, wie das für mich ausgehen würde. Aber ich hoffte, als Fernstudent irgendwie anders durchzukommen. Man hatte ja bei dieser Studienform auch weiterhin einen Beruf und bezahlte eine Gebühr fürs Studium. Einmal in der Woche mußte man zum Studium erscheinen. Mein Gesangslehrer aus dem Sommerkurs machte mir Mut, es zu versuchen. Ich bewarb mich und wurde angenommen. Allerdings mußte ich ein Jahr lang Klavier lernen, Sprecherziehung und Gesangsunterricht nehmen. Obwohl meine musiktheoretischen Kenntnisse sehr schlecht und mein Klavierspiel völlig indiskutabel waren, merkte ich doch, daß die Hochschule ihre Unterhaltungsmusik-Klasse vielfältig besetzen wollte und so kam ich zu den Schlagersängern und Rockmusikern hinzu als weiterer Farbklecks. Einen Liedermacher hatten sie bis dahin noch nicht.

Gerhard Schöne ist unterwegs. Er hat sich in seiner bescheidenen, aber nachfragenden Art von Tür zu Tür, von Ort zu Ort bewegt. Daß seine Gitarre auf diesem Wege zur ständigen Begleiterin werden soll, wird spätestens seit seiner Assistentenzeit bei Joachim Schöne kaum noch und ab dem Antritt des Fernstudiums in Dresden nicht mehr in Frage gestellt. Gerhard Schöne hat Wege gefunden, das ihm immer wichtiger werdende

JESUS
DIE
WAHRHEIT
MACHT
REI
ersberg
1974

Liederschreiben und -singen in berufliche Bahnen zu leiten.Trotzdem bleibt er ein Suchender. Umwege werden ihm auch in Zukunft nicht erspart bleiben. Im Lied »Unterwegs« heißt es:

Der Harlekin wischte die Schminke vom Mund,
weil er keinen Kunstpreis erhielt.
Jetzt sammelt er harmlose Witzelchen und
hat nur noch in Nachtbars gespielt.
Jetzt läuft es sich leichter, jetzt geht es schon glatt.
Die Bäume hier sind registriert.
Die Alten warn hungrig, und wir sind so satt,
so satt, daß man manchmal fast friert.

Wohin soll die Nachtigall, wohin soll ich?
Da fehlt was, sagt mir mein Gefühl.
Ich mal meine Sehnsucht, ich bin unterwegs.
Das ist es noch nicht, das Ziel.

Gerhard Schöne wird aus der behüteten Nußschale Coswig und dem gemütlichen, aber gar nicht so ahnungslosen Tal um Dresden aufbrechen nach Berlin, der großen und unbekannten Stadt mit Kulturszene, Mauer und Westfernsehen. Dort muß er neu lernen, auf seine Art zu leben – privat und öffentlich.

Er emanzipiert sich von seinen geistigen Vätern und Müttern der Jugendzeit in Sachsen. Und er ahnt: Das ist es noch nicht, das Ziel...

4.

»DER HINTERHOF IST SCHEUSSLICH, DER HINTERHOF IST SCHÖN« –

NEUE MENSCHEN, NEUE HORIZONTE

Ankunft in Berlin

Am 22. Juni 1976 wird über Gerhard Schöne eine Beurteilung ausgefertigt. Unterzeichnet hat ein Fachbereichsleiter der Deutschen Post des Post- und Fernmeldeamtes Meißen. Er schreibt: »*Kollege Gerhard Schöne ... scheidet aus dem Dienst der Deutschen Post aus. Kollege Schöne war vom 04.09.1973 bis 07.06.1976 beim Postamt Coswig als Vertreter im Brief- und Zeitungszustelldienst, sowie vertretungsweise in der Zeitungsverteilung eingesetzt. In dem genannten Zeitraum hat Kollege Schöne die ihm übertragenen Aufgaben in guter Qualität ausgeführt. Seine gute Auffassungsgabe befähigte ihn, sein Fachwissen in einem Teilfacharbeiterlehrgang zu erweitern und die erworbenen Kenntnisse gut in der Praxis anzuwenden...* »

Gerhard Schöne, der Briefträger, befördert zum Postassistenten! Wie kommt es nur, daß Künstler sich oft des Briefträgerberufes bedienen, um sich einen kleinen Lebensunterhalt zu verdienen und in Ruhe künstlerisch arbeiten zu können. Henri Rousseau, der große naive französische Maler, ist nur ein Beispiel von vielen dafür. Gerhard Schöne also huschte mit seiner Posttasche durch das vertraute Coswig und konnte dabei seinen Träumen nachhängen. Diese einfache Arbeit strahlte offensichtlich in ihrer Symbolik auf ihn ab: Nachrichten von Haus zu Haus zu befördern, Botschaften zu vermitteln, das wird auch in Zukunft Mittelpunkt seiner künstlerischen Arbeit sein. Gerhard Schöne, später der Meister der musikalischen Ansichtspostkarten aus aller Welt, fängt ganz einfach an, indem er die Post in die Briefschlitze seines Heimatstädtchens steckt. Nebenher schreibt er Lieder und tritt auf, vorerst nur im kirchlichen Raum. Zunehmend aber sollte sich diese Gewichtung umkehren. Gerhard Schöne drängte auf die Bühne, und er hatte deshalb auch ein Fernstudium an der Hochschule für Musik in Dresden aufgenommen. Die Post in Coswig verließ er, weil die räumliche Trennung von seiner langjährigen Freundin und späteren Frau Sabine, die in Berlin Medizin studierte, zu belastend geworden war. So kam es, daß der singende Postbote aus Coswig bei Dresden mit Fernstudium in Dresden ins ferne, unbekannte Berlin zog, dort wieder Post austrug und zum Studium regelmäßig nach Dresden zurückfuhr.

Gerhard Schöne: *Sabine und ich haben uns 1971 bei einer Laienspielwoche in Radebeul kennengelernt. Sabine war 15 Jahre alt und ich war 18. Wir spielten in der gleichen Gruppe und sie kannte schon Tonbänder von mir. Ich hatte damals gerade eine Freundin, die auch in der Gruppe mitspielte, und mir war eigentlich verhaßt, daß solche Wochen, in denen auch intensiv geprobt werden mußte, von Liebeskummer und Szenen belastet wurden. Ich verliebte mich also in Sabine, wollte es aber erst einmal ganz für mich behalten. Ich ließ mir also nichts anmerken, sagte auch meiner damaligen Freundin nichts und schrieb Sabine erst nach den Laienspielwochen. So fing es also mit einer Brieffreundschaft an. Jahrelang haben wir uns dann geschrieben, manchmal trafen wir uns und gingen spazieren. Irgendwie dachten wir, daß es nichts werden kann mit uns beiden, weil sie in Berlin war und ich in Dresden, und immer nur Briefe schreibend würde die Verbindung wohl nicht halten. Zwischendurch hatte ich auch noch die eine oder andere Freundin, die verglich ich dann immer mit Sabine. Und Sabine schnitt immer besser ab! Dann verlobten wir uns irgendwann. Mein Bruder schmiedete aus Hufnägeln Ringe, und wir luden viele Freunde ein, um ein Zeichen zu setzen, daß wir nun zusammengehörten. Aber bald hielten wir den Zustand der ewigen Trennung nicht mehr aus. Ich zog 1976 also nach Berlin, um bei Sabine zu sein, denn sie studierte dort. Meine schöne romantische Dachwohnung in Coswig mußte ich verlassen – es fiel mir schwer, mich von dort zu trennen. Auch war mir vor Berlin etwas mulmig, ich kannte dort sonst niemanden. Dazu kamen alle Vorurteile: Berliner sind besonders verwöhnt und arrogant, und ich aus meinem verschlafenen Elbtal hätte da sicher nicht viel zu melden. So kam ich mit einer ganzen Menge von Ängsten und Vorbehalten, auch was meine Singerei angeht, in Berlin an. Sabine und ich haben uns dort ziemlich eingeigelt. Von Berlin habe ich erst einmal nicht so viel mitbekommen. Wir waren nicht die Typen, die jeden Abend die Szene erkundeten. Zwischen meinem Briefträgerjob und den Konzerten, die ich damals auch schon machte, war die Zeit knapp, so daß wir uns viel mit uns selbst beschäftigten. Im Vergleich zu meinem Leben in Coswig und den dortigen vielen Freunden war Berlin also zunächst ein Rückschritt. Ich hatte auch keinen Mut, direkt auf andere zuzugehen, weil ich dachte, Berlin hat so viele Angebote, es hat Westfernsehen, Theater, Konzerte usw., da muß man doch gar nichts mehr machen oder sich treffen. In Coswig war das anders, da mußte man was tun, wenn man nicht total versauern wollte. Ich weinte da meinem Coswig also erst mal ein bißchen hinterher. Und erst nach etwa zwei bis drei Jahren war ich wirklich in Berlin angekommen und fühlte mich wohl. 1977 heirateten wir und zogen zunächst in eine Ein-Raum-Wohnung. Danach verbesserten wir uns mit mehreren Umzügen Jahr für Jahr um ein weiteres Zimmer. Es war zunächst für Sabine ziemlich schwierig. Sie studierte Medizin, und wenn sie mit mir irgendwo auftauchte, war da immer Gerhard Schöne – und dann kam erst seine Frau. Sie war das Anhängsel, was ihr natürlich nicht behagte. Die Post, die ich von Konzertbesuchern und Fans bekam, interessierte sie in der ersten Zeit. Dann merkte sie aber bald, daß solche Zuschriften immer nach einem ähnlichen Muster gestrickt waren, und ihr Interesse ließ nach. So teilte sich immer mehr mein »Berufsleben« von ihrem. Sie erzählte mir Begebenheiten aus*

DEUTSCHE POST

URKUNDE

AUF GRUND

DER NACHGEWIESENEN QUALIFIKATION UND BEFÄHIGUNG

WIRD
Herrn

Gerhard S c h ö n e

DER DIENSTRANG

A s s i s t e n t

VERLIEHEN

1058 Berlin , DEN 7. Oktober 1977

- Hauptpostamt - Berlin 62

Der Leiter

Die Beförderung zum Postassistenten am 7.Oktober 1977

Mit Sabine, seiner späteren Frau

ihrer Welt, z.B. von einem Hausbesuch, und ich erzählte von meinen Erlebnissen auf den Konzertreisen. Jeder hatte seine Welt, die sehr stark war. Das mußte verarbeitet werden. Meine Lieder habe ich zumeist ihr zuerst vorgesungen, aber wir redeten nicht lange darüber. Sabine ist sehr intuitiv und geradeheraus. Ein Lied gefiel ihr oder es gefiel ihr nicht. Das hat sie nicht lang begründet und ihr erster Eindruck war mir auch wichtig. Wenn sie sagte: Das wird ein Hit, das ist gelungen, hatte ich auch mehr Sicherheit. Wenn sie mit einem Lied nicht klar kam, sagte sie einfach: Nein, das paßt nicht zu dir! Dann habe ich mich oft doch noch durchgesetzt, aber ihre Einschätzungen waren mir auch wichtig.

Gerhard Schöne war im Bauch der großen Stadt (Ost-)Berlin angekommen. Aus dem sächsischen, behüteten Ei gepellt, tingelte er nun über die Hinterhöfe Berlins, um eine größere Wohnung zu finden. Bisher war er gewöhnt, ein Leben in der Jugendbude unterm Dach ohne große Rücksicht auf Gewohnheiten anderer zu führen, jetzt muß er lernen, in einer festen Beziehung zu leben und im Hinterhof den Gerüchen und Blicken der Nachbarn ausgesetzt zu sein. Er dichtet:

Der Hinterhof ist scheußlich, der Hinterhof ist schön.
Da hörst du jeden Ehekrach und jedes Lustgestöhn.
Da kannst du andern Leuten grad auf den Teller sehn,
und Sonne gibt's im Sommer bis zehn.

Hier rückt dir das Leben hautnah auf den Leib.
Da prügeln sich Kinder, dort wäscht sich ein Weib,
hörst Müllkübel klappern, ein Kind übt Klavier,
ein Mann putzt den Wagen, ein andrer holt Bier.
Der Kerl im Paterre ist ab und zu blau,
und wenn er nachts heimkommt, schlägt er seine Frau.
Fängt sie an zu heulen, dann tut es ihm leid,
und er bittet wimmernd, daß sie ihm verzeiht.

Das Hinterhoflied beschreibt authentisch seine damalige Wohnsituation im Prenzlauer Berg in der Winsstraße. Wer ihn damals besucht hat, erinnert sich noch an die Kastanie im Hof, die bunte Kreide an den Wänden und das von Kresse umrankte Fenster. Ganz oben links hatten Sabine und Gerhard Schöne sich ihr Nest gebaut. Die später berühmten Vögelchen hatte Gerhard Schöne über die Türen gemalt, ein Biotop von grünen Pflanzen wogte vorm Fenster und lechzte nach Sonne. Musikinstrumente, Zettel und lustiger Trödel hingen an allen Ecken und Nägeln, die sich nur irgendwie zum Aufhängen eigneten. Die Stimmung dieses Hinter-

Mit Sabine im Hinterhof und auf dem Dach in Berlin, Prenzlauer Berg

hauses war die eines alten, geplagten Baumes, in dessen Wipfeln sich ein bunter Vogel sein Nest gebaut hatte. Streicheln mochte man ein solches Gewächs, man steht davor und der Blick wandert über seine Risse und Wunden nach oben bis zum Himmel.

Gerhard Schöne hat diesem Haus lange die Treue gehalten – eigentlich bis heute. Denn auf dem sehr einfühlsamen Coverfoto für seine erste LP »Spar deinen Wein nicht auf für morgen« steht er im Treppenflur dieses Hauses. Die Fotografin Sibylle Bergemann hat darauf die Atmosphäre dieser Zeit treffend eingefangen. Gerhard Schöne lehnt vor dem aufschablonierten Muster eines Treppensockels. Der dicke Pullover zeigt die Kühle und Feuchtigkeit des Hinterhofes an. Aber in den verschlungenen, manchmal verwischten Blumenranken des Sockelabsatzes beginnt etwas zu blinken – sie wachsen nach draußen und wollen mehr Licht...

Gerhard Schöne läuft an ihnen vorbei, wenn er zum Job bei der Post oder wenn er zum Fernstudium nach Dresden aufbrechen muß.

Cover der ersten Langspielplatte 1981 »Spar deinen Wein nicht auf für morgen«

Was hat ihn eigentlich bewogen, diese Tortour auf sich zu nehmen. War es nur die Notwendigkeit, via Studium eine offizielle Berufsgenehmigung zu erhalten oder erhoffte er sich auch eine fachlich fundierte Ausbildung?

Beide Motive für ein solches Studium sind denkbar: handwerkliche Ausbildung, Kontakte in die Szene, aber auch die Tatsache, daß man mit Abschluß des Studiums automatisch eine sogenannte »Berufspappe« bekam, den Ausweis, der öffentliche Auftritte erst ermöglichte und eine Einstufung beinhaltete, die dem Veranstalter vorschrieb, wie viel Honorar er zu bezahlen hat. Eine heute übrigens kaum noch nachvollziehbare Vorstellung, die damals allerdings Alltag war. Der Wert des Schlagersängers, Liedermachers oder Artisten richtete sich nicht nach ausverkauften Sälen oder Schallplattenverkaufszahlen, sondern eben nach dieser Einstufung, die eine Komission vornahm. Die jeweilige Einstufung für das Honorar gab es in den Kategorien A, AB, B usw. bis S, was soviel hieß wie Sondereinstufung und den Spitzenkünstlern vorbehalten war. Wer als Künstler seinen Status einigermaßen gefestigt hatte, konnte von Zeit zu Zeit eine Höherstufung dann selbst beantragen.

Gerhard Schöne: *Handwerklich war das Studium wichtig für mich vor allem in den Bereichen Sprecherziehung, Stimmbildung, Gehörbildung, Tonsatz usw. Ich konnte vorher schließlich keine Note aufschreiben. Bei Thea Elster hatte ich Schauspiel und Gesang. Das fand ich sehr interessant und merkte vor allem, welche Eigenheiten und Macken ich mir schon angewöhnt hatte, die wieder abtrainiert werden mußten. Und auch indem mehrere Mitstudierende sich jeweils kritisch betrachteten, lernte man seine eigenen Schwächen sehr schnell kennen. Man mußte sich ja auch außerhalb seines eigenen Genres bemühen. Ich experimentierte also im Musical und Schlager herum. Das hat für mich vor allem die Erkenntnis gebracht, in diesem Bereich nicht arbeiten zu wollen. Heute lege ich auf der Bühne die Gitarre ja öfters auch mal aus der Hand, um z.B. szenisch mit anderen etwas zusammen zu machen. Da kommen mir die damaligen Erfahrungen zugute. Und wichtig war auch die musikalische Grundbildung, die ich bekommen habe. So kann ich jetzt doch eher mit Musikern umgehen, mich ihnen gegenüber verständlich machen.*

Aber zunächst verband ich damals mit dem Studium schon auch den Wunsch, überhaupt die Legitimation für Auftritte in die Hand zu bekommen. Das war schon wichtig. Ich habe dann aber z.B. auch mal noch in andere Fächer, die zunächst nichts mit meiner Arbeit zu tun hatten, hineingeschnuppert. Da konnte man seinen Horizont erweitern, es hat auch Spaß gemacht z.B. in Bühnentanz mal ein Mädchen hochzustemmen...

Im Seminar bei Thea Elster an der Musikhochschule Dresden während des Fernstudiums

Karl-Heinz Saleh hat selbst in Dresden an der Hochschule für Musik Gitarre studiert, auch in der Unterhaltungskunst-Klasse, aber im Direktstudium. Schon während des Studiums hat er mit Gerhard Schöne Programme erarbeitet und gemeinsame Auftritte gestaltet. Auch heute noch gehört er zu seinen engsten musikalischen Mitstreitern. Er beschreibt Gerhard Schönes Positionen innerhalb des Studiums so:

Karl-Heinz Saleh: *Gerhard wußte schon, was er will, da war er auch einigen von uns anderen überlegen. Er hatte offensichtlich als genaues Ziel vor Augen, sich mit seinen eigenen Liedern in professionelle Bahnen zu begeben. Da hat er sich in dem Zusammenhang an der Hochschule in der Unterhaltungskunst-Abteilung auch ganz schön wund gelaufen. Es wurde dort ja eigentlich etwas anderes unterrichtet, es wurden auch ganz andere Klischees bedient. Gerade beim Stichwort »Musical« oder »Brecht-Interpretation« ließ sich Gerhard nicht gerade willig auf die Dinge ein. Er hatte seine eigenen Sachen, die er arbeiten wollte. Und diese eigenen Lieder unterschieden sich eben erheblich von dem, was überhaupt in den Köpfen der Lehrkräfte vorhanden war. Gerhard machte ja auch kein klassisches Chanson, so an den Flügel gelehnt. Da befand er sich immer im Zwiespalt: Einerseits wurde anerkannt, was er so machte, andererseits wurde es immer auch beargwöhnt, nicht zuletzt auch, weil durch seine Art des Beharrens auf seiner Interpretation ja z.B. auch den Lehrkräften Autorität entzogen wurde. Einige haben immer gegen ihn gearbeitet, andere haben ihn irgendwann so akzeptiert, wie er nun mal war.*

Hinzu kamen selbst an der Musikhochschule eben auch politische Vorbehalte gegen ihn. Er war der Pfarrerssohn, er hatte diese engen Kontakte in die Kirche hinein und lag also politisch nicht gerade auf der Linie. Das spielte bei einem Fernstudenten wie ihm weniger eine Rolle als bei uns Direktstudenten, aber es war trotzdem allgegenwärtig. Bei mir als Gitarrist war das sowieso weniger wichtig, aber er war ein Sänger, noch dazu einer, der mit eigenen Texten und Ideen an die Öffentlichkeit ging! Da haben sich schon einige Lehrkräfte an seinen politischen Haltungen und Äußerungen gestoßen. Gerhard war allerdings jemand, der immer einen guten Weg gefunden hat, solche Konflikte zu schlichten und trotzdem so gut es ging bei seinem Standpunkt zu bleiben. Er hat dabei stets das Gesicht gewahrt. Und ganz grundsätzliche Konfrontationen waren das auch nicht, die er ausgelöst hat. Da kenne ich andere, die viel mehr aufgelaufen sind.

Vielmehr hatte Gerhard schon damals eine bestimmte Art von Sturheit, die dem Gegenüber gar nicht gleich als Sturheit entgegentrat. Seine Sturheit ist nicht vordergründig, die erkennt man nicht sofort. Dadurch behält er auch meist die Sympathien seines Gegenübers. Und wenn man ihn nicht so genau kennt, merkt man erst mal gar nicht, daß das Sturheit ist, da denkt man eher, daß er sehr zurückhaltend reagiert.

Deshalb hatte er auch Anerkennung und Bewunderung bei den Mitstudenten, auch weil er eben auf seinem Stil beharrte, eigene Texte und Ideen einbrachte. Und von dieser Eigenständigkeit haben wir dann am Ende auch mitgezehrt. Ich war damals ja auch noch ganz grün hinter den Ohren und habe auch von Gerhard viel gelernt in dieser Beziehung, auch von Dieter Beckert, mit dem ich später einige Jahre zusammengearbeitet habe.

Gerhard Schöne: *Durch die Struktur des Fernstudiums, daß man eben nur einen Tag in der Woche an der Hochschule sein mußte, waren aber insgesamt die Begegnungsmöglichkeiten mit anderen Künstlern relativ gering. Außerdem spielten schon viele in einer Band oder hatten eigene andere Verpflichtungen. Am meisten Kontakt hatte man noch zu den anderen in der Gruppe um Thea Elster. Da saß man im Kreis zusammen, probierte etwas gemeinsam aus und kam dann in die Diskussion. Dieter Beckert, der später das Duo Sonnenschirm gemacht hat, habe ich dort schon kennengelernt, und wir sind seitdem gut befreundet. Frieder Rosenthal gehörte damals auch in diesen Kreis, also Leute, die später nicht nur Interpreten, sondern auch Autoren ihrer eigenen Lieder waren.*

In dieser Zeit war gerade wieder eine große DDR-Kunstausstellung in Dresden. Die bildenden Künstler fingen an, sich recht offen mit gesellschaftlichen Themen zu beschäftigen. Zu einigen dieser Bilder habe ich damals Lieder geschrieben. Aber mitten in diese Arbeit und die letzte Phase des Fernstudiums schneite der Einberufungsbefehl zum Wehrersatzdienst ins Haus. Mir war klar, wenn ich jetzt das Studium nicht noch abschließen könnte, wäre ich nach anderthalb Jahren so sehr raus aus der ganzen Materie, daß ich es nicht mehr schaffen würde oder sie hätten mich gar nicht noch mal zugelassen. So entschied ich mich, an der Hochschule allen offen die Situation zu schildern und um Hilfe zu bitten. Ich bin also zum Rektor gegangen, hab ihm von der Einberufung zur Baueinheit erzählt und ihn gebeten, meine Abschlußprüfungen vorzuziehen. Er ist darauf auch eingegangen, ich habe meine Prüfung bestanden und hatte damit meine »Pappe«, bevor ich dann am 2. Mai 1978 nach Stralsund zur Armee eingezogen wurde.

Zur Abschlußprüfung an der Hochschule mußte ich ein richtiges Programm vorspielen mit Liedern und Szenen. Dazu hatte ich eine öffentliche Veranstaltung organisiert und dort gesungen. Mit Dieter Beckert, Karl-Heinz Saleh, damals noch Schulz, und Ulrike Nitschke, die auch dort studierte, hatte ich ja schon das Programm »Drei Gaukler und ein Mädchen«. Das war ein komplettes Programm von 1 1/2 Stunden Länge. Als Sänger sollte man sich möglichst vielseitig präsentieren, also haben wir noch einen

Schlager, und ein obligates Brechtlied dazugenommen. Das Publikum ging insgesamt nett mit, die Lehrer haben kurz beraten und ich bekam eine Zwei.

Aus einer der vielen Zettelkisten von Gerhard Schöne ist der handschriftliche Text von damals herausgefallen. Und so klang die Ankündigung des Programms damals:

... Der Liederdichtkunst edler Hort
ist auch bei uns zu Hause,
denn jedes Wort, das man heut singt
stammt aus selbsteignen Reihen.
Wenn das vielleicht wie Selbstlob klingt,
so möge man verzeihen!

Die beteiligten Künstler selbst wurden in ebensolchen Knittelversen vorgestellt:

Die Künstlerwelt schau zu ihm auf, kein Kriticus mehr meckert,
weil er fürwahr ein Genius ist – ihr Liebling: Dieter Beckert!

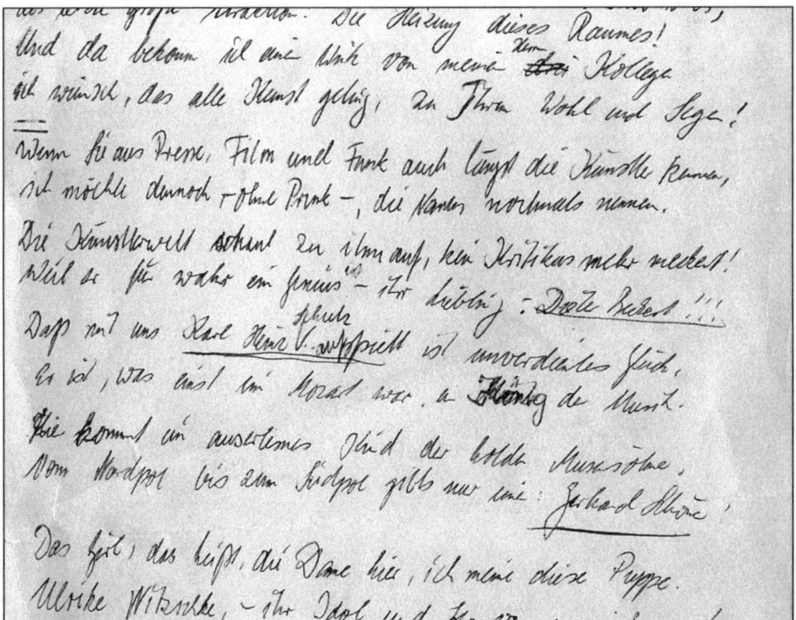
Die Heizung dieses Raumes!
Und da bekam ich einen Wink von meinen Kollegen
ich wünsch, daß alle Kunst gelingt, zu Ihrem Wohl und Segen!
Wenn Sie aus Presse, Film und Funk auch längst die Künstler kennen,
ich möchte dennoch – ohne Prunk –, die Namen nochmals nennen.
Die Künstlerwelt schaut zu ihm auf, kein Kritikus mehr meckert!
Weil er für wahr ein Genius ist – ihr Liebling: Dieter Beckert!!!
Daß mit uns Karl Heinz V. mitspielt ist unverdientes Glück.
Er ist, was einst ein Mozart war, ein König der Musik.
Hier kommt ein auserlesenes Kind der holden Musensöhne,
Vom Nordpol bis zum Südpol gibt's nur eine: Gerhard Schöne!
Das Girl, das heißt, die Dame hier, ich meine diese Puppe.
Ulrike Witzschke, – ihr Idol und Star von unsrer Gruppe!

Ausschnitt aus dem Textzettel des Programms der Abschlußprüfung 1978, Vorstellung der mitwirkenden Musiker

Es wurden folgende Leistungen nachgewiesen:

I. Hauptprüfung	
Marxismus-Leninismus	gut
Hauptfach	gut
Orchester- bzw. Chorpartienstudium	./.
II. Abschlußprüfungen und Belege	
Korrepetition	./.
Psychologie	befriedigend
Pädagogik	gut
Stimmphysiologie	sehr gut
Methodik des Hauptfachs	./.
Klavier	genügend
Tonsatz/Gehörbildung	gut/sehr gut
Formenlehre	gut
Instrumentenkunde	./.
Sozialistische Kulturpolitik	sehr gut
Ästhetik	sehr gut
Musikgeschichte	gut
Russisch	./.
Italienisch	./.
Körpererziehung	./.
	./.
	./.
	./.

Dieser Hochschulabschluß berechtigt zur Lehrtätigkeit

im Fach ./. an Musikschulen der DDR.

DEUTSCHE DEMOKRATISCHE REPUBLIK
Siegel
Hochschule für Musik „Carl-Maria-von-Weber", Dresden

Dresden, den 31. 7. 1978

amt. Der Rektor
Doz. Dr. Jahn

Der Abteilungsleiter
Dr. F.-H. Greß

Aus dem Abschlußzeugnis des gerade diplomierten »Sängers«

Daß mit uns Karl-Heinz Schulz aufspielt, ist unverdientes Glück.
Er ist, was einst ein Mozart war: ein König der Musik.
Das Girl, das heißt, die Dame hier, ich meine diese Puppe
Ulrike Nitschke: Ihr Idol und Star von unsrer Gruppe.

Und auch sich selbst ruft Gerhard Schöne aus:

Hier kommt ein auserlesnes Kind der holden Musensöhne.
Vom Nordpol bis zum Südpol gibt's nur einen:
Gerhard Schöne!

So reimte man sich gemeinsam durch die Prüfung. Ein Teil der Lieder, die schon damals erklangen, liefen diesen putzigen Sprüchen weit voraus. Sie peilten schon das Maß an, daß sie über die schöpferische Phase bei den Bausoldaten bis hin zur ersten Langspielplatte erlangen sollten.

Noch während des Studiums gab es eine Begegnung des jungen Liedermacherstudenten mit dem seit 1965 mit Berufsverbot belegten, aber allen bekannten Wolf Biermann. Auch Gerhard Schöne hatte natürlich seine ersten Gitarrengriffe zu »Soldat, Soldat, in grauer Norm« gelernt. Er verehrte ihn, traute sich aber nicht, ihn gleich auf der Straße anzusprechen.

Gerhard Schöne: *Von vielen hatte ich gehört, daß Biermann sogenannte Rucksackbesucher wieder rausschmeißen würde. Also hatte ich große Hemmungen, ihn zu besuchen, obwohl es mich schon reizte. Ich wäre auch nie allein zu ihm hingegangen. Zum einen aus Achtung vor seiner Privatsphäre, aber auch aus Sorge davor, von ihm wieder rausgeschmissen zu werden. Einmal, da war ich in Leipzig noch bei der Spielgemeinde, habe ich ihn über den Marktplatz laufen sehen. Ich kannte damals Fotos von ihm und hatte schon viele seiner Lieder gehört. Was er machte, fand ich großartig und für mich unerreichbar. Als ich ihn so sah, kämpfte ich kurzzeitig mit mir, ob ich ihm hinterherlaufen und ihn einfach ansprechen sollte. Ich wollte ihn ja fragen, ob man sich mal treffen könnte, ich würde ihm gern Lieder von mir zeigen und vorsingen und seine Meinung dazu hören. Aber ich blieb stehen und hab mich einfach nicht getraut.*

Viel später, ich wohnte schon in Berlin, kam Frieder Rosenthal zu mir und erzählte ganz aufgeregt, er hätte Biermann in einer Kneipe getroffen. Er sei an seinen Tisch gegangen und habe gesagt: Ich schreibe auch Lieder, ich studiere im Abendstudium und ich habe einen Freund, der auch Lieder schreibt – dürfen wir nicht mal was vorspielen? Biermann hatte gerade Besuch von seinem amerikanischen Übersetzer oder einem Professor, der etwas über ihn schrieb und das war wahrscheinlich ein Glücksfall für uns. So kam es ihm sicher zupaß, daß da zwei unerfahrene Jünglinge, die auch Lieder machten, dem Meister zu Füßen sitzen wollten. Also, wir hatten einen Termin und gingen in die berühmte Wohnung in die Chausseestraße. Wir wußten, daß dies ein Treffpunkt einiger bekannter Intellektueller aus Ost und West war. Als wir ankamen, war wieder der amerikanische Professor da. Wir hielten uns an unseren Klampfen fest, denn es war uns ziemlich mulmig. Wir meinten natürlich, daß wir von nun an bei der Stasi registriert würden. Über den Hof peilte tatsächlich auch jemand aus einem Fenster mit einer riesigen Linse durch Biermanns Küche die Wohnung an. Auch war die Wohnung direkt unter ihm mit einer Eisentür verschlossen. Wir glaubten, daß dahinter die Abhöranlagen stehen müßten, denn daß die Wohnung verwanzt war, schien uns ganz sicher. In unserer ganzen Angst kamen wir uns also ganz schön mutig vor. Für Biermann war das alles kein Thema, so schien es uns jedenfalls. Er lebte ja schon länger mit diesen Zuständen. Dann fingen wir also an und haben nacheinander etwas gesungen. Biermann hat danach die Lieder nicht etwa auseinander genommen oder Einzelheiten bewertet, sondern er hat nur gesagt: »Wenn ich euch so ansehe, fallen mir vor allem eure Schuhe auf« – ich hatte leichte Wanderstiefel an aus Wildleder und mit fester Sohle, auch Tramperstiefel genannt, und Frieder trug hochhackige, vorn etwas spitze Modeschuhe. »Und genauso wie eure Schuhe, so sind auch eure Lieder: Die einen kann man gut gebrauchen, damit kann man ein ganzes Stück wandern und fühlt sich wohl darin und die anderen, die drücken sicher ein bißchen, sind zum langen Laufen nicht geeignet, sind modisches Blendwerk.«

Mir tat da erst mal der Frieder ziemlich leid, aber ich war natürlich geschmeichelt vom Lob des großen Meisters. Dann griff Biermann zur Klampfe und spielte uns was vor. Er fragte auch, ob er mal ein Buch mit Tipps und Handwerkszeug für Liedermacher herausgeben sollte, eine Art Handbuch. Diese Idee fanden wir toll. Zum Abschied bot er mir noch ein weiteres Treffen an. Er wollte ein paar Lieder von mir aufnehmen, für sein Privatarchiv. Das freute mich natürlich.

In dieser Zeit lernte ich auch Rainer Kunze kennen. Er las in Berlin im Paulinum und ihn hatte ich dort angesprochen. Ein Lied von mir »Schlaf, Kindchen schlaf«, in dem ich einen Seitenhieb auf Armee und Staat untergebracht hatte, fand Kunze recht gut. Wir traten daraufhin in einen kleinen Briefwechsel. Kunze wurde bald danach aus der DDR rausgeschmissen. Jemand erzählte mir, daß er in Fernsehinterviews im Westen mich und meine Lieder lobend hervorgehoben habe. Er soll einem Jounalisten auf die Frage nach hoffnungsvollen Talenten in der DDR gesagt haben, da gäbe es den Schriftsteller Jürgen Fuchs und den Liedermacher Gerhard Schöne. Ich freute mich darüber und war zugleich auch erschrocken. Ich

Im Studentenklub der Hochschule für Ökonomie Berlin-Karlshorst, ca. 1978

hatte nicht die Absicht, politisch in eine bestimmte Ecke gesteckt zu werden und wollte die Stasi nicht auf den Hals bekommen. Bei Biermann war ich übrigens auch nicht noch ein zweites Mal, denn schon wenige Wochen nach unserem Besuch wurde er ausgebürgert. So sind meine Lieder also auch nicht in seinem Privatarchiv gelandet.

Beide Kontakte, zu Biermann und auch zu Kunze, waren inhaltlich für mich wichtig, waren für mich Mutmacher. Gleichzeitig dachte ich damals immer auch sehr praktisch. Ich wollte mir meine Auftrittsmöglickeiten in der DDR nicht verderben und war dann auch wieder froh, daß keine sehr intensiven Kontakte aus diesen Begegnungen gewachsen sind.

Biermann hatte den Nagel auf den Kopf getroffen. Gerhard Schönes »Liederschuhe« eigneten sich zum Wandern. Sie scheuten nicht die Mühen der Ebene. Und so ist auch seine Zurückhaltung gegenüber Biermann und Kunze zu verstehen. Er konnte und wollte sich ein Leben außerhalb der DDR nicht vorstellen. Wie sein Vater es als Verpflichtung ansah, ensprechend dem biblischen Spruch vom Herrn, der als Hirte seine Schafe hütete, seine Gemeinde zu hüten, so wollte auch Gerhard Schöne bei seiner »Herde« bleiben. Er hat nie, auch damals, nach der Ausbürgerung von Biermann und Kunze, an Flucht aus dem ihm in seinem Verständnis »angeborenen« Alltag gedacht.

Gerhard Schöne: *Ausreiseantrag oder Flucht waren nie ein Thema für mich. Besonders, nachdem ich dann zu Auftritten in den Westen fahren konnte. Da merkte ich vor allem den Unterschied im Publikum. Im Westen war ich ein Exot, die Leute fanden mich nett und interessant. Aber in der DDR, da fühlte ich mich wirklich gebraucht. Hier hatte ich mit meinem Publikum zusammen immer ein unheimlich gutes Gefühl. Das war etwas ganz anderes. Da kam Ausreise nicht in Frage. Es ging mir sogar so, daß ich ärgerlich wurde, wenn andere gingen oder gehen mußten. Vor allem, wenn es Leute waren, die ich schätzte, Bettina Wegener z.B. Da fühlte ich mich alleingelassen. Als ich dann selbst die Möglichkeit hatte, im Rahmen von Konzerten den Westen kennenzulernen, da hat sich dann sowieso vieles relativiert, was auch ich vorher in großartigen und rosaroten Bildern sah. Ich hatte da auf einmal so manches Verständnis für die kleine DDR, die da so herummickerte. Und bei dem vielen, was einen hier störte und nervte, sah man doch das meiste als veränderbar an. Das war entscheidend für mich.*

Gerhard Schöne will etwas verändern. Das Lied darüber, daß eben alles klein beginnen muß, ist ein Stück von ihm selbst. Aus seinem Fenster im Hinterhof singt er:

Von Zeit zu Zeit gibt es im Hof ein Gezänk,
für zwei Kinderwagen sei der Hausflur zu eng.
Und jemand war wieder am Briefkasten heut,
und wer hat die Asche danebengestreut.
Ein Fenster im Hof ist von Kresse umrankt,
da wohnt eine Frau, mit der keiner sich zankt.
Die gießt die Kastanie, wenn Trockenheit droht
und füttert die Tauben mit Wasser und Brot.

Auch er will es weiter versuchen, an dem Ort das Mögliche zu machen, an den ihn das Leben spült. 1978 ist Gerhard Schöne Bausoldat, Liedermacher und Hinterhofbewohner. Das will er alles auch sein. Und danach immer noch ein wenig mehr..., denn:

Der Hinterhof ist scheußlich,
Der Hinterhof ist schön!

5.

»HEIZERS GEBURTSTAGSSTÄNDCHEN« –

LIEDER SCHREIBEN ALS BAUSOLDAT

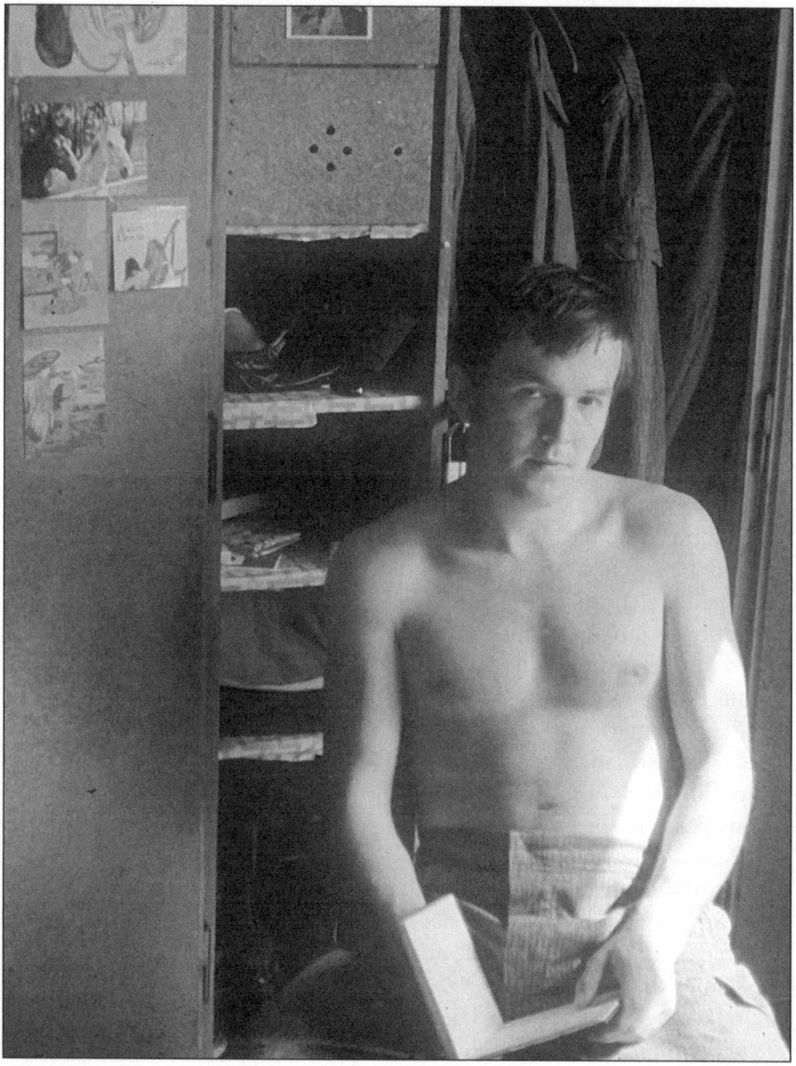

Vor seinem Spind in der Kaserne in Stralsund als Bausoldat 1978

»Soldat auf Zeit« oder »Offizier« zu werden, verpflichteten sich Schüler in der DDR zwischen dem 14. und 18. Lebensjahr. Jede Schule hatte mindestens einen militärisch straffen Lehrer, der gemeinsam mit einem Genossen des Wehrkreiskommandos Werbefeldzüge startete. Erstaunen oder mitleidiges Lächeln löste danach immer die Tatsache aus, daß oft und gerade die Leistungsschwächeren sich zur Offizierslaufbahn gemeldet hatten. Natürlich gab es auch die Schönlinge und Streber, die vorrechneten, was bei der »Fahne« für Vorteile zu ergattern seien. Man kennt eigentlich kaum einen 18-Jährigen, der jenseits der offiziellen Verlautbarungen im Freundeskreis gesagt hätte, er gehe wirklich begeistert zur Armee, um den Sozialismus gegen den Imperialismus und die Bonner Ultras zu verteidigen. Immer hinterließen die Begründungen einen faden Beigeschmack. Grundsätzlich aber galt es als eine Todsünde, die Verteidigung der »sozialistischen Heimat« mit der Waffe in offiziellen Gesprächen in Frage zu stellen oder lächerlich zu machen. Zwei Auswege gab es aus diesem Dilemma: die Entscheidung zum Bausoldaten oder die Totalverweigerung. Letztere Möglichkeit ging mit einer gesellschaftlichen Ächtung einher und wurde oft – aber nicht immer – mit Haftstrafen geahndet. Wie alles in der DDR war auch hier die Bestrafung nicht sicher, man konnte den Schritt riskieren und hoffen, daß ein Einberufungsbefehl nicht kommt.

Die andere Möglichkeit, eine Art Wehrersatzdienst, sah vor, daß man eingezogen wurde wie zum regulären Dienst und an einem Armeestandort Dienst ohne Waffe verrichten mußte. Unter Pazifisten wurde damals oft diskutiert, ob das Ausfegen einer Panzerhalle oder das Entladen von Waffenteilen schon als Dienst an der Waffe gelten muß oder nicht. Es entschieden sich auf jeden Fall in den 70er Jahren eine kleine, aber erkennbare Menge junger Männer für den »Spatendienst«. Die tauchten hier und da in der Öffentlichkeit in Uniformen der Armee auf, die auf den Schulterklappen einen Spaten zeigten. In den Standorten lebten sie in eigenen Zimmern und wurden von den übrigen, normalen Wehrpflichtigen gleichermaßen geachtet, gehaßt und ausgelacht. Der Staat hatte zwar, auf Druck der Kirchen, eine legitime Form von praktiziertem Pazifismus geschaffen, er schützte diese Form jedoch nicht. Auch erwuchs den Bausoldaten nicht selten ein Nachteil: Berufswünsche oder Hochschulstudium wurden abgelehnt mit dem Hinweis darauf, daß es die Ehre eines Studiums verlange, daß der Studierende bereit sei, die Errungenschaften des Sozialismus auch mit der Waffe zu verteidigen. Es ist dies ein schönes Beispiel für die verquaste Rechtsauffassung der DDR: Du darfst zwar ungestraft den Dienst mit der Waffe ablehnen und einen Ersatzdienst machen, aber dein Anspruch auf bestimmte Ausbildungswege oder Berufe schmälert sich dadurch. Recht wurde mit Moral vermengt, und weil die Auslegung der Moral als wissenschaftlich, also objektiv fundiert galt, wurde sie unter der Hand zum Rechtsstandpunkt. Kein normaler Armeedienst bedeutete: kein normales Studium. So auch bei Gerhard Schöne.

Erst kam die »erfreuliche Mitteilung« der Schauspielschule Berlin, die ihm mitteilte, daß er für das Studienjahr 1972/73 immatrikuliert war und sich darauf einrichte solle, am 4. September des Jahres 1972 nach der Begrüßung unverzüglich mit seinem Studienkollektiv zu einem vierwöchigen Arbeitseinsatz in das Braunkohlewerk »Jugend« bei Lübbenau aufzubrechen. Dann, mit Datum vom 23. August, also eine gute Woche vor Studienbeginn, kam die Ablehnung von der gleichen Hochschule mit der Begründung: Nach §1 der Zulassungsordnung vom 15. April 1972 sind »die Mitwirkung an der Gestaltung der sozialistischen Gesellschaft und die Bereitschaft zur aktiven Verteidigung des Sozialismus« Voraussetzung (dieses Wort ist unterstrichen!) für die Studienbewerbung und die Zulassung zum Fachschuldirektstudium. Gemäß §6(4) der Zulassungsordnung ziehen wir daher die Ihnen am 7.6.1972 erteilte Zulassung zurück.«

Gerhard Schöne hatte eine persönliche, weltanschauliche Haltung in einem persönlichen Entschluß dokumentiert, indem er die legale Möglichkeit eines Dienstes ohne Waffen in Anspruch nahm. Trotzdem rät ihm der Vorsitzende der Zulassungskommission, »woher immer diese Haltung begründet sein mag, diese noch einmal gründlich zu durchdenken. Allein die ungeheuren Verbrechen des amerikanischen Imperialismus in Vietnam gebieten heute jedem ehrlich auf Frieden bedachten jungen Menschen, die Chance wahrzunehmen, seinen Teil bei der aktiven Verteidigung seiner Heimat zu leisten.« Wie wir wissen, hat Gerhard Schöne diese Mauer aus verquasten Argumentationen nicht in der Konfrontation, sondern mit der geschickten Umschiffung der einzelnen Hürden überwunden. Hier hatte einer von seinem Staat erfahren: So, wie du bist, wollen wir dich nicht! Trotzdem reagierte Gerhard Schöne nicht mit Zornausbruch oder Fluchtgedanken, sondern er suchte einen anderen Weg für sein Ziel, nicht irgendwo, sondern eben in der DDR Liedermacher und Darsteller, mithin Botschafter seiner Gedanken zu sein. Diese Wesensart wird falsch beschrieben, wenn sie mit dem Attribut »ängstlich« belegt wird. Sie ruht vielmehr in einer Bescheidenheit, die im Zentrum der christlichen Lebenshaltung des Gerhard Schöne zu finden ist: Ich bin nicht aus Zufall hier geboren. Ich habe hier eine Aufgabe. Ich werde hier meine Freiräume suchen und meine Fähigkeiten einsetzen. Und so kam es, daß Gerhard Schöne auch ohne Schauspielstudium seinen Weg ging. 1978 erst mußte er seine Bausoldatenzeit antreten. In der Zwischenzeit hatte er über den Umweg des Fernstudiums an der Musikhochschule in Dresden doch einen Berufsabschluß als Liedermacher erworben. Er war über viele kirchliche Veranstaltungen bekannt geworden. Er hatte vielversprechende Auftritte mit Musikerfreunden aus Dresden gehabt. Nun »bremste« die Bausoldatenzeit noch einmal seine Laufbahn – nur scheinbar allerdings, wie man bei tieferer Betrachtung erkennen kann.

Gerhard Schöne: *Bei den Bausoldaten traf ich Leute, die zumeist christlich gesonnen waren, Pazifisten oder auch Leute, die man heute als Dissidenten, damals als »staatsfeindliche Elemente« bezeichnete. Am Standort Stralsund, wohin ich einberufen wurde, waren wir zehn Bausoldaten. Untergebracht waren wir in jeweils zwei Zimmern, also zu fünft. Tagsüber mußten wir vor allem Reinigungsarbeiten machen, Sand und Dreck schaufeln oder Güterzüge be- und entladen. 16 oder 17 Uhr war dann ganz normal Feierabend, und jeder machte sich seine Tasse Kaffee, schrieb Briefe nach Hause oder las etwas. Da war es kaum möglich, im Zimmer Ruhe zu finden, um z.B. Lieder zu schreiben. Ich suchte mir deshalb nach Möglichkeit schon am Tage solche Arbeiten heraus, bei denen ich oft mal allein war. Wir konnten uns untereinander ja einigen, wer welche Arbeit machen sollte. Den großen Speisesaal auszufegen, war nicht gerade beliebt, ich aber machte das gern, denn dabei war ich ganz allein. Zu dieser Arbeit habe ich mich also immer gemeldet und sie dann ordentlich in die Länge gedehnt. Ich hatte einen Zettel in der Tasche und einen Bleistift, schob meinen großen Besen langsam vor mir her und hatte den Kopf frei zum Nachdenken. Die Bewegungen waren stupide genug, um in Ruhe dabei spinnen zu können. Von Zeit zu Zeit hielt ich an einem Tisch an und schrieb ein paar Zeilen auf meinen Zettel, dann kehrte ich weiter. So konnte ich einiges schaffen. Eine weitere Möglichkeit zum Schreiben fand ich in einem Schuppen, in dem Papierabfall gelagert wurde. Ich mußte dort Pappe zerlegen und aufstapeln, auch eine unangenehme Arbeit, die keiner gern machte. Ich tat es wieder gern, weil ich im Lager in einer versteckten Ecke Wände aus Pappe aufrichtete und mir dahinter ein kleines Kämmerchen baute, in dem ich in Ruhe schreiben konnte. Das waren die Möglichkeiten während der Arbeitszeit, sich zu verdrücken, zumindest gedanklich. »Unsichtbarwerden« hieß das Spiel, das wir alle damals, jeder nach seinen Bedürfnissen, recht gut beherrschten. Wenn die Arbeitszeit vorbei war und alle auf der Bude hockten, habe ich für mich nach weiteren Möglichkeiten gesucht, allein zu sein. Der einzige Raum, den ich fand, war der Kühlschrankraum. Ein Raum ohne Fenster voller großer Kühl- und Gefrierschränke. Eine einzige Neonröhre verbreitete von der Decke kaltes Licht, die Kühlschränke brummten abwechselnd, aber sonst war Ruhe und keiner nervte. Gerade in diesem Kühlschrankraum habe ich die meisten der*

Lieder zu den Bildern der DDR-Maler geschrieben. Dort konnte ich schreiben und Gitarre spielen. Papier, einen Stift, die Gitarre und einen Stuhl – mehr brauchte ich nicht. Es war nicht gerade anheimelnd in diesem Raum, aber allein die Tatsache, innerhalb der Armee geistig frei zu sein, sich ungestört seine eigenen Gedanken machen zu können, empfand ich für mich als ganz wichtig. In diesem Sinne war die Zeit bei den Bausoldaten für mich auch eine gute Zeit, viele Lieder sind damals entstanden – auf der Flucht vor dem Armeealltag in eine geistige Welt.

Erst wenn man die Entstehungszeiten der Lieder von Gerhard Schöne genau datiert, bemerkt man, wie viele davon genau in dieser eigentlich unangenehmen und mehrheitlich unsinnigen Zeit der Armee entstanden sind. Gerhard Schöne hatte schon Erfahrungen mit Liedern und Publikum gesammelt, er hatte sein Studium erfolgreich abgeschlossen, und nun wurde die Zeit quasi angehalten. Aber könnte es durchaus sein, daß

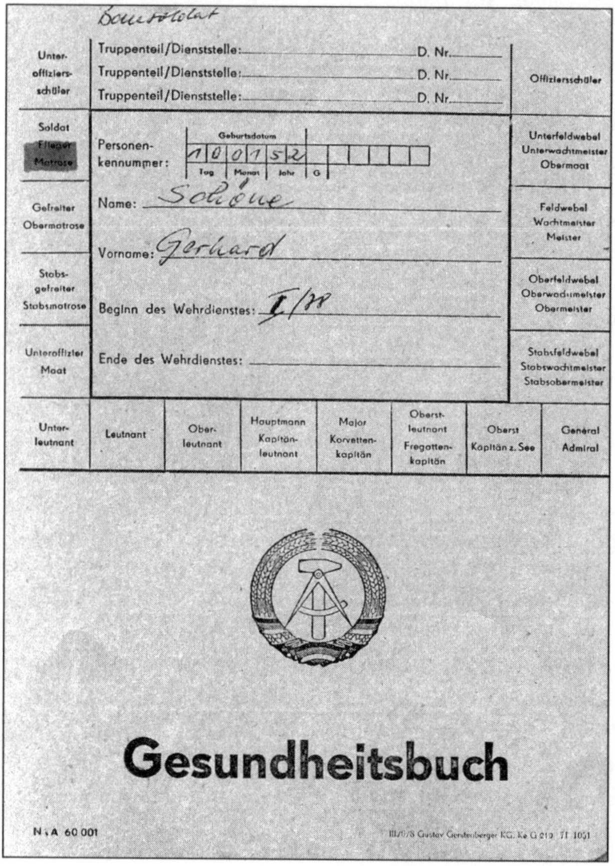

Bausoldat

Unteroffiziersschüler | Truppenteil/Dienststelle: D. Nr. | Truppenteil/Dienststelle: D. Nr. | Truppenteil/Dienststelle: D. Nr. | Offiziersschüler

Soldat / Flieger / Matrose

Personenkennummer: 1 0 0 1 5 2 (Geburtsdatum: Tag, Monat, Jahr, G)

Name: Schöne

Vorname: Gerhard

Beginn des Wehrdienstes: I/78

Ende des Wehrdienstes:

Gefreiter / Obermatrose

Stabsgefreiter / Stabsmatrose

Unteroffizier / Maat

Unterfeldwebel / Unterwachtmeister / Obermaat

Feldwebel / Wachtmeister / Meister

Oberfeldwebel / Oberwachtmeister / Obermeister

Stabsfeldwebel / Stabswachtmeister / Stabsobermeister

Unterleutnant | Leutnant | Oberleutnant | Hauptmann / Kapitänleutnant | Major / Korvettenkapitän | Oberstleutnant / Fregattenkapitän | Oberst / Kapitän z. See | General / Admiral

Gesundheitsbuch

N. A 60 001

Das Gesundheitsbuch des Bausoldaten Gerhard Schöne

ihm diese Zeit der Konzentration auf das Wesentliche zu mehr Reife und Festigkeit verholfen hat? Zu lernen, seine Kunst aus einer in sich beschränkten, manchmal auch demütigenden Situation heraus zu entwickeln, hat sich im Falle Gerhard Schöne möglicherweise als Gewinn erwiesen, denn äußerer Mangel kann eben gerade auch die Kreativität anregen. Es ist wie die Lust, aus wenig Zutaten etwas Leckeres zu kochen. Aus dieser Konzentration, die in dem selbstgebauten Schutzhäuschen, dem Pappverlies hinter den Abfällen oder dem Kühlschrankraum entstehen konnte, schöpfte Gerhard Schöne einige seiner schönsten Lieder. Lieder, die ganze Generationen beeindruckt und geprägt haben, sind gerade dort entstanden. Vielleicht schrieb er die Zeilen des Liedes »Festmahl« beim Ausfegen des großen Speisesaales der NVA-Kaserne in Stralsund:

Lieber Freund, komm zu Tisch
hier ist noch Platz für dich
Was du geben kannst, leg in die Runde
Sei es Wein, sei es Schmalz
Sei es Brot oder Salz
Es ist zu gegebener Stunde.

Gerhard Schöne schiebt seinen großen Besen langsam durch die endlosen Tischreihen des nach altem Fett riechenden Saales, hält an einer Tischecke an und notiert auf dem nächsten Zettel:

So muß ein Festmahl sein
Jeder bringt etwas ein
Jeder bringt etwas mit
Ein Törtchen, ein Wörtchen, ein Lied.

So könnte es, so muß es nicht gewesen sein. Aber was beschreibt diese Art der Befreiung aus einer eingesperrten Welt durch Geist und Gedanken besser als die Vorstellung, wie der Liedermacher Gerhard Schöne hinten in einem Versteck des Papierkellers hockt und sich ein Lied wie »Heizers Geburtstagsständchen« ausdenkt:

Plötzlich öffnet sich die Türe
mit der schönsten Blasmusik
sieben Hörner, drei Posaunen
eine Pauke vor dem Bauch
hat das Feuerwehrorchester.

Feierabend bei den Bausoldaten

Und sein Herz, das trommelt auch
weil sein Herz noch immer heiß ist
wird der Ofen auch nicht kalt.
Unser Heizer hat Geburtstag
50 Jahre wird er alt.

Der scheinbare Stillstand, die scheinbar nutzlos vergehende Zeit wird ausgefüllt mit dem »heißen Herzen«, mit Inhalten und Formen, die aus Gerhard Schöne förmlich herausquellen. Seine künstlerische Produktion ist ihm bei den Bausoldaten wichtige Überlebenshilfe. Eine Überlebenshilfe, die viele triste Tage und Stunden zu verdrängen half, die Ungemach einer solchen Lebenssituation aber dennoch nicht völlig außer Kraft setzen konnte. Joachim Schöne, Gerhards väterlicher Freund, Förderer und Kollege wußte und ahnte die Schwierigkeiten der Situation, in der Gerhard war. So machte er sich eines Tages auf den Weg von Dresden nach Stralsund, um Gerhard Schöne zu besuchen.

Joachim Schöne: *Gerhard hat mir in dieser Zeit recht häufig geschrieben. Briefe schreiben und Lieder schreiben waren für ihn ein wesentlicher Halt, um das alles zu überstehen. Ich glaube, es war auch eine sehr bittere Zeit für ihn. Er hat wenig davon erzählt, aber ich hatte doch auch den Eindruck, daß es so war. Deshalb beschloß ich, ihn zu besuchen. Wir wollten uns in Stralsund abends in einer Gaststätte treffen. Ich saß schon da, als ein anderer Soldat kam und mir mitteilte, daß Gerhard nicht raus dürfte. Da ging ich also mit ihm zur Kaserne. Dort wurde ich mit bösen Augen betrachtet. Ein Pfarrer in der Kaserne, was will der denn hier? Ich wurde nach einigem Hin und Her eingelassen und in ein eingeschossiges, steriles Gebäude geführt. Viele leere Tische standen da, aber kein Mensch war darin. Nach einer Zeit kam dann Gerhard. Da saß er nun, bleich und irgendwie erschöpft, eben ein Anblick des Elends. Ich hatte etwas zu trinken mitgenommen, das stellte ich auf den Tisch zwischen uns. Unser Gespräch kam einfach nicht in Gang. Wir waren in dieser absurden Situation völlig hilflos, als wir merkten, daß wir in diesem Raum nicht reden konnten. Ich sagte dann: Gerhard, das hat hier keinen Zweck, hol einfach die Gitarre und spiel was. Er ging wieder los, holte seine Gitarre, und die folgende Stunde ist mir unvergeßlich. Er spielte mir die Lieder vor, die in dieser Zeit entstanden waren. In diesem scheußlichen Raum, mehr oder weniger eingesperrt in einer Kaserne in Stralsund, entstand auf einmal Gerhards ganze Welt vor mir. Da war mir klar, daß er es nicht nur schaffen würde, daß er vielmehr durch die Bausoldaten-Zeit hindurch fest geblieben ist, wenn nicht gar ein ganzes Stück gereift ist.*

Insofern meine ich, und das kann man nur hinterher sagen, war diese Zeit für seine spätere Entwicklung eher positiv als negativ.

Gerhard Schöne selbst wußte genau, daß nach dieser Zeit der Ernst des Lebens für ihn definitv beginnen müßte. Dann würde sich beweisen, ob er seinen Berufswunsch, Liedermacher in der DDR zu werden, verwirklichen könnte.

Gerhard Schöne: *Mir war von Anfang an klar, daß ich nach diesen 1 1/2 Jahren der Bausoldatenzeit künstlerisch auf eigenen Füßen stehen mußte. Bis dahin hatte ich noch studiert und meinen Postjob gemacht, aber nach der Armeezeit wollte ich mich auf jeden Fall »freischwimmen«. Oder ich hätte entschieden, daß das eben so nicht geht mit dem Künstlerleben. Also habe ich alle Kraft darauf gerichtet, die Zeit als Bausoldat nicht nur zu überstehen, sondern die Zeit danach, so gut es geht, vorzubereiten. Das hieß: Lieder schreiben und darüber nachdenken, wie man sie unter die Leute bringen kann. Um nicht nur in Kirchgemeinden zu singen, habe ich mir z.B. aus dem Telefonbuch die Adressen von Museen, Kulturhäusern und anderen Orten, wo Bilder ausgestellt wurden, rausgesucht. Dort wollte ich mein Programm mit den Liedern zu den Bildern der Kunstausstellung vorführen. Ich habe die also alle angeschrieben nach dem Motto: Ich bin der Gerhard Schöne und habe da Lieder zur Kunstausstellung gemacht, die ich Ihnen gern vorführen möchte. Dazu würde ich die Dias der Bilder zeigen und die Lieder singen. Außerdem biete ich auch ein Kinderprogramm an. Diese beiden Programme hatte ich damals nämlich schon fertig. Ich habe diesen Brief also viele Male eingetütet und abgeschickt und nur ganz wenige, vereinzelte Reaktionen darauf bekommen. Aber ab und zu durfte ich als Bausoldat auch draußen singen, z.B. beim Evangelischen Kirchentag in Stralsund. Darüber hat dann das DDR-Fernsehen berichtet, was wieder Kontakte für andere Konzerte einbrachte. Und so konnte ich eben auch Verbindung nach außen halten.*

Für meinen Start nach der Bausoldaten-Zeit war dann Barbara Thalheim ganz wichtig. Sie hat damals für das Jugendprogramm DT64 eine »Chansonecke« gestaltet und mehrfach auf mich hingewiesen und einen Titel gespielt. Dadurch haben mich eine ganze Menge Leute kennengelernt.

Gerhard Schöne begann also emsig wie eine Biene, Kontakte zu knüpfen und tauchte nach dem Ende seiner Bausoldaten-Zeit mit seinen Liedern an allen erdenklichen Orten auf. Dabei unterschied er bei der Auswahl seiner Lieder nicht zwischen staatlichen und kirchlichen Auftrittsorten. In kürzester Zeit wurde er bekannt und sammelte viele neue Erfahrungen. Schon 1980 wurde er zum ersten Mal eingeladen, beim Festival des politischen Liedes in Berlin zu spielen, dem größten und renommiertesten Ereignis dieser Art in der DDR. Von der Politkirmes des Festivals, die in der Werner-Seelenbinder-Halle stattfand, wurde dann eine AMIGA-Platte, ein Live-Mitschnitt, veröffentlicht. Von verschiedenen dort aufgetretenen Sängern und Gruppen waren einige Lieder darauf. Erstmals wurden da auch zwei Lieder von Gerhard Schöne veröffentlicht: »Jule wäscht sich nie« und »Da müßte ein Märchenprinz kommen«. Schon beim Pressevorspiel ließen gerade diese beiden Titel aufhorchen, denn die Stimmung im Saal schien überzukochen und irgendwie muß sich die Erkenntnis durchgesetzt haben, daß die Lieder von diesem Gerhard Schöne in der Gunst des Publikums ganz oben rangierten.

Und so kam es, daß der liedermachende Pfarrerssohn aus Coswig, der als »Kirchensänger« von staatlichen Stellen beargwöhnt wurde, der wegen seiner pazifistischen Haltung vom Studium zurückgewiesen wurde und der dennoch mit einem Sack voller guter Lieder nach 1 1/2 Jahren von seiner Bausoldatenzeit wieder im Leben auftauchte, durch einen »Kessel Rotes« die Möglichkeit erhielt, eine erste LP-Produktion ins Auge zu fassen. Kontinuität, Ehrlichkeit und die Gabe, aus wenig ganz viel zu machen, hatten ihn bis hierher geführt. Gerhard Schöne war so kräftig und unverwechselbar in der Öffentlichkeit der DDR angekommen, daß diese ihn nicht mehr losbekommen würde...

6.

»SPAR DEINEN WEIN NICHT AUF FÜR MORGEN« –

AUS DER KIRCHE INS FERNSEHEN

Eigentlich konnte immer niemand etwas dafür! Jeder Bezirk der DDR und die Hauptstadt Berlin unterhielten eine »Konzert- und Gastspieldirektion«, deren Aufgabe es war, die Werktätigen mit Kultur zu versorgen. Dabei hatten die KGDs einen Flächenanspruch, der jenseits von Hochkultur Kunst sowohl für alle Geschmäcker wie auch in den letzten Winkel der Republik bringen sollte. Der Anspruch war kulturpolitisch gewollt, weil ideologisch: Der Arbeiter sollte »seine« Kultur quasi vor der Haustüre abgeladen bekommen. So entstand ein kurioses Allerlei von Auftrittsorten für die Künstler: Kantinen, Werkhallen, Fernsehräume von Altersheimen, Betriebskulturhäuser, Nachtbars, Turnhallen und und und. In fröhlicher Überzeugung ging man in den KGDs davon aus, daß gute Kunst sich an jedem Ort durchsetzen würde. Wenn dies nicht geschah, mußte es wohl an der Kunst liegen, denn bei der Vorbereitung hatte niemals jemand etwas Böses gewollt und war damit schon aus der Verantwortung genommen. Da die Wirtschaftlichkeit in Bezug auf die einzelne Veranstaltung durch ein budgetiertes Honorarsystem nicht von Belang war, wurde die Werbung für die Veranstaltungen oft völlig vernachlässigt. Heraus kamen schlampige Veranstaltungen mit Frust für Publikum und Künstler. »Das Auge starr aufs Honorar gerichtet«, war ein geflügeltes Wort unter Artisten, Schlagersängern und Musikern, wenn sie wieder einmal in der falschen Dekoration vor einem fast leeren Kantinensaal im Nachgeruch der letzten Broilermahlzeit auftreten mußten. Die Küchenfrauen wischten noch die letzten Tische ab und sahen durch die Schiebefenster der Essenausgabe zu, während der Künstler sich in Menschenliebe übte. Denn die (oft) wenigen Leute, die gekommen waren, konnten ja nichts dafür. Der Haustechniker nicht, der natürlich kein Verlängerungskabel hatte; die Mitarbeiterin der KGD nicht, die doch den Künstler eigentlich mochte und ihm soviel wie möglich Auftritte beschaffen wollte; der KGD-Direktor nicht, der doch auch den Genossen und Kollegen des VEB »Beliebige Teile« einmal einen kulturvollen Nachmittag schenken wollte. Alle waren gut, also war offensichtlich das System falsch. Die KGD brachte ein Produkt zu einer Zeit an einen Ort für Leute, deren Bedürfnis an diesem Ort zu dieser Zeit gerade ein anderes war. Sehr oft war es so.

Natürlich gab es auch viele Momente der glücklichen Übereinstimmung zwischen Publikum, Künstlern und »ihrer« KGD. Die fröhliche Estrade aus Schlager, Komik und Akrobatik verzierte manch Stadtfest oder den 1. Mai. Das ändert nichts daran, daß durch die Zentralismuswut der DDR in allen Bereichen auch hier eine zentrale Künstlervermittlung geschaffen worden war, die daran krankte, daß der »Kulturversorgungsauftrag« mit der Gießkanne erfüllt wurde, die schön breit für jeden ein bißchen Kunst sprühte und dadurch keiner das für ihn Passende bekam. Da wurde dann »gut gemeint oft schlimmer als wirklich böse«, weil der Liedermacher partout und wegen des kulturpolitischen Auftrags auch in die Werkzeugmacherkantine oder zum bunten Rentnerprogramm der Volkssolidarität delegiert wurde.

Gerhard Schöne war sich bewußt, daß mit dem Ende seiner Bausoldatenzeit eine für seine Liedermacherlaufbahn wesentliche Zeit begann: Entweder er schaffte den entscheidenden Sprung in die Öffentlichkeit, der ihm ermöglichte, über kirchliche Veranstaltungen hinaus auf allen Bühnen diesen Beruf professionell auszuüben, oder die Lieder würden lediglich einen Teil seines Lebens neben anderen Dingen einnehmen. Deshalb versuchte er, jeden Kontakt, der ihm auf dem Weg zu Professionalität nützlich sein konnte, zu suchen. Er stellte sich folgerichtig bei der Berliner Konzert- und Gastspieldirektion vor, er suchte Kontakte zu Rundfunkmitarbeitern und hatte, nach den vielen Kirchenkonzerten, seinen ersten Auftritt in einem staatlichen Haus.

Gerhard Schöne: *Nachdem ich am Anfang ausschließlich in kirchlichen Räumen und Zusammenhängen aufgetreten war, kam es zum ersten Auftritt im Kulturpalast Dresden. Es war etwas ganz Besonderes. Ich habe mich gesehnt danach, nicht einfach nur mit der Klampfe vorn in der Kirche zu stehen, wo alles immer klar war, die Erwartungen an mich feststanden. Jetzt hatte ich Leute vor mir, die Eintritt bezahlt hatten, um mich zu hören. Ich war auf dem Plakat des Kulturpalastes Dresden angekündigt und sollte den kleinen Saal füllen. Da bekam ich es schon auch mit der Angst zu tun. Versagen oder nur versingen ging nicht mehr, die Leute hatten Geld bezahlt und ich mußte eine Leistung abliefern. Es gab eine richtige Bühne, die war ausgeleuchtet, da mußte ich was draus machen. Für die Überleitungen zwischen meinen Liedern hatte ich mir verschiedene Aphorismen herausgesucht, die ich vorlas. Denn ich hatte am meisten Angst vor den Ansagen der Lieder. Da verhaspelte ich mich am häufigsten. Und so dachte ich, je weniger ich »privat« herumquatsche, um so mehr ich mir etwas zurechtlege für die Übergänge, also z.B. diese Aphorismen, desto besser müßte es insgesamt gehen. In der DDR waren Aphorismen damals sowieso angesagt, gerade war ein Band mit polnischen Aphorismen erschienen, der viel gelesen wurde. Weiter überlegte ich dann, daß es doch auch nicht sehr einfallsreich wäre, wenn ich immer vom Notenständer ein Blatte nähme, um es vorzulesen. Da kam ich auf die Idee, mir ein großes Schaukelpferd zu bauen, und ein Rucksack war der Kopf, mit ganz vielen Taschen. In diesen vielen Taschen steckten dann die Zettel. Ich saß auf dem Schaukelpferd und holte ab und an einen Zettel aus einer Tasche und las ihn vor. Das Programm hieß »Lieder eines Clowns«, denn ich hatte damals gerade »Ansichten eines Clowns« und »Fest der Narren«, ein theologisches Buch, gelesen, und Clown sein war für mich etwas sehr Interessantes.*

Nun, nach der Armee mit einem Stück Lebenserfahrung, mit vielen Liedern und ein paar guten Freunden und Liebhabern seiner frischen Lieder ausgestattet, mußte aber das kulturelle Zentrum der DDR, Berlin, erobert werden. Hier wohnte Gerhard Schöne in seiner kleinen Wohnung, hier waren Rundfunk, Fernsehen und VEB Deutsche Schallplatte ansässig.

Werner Kothe war zu dieser Zeit Leiter des Büros der Bezirkskommision für Unterhaltungskunst. Seine Aufgabe war es u.a., im Bereich von Chanson und Liedermachern junge, neue Künstler für den Chansonwettbewerb in Frankfurt/Oder zu finden und aufzubauen.

Werner Kothe: *Entdeckt haben wir Gerhard Schöne eigentlich durch einen Hinweis von Barbara Thalheim. Die sagte einfach: Das ist ein junger Mann, der ist interessant, der hat gute Lieder, um den müßt ihr euch kümmern. Ich habe mir damals also seine Adresse besorgt, was gar nicht so einfach war, denn zu dieser Zeit war er noch in Dresden. Bis wir wirklich zusammenkamen, war er aber schon nach Berlin gezogen, und wir verabredeten uns. Seit dieser Zeit kannten wir uns – es kam dann aber erst noch seine Armeezeit dazwischen. Als Bezirkskommission hatten wir ihn aber schon für die Chansontage 1977 nominiert. Später kam es zu einem Vorsingen während der Armeezeit, und dort wurde auch der Kontakt zu der Rundfunkredakteurin Doris Winkler angebahnt, die dann seine Mentorin wurde.*

Ich lernte Gerhard Schöne damals als einen sehr ruhigen, bescheidenen Menschen kennen, der gelassen zu seinen Überzeugungen stand. Wir liefen einmal in Berlin auf der Greifswalder Straße und es fand gerade eine Straßensammlung der Kirche statt. Gerhard kramte in seinen Taschen und hat etwas in die Büchse gesteckt. Dann gingen wir weiter, da stand wieder einer, und auch dem gab Gerhard noch etwas. Das passierte noch ein paarmal so und immer wieder mühte er sich, noch ein bißchen Kleingeld zu finden und in die Sammelbüchsen zu stecken. Mir hat diese Bewußtheit, mit der er in diesem Beispiel etwas unterstützt hat, sehr imponiert. Ich wußte damals nicht, daß er aus einem kirchlichen Elternhaus kommt. Verrückterweise wußte in der KGD auch keiner, daß er bei den Bausoldaten war – ich zuerst auch nicht. Wir hatten damals ja einen KGD-Direktor, Hans Bugenhagen, der sich dem Militärischen sehr zugewandt zeigte. Der war sehr froh, daß ich mich um einen jungen Künstler kümmerte, der »bei der Armee war«. Gerhard Schöne wurde von uns auch richtig »schriftlich betreut«, die Briefe gingen immer auch über den Tisch des Direktors.

Hier hatte also offensichtlich Meister Zufall oder Gerhard Schönes Schutzengel wieder eine Hand im Spiel. Absurder kann man sich eine Situation kaum vorstellen. Fürsorglich umhegt die KGD einen Schützling, den sie beim »Ehrendienst bei der NVA« wähnt, obwohl ihm gerade die Entscheidung zum Bausoldaten schon eine schwere Kurve im Leben, nämlich die Ablehnung eines Studiums wegen dieser pazifistischen Haltung, eingebracht hatte. Hier haben wohl die Sicherheitsdienste schwer »versagt« oder waren doch alle so tolerant und großzügig?

Gerhard Schöne: *Zu Werner Kothe war das fast so etwas wie eine gute Freundschaft. Er kümmerte sich sehr freundlich um mich, aber gleichzeitig hatte ich auch das Gefühl, daß sie bei der KGD den Versuch unternahmen, in meine Sachen hineinzureden. Mein erstes Programm nach der Bausoldatenzeit sollte heißen: »Was zum Leben noch fehlt«. Da es also im Katalog der Konzert- und Gastspieldirektion mit veröffentlicht werden sollte, kam es zur Diskussion über den Titel. Sie meinten, das sei ein schlechter Titel und fragten, ob ich das Programm nicht besser »Spar deinen Wein nicht auf für morgen« nennen könnte.*

Ich fand den anderen Titel aber viel besser. Das war doch ein Titel, eine Frage, die sofort den Kopf in Bewegung versetzt. Dagegen klingt »Spar deinen Wein nicht auf für morgen« doch eher nach Winzerfest. Sie setzten aber nach: »Was zum Leben fehlt« klänge so gemeckert und unzufrieden, so wie »der Eimer ist nur halbleer«, wo er doch eigentlich fast voll zu nennen wäre. Ich hatte also das Gefühl, sie mischten sich mit solchen Kleinigkeiten ein, um mich auf einen Schmusekurs zu bringen, der mich besser verwertbar machen sollte. Irgendwann hatten sie erfahren, daß ich einmal in der Zeit des Studiums zusammen mit Dieter Beckert, Karl-Heinz Saleh und Ulrike Nitschke das Programm »Zwei Gaukler und ein Mädchen« gemacht hatte. Diesen Titel fanden sie toll und regten gleich an, ob ich nicht einmal mit zwei anderen Interpreten, sie nannten sich Shenia und

Matthias, etwas ähnlich »Nettes« probieren könnte. Ich wollte kooperativ sein und sagte zu. Außerdem dachte ich mir, daß ein Programm im KGD-Format vielleicht zum Geldverdienen auch nicht so schlecht sei. Meine eigenen Sachen könnte ich davon unberührt ja sowieso weitermachen. Ich ließ mich also darauf ein und traf mich mit Shenia und Matthias. Aber wir merkten sofort, daß wir nicht miteinander konnten, daß da gar nichts lief.

Es war dies der Versuch, die kantigen Lieder in eine angenommene Mitte der vermuteten Hörgewohnheiten zu manövrieren. Das geschah durchaus in der guten Absicht, etwas für diese Lieder zu tun, mußte aber scheitern.

Damals wie heute leben Genres wie Chanson und Lied in einer Nische der Medienlandschaft. Heute fehlen die nötigen Radioformate und Sendeflächen, da das Liebhaberpublikum solcher Kunstformen kein Quotenpublikum ist. Damals galten wohl auch diese Gründe, aber zusätzlich herrschte ein latentes Mißtrauen gegenüber dem Wort, den Reflexionen über Wirklichkeit. Wurden nun solche Worte mit Hilfe von populären Musikformen noch an ein größeres Publikum herantransportiert, schien das besonders beachtenswert. Gerhard Schöne machte es mit seinen Liedern geradezu exemplarisch vor: Der kleine gereimte Vers wurde dank seiner Gewandung zum Lied zur viel beachteten Botschaft.

Auf diese und ähnliche Prämissen gegründet gestaltete sich das Verständnis gegenüber dem »liedhaften Chanson« auch in der Leitung und den Redaktionen des DDR-Rundfunks Ende der 70er Jahre. In einer Zeit also, in der Gerhard Schöne begann, die Podien der Medien zu betreten. Doris Winkler war damals Musikredakteurin bei »Radio DDR« und erinnert sich:

Doris Winkler: *Eigentlich muß man sagen, daß bis 1978/79 im DDR-Rundfunk die Liedermacher überhaupt keine Rolle gespielt haben. Es gab ja das politische Lied im Zusammenhang mit der FDJ-Singebewegung und einem Teil der internationalen Szene, soweit er auf dem Festival des Politischen Liedes präsent war. Einige aus der Singebewegung fingen dann an, sich als Solisten zu entwickeln, blieben stilistisch aber nah dabei. Dann gab es das Chanson, das man immer mit dem großen französischen Vorbild in Zusammenhang brachte, das aber in der DDR, wie in Deutschland überhaupt, keine adäquate Entsprechung hatte. Einzige Ausnahme war Gisela May, die aber mehr als exzellente Brecht/Eisler-Interpretin galt. Andere singende Schauspieler, die es natürlich auch gab, waren oft näher am populären Lied oder Schlager angesiedelt oder pflegten gewisse theaternahe und kabarettistische Traditionen. Auf einmal tauchten also außer-*

halb dieser »gesicherten« Positionen Leute auf, die ihre Texte selbst schrieben, die komponierten und die Lieder selbst zur Gitarre sangen. Der Rundfunk war ein träger Apparat und reagierte darauf sehr zögerlich.

Es gab in dieser Zeit dann vor allem Mitschnitte von Veranstaltungen, bei denen Liedermacher und Chansonsänger und -sängerinnen auftraten. Das war für die Künstler schon ein wichtiger Schritt in die Öffentlichkeit, jedoch noch weit entfernt von einer guten Präsentation in den Medien. Dazu hätte es eigener Produktionen und einer entsprechenden journalistischen Begleitung bedurft.

Doris Winkler: *1979 gab es ein für diese Frage entscheidendes Ereignis: Die Generaldirektion organisierte damals eine Chanson- und Liedermacher-Werkstatt im alten Friedrichstadtpalast in Berlin, im »Ei«. Wir Rundfunkleute hatten davon erfahren. Da stellten wir also einfach unsere Mikrofone auf und schnitten alles mit, um danach zu entscheiden, was man daraus noch machen könnte. Diese Veranstaltung war eine Vorbereitung auf die Chansontage in Frankfurt/Oder, die im Herbst 1979 stattfinden sollten. In den ersten Jahren, so bis 1975, war das ja noch eher ein regionales Unternehmen. Dann entwickelten sich die Chansontage immer mehr zum wichtigsten Ereignis in einer wachsenden Szene. Und in diesem Jahr 1979 wurde auch in Rundfunkkreisen endgültig klar, daß da »draußen« etwas Neues passiert, etwas, das politischer und aktueller war als die traditionellen Chansons und etwas, das trotzdem nicht aus der Ecke der Singebewegung kam.*

Anläßlich dieser Veranstaltung habe ich Gerhard Schöne zum ersten Mal gesehen. Er kam in Uniform zu seinem Auftritt. Sogar die Reihenfolge der Auftritte der anderen Künstler mußte umgestellt werden, weil er einen bestimmten Termin zur Rückkehr in die Kaserne hatte. Er mußte ja wieder nach Stralsund fahren. Gerhard sang also vier oder fünf Lieder, packte danach sofort seine Gitarre in den Koffer und war wieder verschwunden. Eine Auswertung seiner Lieder konnte er gar nicht mehr miterleben. Ich konnte damals auch nicht mit ihm reden, aber ich hatte einen ersten Eindruck. Gerhard Schöne hatte wohl zu dieser Zeit schon Kontakt zur Berliner Bezirkskommission für Unterhaltungskunst, zu Werner Kothe, der für die Nachwuchsförderung verantwortlich war. Bei ihm hatte sich Gerhard vorgestellt und er hat ihn auch von der Armee losgeeist und zu dieser Liedermacher-Werkstatt beordert.

Ich kann mich, ehrlich gesagt, an keinen Titel und auch nur dunkel an ihn selbst erinnern. Er wirkte ein wenig klein, bescheiden und nett. Insgesamt hat er nicht viel von sich hergemacht. Wahrscheinlich auch unter Zeitdruck hat er seine Lieder heruntergesungen und ist danach hastig abge-

schwirrt. Als er dann schon weg war, wurden ja die einzelnen Beiträge ausgewertet. Da schwang sich vor allem Barbara Thalheim auf und hielt eine flammende Rede für Gerhard Schöne. Sie kritisierte auch gleich noch Rundfunk, Fernsehen und Schallplatte, weil die alle noch keine Produktionen mit Gerhard gemacht und geplant und ihn noch nicht mal entdeckt hatten. Ich war insgesamt auch noch unsicher. Seine Lieder hatten mir recht gut gefallen, aber ob das schon für eine ganze Schallplatte reichen würde, war mir noch fraglich. Nach diesem Auftritt bei dieser Werkstatt hat mich dann Werner Kothe von der Bezirkskommision gefragt, ob ich mir vorstellen könnte, in Vorbereitung auf den Wettbewerb der Chansontage in Frankfurt/Oder die Mentorin von Gerhard Schöne zu werden. Ich wußte nicht gleich, ob ich das können würde und wöllte. Wir haben also eine Art Probezeit für ein Vierteljahr ausgemacht. Danach wollte ich entscheiden, ob ich den Vertrag wirklich annehme. Ich war fest davon überzeugt, daß man so etwas nur gut machen kann, wenn man auch eine gute innere Beziehung zu jemandem aufbauen kann, wenn man Vertrauen haben kann. Ich bekam dann also eine Demo-Kassette und eine Mappe mit Textzetteln von Gerhard und ging damit nach Hause. Nachdem ich mir alles angehört und gesehen hatte, schrieb ich Gerhard Schöne einen Brief (Telefon hatte er noch nicht) und stellte mich ihm vor. Danach erst haben wir uns richtig kennengelernt.

Ein Mentorenvertrag für den Liedermacher ist eine heute schwer vorstellbare Angelegenheit. Diese gezielte, von staatlicher Seite unterstützte Förderung von Talenten riecht nach Einflußnahme. Die Praxis sah aber oft viel liberaler und kameradschaftlicher aus. Es entwickelten sich nicht selten enge Freundschaften, und der Mentor übernahm wohlwollend viele Aufgaben, die heute eine Agentur oder ein Manager übernimmt. Gleichzeitig konnte er auch wichtige Hinweise und Anregungen in künstlerischer Hinsicht geben.

Doris Winkler: *Zunächst hatte ich mich mit den Liedern auf der Demo-Kassette beschäftigt. Dazu hatte ich eine Meinung – textlich und musikalisch. Beim Musikalischen hatte ich einige Fragen zum Gitarrespiel, bis er mir erklärte, daß dies an seiner spezifischen Stimmung der Gitarre lag. Wenn wir über Texte redeten, kamen wir hin und wieder in Diskussionen über Bilder und Vergleiche. Das lag auch daran, daß Gerhard Schöne aus seiner christlichen Weltsicht oft Metaphern aus der biblischen Geschichte verwendete, die mir gar nicht so geläufig waren. Ich kam doch aus einer »unpolitischen« Arbeiterfamilie, in der die Religion kaum eine Rolle spielte. Dadurch entwickelte sich auch bei Gerhard wiederum ein Prozeß des Nach-*

denkens über einzelne Passagen seiner Lieder, die er ja nicht nur vor einem kirchlichen, sondern auch vor einem weltlichen Publikum singen wollte.

In der Tat ist hier die Frage zu stellen, ob Gerhard Schöne Lieder für bestimmte Auftrittsorte geschrieben hat. Hat er in der Kirchgemeinde ein anderes Repertoire eingesetzt als im Kulturhaus? Hat er vielleicht auch gezielt für die verschiedenen Zielgruppen geschrieben? Diese Frage kann eindeutig verneint werden. Eine solche Art strategischen Denkens liegt dem kritischen Christen Gerhard Schöne fern. Sein Credo ist, daß seine Botschaft – und zwar unverändert und nicht modizifiziert – an alle Orte

Konzert im Erfurter Dom

gehört und an allen Orten gehört werden kann. Diese Haltung schließt auch ein, daß unabhängig vom Ort jedes Lied immer wieder neu um Verständnis und Freunde ringen muß. Gerhard Schöne hat, bis auf wenige Ausnahmen, keinen Veranstaltungsort aus inhaltlichen Gründen grundsätzlich abgelehnt. Um so wichtiger ist ihm der Hinweis darauf, daß er überall die gleichen Lieder gesungen hat. Egal, ob im Altarraum des Erfurter Domes oder auf der Bühne im Haus des Zentralkomitees der SED in Berlin. Das Lied blieb der geheimnisvolle Edelstein in einer Umgebung, die erobert werden sollte. Grundvoraussetzung dafür waren allerdings Lieder, die ihre Botschaft nicht eifernd missionarisch, sondern als poetisches Denkangebot vortrugen.

Doris Winkler: *So habe ich das auch empfunden und erlebt. Etwas lax ausgedrückt, hat er ja nie jemanden gezwungen, in seinen Konzerten zu beten. Sein »Alltagschristentum«, das auch am Sonntag anhielt, hat mich nicht abgestoßen, sondern eher neugierig gemacht. So habe ich ihn bis 1981 begleitet. Am Ende meiner Mentorentätigkeit konnte ich sagen: Er wird im Rundfunk gespielt, er hat Fernsehauftritte, er hat eine Schallplatte veröffentlicht. Er weiß also, wie er auf den verschiedenen Strecken weiterlaufen kann. Ich habe ihn im Zusammenhang unserer Arbeit auch mit neuen musikalischen Partnern bekannt gemacht, mit Leuten, die ihm Arrangements schreiben konnten oder ihn begleiteten. Dadurch kam er aus der Ecke des Sängers mit der Gitarre vor dem Bauch heraus und seine Lieder wurden mehr Musik. Und dann freue ich mich auch, daß einige dieser Partnerschaften von damals bis heute halten und künstlerisch tragen, z.B. die Zusammenarbeit mit dem Akkordeonisten Tobias Morgenstern, der damals im Erich-Weinert-Ensemble war.*

Bei seiner ersten Platte »Spar deinen Wein nicht auf für morgen« hatte sich Gerhard ja aber vor allem noch auf seine Dresdener Musikerfreunde Dieter Beckert und Karl-Heinz Saleh verlassen.

Doris Winkler: *Die Auswahl der Titel und die Dramaturgie der Platte haben wir zusammen entwickelt und dann bei AMIGA vorgestellt. Gerhard Schöne hatte ja eine Überfülle an Material und nach einigen kleinen Änderungswünschen der Schallplatte stand das Konzept. Auch war der zuständige Produzent der Platte, Charly Oscasek, klug genug, uns gewähren zu lassen, nachdem er merkte, wie wir zusammenarbeiten. Gerhard hatte sich mit den Musikern vor den Aufnahmen eine Tournee organisiert über zehn Konzerte. Da wurde das Schallplattenprogramm gespielt und jeweils am Abend noch an Details gefeilt. Ich habe auch an drei dieser Konzerte teilgenommen, um mitreden zu können. Nach dieser Tournee stand fest, wie die Schallplatte werden wird und so wurde sie dann in Berlin als live-Veranstaltung aufgenommen.*

Was heute, in Zeiten von hochgerüsteter Technik, schwer vorstellbar ist. Immerhin waren ja die Titel z.T. kompliziert arrangiert und es wurde mit vielen Musikern gearbeitet. Bei allen technischen Defiziten, die da ein live-Mitschnitt mit sich bringt, entstand doch ein sehr authentisches, atmosphärisches Tondokument.

Karl-Heinz Saleh, der Gitarrist, den Gerhard Schöne seit seinen Studientagen in Dresden als Kollegen und Freund kennen und schätzen gelernt hat, schwärmt noch heute, auch nachdem er viele andere Konzerte und Platten mit Gerhard zusammen erarbeitet und eingespielt hat, von der Arbeitsweise damals.

Karl-Heinz Saleh: *Das Wunderbare an dieser Platte war z.B., daß wir dieses Programm ganz oft live gespielt hatten und mit vielen Erfahrungen dann ins Studio gegangen sind und sie auch quasi live dort eingespielt haben. Hinzu kam natürlich unsere jugendliche Unbekümmertheit und Spielfreude. Wir hatten live sehr viel probieren können, an den Titeln, an den Arrangements und als alles rund gelaufen war, sind wir ins Studio. Diese Arbeitsweise haben wir später nie wieder so praktiziert. Für AMIGA war das ja damals übrigens eine sehr preiswerte Produktion, die sich überdies sehr, sehr oft verkauft hat.*

Ich höre mir die Platte heute ja auch noch gern und oft an. Ich stehe da auch noch absolut dazu. Das liegt sicher daran, daß wir uns unserer Sache ganz sicher waren. Wir wußten, daß es gut war, was wir da zusammen erarbeitet hatten. Das betraf uns wirklich alle, jeden auf seine Art. Gerhard zuerst, der Texte und Kompositionen eingebracht hatte, und uns, die wir die Arrangements geschrieben hatten und eben dann musizierten. In gewisser Weise war es ein Ur-Erlebnis, das richtig gut funktionierte, bei dem wir uns wohlfühlten. Ich höre das noch heute den Liedern auch an. Außerdem berühren sie mich immer noch.

Es gibt ja bei Gerhard Schöne immer wieder Lieder, die einen total treffen im Innersten. Ich lese ja oft erst mal den Text und finde ihn dann schon gut, dann aber kommt er dazu und singt und dann bekomme ich nicht selten eine Gänsehaut. Ich kann das kaum erklären oder beschreiben, es funktioniert immer wieder so. Für mich ist das ein totaler Glücksumstand, daß ich daran mit beteiligt bin, indem ich mit ihm spiele, auch komponiere und arrangiere. Ich mache ja auch viele sogenannte Dienstleistungsarbeiten am Theater, wo ich mit Texten zu tun habe, durch die ich mich durchquälen muß. Bei Gerhard passiert mir das ganz selten. Zu seinen Texten habe ich eben fast immer einen guten Zugang, gerade auch vom Gefühl her. Das ist für mich das Beste, was einem passieren kann in so einer langjährigen Zusammenarbeit.

Der bescheidene Gerhard Schöne, ausgestattet mit einer nicht gerade DDR-konformen Lebensgeschichte, hatte es zwei Jahre nach seiner Bausoldatenzeit geschafft, einer der ersten klassischen Liedermacher der DDR mit einer eigenen LP zu sein. Natürlich waren seine Lieder wie wenige andere geeignet, Menschen in ihren Wünschen und Sorgen zu treffen: Gerhard Schöne, unser guter Freund von nebenan. Wie man jedoch weiß, ist solche Akzeptanz beim Publikum nicht automatisch gleichzusetzen mit einer Akzeptanz bei Produzenten oder Kulturpolitikern. Hartmut König hatte als FDJ-Funktionär einmal gesagt, daß solche »humanistischen Partner« in die sozialistische Gesellschaft gehören. Er formulierte damit eine Art Strategie, aus der heraus sich eine intensive Förderung erklären könnte. Gab es diese Strategie tatsächlich, wurde Gerhard Schöne im Rundfunk in dieser Rolle aufgebaut?

Doris Winkler: *Im Rundfunk hat ihn niemand so aufgebaut – und Hartmut König schon gar nicht. Ich habe auch, aber erst im Nachhinein, viel darüber nachgedacht. Im Grunde genommen ist Werner Kothe der eigentlich Weitsichtige gewesen. Als er uns zusammenbrachte, wußte ich nicht, daß ich einen bekennenden Christen und Bausoldaten betreuen sollte. Und Gerhard Schöne wußte nicht, daß er als Mentorin eine Parteigenossin haben würde. Wir sind also völlig unverkrampft, weil ahnungslos, aufeinander zugegangen und stellten erst im Laufe der Zeit unsere unterschiedlichen Positionen fest. Und dann konnten wir uns sagen: Hier sitzen ein Christ und eine Kommunistin am Tisch zusammen, tolerieren und achten einander und es kommt noch etwas Gutes dabei heraus.*

Das klingt aus heutiger Sicht ja auch völlig normal. Nicht vergessen darf man aber, daß 1979 – 1981 das Schubladen-Denken und der ideologische Streit sehr stark ausgeprägt waren. Gerhard Schöne durfte zwar unbehelligt seine Bausoldatenzeit absolvieren, aber ein schon zugesagter Studienplatz an der Schauspielschule war ihm wieder abgesagt worden, als sein Wehrersatzdienst bekannt wurde. Normalität im Alltag war also keineswegs hergestellt.

Doris Winkler: *Und ich war auch nicht nur Doris Winkler, ich war auch die Rundfunkredakteurin. Und wenn man als solche durch die DDR-Landschaft lief, war neben der Person auch immer »der Rundfunk« gegenwärtig, ob man das wollte oder nicht. In Berlin war ja die Achtung vor dieser*

Institution nicht so stark ausgeprägt, aber »draußen« in der Republik und in der Provinz war ich dann eben »der Rundfunk«.

Und in diesem Wort sammelte sich dann alle Ehrfurcht vor dem einmal Gesendeten, weil man glaubte, das wäre staatlicherseits bereits hinreichend sanktioniert. Gerhard Schöne erzählt ja selbst auch von vielfältigen Gesprächen, die in Sorge um Textinhalte geführt wurden. Wenn er dann sagte konnte: »Das ist schon im Rundfunk gelaufen«, sorgte das meistens für Entwarnung bei den örtlichen Funktionären und Verantwortlichen.

Doris Winkler: *Und das hat Leuten wie Gerhard, aber auch anderen, sicher oft den Rücken freigehalten. Er hat mir einmal von so einer Begebenheit erzählt. Bei einer Veranstaltung in Dresden war ein Vertreter der FDJ-Bezirksleitung anwesend und Gerhard wurde berichtet, daß dieser sich sehr abfällig im Sinne von »politisch bedenklich« über ihn geäußert hätte. Als bekannt wurde, daß da »der Rundfunk«, z.B. in Person einer Mentorin, hinter Gerhard stand, war die Sache sofort aus der Welt.*

Das typische Beispiel für eine Hierarchie der Entscheidungsebenen. Wenn, wie man damals sagte, die da oben in Berlin, im Rundfunk, das vertraten, dann kann oder muß man das hier unten in Dresden akzeptieren. Zur wenig gestörten Akzeptanz von Gerhard Schöne überall im Land hat das sicher viel beigetragen. Daß sein Erfolg in so kurzer Zeit einsetzte und sich in so rasantem Tempo entwickelte, bleibt trotzdem erstaunlich!

Doris Winkler: *Noch 1979/80 gab es im DDR-Rundfunk keine Liedermacher-Produktionen, nur Mitschnitte. Ich habe ja dann 1981 mein Dasein als Musikredakteurin aufgegeben und bin in die Produktionsabteilung gewechselt, in die Abteilung »Kinder,- Jugend- und Volksmusik«. Da habe ich mich zunächst um die Chormusik gekümmert, hatte aber schon im Hinterkopf, daß ich etwas für die Liedermacher tun wollte. Das Genre war sehr schwer einzubinden, weil die Produktionsabteilungen im Rundfunk seit Jahrzehnten musikalisch aufgeteilt waren. Da war die ernste Musik mit den sinfonischen Orchestern und der Kammermusik, die Unterhaltungsmusik mit den Blasorchestern und volkstümlichen Weisen, dann gab's die Tanzmusik plus Schlager und Jazz und schließlich die »KV-KJM«, das war »Künstlerisches Volksschaffen, Kinder- und Jugendmusik«. Wobei man unter »Jugendmusik« hier die Jugendchöre, Jugend-Folkloregruppen und die Singebewegung verstand. Später wurde eine extra Produktionsabteilung »Jugendmusik« gegründet, um damit die Rocker von der Tanzmusik abzukoppeln, und die nahmen dann, etwa 1985, die Liedermacher zu sich, was auch dazu führte, daß sie sich näher kamen und auch zusammenarbeiteten (man denke an die Verbindung Silly-Gundermann oder an Gerhard Schönes 1989er LP »Lebenszeichen«, wo der Chor der Resolutionäre auftrat mit Toni Krahl, Tamara Danz und Angelika Weiz).*

Jedenfalls noch 1982/83 paßten die Liedermacher nirgends richtig hinein. Und vor allem: Es wollte sie keiner so richtig. Das Biermann-Syndrom war allgegenwärtig. Die Unterhaltungsabteilung übernahm dann die singenden »Chansondamen«, denen man das hauseigene Tanzstreichorchester zur Seite stellen konnte. So konnte man sich Unterhaltung vorstellen. Ich glaube, Gerhard Schöne »durfte« so nie aufnehmen. Sie hatten ihn einfach vors Mikrofon gesetzt mit der Gitarre und ein oder zwei Liedchen singen lassen. Eine richtige Produktion, an der ich dann beteiligt war, hat es erst nach seiner Schallplatte »Spar deinen Wein nicht auf für morgen« gegeben. 1982 oder erst 1983 hatte ich meinen Chef endlich soweit. Ich habe immer argumentiert und gebohrt, daß auch die Liedermacher so aufbereitet werden müßten durch Produktionen, daß sie »sendefähig« seien. Also Titel auf Einzelbändern, die auch musikalisch als einzelne Nummer zwischen anderen im Programm stehen konnten. Mit den Mitschnitten konnte man ja nur in den Spezialsendungen arbeiten. Ich plädierte also dafür, diese Produktionsstrecke in der Abteilung Kinder-, Jugend- und Volksmusik anzusiedeln. Es wurde dann eine Vorlage erarbeitet für das Komitee des Staatlichen Rundfunks der DDR. Das war das oberste Gremium, das über alle Sender und Hauptabteilungen des DDR-Rundfunks zu entscheiden hatte, weil es direkt der Abteilung Agitation und Propaganda des ZK der SED unterstand. Ohne Zustimmung des Komitees und damit des ZK der SED ging es im Rundfunk ja sowieso nie. Und irgendwann kam dann die Freigabe von oben: Nun macht doch mal!

Ich wurde als Produzentin benannt, bekam ein Jahresbudget und konnte anfangen. Im ersten Jahr war Gerhard Schöne gar nicht dabei, denn er hatte ja gerade eine Platte gemacht, die schon vorlag. Richtig intensiv hat der Rundfunk dann erst seine internationalen Kinderlieder produziert. Wir hatten 18 Lieder »abgekauft«, die dann produziert wurden: Sechs wurden für einen Kinderchor eingerichtet, sechs wurden für eine Kinder-Singegruppe bearbeitet und sechs sang er selbst ein.

Insgesamt, und das kann ich an der Stelle auch persönlich so resümieren, war für mich die Zusammenarbeit mit Gerhard Schöne sehr anregend. Wir haben viel miteinander geredet, quasi über Gott und die Welt, jedenfalls über mehr, als unser Mentorenvertrag so allgemein vorgesehen hatte. Es ist fast eine Art Freundschaft in dieser Zeit entstanden. Auch mein Sohn wurde heftiger Gerhard Schöne-Fan. Er borgte sich von ihm Fachbücher über Zauberei, er trug eine Mütze wie Gerhard Schöne und ging mit einer »Liedermachertasche« zur Schule.

So hatte also Gerhard Schöne in einem Schnelldurchlauf zwischen 1979 und 1981 Stationen seiner künstlerischen Entwicklung durchlaufen. Nach zwei Jahren konnte er, bewundert von seinen Freunden und ein wenig beneidet von denen, die schon zehn Jahre darauf warteten, seine erste eigene Schallplattenproduktion in den Händen halten. Es war dies im Gefüge der DDR Kultur- und Produktionspolitik ein entscheidender Schritt. Er bedeutete Anerkennung, vermittelt über einen hohen Bekanntheitsgrad, und er bedeutete dank der damals vergleichsweise hohen Auflagen, auch ein Stück wirtschaftliche Sicherheit. Der Liedermacher Gerhard Schöne war damit im professionellen Berufsleben angekommen und konnte sich vor Auftrittsangeboten kaum retten. Eigentlich war er frei und selbständig, genau das, wozu ihm Mentorenvertrag und Förderung der KGD verhelfen sollten. Trotzdem wollte nun natürlich auch die KGD die Früchte ihrer Investition ernten und Gerhard Schöne in vielen ihrer Programme einsetzen. Daraus ergab sich manches Kuriosum.

Gerhard Schöne: *Da ich einen Fördervertrag mit der KGD gemacht hatte, sah ich mich eher genötigt, gutmütig ab und an einen Konzerttermin auch über die KGD zu machen. Am geeignetsten erschien es mir, eine feste Regel aufzustellen. Vier Tage im Monat stellte ich mich der KGD für Auftritte zur Verfügung und zu diesen Terminen wurde ich dann auch von der KGD herumgeschickt. Leider war es fast jedes Mal eine herbe Enttäuschung. Immer mußte ich mich zusammenreißen und denken: Der Artist, wenn er Schnupfen hat, muß auch aufs Trapez – ich muß jetzt hier durch.*

Die KGD Rostock hatte z.B. damals den Katalog der Berliner KGD gelesen. Man tauschte sich aus. Da lag ich schon vom Honorar her unheimlich günstig. Ich kam ja allein und brauchte keinen großen technischen Aufwand. Meist fuhr ich mit dem Zug und hatte nur die Gitarre dabei. So wurde ich also einfach für vier Tage quasi blind gebucht und in einer Rostocker Pension untergebracht. Und dann wurde ich wie eine Art Springer in den verschiedensten Veranstaltungen eingesetzt. Eine Operettentruppe hatte abgesagt und zwar bei den Senioren des VEB Fischverarbeitungswerkes. Ich wurde schnell als Ersatz einschoben. Dort saßen die alten Frauen und Männer und tranken schon ausgiebig Kaffee und danach sollten sie Operetten zu hören bekommen. Jemand ging nach vorn und sagte so etwas wie: Werte Anwesende, leider klappt es mit den Operettenmelodien erst im nächsten Monat, aber wir haben hier heute einen jungen Mann aus Berlin, der wird auch etwas Schönes für Sie singen.

Dann durfte ich mich also bewähren. Natürlich hatte ich immer ein paar Lieder, die auf Nummer sicher gingen. Bei Jugendlichen war das z.B. »Die Fete ist aus«, das kam immer an. Bei älteren Leuten war »Spar deinen Wein nicht auf für morgen« ganz gut brauchbar. Aber ich wollte auch immer ein wenig wider den Stachel löcken und Dinge bringen, von denen ich annahm, daß sie noch mehr zum Zuhören anregen. Als nun die alten Damen und Herren des Fischverarbeitungswerkes meine Lieder an sich vorbeiplätschern ließen und sich dabei fröhlich weiter unterhielten, dachte ich: Jetzt mußt du was singen, das wirklich auch mit ihnen zu tun hat – also etwas vom Alter oder vom Sterben. Ich glaube, ich sang dann »Irgendwann siehst du das letzte Mal Schnee«. Da hoffte ich, daß sie intensiver hinhörten. Aber genau das Gegenteil war der Fall, ich hatte total ins Wespennest gestochen. So was wollten sie nun gleich gar nicht hören. Einige verließen türknallend den Saal, andere kamen anschließend sofort zu mir, um sich heftig zu beschweren: Sie seien hierher gekommen, um sich zu amüsieren und nicht, um über ihren Tod nachzudenken. Es wäre schändlich, was ich mit den alten Menschen angestellt hätte. Überhaupt und grundsätzlich ist es eine Frechheit, wenn so ein junger Schnösel wie ich ein solches Lied sänge. ...

Die Eltern 1981 zu Besuch bei ihrem erfolgreichen Sohn in Berlin

Aber von der KGD hat nie jemand solche Pannen thematisiert. Ich hatte das Gefühl, sie wurden als gängige Fehlerquote hingenommen, und für das Niveau vor Ort hat sich eigentlich sowieso niemand interessiert. Pannen passierten jedenfalls immer wieder. Meine schlimmste Erinnerung an eine KGD-Mugge ist die an eine Veranstaltung in einem Wohnheim der Leuna-Werke. In diesem Heim wohnten die Montagearbeiter immer wochentags. Sie kamen auch gleich mit ihren Trainingsanzügen aus den Zimmern in den Kulturraum. Vorn an der Tafel war von der KGD ein Plakat angezweckt worden und im Raum waren die Sprelakarttische in U-Form angerichtet. Einige hatten in einem Beutel gleich auch ihre Schnapsflasche mitgebracht. Sie klemmten sich also hinter ihre Tische und freuten sich darauf, jetzt mal wieder einen Künstler auflaufen zu lassen. Dann kam ich, der ich ja immer auch eine missionarische Ader hatte, sogar hier noch. Ich stand also vorn und dachte ganz intensiv: Bestimmt ist auch hier jemand, der meine Lieder braucht. Bestimmt genügt es auch den Arbeitern nicht, wenn ich jetzt bloß Unterhaltung und Quatsch mache. Dem einen oder anderen werden auch meine ernsten Themen wichtig sein. Ich konzentrierte mich so gut es ging und legte alle Energie in den Vortrag meiner Lieder. Auch wenn sie mich für einen Arsch halten, dachte ich, muß ich auch hier mein Anliegen hochhalten. Ich versuchte also, ein Höchstmaß an Disziplin aufzubringen und sie nicht gleich zu verachten. Und es war sehr schwer! Ich sah von vorn, wie sie sich unter den Tischen gegenseitig anrempelten und fast platzten vor Lachen und dabei halb unter die Tische sanken. Dann kam die Schnapsflasche kurz auf den Tisch und wanderte von Mund zu Mund, es war schon herb. Irgendwann hörte ich dann leise weinend einfach auf zu singen und ging. Ähnliches hatte ich auch schon mal in Berlin bei einer Veranstaltung erlebt, wo ich die Kultureinlage zu geben hatte. Da war ein solcher Lärm, daß ich meine eigenen Worte nicht mehr hören konnte. Ich sollte eine halbe Stunde spielen, merkte aber, daß ich die gar nicht überleben würde. Ich wollte aber auch nicht gleich den Beleidigten spielen und sofort wieder gehen. Beim dritten Lied sprang dort plötzlich jemand aus dem Publikum auf und schrie: »Schnauze, ihr blöden Schweine, seid ihr denn zu blöd, das zu kapieren, was der da singt.« Daraufhin folgte ein kurzer Moment einer erschrockenen Stille. Ich konnte eine Strophe weiter singen, aber zum Ende des Liedes war der Lärmpegel von vorher schon wieder erreicht. Also bin ich hier schnell und ruhmlos abgetreten und davongefahren.

Nachtbar, Armeeklub, Winzerfest – alles Orte, die für ein Programm mit dem Titel »Spar deinen Wein nicht auf für morgen« für geeignet befunden wurden von den KGD-Veranstaltern. Für mich waren es Orte, an denen ich üben konnte, auch unter widrigen Umständen den Glauben an ein interessiertes Publikum nicht zu verlieren.

Unverdrossen hat Gerhard Schöne in diesen Jahren im besten Sinne des Worte in jeder Ecke des kleinen Ländchens mit Namen DDR gesungen.

Spar deinen Wein nicht auf für morgen.
Sind Freunde da, so schenke ein!
Leg was du hast in ihre Mitte.
Durchs Schenken wird man reich allein.
...
Spar deinen Mut nicht auf für später,
wenn du mal »was ganz Großes« bist.
Dein kleiner Mut hilft allen weiter,
weil täglich Mut vonnöten ist.

Gerhard Schöne füllte mit seinen »Geschenken« Räume und Herzen, die durch eine schrittweise unflexibler und sich ängstlich isolierende DDR muffig und bedrückend geworden war. Junge Leute dieser Generation wollten so viel vom Leben, und ihr Land schickte sich an, ihnen wie ein oberlehrerhafter Großvater immer mehr zu verbieten. Die Zeit des großen Aufbruchs war vorbei. Um so wichtiger waren Leute wie Gerhard Schöne, die zu vielen kleinen Aufbrüchen ermutigten. Sie haben, wenn auch oft in ihren Nischen, die Gesellschaft lebendig gehalten. Dabei gingen die Lager der Aufbrecher und der Bremser durch alle gesellschaftlichen Gruppierungen. Ob kirchennah oder kirchenfern, Partei oder Opposition, überall gab es, verstärkt durch die beginnende Friedhofsruhe, Aufbrecher. Jeder tat es auf seine Art. Die konservativen Kräfte in der Gesellschaft waren unsicher. Sie betonten auch bei Kritik immer, daß sie es ja eigentlich gut meinten. So hatte offensichtlich der KGD-Direktor von Berlin den Auftrag, Gerhard Schöne vor Konzerten bei Pfarrer Eppelmann zur »Friedensdekade« zu warnen. Bugenhagen beendet seinen schriftlichen Bericht vom 30. Oktober 1986 über ein diesbezügliches Gespräch mit Gerhard Schöne mit einem Satzschlenker, der in seiner Mischung aus Besitzdenken gegenüber Menschen und Positionen und weinerlicher Lamoyanz unkommentiert die Atmosphäre dieser Zeit wiedergibt:

Wenn Gerhard Schöne als Künstler der DDR mit einem großen Anhang tätig wird, in einem »Umfeld«, das provokant und gegen unsere Friedensbemühungen gerichtet ist, verkehrt sich sein ehrliches Anliegen, für Frieden und Freundschaft wirksam zu werden, ins Gegenteil. Ich kann ihm den Auftritt nicht verwehren, aber darauf hinweisen, daß wir den DDR-Künstler Gerhard Schöne vor Mißbrauch schützen wollen, da wir ihn weiterhin dringend brauchen, um unser Publikum mit seinen schönen Lie-

dern zu erfreuen. Gerhard Schöne, nachdenklich geworden, äußerte sich nicht mehr zu dem Fakt und verabschiedete sich mit Dank von mir.

Zu welchen Versen Gerhard Schönes Nachdenklichkeit in diesem Falle wohl geführt hat, läßt sich natürlich nicht mehr detailgenau nachvollziehen. Gültigkeit hat aber sicher auch in diesem Fall sein von der KGD befördertes Lied »Spar deinen Wein nicht auf für morgen«:

Spar nicht mit deinen guten Worten.
Wo man was totschweigt, schweige nicht.
Und wo nur leeres Stroh gedroschen,
da hat dein gutes Wort Gewicht!

7.

»JULE WÄSCHT SICH NIE« –

WELTANSCHAUUNG FÜRS KINDERZIMMER

Wenn Mutti früh zur Arbeit geht, dann bleibe ich zuhaus.
Ich binde eine Schürze um und feg die Stuben aus.

Das Essen kochen kann ich nicht, dafür bin ich zu klein,
Doch Staub hab ich schon oft gewischt. Wie wird sich Mutti freun!

So klang es aus den Kinderzimmern und Kindergärten der DDR in den 60er und 70er Jahren. Der Komponist Kurt Schwaen hatte dieses Lied erfunden, gewidmet hat er es übrigens Barbara, Barbara Thalheim, damals die kleine Tochter ihrer Mutter, die mit Schwaen befreundet war. Die Generation der gutgemeinten Erziehungslieder, die sich in Sprache und Komposition zum Kind herabbeugten, um es väterlich, aber streng zu belehren, war für eine Generation von Kindern ersonnen, die sich genau von diesem Bildungsideal verabschieden wollten. Der erhobene Zeigefinger, der auch den Spaß als Mittel zum Zweck benutzte und die Wichtigkeit von Tugenden wie Ordnung, Sauberkeit und Disziplin in den Vordergrund rückte, verlor zunehmend an Kraft. Kinderlieder, die in den 50er und 60er Jahren entstanden, hatten die zeitlose Größe und Verbreitung eines »Kuckuck im Walde« oder »Alle meine Entchen« nicht erreichen können. Sie waren nicht frei von Hintergedanken, weil sie sich einem Bildungsideal, der »Erziehung von allseitig gebildeten sozialistischen Persönlichkeiten« verpflichtet fühlten. Der Spiellust und der Fantasie wurden immer wieder ordnende Zügel angelegt, weil man ja nicht frei losreiten, sondern an einem bestimmten Ort ankommen wollte.

Gerhard Schöne war auch ein Kind der DDR. Aber er wuchs im christlichen Pfarrhaus auf, dessen Bildungsziel zwar auch streng, aber in seinem Falle auf eine Erziehung zielte, die nicht in erster Linie den gesicherten Endpunkt sah, sondern darauf ausgerichtet war, einen Startblock für selbst und frei zu entscheidende Schritte zur Verfügung zu stellen.

Dies genau war der Unterschied: Während man in Kindergarten und der Schule versuchte, Kinder zu sozialistischen Persönlichkeiten zu erziehen, wurde Gerhard Schöne von seinen Eltern nicht zu einer christlichen Persönlichkeit, sondern zu einer Persönlichkeit erzogen. Zu einem Menschen also, der mit den durch die Erziehung mitgegebenen Gaben frei umgehen konnte, sich also auch entscheiden konnte, ob er sie annimmt oder ablehnt. Diese Erziehung mit dem Ziel, das Kind freizulassen und nicht in einem Zielkäfig abzugeben, war die Voraussetzung für die Fantasieflut und die Spielbesessenheit von Gerhard Schöne. Und so hat er sich auch in keiner Weise »bewußt« oder mit einem bestimmten Anliegen daran gemacht, Kinderlieder zu schreiben. Er probierte einfach die Welt und ihre verrückte Konstruktion als Klettergerüst für sein eigenes und ewiges Kindsein aus. Mit ihm trat der Erwachsene auf den Plan, der sich beim Kinderliedersingen nicht herabbeugte zu den Kindern. Er blieb aufrecht stehen, und da er selbst Kind geblieben war, blieb er auch auf Augenhöhe mit seinen kleinen Zuhörern. Er selbst kann sich nicht daran erinnern, wann er das erste Kinderlied schrieb. Auf einmal irgendwann waren einige Lieder da und wurden später mehr vom Publikum als von ihm selbst in Kinder- und Erwachsenenlieder getrennt.

Gerhard Schöne: *Unter meinen allerersten Lieder, die noch auf den Kirchenbändern mit aufgenommen waren, gab es ein paar sehr versponnene, fröhliche, fast infantile Liedchen mit Wortspielen. Die haben mir einfach viel Spaß gemacht und den Leuten auch. Ich ging damals nicht davon aus, daß solche Lieder Kinderlieder sein können. Sie waren eher für damals Gleichaltrige gedacht. Dann gab es später aber immer mal wieder Gelegenheiten, genau diese Lieder zu singen, wenn viele Kinder im Publikum saßen, z.B. bei einem kirchlichen Jubiläum. Und dabei habe ich gemerkt, daß die bei den Kindern ganz gut ankamen. Ich spürte, daß ich für ein Kinderrepertoire eine Antenne habe und von Kindern gut verstanden wurde. Da erst habe ich mir dann ganz bewußt Gedanken über Themen und Ideen gemacht und ein ganzes Kinderprogramm entworfen. Ein bißchen fielen mir die Kinderlieder also zu und dann habe ich es einfach ausprobiert.*

Open-Air-Konzert für kleine und große Kinder

Dieses freie Ausprobieren, das nicht im luftleeren Raum, sondern auf den Teppichen seiner Erziehung, die in allen Himmelsrichtungen lagen, stattfand, ließ den Kinderliedertopf Gerhard Schöne schier überkochen. Dadaistische Wortspielereien und melancholische Schlaflieder, Abenteuer auf hoher See und Märchenfeen tanzten über seine Liederbühne.

Die Resonanz des Publikums war überwältigend. Hatten schon in der frühen Zeit die Mitmachlieder für Klein und Groß bei den Konzerten das Sahnehäubchen abgegeben, so war endgültig mit dem Erscheinen seiner 2. Langspielplatte »Kinderland« ein Quantensprung – besser ein Quotensprung erreicht.

Denn hatte sich die erste Platte bereits sehr gut verkauft, so traf sie doch erst einmal ein Spartenpublikum, Leute, die sich für Liedermacher interessierten. Mit »Kinderland« eroberte Gerhard Schöne nun im besten Sinne des Wortes alle Bereiche der Gesellschaft und alle Generationen. In der Kinder- und Jugendbibliothek, im Kindergarten, im privaten Kinderzimmer, im Weihnachtspaket der Großeltern, im Paket, das in den Westen geschickt wurde, überall war auf einmal »Kinderland« dabei, wurde auf die Plattenteller gelegt oder in die Kassettenrekorder geschoben und in kürzester Zeit mitgesungen, auch generationenübergreifend. Gerhard Schöne erzählt während eines Konzertes seinem Publikum, daß ihm auf der Fahrt zum Konzertort ein Volkspolizist »Kinderland« hinterhergerufen habe. Der Stasispitzel, der im Konzert sitzt, notiert es eifrig, nicht ohne hinzuzufügen, daß er Gerhard Schöne bis dato auch nur über die Kinderlieder kannte.

Der Wechsel ist eingeläutet. Anstatt, wenn Mutti früh auf Arbeit gegangen ist, Schürze umzubinden und Staub zu wischen, wurde nun zuerst mal geschmust, das mußte schließlich sein. Und statt auf Papa besonders stolz zu sein, weil er Traktorist oder Volkspolizist ist, war Thomas selbst der Meeresbezwinger. Wo vorher noch der Schaffner den Stab hob, damit die Eisenbahn losfuhr, wurde nun einfach der F-Tsch-Chqu-&%-Wumm-Apparat eingeschaltet. Und wo noch kurz vorher der kleine Teddybär daher kam, wurde nun im Kinderzimmer der Riese Glombatsch aus Bi Ba Bombatsch empfangen. Bisher waren die Kinder vor ihm ausgerissen, weil er so groß und fremd war. Er hat darüber geweint und war schon deshalb das große, unbekannte, aber liebe Wesen:

Sind denn alle Kinder blind?
Und er wartet auf die Kinder
die ein bißchen klüger sind.

Natürlich waren alle bald ein bißchen klüger. Begeistert folgten sie Gerhard Schöne in seine Fantasiewelt, die bunt und anders war als das, was sie bisher kannten. Gleichzeitig hatte diese Welt immer genügend Haltegriffe, an denen man sich festklammern konnte, wenn die Fantasie mal zu tolle Purzelbäume schlug und die eine Rückbesinnung auf die reale Welt ermöglichten. Diese Rückbesinnung aus dem befreienden Fantasierausch heraus wurde zur Neubesinnung. Und die wurde im besten Sinne zur Weltanschauung, zur Schau auf die Welt, ein Ausblick aus hundert bunten Fenstern des Kinderlandhauses heraus. Und wo dieses Kinderland liegt, das wissen dank des in Kinderzimmer, Schule, Auto und Kindergarten fast nonstop gespielten Liedes längst alle, ob Oma, Opa, Papa, Mama und natürlich das liebe Kind, eigentlich alle, die in der DDR hören konnten:

Hinter dem Affenstrand
kurz vor Schlaraffenland
da liegt Kinderland.
Wo die Kinder alles dürften:
kippeln, krabbeln, schmatzen schlürfen, popeln.
Kein Erwachsener, der gleich zankt
sofort Disziplin verlangt.
Denn dort gibt es keine Großen.
Wer da hin will, hebt die Hand
nach Kinderland.

Alle machen mit

Und natürlich flogen alle Hände empor, wenn Gerhard Schöne diese Zeilen sang. Auch die Erwachsenen meldeten sich, der Volkspolizist, die Kindergärtnerin, Mama und Papa, alle wollten mit. Sie waren nicht die »Großen«, sie waren kleine Leute, mit Sorgen und Alltagsnöten und der Sehnsucht nach mehr Licht. In den Konzerten wollten sie Kinder sein, und die Lieder von Gerhard Schöne halfen dabei.

Hier wurde der bekannte Liedermacher für Erwachsene nicht zusätzlich ein Kinderliederstar, sondern das eine Genre ergänzte das andere. Plötzlich entdeckten tausende Erwachsene über die Kinderlieder die Lieder für Erwachsene. Gleichzeitig fühlten sie sich vom Niveau der Kinderlieder nicht unterfordert. Diese Kinderlieder waren keine Kopfgeburten eines Pädagogen, der lange gegrübelt hatte, was für eine bestimmte Altergruppe angemessen sei. Es waren Lieder eines kindgebliebenen Erwachsenen, der sich nicht schämte, seine verrückten Ideen freizulassen. Also mußte auch das Publikum sich nicht schämen und quiekte, trampelte und grunzte mit. Dies alles geschah, ohne daß es kindertümelnd oder peinlich wurde. Gerhard Schöne vermied es, für Kinder Abstriche in der künstlerischen Gestaltung zu machen. Mitunter sind Melodien, Rhythmen und Texte kompliziert und von unerwarteten Wendungen geprägt. Auch gibt es viele Lieder, die ausgesprochene »Zuhörlieder« sind, sowohl wegen ihrer Gestaltung als auch wegen ihres inhaltlichen Anspruchs.

Gerhard Schöne hat bewiesen, daß Kinder diese Formen begreifen können, und er hat bewiesen, daß einfache Text- oder Melodieideen auch ein erwachsenes Publikum mitreißen können. In seinem Abendprogramm nahmen Kinderlieder bald einen festen Platz ein, nicht nur, weil immer auch Kinder im Saal waren, sondern auch, weil die Erwachsenen sie hören wollten. Insofern ist das Kinderliederschaffen Gerhard Schönes nicht gesondert, sondern nur im Kontext mit seinem gesamten Werk zu betrachten.

Nach der Produktion und dem unglaublichen Erfolg der Platte »Kinderland« ruhte sich Gerhard Schöne nicht etwa auf diesen Lorbeeren aus. Kinder wollten zwar immer die bekannten Lieder noch und noch einmal hören, aber Neues mußte stets nachwachsen. So begann er, internationale Kinderlieder zu sammeln. Er brachte sie von Reisen mit, er ließ sie sich bei flüchtigen Begegnungen z.B. mit ausländischen Musikern beim Festival des politischen Liedes auf einen Zettel schreiben. Diese kleinen Kostbarkeiten aus aller Welt sammelte er in seinen Kisten und Kästen wie den Trödel, den er sich von bunten Märkten mitbrachte. Er dichtete nach und bearbeitete die Lieder und schüttete sie in vielen weiteren Konzerten und Produktionen über dem kleinen, gar nicht so internationalen Ländchen DDR aus. Während sich im Westen in alternativen und intellektuellen Kreisen multikulturelle Ecken etablierten, als Nischen in der Gesellschaft, brachte Gerhard Schöne Multikultur ins Kinderzimmer und damit ins Herz der Gesellschaft. Alle Appelle und Kampagnen zur internationalen Solidarität haben nicht so viel alltäglichen Umgang und Kenntnis über andere Nationen gefördert wie die »Kinderlieder aus aller Welt« von Gerhard Schöne. Wer hätte schon gewußt, wie das Auto von Lucio repariert wird, was für ein bezauberndes Geschöpf Alouette wirklich ist, wo die Schule vom Killifisch sich befindet, wie Oma Emilia oder Mariomonito leben, wozu ein Popel nützlich sein kann und was die Schotten mit zehn grünen Flaschen machen.

Schulchöre und Kindersingegruppen sangen diese Lieder ebenso wie Kirchentagsgemeinden. Und die Sammlung wurde auch über die Wende hinaus fortgesetzt. Immer neue Lieder entstanden und fanden Eingang in die Konzertprogramme und damit in die Herzen und Köpfe der Zuhörer. Gerhard Schöne vermochte es, den Charakter der Lieder zu erhalten und trotzdem eben seine unverwechselbaren Lieder daraus zu machen. Es waren und sind Gerhard-Schöne-Lieder, zusätzlich gekrönt mit internationalem Kolorit, dem fremdländischen Geruch und den vielen volkstümlichen, überlieferten Textideen aus aller Welt.

Sein berühmtestes Lied für Kinder aus den 80er Jahren aber ist ohne Zweifel »Jule wäscht sich nie«. Es knüpft an die traditionellen Muster der Kinderlieder aus vielen Jahrhunderten an, die eine Grundidee drehen und wenden, bis es zu einem guten Ende kommt. Es geht um die Sauberkeit – wie langweilig. Schon ist man geneigt, das Lied in die Ecke des belehrenden Zeigefingers zu stecken. Aber man merkt rechtzeitig genug, daß hier etwas ganz anderes gemeint ist. Jule ist ein wunderbares, schönes, liebes Erdenwesen. Und wie alle Erdenwesen, also auch wie du und ich, hat sie ein paar Fehler. Jule riecht nicht sonderlich gut. Deshalb kann sie nur von jemandem geliebt werden, der gar nichts riechen kann. Beruhigend, denn ein Fehler gleicht einen anderen aus. Als aber dann doch nach Hmmm! und Ahhh! der Bräutigam seine Nase freiniest und Ihhh! schreit, kann nur noch eine gute Fee helfen. Die gute Fee hier ist das Bild für die Kraft zur Einsicht, eine einmal getroffene Enscheidung in Frage zu stellen, einen Fehler einzusehen und neu anzufangen. Und deshalb ist »Jule wäscht sich nie« auch das Gegenteil eines billigen Erziehungsstückchens zum Thema Sauberkeit. Jule, das sind wir alle – Gerhard Schöne eingeschlossen. Deshalb lachen wir sie nicht aus, wir hoffen für sie, also für uns, daß der Knoten platzt.

In den 90er Jahren gab Gerhard Schöne anläßlich eines Umwelttages ein großes Eröffnungskonzert. Er hatte ein ambitioniertes Programm zusammengestellt, um dem Thema gerecht zu werden. Als das Programm zu Ende war, wurden Zugaben gefordert. Wie verwundert war da Gerhard Schöne, als sich die 20- bis 30jährigen vor der Bühne drängelten und »Jule! Jule! Jule!« schrien. Zunächst war er ein bißchen verärgert. Wieso wollen die jetzt ein Kinderlied von mir? Nehmen die den Umweltgedanken denn so wenig ernst und haben die meine »hochwertigen« Lieder gar nicht mitbekommen? Doch dann begriff er: Diese 20- bis 30jährigen waren die Kinder, auf deren Kassettenrekorder die »Jule« bis zum technischen k.o. gelaufen war. Das war ihre Kindheit und ein Stück ihrer Lebenshaltung: Wenn möglich schön sein, wenn möglich lieb sein, wenn möglich, Fehler einsehen. Wenn möglich, die Schweinerei beenden. Was paßte also besser, als mit diesen Wünschen den Umwelttag zu eröffnen! Und so sangen alle Generationen fröhlich vereint und wie aus einer Kehle:

Sie riecht die Seife und denkt: Hmmm!
Sie wäscht sich richtig sauber. Ahhh!
Sie sieht sich selber und sagt: Ihhh – Ei!!!
Jetzt ist die Schweinerei vorbei.

Konzert in der 13. Grundschule in Gera, später die Gerhard-Schöne-Grundschule

8.

»ALS MEIN GELBER WELLENSITTICH AUS DEM FENSTER FLOG« –

KONZERTALLTAG ZWISCHEN POLIT-FESTIVAL UND KIRCHENTAG

Vor einem Konzertauftritt in Ahrenshoop

Veranstalter sein, heißt Angst haben. Angst, daß die Einnahmen nicht stimmen, daß ein Versicherungsfall Ärger bereitet. So ist das heute. Veranstalter in der DDR bis 1989 hatten eine andere Angst, denn die Honorare für Künstler waren abgesichert – jenseits des Einnahmetopfes. Die andere Angst war immer gegenwärtig: Kommt es zu einer Äußerung des Künstlers, die politisch zu Verwicklungen, Ärger oder zu Schlimmerem führen könnte? Beim Jongleur oder Zauberer schien diese Gefahr gering, aber auch nicht total ausgeschlossen. Ein moderierender Jongleur mit ein- oder zweideutiger Pointe konnte schon zu absurden Verwicklungen führen. Billige Kalauer wie: »Ich jonglier heute nur mit zwei Kugeln, weil Kugeln ja auch schon Mangelware sind«, bewegte manche graue Eminenz, die mit Auftrag und Notizbuch im Publikum saß, einen Bericht zu verfassen, der beinhaltete, daß der Artist die Versorgung der Bevölkerung mit Waren des täglichen Bedarfs (Abkürzung WTB) schlecht gemacht habe. So weit, so gut, so harmlos. Bei Rockmusikern und besonders bei Liedermachern wurde die Sache wesentlich komplizierter. Letztere lebten ja, ähnlich wie ihre Kabarettkollegen, von der reflektierenden Kritik der bestehenden Verhältnisse und ihrer spitzen Zunge. Kritik war ja auch nicht verboten, aber »parteilich« sollte sie schon sein. Kritik, die für eine Sache und nicht dagegen war – ein nicht immer zu lösender Konflikt. Der kleine Veranstalter wurde gerade an dieser Schmirgelstelle zwischen gesellschaftlicher Realität und ideologischem Anspruch zerrieben. Er verstand doch die Wünsche des Publikums, das wie er aus dem realexistierenden Alltag der DDR kam, um sich z.B. durch Gerhard Schöne auf poetische, geschickt fabulierende Art sagen zu lassen, was es sich in seinem Alltag nicht traute oder trauen konnte, zu sagen. Es klatschte an Stellen, die es politisch deuten und verstehen konnte. Ein kollektives und befreiendes Ausatmen. Deshalb wurden die Lieder nach versteckten Aussagen seziert. Das genau war das Problem des Veranstalters, der sich rechtfertigen mußte, warum er einen Künstler mit solchen Texten auftreten ließ. Er mußte das Kunststück fertigbringen, seinen »Kontrollorganen« klarzumachen, daß die vorgebrachte Kritik »für unseren Staat« und nicht gegen ihn gerichtet war. Letzter Rettungsanker in solchen Diskussionen war dann immer der Hinweis: »Aber es ist doch auch schon im Rundfunk gelaufen!« Ein im Zentralismus unschlagbares Argument. Die oben in Berlin hatten es also schon genehmigt... Da konnte hier »unten« nicht mehr viel passieren. Man sagte immer unten, wenn man von Bezirksebene sprach; und noch einmal »unten«, wenn man auf Kreisebene gegenüber dem Bezirk nachdachte, auch war »unten« geographisch gemeint im Sinne von südlich von Berlin, der schon damals größten Hauptstadt der kleinen DDR. Also konnte ja bei dieser Argumentationslage »unten« nicht kritisiert oder verboten werden, was »oben« schon über den Sender gegangen war. Der unerschütterliche Glaube an eine zentrale Steuerung aus Berlin erleichterte Künstlern das Leben ebenso wie Veranstaltern und kleinen Funktionären. Und wer konnte schon überprüfen, was da wann und wo und womöglich mit welchen Folgen jemals im Rundfunk gelaufen ist...

Gerhard Schöne: *Die Rundfunkkarte mußte ich schon ganz oft ziehen. Dabei weiß ich gar nicht mehr genau, wann und mit welchem Lied ich zum ersten Mal im Rundfunk lief. Vielleicht über die alljährlichen Chansontage im Kloster Michaelstein im Harz. Wolfgang Schlemminger hatte dort einen Freundeskreis um sich geschart, der sich für Lieder interessierte. Ich wurde dorthin eingeladen und der Rundfunk war dort und auch einige Zeitungen. Ich bekam den Wanderpokal, und über solche Anlässe wurde dann eben berichtet. Natürlich aber auch in Sendungen, die erst am späteren Abend liefen, zu einer Zeit, wo eben mehr möglich war als sonst. Und oft spielten da ja auch Zufälle eine große Rolle. Das war aber auch später noch so. Z.B. erinnere ich mich an eine Episode einige Jahre später. Mein Lied »Wellensittich und Spatzen« war noch nicht auf Platte erschienen und ich hatte des öfteren Schwierigkeiten, gerade dieses Lied zu singen. Doris Winkler, eine Rundfunkredakteurin, die auch eine Zeit lang meine Mentorin war, wollte eines meiner Konzerte für den Rundfunk mitschneiden. Vorher sollte ich alle Texte abgeben. Nach der Durchsicht wollte sie, daß ich »Wellensittich und Spatzen« nicht singe, weil sie meinte, dieses Lied sowieso nicht senden zu dürfen. Ich blieb aber zunächst bei meinem Lied, weil es ins Programm gehörte. Dann sollte sie es eben später rausschneiden, aber erst wollte ich es singen! Draußen im Ü-Wagen saß eine andere Rundfunkredakteurin, Waltraud Tschirner. Die hörte das Lied, ließ es sich vom Tonmeister gleich auf Extraband umschneiden, weil sie es am nächsten Tag im Programm einsetzen wollte. Und da lief es dann auch irgendwo, vielleicht zwischen Schlagern und Nachrichten und keiner hat sich empört. Bedenkenträgern im Land konnte man also sagen: Es ist im*

Als »Minnesänger« auf Kloster Michaelstein im Harz

Rundfunk gelaufen, es ist legalisiert, du muß keine Angst haben. Ähnlich überzeugend war auch immer der Hinweis, daß ich das schon beim Festival des Politischen Liedes gesungen hätte. Man mußte aber anderen sozusagen die Gründe und Argumente gleich mitliefern, damit sie sich nicht selbst absichern mußten. Oft steckte nicht viel mehr dahinter.

Der Liedermacher lieh also zusätzlich zu seinen poetischen »Argumenten« auch noch praktische Argumente an den Veranstalter oder die Verantwortlichen aus. Dieser Zustand vermittelt eigentlich eine dumpfe, beklemmende Atmosphäre. Aber oft war das Gegenteil der Fall. Eine offene, kritische Diskussion mit dem populären Künstler wurde als anregend und befreiend vom kleinen Veranstalter empfunden, weil diese Offenheit in den Medien, den Zeitungen und den Versammlungen der DDR sonst ja so nicht stattfand. Auch der Kulturfunktionär konnte sich selbst aufgewertet sehen, wenn er, wie er meinte, ein Gerhard-Schöne-Konzert seinen Oberen gegenüber argumentativ vorbereitete und ermöglichte. Dabei war er für jedes Argument, auch das Scheinargument, dankbar. Im besten und gar nicht so seltenen Fall entstand so etwas wie eine Verbrüderung zwischen Künstler und Kulturfunktionär der unteren Ebene: Wir haben es gemeinsam geschafft.

Die Aufpasser nannten dies dann »keine Vorkommnisse im Konzert« und meinten natürlich noch etwas ganz anderes. Trotz ihrer akribischen Auflistung von Abläufen und Texten in Gerhard Schönes Konzerten verstanden sie die Texte zwischen den Zeilen oft gar nicht. Auch die Tatsache, daß ein Mitarbeiter der Stasi vermerkt, daß zum Schluß eines Konzertes »eine weibliche Person (ca. 25 Jahre)« auf die Bühne ging und Gerhard Schöne einen hellen Leinenbeutel überreichte, »dessen Inhalt nicht ausgemacht werden konnte«, zeigt die Ohnmacht der Überwacher. Die Sicht des Staates auf Gerhard Schöne und die Art und Weise, wie er die geheimnisvolle Wirkung des Liedermachers versuchte zu erfassen und zu regulieren, ist nirgends besser als in den Dokumenten der Staatsicherheit selbst nachzulesen. Hier müssen die Autoren denn auch kapitulieren: Genauer als mit diesem originalen Berichtstils und dieser politischen Optik kann man sich nicht in jene Zeit zurückversetzen oder sie zu begreifen beginnen. Um die Zeitmaschine zu ersetzen, sei an dieser Stelle deshalb ausführlich zitiert. »Quelle« aus Leipzig berichtet am 3. Mai 1982 auf vier eng beschriebenen Seiten über die Vorbereitungen, die Kartenvergabe, den Verlauf und die Inhalte eines Konzerts vom 29.4.1982 an der Karl-Marx-Universität Leipzig und versäumt auch nicht, notwendige Schlußfolgerungen in fünf Punkten zusammenzufassen:

Betr.: Auftritt des Liedermachers Gerhard Schöne

Am 29.4.1982 trat Herr Schöne 16.00 Uhr im Hörsaal für theoretische Physik der Sektion Physik an der Karl-Marx-Universität vor 200 Studenten auf. Er sang sein Programm: »Bildergalerie«.

Die 200 Eintrittskarten wurden wie folgt verteilt und die Teilnahme des Publikums gesteuert:

- *80 Verkauf über FDJ-Leitung GO Physik*
- *20 Verkauf über FDJ- und SED-Kreisleitung*
- *30 Verkauf über FDJ-Leitung der GO Psychologie*
- *10 Verkauf über FDJ-Leitung der Medizinischen Fachschule*
- *60 Freiverkauf für Studenten der Sektion Physik, Chemie sowie des Bereiches Medizin.*

Aufgrund des zu erwartenden starken Andrangs wurde ein starker Einlaßdienst bereitgestellt, der seine Aufgabe erfüllte. Die ersten Hörer erschienen 15.00 Uhr – eine Stunde vor Beginn des Auftritts von Schöne. Soweit mir aus dem Besuch von FDJ-Veranstaltungen an der Sektion Physik bekannt war, beteiligten sich eine Reihe Studenten an diesem Liedernachmittag, die mir früher durch unmarxistische oder direkt religiös untersetzte Meinungen aufgefallen waren. Auch der Student Behr war anwesend. (Briefentwurf »An alle Menschen!« oder »An alle Amerikaner!«)

Nach dieser Veranstaltung trat Schöne nach eigenen Angaben noch in einem Klub der Arbeiter und Angestellten im Territorium sowie 23.30 Uhr in der Mitternachtsveranstaltung der FDJ-Kreisleitung der Karl-Marx-Universität Leipzig im »Capitol« auf. In dieser Mitternachtsveranstaltung sang er nur seine Kinderlieder.

Herr Schöne wurde eine Stunde vor Beginn des Auftrittes durch den FDJ-Sekretär der Sektion Physik, einen Sekretär der FDJ-Kreisleitung und einen politischen Mitarbeiter der SED-Kreisleitung empfangen. Der Veranstaltungsinhalt wurde präzisiert und Herr Schöne aufgefordert, entsprechend den guten Traditionen seiner Auftritte an dieser Universität alles zu unterlassen, was dem Erziehungsziel einer sozialistischen Bildungseinrichtung entgegensteht. In seiner Erwiderung betonte er, daß

- *die Veranstaltung den geäußerten Wünschen entsprechend verlaufen wird;*
- *Meinungen, er trete mit falschen oder feindlichen Inhalten auf, Verleumdungen seien;*
- *es nur im Bezirk Leipzig Vorbehalte gegen ihn gäbe.*

Der Hörsaal war entsprechend der FDJ-Studententage sowie in Vorbereitung und Durchführung des 1. Mai geschmückt und ausgestaltet. Das Podium war mit rotem Tuch bespannt.

Schöne erschien volkstümlich gekleidet, mit Jeanshose und einfachem kariertem Hemd. Seine Gitarre stimmte er vor dem Publikum und nutzte dies psychologisch geschickt, den Kontakt zu den Studenten herzustellen. Dabei beobachtete er sein Publikum sehr genau und bemühte sich ganz offensichtlich, mit seinen Hörern in einen Dialog einzutreten. So erörterte er die Frage, ob er die Anwesenden mit Du oder Sie anspricht, da er wisse, daß einige im Saal von ihm mit »Sie« angesprochen werden müßten. Er bat um Verständnis, bei DU bleiben zu wollen. Damit war der Kontakt auch zu »seinen« Anhängern offen hergestellt.

Während der Veranstaltung ging Schöne auch auf ein anwesendes Kind ein und versprach, extra für das Kind einige Grimassen zu schneiden. Er ging auf jeden ein und versprach jedem etwas. Das führte zu atemloser Stille und bisher nicht gekannter Disziplin in dem restlos gefüllten Hörsaal. Im letzten Drittel der anderthalbstündigen Veranstaltung verstand es Schöne geschickt, seine Zuhörer durch Beteiligung an einem Refrain bzw. durch Singen eines dreistimmigen Kanons aktiv an seinem Programm zu beteiligen. (Katzen-Lied)

Schöne begann sein Programm nicht mit einem feststehenden Titel, sondern fragte, ob jemand ein Wunschlied hätte. Aus dem Publikum wurde »Kinderland« gewünscht und er begann damit. Ebenso hätte ein anderer, weniger wünschenswerter Titel verlangt werden können. Es empfiehlt sich deshalb, bei künftigen Veranstaltungen Genossen auf derartige Wünsche vorzubereiten. Schöne erzählt zu seinen Liedern. Zu »Kinderland« führte er z.B. an, daß ihm in Berlin Kinder hinterherrufen und auch ein Volkspolizist im Vorübergehen ihm »Kinderland« zugerufen habe.

Zwischen anderen Titeln rezitierte er u.a. von Albert Schweizer und erzählte, daß er auch häufig zu Schulklassen eingeladen werde. Unter anderem sei er vor einer Klasse aufgetreten, wo ihm ein Pionier vor Beginn der Veranstaltung Meldung erstattet habe. Schönes Anhänger brachen dabei in schallendes Gelächter aus.

Sein Repertoire bestand vorwiegend aus Kinderliedern sowie Liedern, die er zu Gemälden und Grafiken geschrieben hat:

- *Der Baum – zur Ökologie- und Umweltproblematik*
- *Jule – zur Eltern-Kind-Beziehung*
- *Kinder malen (wird auch von Radio DDR gesendet)*
- *über Schimpf- und Kosewörter*
- *Da war doch noch was*
- *zum Bild eines nackten älteren Paares usw.*

Schöne erklärt, spricht und rezitiert zwischendurch, geht auf Regungen seines Publikums ein und bleibt so ständig im Dialog. Wie erwähnt, singt er auch mit dem Publikum gemeinsam – ein Lied »mit uns verklemmten Deutschen«.

Die Mehrheit seiner Lieder ist zweifellos nicht anfechtbar. Die Brisanz seiner Auftritte liegt in seiner Fähigkeit, mit seinen Anhängern zu machen, was er will. Steuern kann er das sowohl durch entsprechende Liedtexte als auch durch das gesprochene Wort. Die besuchte Veranstaltung bot keinen Anlaß für kritische Auseinandersetzung. Es muß jedoch bemerkt werden, daß Schöne keine oder nicht immer Position bezieht und so dem Hörer Freiraum für die Auslegung seiner Liedtexte überläßt. Insofern ist das Ergebnis seiner Auftritte in hohem Maße von der politischen Reife der Zuhörer abhängig. Das läßt aber auch die Möglichkeit zu, das Ergebnis seiner Auftritte durch Auswahl und Vorbereitung des Publikums zu steuern, da er klug genug ist abzuschätzen, was er sich erlauben kann.

In der besuchten Veranstaltung gab es nur wenige Ansatzpunkte für seine Anhänger, einen antikommunistischen Sinn in seine Texte hineinzuinterpretieren:

U.a. zeigte er das Bild eines Hallenser Malers: »Der Tunnel«, mit düsteren Farben gemalt, stumpfsinnige Menschen, ein überquellender Papierkorb im Hallenser Bahnhofstunnel. Dieses Bild war auf der VII. Kunstausstellung in Dresden ausgestellt. Am Schluß seines Liedes fragt er dazu, ob den Menschen nicht doch etwas fehle und meint von sich aus sicher »Gott«. Er überläßt aber die Antwort seinen Zuhörern. In einem früher gegebenen Interview für »Der Sonntag« – Gemeindeblatt der Evangelisch-Lutherischen Landeskirche Sachsen – sagt Schöne von sich, daß seine Lieder nicht fromm klingen, er damit aber Gott den Menschen näher bringen will.

Auch sein Lied vom Märchenprinzen kann unterschiedlich ausgelegt werden. Er fordert darin, daß jeder selbst etwas für den Frieden tun müsse. Der zum Teil frenetische Beifall darf keinesfalls als kommunistische Haltung der Hörer gewertet werden, weil es gerade in der Sektion Physik verbreitet kein Verständnis für die staatlichen Maßnahmen gab, mit denen für die Entfernung der Symbole »Schwerter zu Pflugscharen« gesorgt wurde.

Durch lang anhaltenden stürmischen Beifall sah sich Schöne veranlaßt, drei Zugaben zu singen, was offensichtlich geplant war. Er sang ein Lied, das auf einer Single im Herbst d.J. erscheinen soll und bemerkte, daß er auch gleich die Rückseite für all jene singen wolle, die diese Single nicht im Laden erhalten werden.

Ob der Auftritt Schönes ein Erfolg war, muß noch differenzierter eingeschätzt werden. Seine geistigen Bezugspunkte liegen in einer für uns Kommunisten fremden Welt. Die von ihm verwendeten Bilder entstammen zweifellos dem Kunstdienst der Ev.Luth. Landeskirche Sachsen, dessen Leiter Joachim Schöne, Pfarrer, ist. Die Auswahl der Bilder und Grafiken erfolgte mit viel Geschick, so waren u.a. Bilder zu sehen, die auf der Kunstausstellung Dresden hängen bzw. im Louvre zu sehen sind. Schöne interpretiert sie in seinem Sinn und mit künstlerischem Gestaltungsvermögen.

Nebenbei erzählt er von sich und seiner Frau, von seiner Geburtstadt Coswig bei Dresden, das jetzt verdreckt und nicht mehr schön sei, oder von seiner neuen Heimat Berlin-Prenzlauer Berg, wo die Ratten über die Wege laufen und noch Hinterhofmilieu herrscht. Auch zu dieser Umgebung hatte er sich ein entsprechendes Bild ausgewählt.

Schöne deutete an, daß er über umfangreiche Kommunikation verfügt. Er werde auch viel von Schulklassen und Kindern angeschrieben.

Schlußfolgerungen:

- *Schöne ist nicht nur unter Jugendlichen sehr bekannt und beliebt. Eine etwaige Sperre ist deshalb wohl zu überlegen, da er sein Publikum auch im innerkirchlichen Bereich erreichen kann, wenn er bei uns weniger zum Einsatz kommt.*
- *Schöne ist intelligent und anpassungsfähig. Seine künstlerischen Fähigkeiten können nicht in Zweifel gezogen werden. Ihm sollte deshalb weiter Gelegenheit zu Auftritten gegeben werden, wobei das Programm, der Inhalt, genau mit ihm abzustimmen und schriftlich zu vereinbaren ist. Staatliche Organe sowie Massenorganisationen sollten ihre Funktionäre auf den unteren Leitungsebenen dazu besser informieren, u.a. wie solche Verträge rechtswirksam abzuschließen sind.*
- *Mit Schöne sollte sowohl vor als auch nach seinen Auftritten gesprochen werden. Es müssen Möglichkeiten geschaffen werden, wo wir mit ihm den Dialog führen. Deshalb sollte nach Auftritten eine Möglichkeit eingeplant werden, wo wir ihm unsere Meinung zu seinen Liedern sagen können. Es müssen mehr Gelegenheiten geschaffen und genutzt werden, ihm den realen Sozialismus zu zeigen und zu erläutern.*
- *Schöne sollte nicht nur von »seinen« Anhängern eingeladen werden, sondern auf der Grundlage des Förderungsvertrages mit dem Zentralrat der FDJ gezielt auch von Studenten gesellschaftswissenschaftlicher Sektionen bzw. von Genossen FDJlern. Dabei ist dem Dialog*

und der Gesprächsführung breiter Raum einzuräumen. Schöne sollte gewonnen werden, auch Lieder für uns, den Jugendverband, zu schreiben, mit dem er einen Förderungsvertrag hat. Bisher tritt er nur mit seinen Liedern auf.

- *Die Steuerung des Einsatzes von Künstlern, Kunstschaffenden usw. an der Karl-Marx-Universität sollte auf der Grundlage der Veranstaltungsverordnung der DDR überdacht werden. Es ist zu überlegen, ob das Bezirkskabinett für Kulturarbeit oder unsere Hauptabteilung Kultur sich in zunehmendem Maß der Beratung der FDJ- und Gewerkschaftsgruppen hinsichtlich eines sinnvollen Einsatzes von Künstlern annehmen sollen oder die Steuerung ausschließlich durch Erteilung der Veranstaltungserlaubnis oder des Verbotes durch das VPKA, Abteilung Erlaubniswesen, erfolgen soll. Die Wahrnehmung der Eigenverantwortung an unserer Universität sollte schrittweise weiter ausgebaut werden.*

gez. »Quelle«

Hier also hat jemand unter dem Punkt »Schlußfolgerungen« richtig mitgedacht. Die Empfehlungen schwanken zwischen Defensive und Offensive. Vor einer etwaigen Sperre wird gewarnt, weil der Liedermacher schon zu bekannt ist und auch mit Hilfe der Kirche sein Zielpublikum erreichen könnte. Das ist das Argument dagegen und nicht etwa, daß er gute Lieder mache und wichtig wäre für die kulturelle Vielfalt im Lande. Gerhard Schöne wird Intelligenz und Anpassungsfähigkeit bescheinigt, wobei man empfiehlt, daß seine Programme künftig inhaltlich genau vorher abgestimmt sein müßten und dies auch noch schriftlich geschehen solle! Eine absurde Vorstellung, die so nie verwirklicht wurde. Gerhard Schönes Geschick im Umgang mit Veranstaltern, seine vielen Freunde bei Rundfunk und Fernsehen, auch in den wichtigen Institutionen wie dem Komitee für Unterhaltungskunst und dem Kulturministerium verschafften ihm immer genügend Freiraum sich zu entfalten. Pro und Contra hielten sich die Waage, und Gerhard Schöne sang einfach immer weiter. Und so stoppelt sich auch 1987 noch Unterleutnant Christ, der bis dato nur Kinderlieder von Gerhard Schöne kannte, mühsam durch ein Konzert in Rostock und versucht, etwas zu verstehen:

Bericht: Am 3.4.1987 besuchte ich gemeinsam mit meiner Ehefrau ein Konzert des Liedermaches Gerhard SCHÖNE im Filmtheater »Hansa«. Bis zum Konzert war mir SCHÖNE aussschließlich als Verfasser von Kinderliedern bekannt, von denen er auch wiederholt Langspielplatten veröffentlichte.

- 4 -

Schlußfolgerungen:

- Schöne ist nicht nur unter Jugendlichen sehr bekannt und beliebt. Eine etwaige Sperre ist deshalb wohl zu überlegen, da er sein Publikum auch im innerkirchlichen Bereich erreichen kann, wenn er bei uns weniger zum Einsatz kommt.

- Schöne ist intelligent und anpassungsfähig. Seine künstlerischen Fähigkeiten können nicht in Zweifel gezogen werden. Ihm sollte deshalb weiter Gelegenheit zu Auftritten gegeben werden, wobei das Programm, der Inhalt, genau mit ihm abzustimmen und schriftlich zu vereinbaren ist. Staatliche Organe sowie Massenorganisationen sollten ihre Funktionäre auf den unteren Leitungsebenen dazu besser informieren, u.a. wie solche Verträge rechtswirksam abzuschließen sind.

- Mit Schöne sollte sowohl vor als auch nach seinen Auftritten gesprochen werden. Es müssen Möglichkeiten geschaffen werden, wo wir mit ihm den Dialog führen. Deshalb sollte nach Auftritten eine Möglichkeit eingeplant werden, wo wir ihm unsere Meinung zu seinen Liedern sagen können. Es müssen mehr Gelegenheiten geschaffen und genutzt werden, ihm den realen Sozialismus zu zeigen und zu erläutern.

- Schöne sollte nicht nur von "seinen" Anhängern eingeladen werden, sondern auf der Grundlage des Förderungsvetrages mit dem Zentralrat der FDJ gezielt auch von Studenten gesellschaftswissenschaftlicher Sektionen bzw. von Genossen FDJlern. Dabei ist dem Dialog und der Gesprächsführung breiter Raum einzuräumen. Schöne sollte gewonnen werden, auch Lieder für uns, den Jugendverband, zu schreiben, mit dem er einen Förderungsvertrag hat. Bisher tritt er nur mit seinen Liedern auf.

- Die Steuerung des Einsatzes von Künstlern, Kunstschaffenden usw. an der Karl-Marx-Universität sollte auf der Grundlage der Veranstaltungsverordnung der DDR überdacht werden. Es ist zu überlegen, ob das Bezirkskabinett für Kulturarbeit oder unsere Hauptabteilung Kultur sich in zunehmendem Maß der Beratung der FDJ- und Gewerkschaftsgruppen hinsichtlich eines sinnvollen Einsatzes von Künstlern annehmen sollen oder die Steuerung ausschließlich durch Erteilung der Veranstaltungserlaubnis oder des Verbotes durch das VPKA, Abteilung Erlaubniswesen, erfolgen soll. Die Wahrnehmung der Eigenverantwortung an unserer Universität sollte schrittweise weiter ausgebaut werden.

[redacted]

gez. „Quelle“

IM »Quelle« zieht Schlußfolgerungen aus seinem umfänglichen Bericht über ein Konzert von Gerhard Schöne an der Karl-Marx-Universität, Leipzig 1982

Das Konzert begann gegen 20.15 Uhr und endete ca. 22 Uhr. Vor Betreten des Kinos konnte ich eine große Nachfrage an Eintrittskarten feststellen. Der Konzertsaal war zu Beginn der Veranstaltung restlos gefüllt. Der Altersdurchschnitt des Publikums lag meiner Meinung nach zwischen 25 und 30 Jahren, es waren aber sowohl jüngere als auch ältere Zuhörer darunter. Ausgehend von der Bekleidung sowie dem Auftreten würde ich den Großteil der Zuschauer als Vertreter der Intelligenz bzw. auf diesem Weg befindliche, wie z.B. Studenten, zuordnen.

Zu Beginn des Konzerts wurde ein künstlerisch aufgearbeiteter Zusammenschnitt von Nachrichtenansagen, meiner Meinung nach westlicher Rundfunkstationen, eingespielt. Dieses Einspiel enthielt Passagen, die offensichtlich im Zusammenhang mit der Havarie im Kernkraftwerk Tschernobyl standen, wobei dieses nicht konkret benannt wurde. Des weiteren ging es um Smog-Alarm in Berlin (West), um Waffenlieferungen und um die Kindersterblichkeit in Afrika. Diese einzelnen Passagen waren mit Effektgeräten aufgearbeitet sowie mit Werbespots und Musik unterlegt.

Als Abschluß dieser Einleitung betraten SCHÖNE und die ihn begleitenden Musiker die Bühne, dabei imitierten sie meiner Ansicht nach durch das Schlagen von Hölzern das Ticken eines Geigerzählers, welches sich offensichtlich auf die genannten Textpassagen bezog.

Bereits in seinem ersten Titel »Ich hab Geburtstag heut« machte SCHÖNE klar, wo er politisch einzuordnen ist. Im Text dieses Liedes bezieht er sehr vielfältige und sich zum Teil widersprechende aktuelle Erscheinungen aus der internationalen Politik und der gesellschaftlichen Entwicklung ein. Insbesondere wünschte er sich versinnbildlicht zum Geburtstag Freiheit, Gerechtigkeit, Frieden, Verständigung, Mitspracherecht, Umweltschutz, bessere Erziehung der Kinder und vieles mehr. Im Verlauf des weiteren Konzerts wurden seine diesbezüglichen Aussagen deutlicher.

Im Zusammenhang mit der Ankündigung eines Titels über die Fragen einer 15jährigen Schülerin ging SCHÖNE scheinbar auf die von ihm erlebte Schulzeit ein und betonte, daß er noch heute angeblich Alpträume hätte, wenn er an seine Lehrerin denken würde. Grundtenor seiner gesamten Äußerungen war, daß unser Schulsystem nur darauf ausgerichtet sein würde, blinden Gehorsam zu erzeugen. SCHÖNE wertete die Erziehung an unseren Schulen als Drill. In dem schon genannten Titel läßt er dann die Schülerin auch fragen, warum sie nicht nach Paris fahren kann. SCHÖNE ließ diese Frage unbeantwortet und überließ dem Publikum die Wertung. Dieses reagierte sowohl bei den genannten Äußerungen zum Bil-

dungssystem als auch auf die Anspielung auf die Reisefreiheit zum Großteil mit spontanem Beifall.

Ein weiteres Thema in SCHÖNE's Liedern betraf das Verhältnis zwischen Bürgern und Staatsorgan. SCHÖNE artikulierte offen, daß Duckmäusertum endlich ein Ende haben müsse und sich keiner mehr verschrecken lassen dürfe durch das Auftreten von Staatsorganen, die laut SCHÖNE ihre Macht mißbrauchen. Diese Aussagen SCHÖNE's wirkten meiner Ansicht nach wie ein Aufruf. Die Kraft des warmen Blutes sollte den kalten und erstarrten Blicken entgegengesetzt werden. In dieser Form versuchte sich SCHÖNE künstlerisch verschlüsselt verständlich zu machen. Auch diese Textpassagen wurden mit Szenenapplaus bedacht.

Gegen Ende des Konzertes sang SCHÖNE »Das Lied für meinen Feind«. Dieser Titel beinhaltete als Grundmotiv das Ziel der Aussöhnung zwischen Ost und West. In einer Textpassage hieß es etwa wörtlich: » ...nun mach' diese Feindschaft zwischen uns nicht mehr mit, wirf dein Koppel in die Ecke und sag deinem Vorgesetzten, daß du jetzt Schluß machst... ». Auf diese pazifistische Aussage wurde erneut mit starkem Beifall durch die Mehrheit des Publikums reagiert.

Mein Gesamteindruck vom Konzert war, daß SCHÖNE bewußt derart wichtige Fragen, wie die Sicherung des Friedens, Beseitigung der Kernwaffen, Kampf gegen den Hunger und Militärregime in Lateinamerika, mit seiner indifferenten politischen Haltung, pazifistischen und klerikalen Charakters, vermischte.

Auffallend war auch, daß er trotz der genannten Themen in keinem Fall auf die konstruktiven Initiativen der UdSSR zur Friedenssicherung und der dazu im Gegensatz stehenden Verzögerungstaktik der USA einging. Dargeboten wurden seine Aussagen in einer qualitätsvollen musikalischen Verpackung.

SCHÖNE wurde von 4 Musikern begleitet, deren Namen mir nicht mehr in Erinnerung sind. Als Techniker stellte er zwei Männer vor, die angeblich zuvor im Friedrichstadtpalast für den Betrieb des Wasserbassins verantwortlich waren und entlassen worden sein sollen, nachdem das Bassin ausgelaufen sein soll. Nunmehr wären sie zur »Bewährung« in seinem Tournee-Programm.

Als Tournee-Managerin fungierte eine Frau. Insgesamt sollen etwa 20 Konzerte gegeben werden. Das Konzert in Rostock war das vierte. Nach der letzten Zugabe überreichte eine weibliche Zuschauerin, ca. 25 Jahre, an SCHÖNE einen hellen Leinenbeutel, dessen Inhalt nicht ausgemacht werden konnte.

Die Tourneemanagerin war im übrigen Maria Görtz, damals in der Szene der Liedermacher und Rocker eine bekannte und beliebte Organisatorin von Konzerten und Tourneen, und die Story mit den Bassinarbeitern aus dem Friedrichstadtpalast natürlich ein vom Publikum verstandener schöner Witz.

So mühte sich die staatliche Kontrollpolitik, hinter die Kulissen dieses bunten Vogels Gerhard Schöne zu schauen und Ordnung in seinen weltanschaulich »indifferenten« Laden zu bringen.

Intellektueller und auch liberaler ging es hinter den Kulissen des »Festivals des Politischen Liedes« zu. Durch seine frühen Einladungen dorthin hatte Gerhard Schöne ja einen nicht zu unterschätzenden Popularitätsschub im nicht kirchlichen Umfeld und auch einen Gewinn an Akzeptanz bei staatlichen Stellen erfahren. Gleichwohl sah er sich auch eingezwängt in die Alltagmühlen dieses politisch hoch angebundenen Festivals. Texte sollten vorgelegt, Programmabläufe abgesprochen werden. Nebenbei gab es frühe und eher kuriose Begegnungen mit Künstlerkollegen. Steffen Mensching saß z.B. in einem Jahrgang des Festivals an einer Stelle im Büro, an der die Texte Gerhard Schönes begutachtet wurden. Bestimmt forstete er sie nicht nach politischen Provokationen durch, wohl aber war die poetische Wertung des angehenden Dichters Steffen Mensching gefragt.

Gerhard Schöne: *Es war meine erste Begegnung mit Steffen Mensching. Er kannte mich damals noch nicht, jedenfalls wußte er offensichtlich nicht, wie ich aussah. Ich sollte also vor meinem Auftritt meine Texte abgeben und unter anderem war da der Titel »Unterwegs« dabei, ein Lied, das ich damals für richtig gut hielt. Mein Stapel mit Texten war also schon dort, als ich zufällig noch mal ins Büro des Festivals kam. Da saß so ein kleiner Typ mit Nickelbrille und arbeitete sich durch die abgegebenen Texte. Er nahm gerade mein Lied »Unterwegs« in die Hand und sagte: Schlecht! Ich dachte, du blöder, arroganter Kerl und hab dann gesagt: Das sind übrigens meine Texte! Ja, also, sagte Mensching daraufhin, tut mir leid... aber trotzdem! Es war eine gleichermaßen peinliche wie kuriose Situation.*

Ganz am Anfang meiner Festival-Auftritte mußte ich also die Texte immer abgeben. Ich habe natürlich versucht, mich davor zu drücken. Erst habe ich es einfach immer »vergessen« und hab es dann für den nächsten Tag versprochen und wieder vergessen. Dann kam Jörn Fechner, der damals viel mit dem Festival zu tun hatte, sogar zu mir in die Wohnung, um die Texte zu holen. Da konnte ich nicht mehr anders und suchte sie ihm her-

aus und er nahm sie mit. So war es die ersten beiden Male, als ich beim Festival spielte, also das muß 1980 und 1981 gewesen sein. Dann hatte ich schon meine Platten, hatte auch schon einen Namen, und da war es ihnen offensichtlich etwas zu peinlich, immer noch die Texte zu verlangen.

Eine Geschichte aber werde ich nicht vergessen: Ich wollte das Lied »Wohl denen, die da wandeln« in der Volksbühne singen. Ich spekulierte darauf, daß, wenn ich das Lied beim Festival gesungen hätte, ich auch anderswo damit keine Schwierigkeiten mehr bekäme. Aber vorlegen wollte ich den Text auf keinen Fall, ich ahnte die Einwände ja schon. Also mußte ich das Lied durchschmuggeln. Nachmittags war eine Probe, zu der ich das Lied also erst mal nicht sang. Abends dann aber habe ich es gesungen. Danach kam der Festivaldirektor Reinhard Heinemann gleich zu mir in die Garderobe: Gerhard, wir sind alle so enttäuscht von dir, wie kannst du nur unsere Großzügigkeit so ausnutzen. Es ist doch ganz klar, daß du mit diesem Lied die kirchliche Friedensbewegung meinst! Nein, habe ich ihm geantwortet, da sind alle damit gemeint, die sich dem Frieden verpflichtet fühlen. Ich habe versucht mich da herauszuwinden, aber es hat

In der Kongreßhalle Berlin beim Festival des Politischen Liedes

nichts genützt. Er blieb bei seiner Meinung und fand es »gemein«, daß ich ihn hintergangen hätte. Denn jetzt müsse er dafür gerade stehen. Gleich wäre eine Pressekonferenz im Roten Salon und seine Befürchtung war, daß die Westpresse sofort ein Thema daraus machte. Da bat er mich, dort auf keinen Fall noch aufzutauchen. Das war mir selbst sehr recht, ich konnte es ihm also wirklich versprechen. Am nächsten Tag sollte ich in der Kongreßhalle singen, ein Konzert mit zwei oder drei anderen zusammen. Das Konzert war schon ausverkauft. Nachmittags kam ich zur Probe. Sofort wurde als erstes verlangt, daß ich die Texte vorlege, und zwar alle Texte, die ich machen wollte. Ich fuhr also noch mal nach Hause, um die Texte zu holen. Das Lied vom Vorabend »Wohl denen, die da wandeln« hatte ich freiwillig schon gar nicht mehr mitgebracht. Nun aber wollten sie, daß ich »Wellensittich und Spatzen« auch noch rausnehme. Ich sagte ihnen daraufhin, daß ich so nun gar nicht mehr auftreten würde. Mit einem Lied würde ich ihnen schon entgegenkommen, aber mehr ginge nun wirklich nicht. Ich verlangte, mit dem zu reden, der da was gegen »Wellensittich und Spatzen« hatte. Also wurde zum Zentralrat der FDJ zurücktelefoniert, es war eine Stunde vor dem Auftritt, wir saßen in der Garderobe und warteten. Dann gab es eine Diskussion mit mehreren Leuten, dabei auch einer Studentin für Gesellschaftswissenschaften, die sich immer mehr auf meine Seite schlug. Sie argumentierte, daß auch schon das Publikum bemerkt hätte, daß nur die ausländischen Gäste Kritisches bringen durften, die eigenen Liedermacher aber nicht. Und da wäre »Wellensittich und Spatzen« doch ein gutes Angebot. Die Kontroverse spitzte sich zu und es stellte sich heraus, daß der Hauptverantwortliche vor allem Angst vor der Westpresse hatte. Daß die das Lied aufgreifen und zum Thema machen würden, das würde ihm einen Haufen Ärger einbringen. Ich blieb bei meiner Bedingung, nur mit dem Lied aufzutreten. Erst kurz vor dem Auftritt hieß es dann: Na, dann mach es eben! Das klang mehr wie ein Fluch. Die Veranstaltung lief gut und mit dem Lied »Wellensittich und Spatzen«. Danach kam der Verantwortliche zu mir, strahlend und mit der freudigen Botschaft: Es war gar keine westliche Presse im Saal! Mit anderen Worten, für ihn war alles gutgegangen. 1983 dann erschien »Wellensittich und Spatzen« auf der LP »Menschenskind«. Damit hatte sich ein Teil dieser Textdiskussionen um dieses Lied erledigt, aber nur ein Teil. Es tauchte immer mal wieder einer auf, der da »feindliche und dem Sozialismus nicht würdige Tendenzen« entdeckte.

Den Anstoß zu diesem Lied gab übrigens der Puppenspieler Peter Waschinsky. Er war befreundet mit dem Fotografen und Aktionskünstler Scheubi, Bernd Scheubert. Und der wiederum hatte einen Freund, Schäfer, der nach der Wende als verrückter Szene-Frisör von sich reden machte. Und Schä-

fer, als er jung war, hat als Punk diese Geschichte erlebt, daß er auf dem Weihnachtsmarkt beschimpft, angepöbelt und geschlagen wurde. Scheubi hatte diese Geschichte von seinem Freund erzählt, ich war ziemlich betroffen und dachte: Ja, so etwas passiert wirklich in aller Öffentlichkeit, daß das Bunte, das Andersartige einfach ausgestoßen wird. So wurde Schäfers Geschichte meine erste Strophe in diesem Lied. Die anderen Geschichten habe ich mir dann ausgedacht. Das lag auf der Hand, denn wie Soldaten auf der Bude fertiggemacht oder Behinderte ausgegrenzt wurden, das hatte ich auch schon erlebt oder von anderen gehört.

Im Lied wird ein einfaches, aber sehr einprägsames Bild in den Mittelpunkt gestellt: Der Vergleich zwischen einem bunten Pardiesvogel und vielen grauen Spatzen.

> *Als mein gelber Wellensittich aus dem Fenster flog,*
> *hackte eine Schar von Spatzen auf ihn ein,*
> *denn er sang wohl etwas anders und war nicht so grau wie sie*
> *und das paßt in Spatzenhirne nicht hinein.*

Dieser kleine Refrain nun war es, der Publikum und Zensoren in der DDR über Jahre bewegte. Er hat eigentlich, wie die meisten Grundideen von Gerhard Schöne, einen überzeitlichen Charakter. Immer schon hat-

Bei einer Kirchentagsveranstaltung, Anfang der 80er Jahre

ten auf der Welt die Andersartigen Probleme. Das war so und das ist bis heute so. Ein solches Lied, heute gesungen auf einer Veranstaltung gegen Fremdenfeindlichkeit assoziiert sofort die aktuellen Probleme. »Tolerantes Brandenburg« muß z.B. ein Bundesland als Programm auflegen, um diesen alten Problemen beizukommen. Nur die kleine DDR in ihrer Unsicherheit wollte diese eigentlich menschlichen und gar nicht so sehr politischen Probleme nicht wahrhaben und drängte entsprechende Äußerungen in die »sozialismusfeindliche« Ecke. Bei uns ist das nicht so, weil es nicht so sein darf. Das war die gängige Argumentation. Der besorgte Mahner Gerhard Schöne wurde als provozierender Beschmutzer mißverstanden.

Von einigen, über die Jahre immer wieder auftauchenden Widersachern wurde gerade dieses Lied begleitet. Und so kommt auch noch 1986 IM Felix aus dem Mustopf, nachdem das Lied bereits in allen Medien und auf allen Bühnen des Landes gelaufen war und vermerkt:

Am 25.10. nachmittags wurde in einer Musiksendung des Rundfunks u.a. auch ein anscheinend neues Lied des Liedermachers und Sängers Gerhard Schöne gesendet. ... Es ist das »Lied vom Kanarienvogel« oder ähnlich. Die vier Strophen des Liedes beziehen sich auf »Außenseiter«. Die erste Strophe beschreibt den Kanarienvogel als Außenseiter unter Spatzen, die zweite

Lieder-Circus-Tournee 1986, von links nach rechts: Johannes Schlecht, Matthias Görnandt (beide Circus Lila), Joachim Piatkowki, Barbara Thalheim, Wolfgang Rieck, Gerhard Schöne

Jugendliche, die ein anderes Aussehen haben und dadurch sozusagen »Diskriminierte« werden, die dritte einen Soldaten, der nicht mittrinkt und dafür von den anderen Soldaten schikaniert wurde, die vierte ein behindertes Kind, welches sozusagen als »ausgestoßen« angesehen wird. Nach Meinung des IM entspricht der Inhalt dieses Liedes aber nicht der Wirklichkeit. Es verdreht und entstellt die politischen und menschlichen Fakten und Beziehungen in unserer sozialistischen Gesellschaft. Um so unverständlicher ist es für den IM, daß dieses Lied dann im Gespräch in der Sendung noch gelobt und als sehr gut bezeichnet wird.

Am 25.10. abends nahm der IM an einer Veranstaltung der FDJ-Kreisleitung Berlin-Marzahn teil. Hier wurde dann auch über dieses Lied gesprochen. In der Diskussion bildete sich dann auch bei den Mitgliedern der KL die Meinung, daß dieses Lied unrealistisch ist und nicht unserer Politik entspricht.

Eine Genossin der KL, die anscheinend für die Pionierarbeit verantwortlich ist, Spitzname »Krümel«, äußerte sinngemäß folgendes: Vor einiger Zeit wurde Schöne einmal angesprochen, um an einer Pionierveranstaltung teilzunehmen. Schöne habe dieses mit den Worten »so etwas unterstütze er nicht« abgelehnt. Schöne steht den Kirchenkreisen in Dresden nahe.

Der IM versteht nicht, daß dieses Lied auch noch im Rundfunk gelobt wird. Hier leuchtet wieder diese Ehrfurcht vor den zentralen Organen auf. Wenn die das auch noch loben – was sollen wir denn da noch machen hier »unten«, lautet die verzweifelte Frage.

Der »bunte Vogel« Gerhard Schöne jedenfalls zog in den 80er Jahren beständig und ständig erfolgreicher seine Bahnen. Die Programme wurden künstlerisch ausgefeilter und vielfältiger. Er war Mitmacher und Zugpferd verschiedener Gemeinschaftsunternehmungen, wie z.B. bei den großen Lieder-Circus-Tourneen. 1983 bekam er bei den Chansontagen der DDR dafür gemeinsam mit Annekathrin Bürger, Circus Lila, Angelika Neutschel, Piatkowski/Rieck u.a. den Preis des Ministers für Kultur und den Sonderpreis der Generaldirektion der AWA. Dieses Lieder-Circus-Programm spielte in den folgenden Jahren mit wechselnden Besetzungen sehr erfolgreich in ausverkauften Theatern und Kulturhäusern der DDR. In poetischen Inszenierungen spielten in diesem Programm mehrere, in ihren künstlerischen Ansätzen höchst unterschiedliche Liedermacher der DDR lust- und phantasievoll zusammen – Gerhard Schöne war immer dabei.

Gleichzeitig blieb er der bescheidene Liedermacher beim Auftritt im Altarraum einer Dorfkirche oder beim Kindergartenfest. Dies alles vollzieht sich unter den »erstaunten« Augen der Kontrollorgane der DDR.

BStU
000233

Bezirksverwaltung
für Staatssicherheit Berlin
Abteilung XX

Berlin, 4. Mai 1983
poc - Tel. 65o
XX/4/ 5173 /83

MfS/KMSt.
– 8 –
9. MAI 1983
Tgb. Nr. ...
Weiter an: ...

Bezirksverwaltung
für Staatssicherheit
KD Auerbach

Karl-Marx-Stadt

Ihr Schreiben Tagebuchnummer 474/83

In Beantwortung Ihres Schreibens teilen wir Ihnen mit:

Der Liedermacher

Gerhard S c h ö n e
geb. 1o. 1. 52 in Dresden
wh. 1o55 Berlin, [redacted]

ist überzeugter Anhänger christlich-humanistischen Gedankengutes. Gegenüber der DDR verhält er sich loyal und ist bemüht, seine künstlerische Entwicklung in Übereinstimmung mit den Gesetzen der DDR zu vollziehen.

In seiner Tätigkeit erhält er eine umfangreiche staatliche und gesellschaftliche Förderung (eigene Schallplatten, Fernsehauftritte u. a.)

Feindlich-negative Verhaltensweisen des S c h ö n e sind unserer Diensteinheit nicht bekannt.

Leiter der Abteilung

Häbler
Oberst

Die Bezirksverwaltung der Stasi in Berlin muß auf Anfrage aus Auerbach bekennen, daß keine »feindlich-negativen Verhaltensweisen des SCHÖNE« bekannt sind, 1983

Sie können seiner nicht habhaft werden, weil sie das Maß an Toleranz, die Fähigkeit, Fehler zu vergeben oder geduldig nach immer neuen Wegen der Verständigung zu suchen, nicht begreifen.

Der Bezirksverwaltung der Staatssicherheit in Berlin bleibt nichts anderes übrig, als auf Anfrage der Kollegen aus dem sächsischen Auerbach zu schreiben, daß der Liedermacher Gerhard Schöne eigentlich in Ordnung ist:

In Beantwortung Ihres Schreibens teilen wir Ihnen mit: Der Liedermacher Gerhard Schöne ist überzeugter Anhänger christlich-humanistischen Gedankengutes. Gegenüber der DDR verhält er sich loyal und ist bemüht, seine künstlerische Entwicklung in Übereinstimmung mit den Gesetzen der DDR zu vollziehen. In seiner Tätigkeit erhält er eine umfangreiche staatliche und gesellschaftliche Förderung (eigene Schallplatten, Fernsehauftritte u.a.) Feindlich-negative Verhaltensweisen des Schöne sind unserer Diensteinheit nicht bekannt.

Sie vermuten ja so viel, sie begeifen ja so viel nicht, aber letztlich bleibt es bei dem Fazit: Er ist ein überzeugter Anhänger christlich-humanistischen Gedankentums. Bingo! Diese Einschätzung der Staatssicherheit kann als Volltreffer gewertet werden.

9.

»GEH DU NICHT AUCH NOCH WEG VON MIR«

WESTREISEN OHNE OMAS GEBURTSTAG

Die DDR machte es ihren Menschen schwer und leicht. Durch die unsinnige Wagenburgmentalität, die im Bau der Mauer 1961 ihre traurige und sehr manifeste Gestalt erhalten hatte, vermittelte sie jedem, der innerhalb der Mauern saß, das Gefühl, draußen wäre es a priori besser und drinnen a priori schlechter: Jede Schuld für jeden Konflikt wurde so einfach auf die Staatsführung geschoben, die diese Burg gebaut und zu verantworten hatte. Da sich Türchen durch die Möglichkeiten von Ausreiseantrag und Freikaufregelungen unregelmäßig und halbherzig öffneten, war die Alternative des Weggehens schizophren und verlockend zugleich. Ob Ehedrama, Versorgungsengpaß oder Streit auf der Arbeit – der Befreiungsschrei: »Da stell' ich eben einen Ausreiseantrag!« gaukelte immer die Möglichkeit vor, schnell und radikal zu etwas »Besserem« zu kommen. Nun steht außer Zweifel, daß es wahrhaftige und sensible Menschen in dieser sich selbst versperrenden DDR gab, die den Leidensdruck nicht aushielten und die sich, mitunter unter Einsatz ihres Lebens, den Freiraum, ihre »Freiheit« ertrotzten. Diese Leute gaben in ihrer Mehrheit ideelle Motive als »Fluchtgrund« an. Ebenso wahr und nicht unbedingt gleich kompromittierend ist die Tatsache, daß die Sehnsucht vieler nach Freiheit die materiellen Annehmlichkeiten des westlichen Wirtschaftssystems meinte. Auto, Bananen und Reisen waren die obersten Sehnsuchtsziele, und es ist unverständlich, daß sich die Geschichtsschreibung ob dieser einfachen Wahrheit oft schämt. Das meistgebrauchte Wort bei Öffnung der Grenzen 1989 »Wahnsinn« illustriert deutlich in seiner doppelten Auslegbarkeit die neue Spaltung, in die das Hirn und das Herz von Otto Normalverbraucher made in GDR gestürzt wurde. »Wahnsinn«, rief die Hausfrau angesichts des übervollen, halogenbeleuchteten Obstregals im Supermarkt aus und sank nieder. »Wahnsinn« konnte aber auch der Ausruf des kleinen Handwerkers auf dem großen weiten Markt sein, der plötzlich sah, daß alles, was er konnte, schon besser und in zu großer Menge vorhanden war, er selbst also zwar einen Willkommens-Klaps auf die Schulter bekam, dann aber überflüssig wurde.

Gerhard Schöne gehörte mit wenigen Künstlerkollegen zu einer weiteren Spezies von DDR-Menschen, die ihr West-Coming out schon viel früher erlebten. »Dienstreisen« in den Westen waren etwas ganz Geheimnisvolles. Wissenschaftler, Wirtschaftsfachleute und Künstler bekamen sie genehmigt und sofort umgab die Auserwählten ein Geruch von Kollaboration. Wie sollte sich auch der Normalbürger, dem sogar eine Reise zur todkranken Oma verboten wurde, vorstellen, daß andere einfach so in den Westen fuhren. Die Gründe, warum der Staat einigen Künstlern dieses Privileg verschaffte, lagen auf der Hand. Die DDR war international auf Reputation bedacht. Man wollte den Eindruck erwecken, auch international gesellschaftsfähig zu sein. Bekannt sind die Erfolge im Sport, bekannt ist auch, um welchen Preis sie erreicht wurden. Aber Sportler waren generalstabsmäßig zu planen und zu führen, auch ihre Aufenthalte im »NSW«. Mit dem bunten Völkchen der Künstler von Peter Schreier bis Frank Schöbel, von Ludwig Güttler bis Wolfgang Mattheuer konnte man so nicht umgehen. Sie waren zwar auch in der Lage, Erfolg und Ehre einzubringen, aber Künstler sind ja so furchtbar individualistisch und brauchen deshalb eine längere Leine. So kam es, daß die Kontrollmaschen um den Reisekader-Künstler sehr großzügig gestrickt waren. Auch schien es den Funktionären sinnvoller, das Ventil an dieser Stelle nach außen zu öffnen, um den Druck nach innen nicht weiter ansteigen zu lassen. Privatgespräche am Rande eines Wettkampfs oder einer Tagung konnte man per Reiseinstruktion untersagen. Aber sollte der Liedermacher die Antwort verweigern, wenn ihn ein Konzertbesucher nach dem Konzert fragte, was sein Motiv für dieses Lied gewesen sei? Und was alles galt wohl als privat, wenn man denn erst mal draußen war?

Vor der selbstständigen Konzertreise wurde mit dem Künstler nicht selten eine »Probefahrt« gestartet. Ausgedacht als Test, wurde wie im Kindergarten geprüft, ob der kleine Neuling die Regeln beherrschte. Und die wichtigste Regel war: Er muß wieder nach Hause finden.

Gerhard Schöne, dem in der Folge seiner ersten Probefahrt weitere genehmigt wurden, blieben 1989 die Ohnmacht vor Bananen und das Wort »Wahnsinn« erspart, wohl vor allem, weil er die Gnade hatte, lange genug zu üben. Das freilich schließt Abenteuer und Abenteuerchen nicht aus, genausowenig wie den vielbesungenen Zufall, der mitunter Dinge ordnet, wie man es sich selbst nicht hätte vorstellen können. Über die erste Probereise berichtet sehr anschaulich Gisela Steineckert, die ihn damals mit anderen an die Hand nehmen sollte.

Gerhard Schöne fand den Weg zurück ohne fremde Hilfe und durfte fortan Einladungen zu Konzerten in den Westen folgen. Angefangen hatte es ganz privat. Die berühmte »Westtante« war in diesem Falle die Nichte einer Nenntante von Gerhard Schöne.

Gerhard Schöne: *Unsere Tante Christa, Katechetin aus Coswig, die mit unserer Familie eng befreundet war und für mich manchmal so etwas wie eine zweite Mutter darstellte, hatte eine Nichte in Nürnberg. Diese Nichte nun wollte ihrem sehr netten Jugenddiakon eine Platte von mir schenken. Also bekam er »Spar deinen Wein nicht auf morgen« geschenkt, sie gefiel ihm und er wollte, daß ich in seiner Gemeinde spielte. Er ging unglaublich naiv und unbeleckt an die Sache heran und lud mich einfach ein. Ich schrieb ihm also freundlich zurück und erklärte ihm, daß es nur einen Weg gäbe, mich nach Nürnberg zum Konzert zu bekommen und der führe über die Künstleragentur der DDR, die ja bekanntlich das alleinige Monopol der »Westvermittlung« von Künstlern hatte. Allerdings machte ich ihm wenig Hoffnung, daß diese Unternehmung gelingen könnte. Ich wußte schon von anderen Bemühungen dieser Art, die alle nicht zum Erfolg geführt hatten. Dieser Jugenddiakon, Marcus Köhler, aber ist trotzdem ganz persönlich nach Berlin gefahren und hat bei der Künstleragentur vorgesprochen, bei der für Chanson zuständigen Frau Schröder. Und offenbar hat er es mit seiner bayrischen Art, dem eigenen Humor vermocht, daß sich Frau Schröder und die Leute bei der Künstleragentur überhaupt mal meine Sachen anhörten und irgendwie neugierig wurden. Sie schrieben mir daraufhin, wann und wo sie denn mal mein Programm erleben könnten. Das sahen sie sich dann an und fanden es offenbar gar nicht so schlecht. Ich sollte einen Lebenslauf schreiben und mich darauf vorbereiten, daß es »Interesse aus der Bundesrepublik Deutschland« für meine Programme gäbe. Später wurde ich extra zu einer Belehrung bestellt: Ich sollte keine privaten Kontakte in der BRD aufnehmen und nicht privat mit Leuten reden. Wenn ich DDR-feindliche Aktivitäten beobachtete, wäre ich in der Pflicht, diese zu melden. Diese Belehrung mußte ich auch unterschreiben.*

Es kam tatsächlich zu einer ersten Reise, allerdings zunächst nicht nach Nürnberg, sondern nach Buxtehude. Dort hatte Barbara Thalheim im Vorjahr den Kleinkunstpreis bekommen und auf mich hingewiesen. Ich wurde vom dortigen Veranstalter eingeladen und durfte fahren, allerdings in der Begleitung von Frau Schröder von der Künstleragentur. Wir waren dort gemeinsam bei der Veranstalterin untergebracht. Vor der Reise hatte mir Frau Schröder wie früher meine Mutter alles genau erklärt: Wenn der Schaffner kommt, machst du dies und das, in der Mitropa können wir noch mit DDR-Geld bezahlen. Und wenn ich mich dann unterhielt, stand sie immer an meiner Seite, nur einen halben Schritt hinter mir. Bald mußte ich ihr mitteilen, daß das, was ich bezüglich der privaten Gespräche unterschrieben hatte, nicht einzuhalten war. Ich könne schließlich nicht mitten in Gesprächen abbrechen, und sagen, daß mir dies nun verboten worden sei. Sie erklärte mir dann süffisant, daß dies nur eine Formsache gewesen sei, die ich eben hätte unterschreiben müssen, um die sich nun aber keiner mehr kümmern würde. Nach dieser ersten Fahrt muß sie ganz offenbar einen günstigen Bericht über mich verfaßt haben. Denn von da an fuhr ich ohne Begleitung und eigentlich problemlos. Marcus Köhler, der Jugenddiakon aus Nürnberg, hatte dann eine kleine Tournee für mich zusammengestellt. Er entdeckte für sich ein neues Hobby, wurde mein erster Manager im Westen und betreute dort meine Auftritte. Also war die »Westtüre« für mich über Tante, Nichte und wieder die Kirche aufgeschoben worden. Und bis auf wenige Ausnahmen waren auch die Auftrittsorte vorrangig wieder Kirchen. Durch Marcus Köhler, den Bekannten der Nichte meiner Nenntante, kam dann aber die Lawine richtig ins Rollen. Die Kirchentage im Westen und viele Konzerte brachten mir ein großes und aufgeschlossenes Publikum.

Es entwickelte sich also für Gerhard Schöne ein Leben in zwei Welten. Diesseits der Grenze war die kleine DDR mit allen Unfertigkeiten und Dissonanzen, aber mit einem liebevollen, großen Publikum. Einem Publikum, das neben den Liedern vor allem die moralische Integrität des Gerhard Schöne einforderte. Jenseits der Grenze lag ein unbekanntes Land, in dem die Leute auch deutsch sprachen, also Gerhard Schönes Gedankenwelt folgen konnten. Dennoch waren ihre Lebenserfahrungen anders. Sie wußten weniger über den Osten als die Ostleute über den Westen. Das hatte etwas damit zu tun, daß bis auf den Dresdner Raum Westfernsehen in jede Wohnstube der DDR leuchtete, Ostdeutsche also medial durchaus in einer Welt lebten, die ihnen real vorenthalten wurde. In dieser »Fernsehwelt« fuhr also nun Gerhard Schöne auf Tournee herum. Er war darin ein Exot, einer der wenigen »von drüben«, »aus der Zone«, die

Mit Barbara Thalheim und deren »Wartburg« auf Konzertreise in Stockholm 1987

man einmal erleben konnte. Gleichzeitig wurde er aber auch in der DDR partiell zum Exoten, weil er in dieser verbotenen Welt verschwand und dann wieder mit Platten, CDs und fremdländischen Tand von Trödelmärkten auftauchte.

Gerhard Schöne: *Ich bin immer zuerst in solche Dritte-Welt-Läden gegangen. Das hat mich ungemein fasziniert. Das war ein Stück der Welt, die man sonst nicht anfassen und riechen konnte. Dann aber waren es die Buch- und Schallplattenläden, die mich mit ihrem großen Angebot ungemein angezogen. Dort habe ich wahrscheinlich das meiste Geld gelassen. Ich hab, das muß ich jetzt zugeben, über meine Musikerkollegen auch manchmal gelacht. Als sie dann mit mir mitfahren durften, habe ich mich auch lustig gemacht über ihre Kaufwut. Da war dann mal eine Stiege voller Kiwis im Auto für die Familie. Aber womöglich hatte die Familie eben mehr davon, als wenn ich mir nur CDs kaufte. Mitunter habe ich dann auch von irgendwo meine Frau angerufen, als ich etwas Tolles gefunden hatte, was ihr vielleicht gefallen könnte. Da hab ich sie gefragt, ob ich das mitbringen soll. Also ich hatte schon immer irgendeine Klamotte im Gepäck und ein paar Platten oder CDs.*

Und besonders auf Kirchentagen gab es immer bunte Märkte. Und mich haben dann am meisten die Stände mit diversen kleinen Musikinstrumenten aus aller Welt fasziniert. Irgendein winziges Percussion-Instrument war es immer, das ich dann mitgenommen habe. Da dachte ich an meine Auftritte, und daß ich das bestimmt mal einbauen könnte. Jetzt liegen die meisten dieser Dinge in irgendeiner Kiste rum, wer weiß, wann sie mal zum Einsatz kommen. Im Laufe der Jahre hat sich da einiges angesammelt. Und auch, wenn ich mir vorgenommen hatte, jetzt kaufst du so was nicht mehr, war doch immer wieder was dabei, wo ich doch schwach wurde. Das ist eigentlich auch bis heute so geblieben. Ich wühle einfach gern in diesem vermeintlichen Chaos herum.

Die Westsicht dieser Wanderung zwischen den Welten liefert Marcus Köhler, Jugenddiakon aus Oberfranken:

Marcus Köhler: *Wie vieles im Leben, war auch meine Bekanntschaft mit Gerhard Schöne ein großer Zufall. Ich war damals beschäftigt in meiner Kirchengemeinde in der Jugendarbeit und wurde eingeladen zum Kirchenvorsteher, der, wie sich dann herausgestellte, ein Verwandter von Gerhard war.*

Hier erweitert sich die Verästelung dieses deutsch-deutschen Zufallsstammbaumes: Der Kirchenvorsteher aus Nürnberg war der Mann der

Nichte der Nenntante aus Coswig und setzte sich also für die Westreise des Gerhard Schöne ein.

Marcus Köhler: *Ich habe in meiner Gemeinde immer auch Konzerte veranstaltet und der Kirchenvorsteher erzählte mir also, er habe in der DDR einen Verwandten, der auch Lieder mache, den könnte ich doch auch mal einladen. Dann gab er mir noch eine Schallplatte von ihm, das war Gerhards »Spar deinen Wein nicht auf für morgen«. Die Platte wanderte zunächst ungehört in meinen Plattenschrank und ungefähr ein Jahr lang blieb sie auch dort. Der Kirchenvorsteher allerdings nervte ein bißchen. Bei jedem Treffen fragte er nach meiner Meinung zu der Platte und dann legte ich sie irgendwann endlich mal auf. Dann aber war ich sofort begeistert und habe mich gekümmert. Zuerst schrieb ich Gerhard einen Brief und lud ihn zum Konzert in die Kirchengemeinde ein. Eine Antwort von Gerhard kam zurück, sinngemäß: So einfach, wie du dir das vorstellst, geht das leider nicht. Bekanntlich kann ich nicht ohne weiteres losfahren zu einem Konzert in den Westen. Das geht nur mit dem Segen der Künstleragentur der DDR. Gut, dachte ich, dann schreib ich eben an die Künstleragentur. Erster Brief – keine Antwort, zweiter Brief – wieder keine Reaktion. Einmal im Jahr aber fuhr ich immer nach Berlin(West) zu den Filmfestspielen und dann habe ich auf einen Tag Filmeanschauen verzichtet, habe mir ein Tagesvisum geholt und bin selbst in die Krausenstraße zur Künstleragentur gegangen. Da landete ich also in einem kleinen verräucherten Zimmer. Die eigentlich zuständige Frau Schröder war aber gerade nicht da. So brachte ich mein Anliegen irgendeinem anderen vor, der mir wenig Interesse entgegenbrachte und wieder gleich sagte, daß das so einfach nicht ginge. Ich hinterließ meine Adresse und fuhr wieder ab. Überrascht war ich dann, als ich nach einigen Tagen tatsächlich Post von Frau Schröder bekam. Ich sollte noch mal genauer beschreiben, um welches Konzertangebot es ginge. Zunächst mal ging es ja nur um ein Konzert in unserer Kirchengemeinde. Da schrieb sie dann, das wäre zu wenig, der Aufwand würde sich nicht lohnen. Also telefonierte ich einige Freunde ab, die in ihren Gemeinden was Ähnliches machten wie ich, und so hatten wir eine »Tournee« erstellt von vier Konzerten. Damit bin ich wieder nach Berlin zu Frau Schröder, wir fanden erstaunlicherweise gleich einen guten Kontakt zueinander. Jetzt gefiel ihr das »Paket« und sie schien sich zu kümmern. Wenig später kam das O.K. und Gerhard konnte kommen. Später wurden es dann immer mehr Konzerte, einmal 16 hintereinander, und so ging es dann weiter bis zur Wende.*

Nach den ersten Anlaufschwierigkeiten lief es auch zu meiner Überraschung ausgesprochen leicht und unkompliziert. Von Problemen, die andere da hatten, habe ich erst viel später erfahren. Ich hatte fast immer Briefkontakt zur Agentur, der dann nicht mehr abgerissen ist.

Natürlich habe ich auch eine Reihe von Anfangsfehlern gemacht. Wir wollten z.B. bei den Konzerten von Gerhard im Westen auch seine LPs verkaufen. Die gab es ja dort sonst nicht. Anläßlich meines zweiten Besuchs bei Gerhard in Berlin habe ich das angesprochen und wir sind losgezogen und haben im Plattenladen am Alex mindestens 150 LPs gekauft, für 16 Mark und zehn Pfennige. Jetzt hatte ich die LPs und bin zur Künstleragentur und wollte von Frau Schröder die Ausfuhrgenehmigung. Nein, hat die gesagt, so geht das nicht. Das geht nur über den Buchexpreß Leipzig. Ich erwiderte, daß ich Platten aber sofort für Promotionzwecke brauchte. Ich mußte sie mitnehmen, um Werbung für die Konzerte machen zu können. Langer Rede kurzer Sinn: Sie hat mir am Ende ein Schreiben gemacht, in dem sinngemäß stand, daß ich Konzerte mit Gerhard Schöne machte und deshalb mit Billigung der Künstleragentur diese LPs mit mir führte. So bin ich mit diesen vielen LPs losgefahren. Aus Berlin kam ich noch gut raus, aber dann hing ich am Grenzübergang in Hirschberg vor der bayrischen Grenze fest. Ich fuhr an den Zoll und mußte die Heckklappe öffnen. Die Fragerei ging los:

»Was haben Sie denn da?«

»Langspielplatten, LPs«

»LPs, aha, eine?«

»Nein, ein paar mehr, über hundert.«

»Wie viele hundert?«

»Na, so knapp zweihundert.«

»Was machen Sie denn mit 200 LPs aus der DDR?«

»Ja, das sind ja alles die gleichen...«

»Wie?«

»Ja, von Gerhard Schöne.«

Dann haben die sich das genauer angeschaut und erst mal durchgeguckt, ob es wirklich alles die gleichen waren. Blöderweise hatte ich mich auch noch bereiterklärt, für einen Musiker von Gerhard eine Flöte mitzunehmen und hatte mir noch hochwertige Lautsprecherboxen in einem Laden in Ostberlin gekauft. Das war nun für den Zoll der DDR alles sehr schlimm. Hinten im Auto saßen meine kleinen Kinder drin und fingen an zu schreien. Meine Frau wurde auch schon immer nervöser. Ich mußte aus der Schlange rausfahren und wurde eine Stunde verhört. Von wem ich die LPs hatte, wer sie gekauft hat, in welchem Laden usw. usf. Dann hat sich natürlich Fehler an Fehler gereiht:

»Ich hab sie gekauft!«

»Wo ist denn die Umtauschbescheinigung?«

Da merkte ich, das war ein Fehler, jetzt hänge ich. Dann verwickelte ich mich immer mehr. Das Auto wurde in eine Garage gefahren und komplett auseinandergenommen. Mir wurde mitgeteilt, daß alle meine Aussagen jetzt erst mal in Ruhe überprüft werden müßten. Meine Frau war schon ganz verzweifelt und die Kinder hörten gar nicht mehr auf zu schreien. Die Situation wurde bedrohlich. Ich mußte was tun. Es blieb aber nur noch die Flucht nach vorn. Ich wurde laut: »Das ist mir jetzt wirklich zu blöd. Ich versuche hier, Ihren Ostkünstler im Westen bekannt zu machen und nach vorn zu bringen, der sonst in seinem Saft schmort. Ich stelle mich diesem schwierigen Unterfangen und Sie machen mir mit Ihren Genehmigungen und Papieren nichts als Schwierigkeiten. Ich kann das auch sein lassen. Behalten Sie die LPs, ich werde mich schriftlich über Sie beschweren bei der Künstleragentur der DDR und auf der Stelle den Geschäftskontakt abbrechen. Eigentlich hatte ich noch ganz andere Sachen mit Gerhard Schöne vor. Das könnte ein Exportschlager für die DDR sein, aber Sie machen hier gerade alles zunichte.« Ich zog mächtig vom Leder und trumpfte richtig auf und die Zöllner wurden immer ruhiger. Nach einem kurzen Telefonat, das sie noch führten, durfte ich auf einmal mein Auto wieder einpacken und weiterfahren, mit allen LPs im Kofferraum. Kinder und Frau schliefen erschöpft ein.

Eine ganz typische Grenzgeschichte, die so ähnlich wohl viele Westler erlebt hatten. Nach diesen Anfangserfahrungen verlief die Zusammenarbeit mit der Agentur durchaus in geordneten Bahnen. Schallplatten in größeren Mengen lieferte dann tatsächlich der Buchexpreß Leipzig.

Die Fangemeinde von Gerhard Schöne im Westen wuchs beständig, und ich konnte größere Tourneen zusammenstellen, alle im kirchlichen Raum.

Hier also hatte der gutwillige Westdeutsche alle Klischees erfahren müssen, die man im Umgang mit Ostdeutschland, seinen Behörden und vor allem seinen Grenzbehörden so auf Lager hatte. Nicht nur Marcus Köhler, auch das Westpublikum von Gerhard Schöne hatte ja solche und ähnliche Erfahrungen im Hinterkopf. Deshalb wurde der Ostkünstler immer auch als einer betrachtet, von dem man nicht genau wissen konnte, zu wem und wohin er wirklich gehörte. Redete er nur mit einem Maulkorb? Ist er ein angepaßter Ostdeutscher, der deshalb in den Westen hinausfahren durfte? Gerhard Schöne erzählt, daß das Publikum im Westen ihn schon über die Verwandten in der DDR kennengelernt hatte. Für die Westpakete wollte man sich bedanken – aber was sollte man aus dem Osten in den Westen schicken? Eine Schallplatte, zu der man selbst stehen konnte, kam da immer gelegen. So war der Liedermacher über persönliche Empfehlungen im Westen mancherorts schon eingeführt, bevor er livehaftig auftauchen konnte. Auch der Pflichtumtausch für Westbe-

5973

Information VI Bf. Fried. 537/86

BRD-Bürger, Diakon der Evangelischen Jugend St. Peter Nürnberg, organisiert für den DDR-Liedermacher Gerhard Schöne eine BRD-Tournee für die Evangelische Kirche

Am 19. 02. 1986 gegen 12.35 Uhr reiste der BRD-Bürger

[redacted]
geb. am: 28. 09. 1959 in Stammbach
wohnhaft: 8500 Nürnberg [redacted]

RP-Nr.: [redacted] ausgestellt am 24. 07. 1985
Tätigkeit: Diakon der Evangelischen Jugend
St. Peter Nürnberg

in Begleitung seines Glaubensbruders (Freundes)

[redacted]
geb. am: 29. 03. 1959 in Langenfeld
wohnhaft: 8532 Bad Windsheim [redacted]

RP-Nr.: [redacted] ausgestellt am 09. 05. 1979
Tätigkeit: Diakon der Evangelischen Kirche Bad Windsheim

über die Grenzübergangsstelle Bahnhof Friedrichstraße aus. Die Einreise beider Bürger war gegen 10.00 Uhr erfolgt mit dem realisierten Ziel, den DDR-Liedermacher

S c h ö n e, Gerhard
1055 Berlin
[redacted]

aufzusuchen. Von diesem DDR-Bürger erhielten sie 50 seiner Langspielplatten, die er in ihrem Beisein gekauft hatte und die zu Werbezwecken ausgeführt werden sollten. Wie den Worten des [redacted] und einem mitgeführten Schreiben der Künstleragentur der DDR an ihn, datiert vom 27. 01. 1986, entnommen werden konnte, wird der [redacted] eine im April 1986 stattfindende Tournee des Schöne durch die BRD im Auftrag der Evangelischen Kirche organisieren und weilte deshalb schon mehrere Male in der DDR. Neben den Langspielplatten hatte er zu Werbezwecken auch ein Liederverzeichnis (20 Lieder), den Lebenslauf und Zeitungsartikel von DDR-Presseerzeugnissen zur Person des Schöne bei sich. Auf Entscheidung der Zollverwaltung wurden die 50 Langspielplatten zurückgewiesen, da die Bürger es ablehnten, die Genehmigungsgebühr zu entrichten. Wie [redacted] außerdem verlauten ließ, wird die Tournee auf Grund der Wünsche des Auftraggebers vermutlich länger als geplant dauern.

Dem Reisepaß des [redacted] konnte entnommen werden, daß sie am 15. 02. 1986 über die Grenzübergangsstelle Hirschberg nach Berlin (West) gereist sind.

Laut seinem Reisepaß hielt sich [redacted] wie folgt in der DDR auf:

15. - 19. 02. 1983, 28. 09. - 05. 10. 1985 in Ludwigslust
29. 10. - 02. 11. 1983, 01. - 04. 11. 1984 in Schwerin

Anlage: 1 NF - Reisedokumente, Liederverzeichnis, Schreiben der Künstleragentur der DDR, Lebenslauf des Schöne

Bericht der Stasi über die Einreisen und Tourneevorbereitungen von Marcus Köhler

sucher im Osten war für den Plattenabsatz geschäftsfördernd – eine Gerhard Schöne-Platte als Mitbringsel aus der DDR.

Marcus Köhler: *Ich habe bei Konzertbesuchern gar nicht so deutlich gespürt, daß sie Gerhard Schöne mit einem Exotenstatus versahen, vielleicht noch eher bei meinen Kontakten in den Kirchgemeinden. Für die Verantwortlichen war das eher ein Thema als für das Publikum. Die haben die Lieder gehört und haben sie angenommen, weil sie sie berührten und nicht weil Gerhard aus dem Osten kam.*

Natürlich war immer auch ein Stück Neugierde dabei. Die wollten auch sehen, wie agiert jemand auf der Bühne, von dem sie annehmen mußten, daß er nur mit Maulkorb rumlaufen durfte. Dann waren es aber sehr schnell die Geschichten, die Gerhard mit seinen Liedern erzählte. Da haben die Leute gespürt, daß sie das einfach genauso betraf wie die Leute im Osten. Und das war es, was sie am meisten überzeugt hat, übrigens auch langfristig, denn nur die Neugier auf den Ostler hätte sich sehr schnell erschöpft. Wie schnell das Interesse abbrechen konnte, haben ja Bands wie Puhdys oder Karat vorgeführt, wo es die andere Dimension nicht gab.

Im kirchlichen Bereich lief die Diskussion noch ganz anders. Da war es für mich manchmal nicht leicht. Ich hatte vor der Zusammenarbeit mit Gerhard eine ganz andere Art von Konzerten organisiert, solche, wo der kirchliche Bezug, die eigentliche Botschaft wesentlich deutlicher waren. Und da bekam ich im Kontext von Schöne-Konzerten schon öfters die Frage gestellt, was dies nun mit Kirche, mit Christsein zu tun hätte. Sowohl die Kirchenoberen wie auch Teile des Publikums erwarteten Verkündigungslieder. Der Vorwurf war, dies könnte auch jemand singen, der politisch engagiert und humanistisch geprägt ist, aber nicht aus der Kirche kommt. Das war für mich am Anfang die Schwierigkeit mit den kirchlichen Veranstaltern.

Und andererseits hat man immer auch so ein Abtasten bemerkt. Die Leute wollten schon wissen, sagt Gerhard jetzt das, was er will oder nur das, was er darf. Latent herrschte die Meinung vor, daß er ja linientreu in der DDR sein müsse, sonst dürfte er ja wohl nicht in den Westen fahren. Auch die Presse hat da immer mit ganz spitzen Ohren dagesessen. Da gab es auch viele Mißverständnisse bis hin zum Kuriosen. Ein Journalist der »Süddeutschen Zeitung« hat z.B. nach einem Konzert Gerhard dann gefragt, ob er denn nun wieder zurückführe in den Osten. Gerhard sagte dann so was wie: »Ne, das lohnt jetzt nicht mehr.« Der Typ war ganz aufgeregt, weil er eine tolle Schlagzeile erhoffte, dann aber redete Gerhard weiter: »Es wäre ja schon spät am Abend, er würde heute hier schlafen, morgen und übermorgen zu den nächsten Konzerten und dann wieder nach Hause fahren.«

Jede Seite produzierte also ihre »Schubladen«. Den Spagat auszuhalten, war Gerhard Schönes Auftrag. Er selbst hat über die Jahre seiner Westreisen die emotionale Veränderung gespürt, die ihn bei vergleichendem Nachdenken über Ost und West bewegte. Aus der Sicht des wohlgeordneten, schönen Westens tat ihm da die arme, graue DDR oft leid. Er verwischte damit nicht deutlich zu benennende Ecken und Kanten, aber er entsprach wieder seiner Grundeigenschaft, dem schwachen Versuch eine Chance zu geben und dem allzu Erfolgreichen zu mißtrauen. Hat er sich auf Konzerte im Westen besonders vorbereitet? Gab es eine Extra-Auswahl an Liedern oder wurden erklärende Texte eingeflochten?

Gerhard Schöne: *Ich habe vorrangig die Lieder ins Programm genommen, die nicht an die spezielle Situation DDR gebunden waren. Einfach auch, weil ich keine Lust hatte, wie einer auf der Bühne zu agieren, der jetzt über das Leben im Urwald einen Exotenvortrag hält. Ich wollte mich an das Herz der Menschen wenden, egal ob Ost oder West. Aber natürlich erwarteten die Leute auch manches zum Thema DDR. Das konnte ich nicht völlig ignorieren. Da war es ein bißchen auch Pflicht, so etwas an einigen Stellen mit anzubieten. Aber lieber waren mir die Lieder, von denen ich dachte, das betrifft uns beide gleichermaßen. Und so ein Lied z.B. wie »Lied für den Feind« hörte man natürlich im Westen mit anderen Ohren als bei uns. Und da gab es dann schon eine Art von geistiger Verbrüderung. Das Publikum konnte sich freuen, daß der aus dem anderen »feindlichen« Deutschland so eine Geste äußert.*

Die Sehnsucht danach, daß jeder zu Hause bei sich vor der eigenen Tür kehren und auch etwas bereinigen könnte, liegt dieser Haltung zugrunde. Weit nach seiner ersten Westreise, in einer Zeit, als die DDR durch viele Ausreisewillige und »Republikflüchtlinge« in ihrer alternativen Substanz auszutrocknen drohte, hat Gerhard Schöne dieser Sehnsucht eindrucksvolle Worte gegeben. Er bemüht auch diesmal nicht eine intellektuelle Terminologie, er bleibt bei einem einfachen Beispiel. Einem Beispiel, das ihn selbst betrifft, den etwas langhaarigen Liedermacher, dem, für alle sichtbar, einige Haare ausgingen. Kein Zeigen mit dem Finger auf andere, keine Besserwisserei, sondern die Feststellung, selber mittendrin zu sein:

Am Morgen sagen achtzig Haare:
Mach's gut! Wir gehen ein bißchen aus.
Sie lassen sich nicht überreden,
haun ab und machen sich nichts draus.

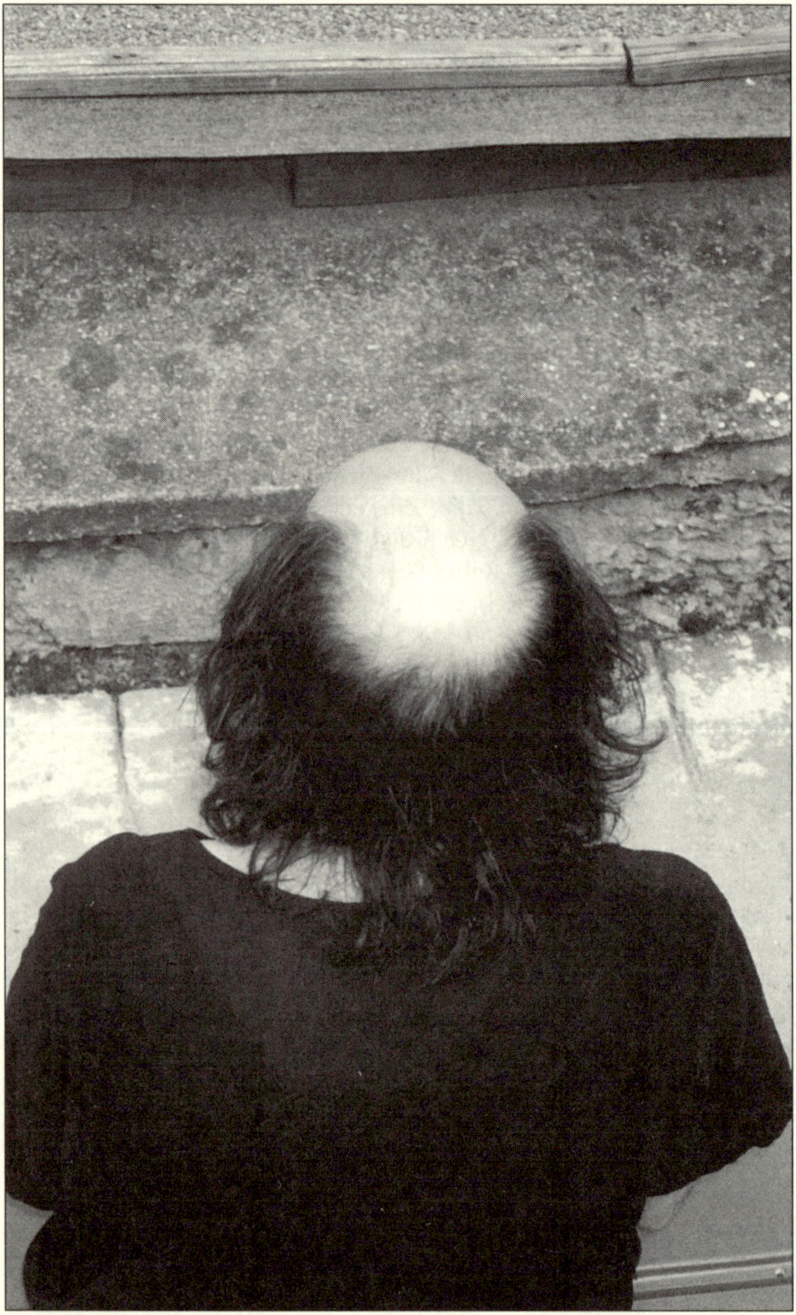

»Am Morgen sagen achtzig Haare: Mach's gut! Wir gehen ein bißchen aus.«

Mein Kumpel schickt 'ne bunte Karte:
Mit besten Grüßen aus Lausanne!
Wir haben nächtelang geredet,
jetzt krieg ich Karten dann und wann.

Und dann dichtet der Liedermacher, der immer von West auch wieder nach Ost gekommen ist, den Refrain:

Und ich schreib dir groß an die Tür:
Geh du nicht auch noch weg von mir!

Es ist Hoffnung auf das Machbare, die Hoffnung darauf, daß der menschliche Markt der Meinungen mehr bringt als der geschäftsmäßige Markt der Produkte. Gerhard Schöne ist weder Kommunist noch Realsozialist, er ist kritischer Christ. Einer, der die eigenen Schwächen kennt, sich aber dennoch immer wieder auf die Seite der Schwachen schlägt: Und ich schreib dir groß an die Tür: Geh du nicht auch noch weg von mir: du »Sack voller Ideen«, du »Mut im Gepäck...«

Gerhard Schöne, ein Reisender zwischen den Welten, ist immer zu Hause geblieben.

10.

»LIEBER FEIND IN DER FERNE« –

PAZIFISMUS DENKEN UND LEBEN

»Aber das ist ja pazifistisch« – dieser Satz war das finale Totschlagargument in vielen Diskussionen, das Jugendlichen von Lehrern, Lehrmeistern, FDJ-Sekretären oder Parteifunktionären entgegengeschleudert wurde. Redete man in der DDR von Friedenspolitik, waren die Zuständigkeiten klar aufgeteilt: Im Westen durfte es eine Friedensbewegung geben, die gegen den amerikanischen Imperialismus, den Vietnamkrieg und die Aufstellung der Pershing-Raketen und damit auch gegen ihre Regierung demonstrierte. Im Osten war das alles nicht nötig. Da gab es die DDR, die gemeinsam mit dem Warschauer Pakt eine einzige Friedensbewegung war. Und Erich Honecker war ihr oberster Friedenskämpfer. Deshalb war eine kirchliche Friedensbewegung in der DDR aus Sicht der Partei- und Staatsführung völlig überflüssig, weil ja »Staatspolitik in der DDR schon Friedenspolitik war«, damit also schon alles staatlicherseits »bewegt« wurde. Leider setzte sich dieser Staat natürlich nur gegen die Aufstellung von Pershing-Raketen im Westen ein und verschwieg lammfromm die SS20-Raketen, die im Osten stationiert wurden. Die hatte man ja nur – so die Argumentation – aufgestellt, weil der böse Westen seine Raketen auf den Osten gerichtet hatte. Das Hochrüsten im Westen wie im Osten wurde dem jeweils anderen in die Schuhe geschoben, Vernunft war außer Kraft gesetzt. Junge Menschen, die diese irrsinnige Argumentationsschleife durchbrechen wollten, kamen regelmäßig in ein Dilemma. Sie mußten erklären, daß sie auch »nur« den Frieden wollten, den Weg dahin aber anders sahen als die Staatsmeinung ihn vorsah. Gleichzeitig wußten sie, daß natürlich auch die Zielvorstellungen der beiden Machtblöcke sich durchaus unterschieden.

Während sich die Teilnehmer z.B. der Friedensgebete nach einer Welt ohne Waffen sehnten, in der sich aus der toleranten Verständigung der Menschen untereinander eine freie, selbstbestimmte Ordnung entwickelte, zielte die Staatspolitik unter der Losung »Frieden schaffen ohne Nato-Waffen« auf einen Frieden, der zugleich den Sieg der sozialistischen Gesellschaftsordnung in der Welt voranbringen sollte. Die Sorge um den Frieden war, das soll hier unterstellt werden, auf beiden Seiten nicht immer, aber oft ehrlich. Daß die staatliche Friedenspolitik der DDR aber zugleich auch Blockpolitik war, gewachsen aus Zeiten des kalten Krieges, gehört ebenso zur historischen Wahrheit.

Der Staat beäugte mißtrauisch jede selbständige Äußerung oder unkontrollierte Zusammenkunft zum Thema Frieden. Und genau in jener Zeit der militärischen Hochrüstung der Blöcke wurde pazifistisches Denken in der DDR wie selten vorher beargwöhnt. Gegen jeglichen Waffeneinsatz zu sein, galt schon als staatsfeindlich. Pazifismus wurde zum Schimpfwort, bezeichnete es doch aus Sicht des Staates ein unwissenschaftliches, weil nichtparteiliches und spätbürgerliches Herangehen an die Friedensfrage, die doch auch eine »Klassenfrage« war. Zugleich mußten die staatlichen Stellen erkennen, daß friedensbewegte Menschen in der DDR weder durch Vereinnahmung noch durch repressive Maßnahmen mundtot zu machen waren. Die kirchliche Friedensbewegung, besonders die der evangelischen Kirche, operierte hierbei sehr angemessen und geschickt. Friedensgebete und Friedensdekaden werden nicht ohne Grund auch heute noch als die lebendigste Zeit der Kirche in der DDR erinnert. Besonders Jugendliche konnten unter dem schützenden Dach der Kirchen ihrem Lebensgefühl Worte und Formen geben. Natürlich waren sie es leid, vom Staat vorgekaute Parolen wiederzugeben. Der durch die hochgeschraubte Rüstungsspirale gefährdete Frieden machte ganz individuell betroffen. Es ging um die eigene Zukunft. Da wollte man die eigenen Gedanken äußern, eigene Ideen diskutieren, selbst die Stimme erheben. Die Friedensbewegung Ost wurde somit auch zur Alternativbewegung gegen herrschende Verhältnisse in der DDR, die genau dies so nicht wollte. Einem mißtrauischen Apparat wie der Staatssicherheit kam dies hoch gelegen, sah man doch den Verdacht der »Staatsfeindlichkeit« gerade im Umfeld der Friedensbewegung der Kirche bestätigt.

Gerhard Schöne nahm in diesem Spannungsfeld als bekennender Pazifist eine zentrale Rolle ein, da er über seine Auftritte sehr bekannt geworden war und durch seine an alltäglichen Beispielen abgehandelten Texte gerade zu diesem Thema immer wieder neue Diskussionsanstöße gab. Sein »Lied für den Feind« stand dabei im Zentrum.

Lieber Feind in der Ferne,
der du selbst keinen Krieg willst,
der du nur deine Pflicht tust
zur Erhaltung des Schreckens,
bitte hör deinen Feind an!

Wenn sie dir heute sagen:
Der da will dir ans Leben,
will dein Haus niederbrennen,
deinen Garten vergiften
deine Heimat vernichten!

Glaub ihnen nicht.
Glaub ihnen nicht.
Glaub ihnen nicht, um Himmels willen!

Lieber Feind ... bitte hör deinen Feind an! Schon in diesem Gedanken komprimiert sich das pazifistische Credo des Gerhard Schöne. Der Konflikt ist immer von zwei Seiten zu sehen und – bei verständnisvoller Annäherung – auch nur von zwei Seiten zu lösen. Im Konzert verwendete Gerhard Schöne oft vor dem Lied einen Text von Steffen Mensching, fast eine Anekdote: Ein US-Soldat kauft in einer Ostberliner Buchhandlung ein Kinderbuch. Da steht der aus dem »Neuen Deutschland« bekannte »Feind« und ist ein verlegener, lieber Mensch. Er dreht an seinem Uniformknopf. Diese Geste der Verlegenheit vermittelt sich weiter an die ostdeutsche Verkäuferin im Buchladen, der die Absurdität der Propaganda genauso klar wird wie dem Amerikaner sein eigenes Feindbild verrutscht. Könnten wir uns töten? Diese Frage steht im Raum und schließt die Fragen des Liedes mit ein. Warum schreiben wir uns nicht? Was weißt du von mir? Diese Fragen des Liedes »entwaffnen« die hochgerüstete Propaganda nicht einer, sondern beider Seiten.

Das Lied selbst jedoch ist viel offener und von allen Seiten zu deuten, natürlich auch für jemanden mit dem Auftrag, staatsfeindliche Äußerungen in Liedern aufzuspüren.

Lieber Feind in der Ferne,
liest du heut in der Zeitung,
wie gefährlich dein Feind ist,
wie gefräßig er lauert, um dein Land zu vernichten.

Und wenn sie dir befehlen:
Leg sein Land jetzt in Asche!
Schieß im Namen der Freiheit!
Lösch ihn aus, diesen Unmensch, und laß nichts von ihm übrig!

Folg ihnen nicht.
Folg ihnen nicht.
Folg ihnen nicht, um deinetwillen.

Vom Konzert am 1. September 1987 aus dem Kulturpalast Dresden, in der DDR wurde der 1. September übrigens ja alljährlich mit Reden und Fahnenappellen als Weltfriedenstag begangen, von diesem Konzert also berichtet natürlich ein IM der Staatssicherheit. In seiner Meldung vermischt er den Text von Mensching, das Lied und dazu noch ein Lied aus dem Zugabenteil, um mehr oder weniger nachzuweisen, daß im Programm des Gerhard Schöne zur Befehlsverweigerung gegenüber den Offizieren der NVA aufgerufen wird. Zum »pazifistischen Gedankengut des Gerhard Schöne« vermerkt er:

In dem Lied »Lieber Feind ...« kauft ein US-Soldat in einer Buchhandlung in Berlin ein Kinderbuch mit bunten Tieren für Kinder bis 5 Jahre. Das ungläubige Erstaunen der Verkäuferin an der Kasse setzt ihn in Verlegenheit und läßt ihn an einem Uniformknopf herumspielen.

Schöne besingt sinngemäß folgendermaßen die Gedanken des US-Soldaten:

Lieber Feind in der Ferne, ich bin kein schlechter Mensch, auch ich liebe das Leben, die Liebe usw.; deshalb, lieber Feind in der Ferne, schieße nicht auf mich, höre nicht auf deine Offiziere, wenn sie befehlen, sie haben nicht recht. Höre nicht auf deine Offiziere, schieß nicht, töte nicht, marschiere nicht. Gehe nach Hause.

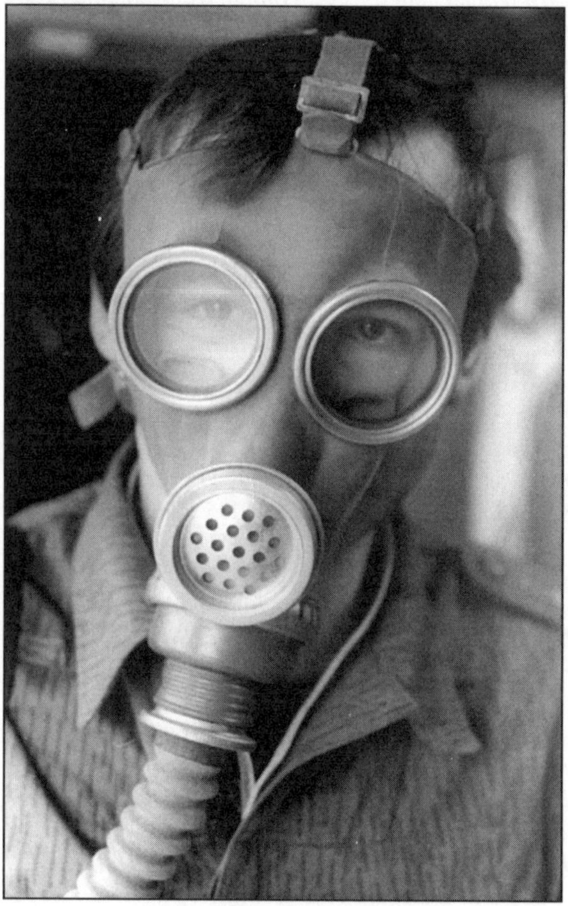

»Spaß« mit Gasmaske während der Zeit als Bausoldat

Im dritten und letzten Lied seiner Zugabe reihte Schöne Gedanken aus allen dargebrachten Vorträgen aneinander, die er etwa folgendermaßen formulierte:

In so einer Scheiß-Kaserne sitzt mein Freund Fred und hört mein Lied. Dabei macht er sich Gedanken und kommt zu dem Schluß: Der liebe Feind hat eigentlich recht. Er wirft sein Koppel in die Ecke, greift den Offizier an der Binde und singt: Es wird Zeit, Zeit, Zeit zu gehen.

Ein Pfarrer aus Hamburg schreibt im gleichen Jahr an Gerhard Schöne, und die Stasi fischt diesen Brief »des Feindes« aus dem Postkasten des unsicheren Kantonisten:

»Lieber Feind in der Ferne, lieber Gerhard!
... ich weiß gar nicht, ob ich mich angesprochen fühlen soll bei Deiner vierfachen Anrede (in jeder Strophe) »lieber Feind«. Wenn man Deine Lieder hört, oder auch nur die Texte liest, wird man eher zum »Anhänger«. Also solltest Du dann lieber sagen: »Lieber Fan in der Ferne«.

Hier schließt sich der Kreis. Dem West-Soldaten hatte Gerhard Schöne zugerufen: Ich bin kein Feind, glaub deinen Offizieren nicht. Der West-Pfarrer ruft in den Osten und Gerhard Schöne zu: Glaub ihnen nicht, ich bin kein Feind. Ich bin dein Fan. Wechselseitig verweigert man sich, die befohlenen Gedanken zu denken und denkt besser selber.

Diplomaten und Außenpolitiker werden diese Spielchen in Liedern und Briefen belächeln. So einfach ist die Welt nicht, werden sie sagen. Und ohne Zweifel haben sie dabei leider sehr oft recht. Aber die Bewegungen des Herzens und der Sinne, die durch solche kleinen Briefe und Lieder erzeugt wurden und werden, sind das Fundament, auf dem große Politik aufbauen muß. Dies war auch Gerhard Schönes Haltung, als er sich in der DDR als kritischer Christ und Pazifist für den Wehrersatzdienst entschied:

Gerhard Schöne: *Als ich beim Wehrkreiskommando vor der Komission stand und begründen sollte, warum ich die Waffe nicht tragen wollte, wurde ich natürlich mit den verschiedensten Fragen konfrontiert. Die plumpe Frage, was ich denn machen würde, wenn meine Freundin angegriffen würde, ob ich dann zusehen würde, wie sie verletzt oder gedemütigt würde oder ob ich dann nicht doch eingreifen müßte, kam zuerst. Ich kannte damals auch die Befreiungstheologie von Ernesto Cardenal, die mich stark beeindruckte. Und wie ich in seiner Situation entscheiden würde, war mir durchaus nicht so klar. Aber ich sagte mir: Ich lebe hier, und hier war damals das Land DDR, an einer Schnittstelle zweier hoch-*

gerüsteter Blöcke. Bei Albert Schweitzer hatte ich in dem Buch »Ehrfurcht vor dem Leben« gelesen, daß es nicht mehr darum geht, nur sein Ländchen zu verteidigen, weil ein Krieg nicht mehr eingrenzbar sein würde. Dritte, unschuldige Menschen, werden immer von der Kriegsmaschinerie getroffen. Ich kann also wirklich nicht sagen, ob ich nie und aus keinem Grund je eine Waffe in die Hand nehmen würde. Ich konnte nur in einer bestimmten Situation der DDR sagen: Hier und jetzt mache ich es nicht. Denn in diesem Gefüge hätte ich schon jederzeit damit rechnen müssen, z.B. wie 1968 beim Einmarsch der Truppen des Warschauer Pakts nach Prag, auch dorthin geschickt zu werden, und zwar mit scharfer Munition. Und so etwas wollte ich auf keinen Fall. Ich wollte auch nicht an der Grenze stehen, über die gerade jemand versuchte abzuhauen. Das habe ich damals auch öffentlich vertreten. Und wenn es also die Möglichkeit eines Ersatzdienstes gibt, dann nehme ich sie genau aus diesen Gründen auch wahr.

Information

Durch IM meiner Diensteinheit wurde zum Konzert des Liedermachers Gerhard Schöne am 1. 9. 1987 im Kulturpalast Dresden folgendes bekannt:

In dem Konzert, das restlos ausverkauft war und vom Publikum mit stürmischen Beifall bedacht wurde, brachte Gerhard Schöne in einem Lied sowie in Textpassagen weiterer von ihm vorgetragenen Liedern Gedankengut mit pazifistischem Inhalt zum Ausdruck.

Beispiel: In dem Lied "Lieber Feind..." kauft ein US-Soldat in einer Buchhandlung in Berlin ein Kinderbuch mit bunten Tieren für Kinder bis 5 Jahre. Das ungläubige Erstaunen der Verkäuferin an der Kasse setzt ihn in Verlegenheit und läßt ihn an einem Uniformknopf herumspielen.

Schöne besingt sinngemäß folgendermaßen die Gedanken des US-Soldaten:

- Lieber Feind in der Ferne, ich bin kein schlechter Mensch, auch ich liebe das Leben, die Liebe usw.; deshalb, lieber Feind in der Ferne, schieße nicht auf mich, höre nicht auf deine Offiziere, wenn sie befehlen, sie haben nicht recht. Höre nicht auf deine Offiziere, schieße nicht, töte nicht , marschiere nicht. Gehe nach Hause.

Im dritten und letzten Lied seiner Zugaben reihte Schöne Gedanken aus allen dargebrachten Vorträgen aneinander, die er etwa folgendermaßen formulierte:

"In so einer Scheiß-Kaserne sitzt mein Freund Fred und hört mein Lied. Dabei macht er sich Gedanken und kommt zu dem Schluß: Der liebe Feind hat eigentlich recht. Er wirft sein Koppel in die Ecke, greift den Offizier an der Binde und singt:
Es wird Zeit, Zeit, Zeit zu gehen."

Bericht der Stasi über das Konzert vom 1.9. 1987 in Dresden und Textinterpretation des Liedes »Lieber Feind in der Ferne«

Eine andere Frage wäre die, ob ich im Kriegsfalle mich erschießen lassen oder eben in den Krieg ziehen würde. Da bin ich nicht sicher, wie sehr ich am Leben hinge und ob ich nicht für mich noch einen anderen Ausweg suchen würde. Mein Pazifismus war und ist also nicht so absolut, sondern er nahm und nimmt Bezug auf die konkrete Situation.

Auch nach der Wende blieb Pazifismus für mich ein Thema. Mit Waffen wird eine Menge Geld verdient, und es werden ohne Zweifel eine Reihe krummer Geschäfte gemacht. Auch blieb die Idee von Frieden und Versöhnung in der Welt ja auf der Tagesordnung und so auch eine Form von praktiziertem Pazifismus. Durch den Golfkrieg 1991 fühlten sich sehr viele Menschen, vor allem auch aus dem Osten, betroffen. Man war ratlos, gelähmt, wie ein Kaninchen vor der Schlange. Man konnte so gar nichts tun. Also war die Überlegung aufgekommen, wenigstens mit dem Mittel des Geldes auf Rüstungsproduktion und Militärmaschinerie Einfluß zu

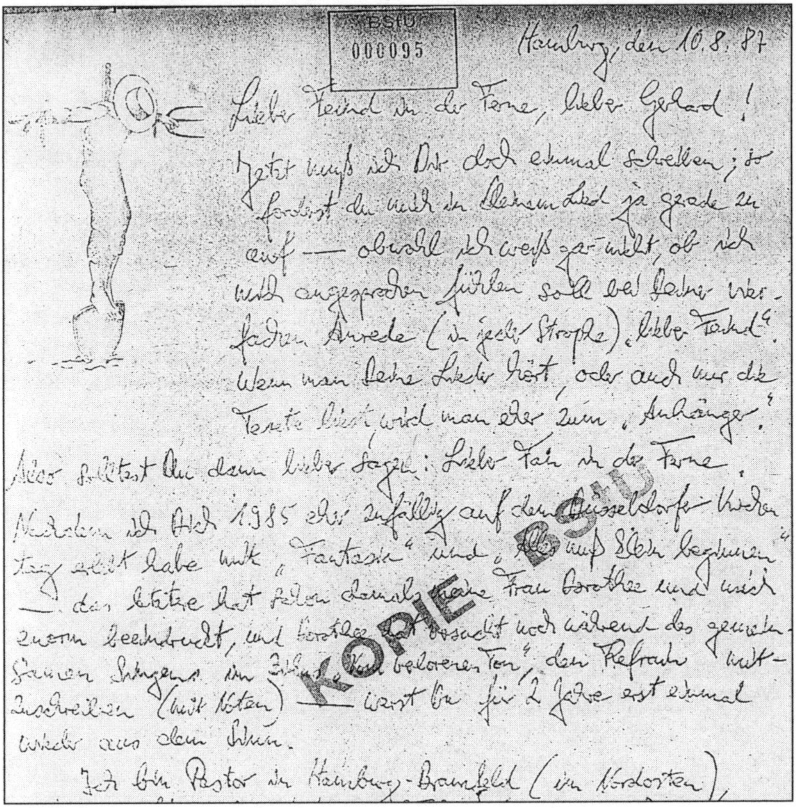

Hamburg, den 10.8.87

Lieber Feind in der Ferne, lieber Gerhard!

Jetzt muß ich Dir doch einmal schreiben; so forderst du mich im kleinen Lied ja gerade zu auf — obwohl ich weiß gar nicht, ob ich mich angesprochen fühlen soll bei Deiner vertrauten Anrede (in jeder Strophe), „lieber Feind". Wenn man Deine Lieder hört, oder auch nur die Texte liest, wird man eher zum „Anhänger". Also solltest Du dann lieber sagen: Lieber Fan in der Ferne.

Nachdem ich Dich 1985 eher zufällig auf dem Düsseldorfer Kirchentag erlebt habe mit „Fantasie" und „Alles muß klein beginnen" — das letztere hat schon damals meine Frau Dorothee und mich enorm beeindruckt, und Dorothee hat versucht noch während des gemeinsamen Singens im „Bild vom verlorenen Ton", den Refrain mitzuschreiben (mit Noten) — warst Du für 2 Jahre erst einmal wieder aus dem Sinn.

Jetzt bin Pastor in Hamburg-Bramfeld (im Nordosten), [illegible]

Brief eines Pfarrers und Fans aus dem Westen

nehmen. Ich las damals in der Zeitung, daß es Leute gibt, die sich weigern, den Teil ihrer Steuern zu bezahlen, der für Rüstung ausgegeben wird. Auch andere Künstler trugen sich mit dem Gedanken und riefen bei mir an. Es sollte eine Art Kampagne von Künstlern geben, die alle ihren Anteil »Kriegssteuern« einbehalten. Es wurde ein Musterbrief für das Finanzamt entwickelt, jemand stand uns da auch beratend zur Seite. Aber so richtig kam die Sache nicht zustande. Einige hatten doch Angst vor der Rache der Steuerbehörden. Ich blieb dann stur und dachte, wenn keiner anfängt, wird sich nie was ändern. So habe ich die Sache auch allein durchgestanden. Fünf Jahre lang habe ich also einen Teil meiner Steuern auf ein Verwahrkonto eingezahlt mit dem Hinweis, daß ich die Steuer schon geben möchte, aber eben nicht für kriegerische und Rüstungszwecke. Ein wirklicher Mangel dieser Idee war jedoch, daß nur Freiberufler und Selbstständige sie durchführen konnten und sie somit nur ein symbolischer Akt bleiben mußte. Das Finanzamt greift ja im Zweifel auch direkt auf das Konto zu oder pfändet aus der Wohnung den Fernsehapparat. Und jemand, der in einem festen Anstellungsverhältnis ist, müßte erst seinen Arbeitgeber veranlassen, diesen Anteil der Steuer einzubehalten. Das ist alles in allem nicht sehr realistisch. Im Laufe der Zeit fand ich das kleine Zeichen, das man mit so einem Verhalten setzten konnte, immer weniger wirkungsvoll und lohnend. Es gab ja politische Initiativen, ich glaube von Bündnis 90/Die Grünen, die einen Gesetzentwurf einbringen wollten, der eine Möglichkeit für eine friedensfördernde und sozial orientierte Steuer eröffnen sollte. Aber so weit ist es nie gekommen und ich habe nach reichlich Querelen mit dem Finanzamt diese Geschichte auch wieder aufgegeben.

Die vergleichsweise simple Weltordnung vor 1990, in der sich die Blöcke gegenüberstanden und die restlichen Konflikte der Welt in ihrem Schatten versteckten, ist von einer Welt der vielen kleineren Kriegsherde abgelöst worden.

»Klein« ist hierbei eine zynische Bezeichnung, denn überall dort, wo Waffen sprechen, sterben Menschen, zumeist Unschuldige. Feind zu sein, heißt nicht mehr automatisch, einem Lager zuzugehören. So fällt auch das Kennenlernen schwerer, genauso wie die Mittel noch nicht gefunden sind, Pazifismus wirkungsvoll zu demonstrieren. Zur Entstehungszeit des Liedes »Lieber Feind in der Ferne« konnte Gerhard Schöne im Lied noch fragen:

Ich mag auch Stevie Wonder.
Kennst du schon Okudshawa?
Nun sag bloß, du singst selbst
dann und wann zur Gitarre

und hängst gern einem Traum nach.
Schreib mir davon, schreib mir davon.
Schreib mir davon, um deinetwillen.

Lieber Feind in der Ferne,
unbekannter Verwandter,
du solltest wissen, dein Feind hängt genauso am Leben
und trägt sich noch mit Hoffnung

Stevie Wonder und Bulat Okudshawa waren lange Zeit Synonyme für engagierte Songschreiber in Ost und West. Der »eiserne Vorhang« trennte noch ihre Welten, und die Hoffnung bestand, durch das Aufreißen dieses Vorhangs die Welt friedlicher machen zu können. Der Pfarrer aus Hamburg fragt in seinem Brief wirklich nach Okudshawa, weil er ihn noch nicht kennt. So weit war die kulturelle Erfahrung auseinander...

Nach der Wende macht Gerhard Schöne mit vielen anderen die bittere Erfahrung, wie schwer es ist, auch nach dem Ende der Ost-West-Konfrontation Pazifismus zu leben. Seine Erfahrungen mit dem Finanzamt sind nur eine Facette dieser Not. Kriege gibt es an allen Enden der Welt und die Zeichen dagegen scheinen schwach!

Gerhard Schöne jedenfalls kann sein Lied vom Feind in der Ferne heute wie damals singen. Es ist eine Friedenshymne auf dem Weg durch den Alltag in der kleinen wie in der großen Welt. Sie ist und bleibt in ihren Hoffnungen und ihren Mahnungen aktuell:

Glaube nicht den Berichten
Folge nicht den Befehlen,
richte nicht das Visier auf den Bruder, den Freund
denn du träfest dich selber
Glaub mir aufs Wort, glaub mir aufs Wort.
Glaub mir aufs Wort, um unserwillen!

11.

»DAS LIED VON DER ZU FRÜH AUFGESTANDENEN WAHRHEIT« –

VERSUCHE MIT DER MACHT

»Dürfen wir reinkommen«, so lautete die meist rhetorische Frage von Mitarbeitern der Stasi, die vor der Wohnungstür standen, um ein »vertrauliches« Gespräch zu führen. Sie kamen meist zu zweit und wollten dem Besuchten in der Regel einen zweifelhaften »guten« Rat anbieten. Er sollte doch überlegen, ob dies oder das gerade jetzt und gerade hier für ihn und den Staat gut wäre. So verbreiteten sie einen Duft der Sorgfalt, kochten in Wahrheit aber nur ihr übelriechendes Interessensüppchen.

Über die Allgegenwärtigkeit der Staatssicherheit in der DDR ist in den Jahren seit ihrer Auflösung ausführlich geredet und geschrieben worden. Der Überdruß dieses Thema betreffend ist verständlich, und gleichzeitig auch kontraproduktiv. Denn wenn sogenannte Aufarbeitung von Geschichte den Zugang zu den eigentlichen Geschichten aus dem Leben zukleistert, ist die Erinnerungsarbeit von ihrer vitalen Seite her nachhaltig gestört.

Gerhard Schöne hat nur wenige Versuche der Kontaktaufnahme durch die Stasi erlebt. Dies verwundert um so mehr, als er schon in jungen Jahren eine Person des öffentlichen Interesses war. Seine Lieder wurden auf Tonbändern und Kassetten innerhalb der Kirche verteilt. Er erhielt damit schon vor den später regelmäßigen Plattenproduktionen von AMIGA im klassischen Liedermacher-Genre eine nicht zu unterschätzende Breitenwirkung. Dann kamen ab 1981 seine eigenen Platten bei AMIGA hinzu, die in hohen Auflagen erschienen. Und seine Botschaft war in keiner Weise eine angepaßte. Sie vermied jedoch auch ganz bewußt die harte Konfrontation, die Provokation. Vielleicht war es dieses Bemühen um Vieldeutigkeit, das Einfühlen in die Meinung des jeweils Andersdenkenden, das Gerhard Schöne für die Schwarz-Weiß-Spiele der Stasi so unantastbar machte. Er verhielt sich so, wie es viele Pfarrerskinder vom elterlichen Hause vermittelt bekommen hatten: Es gibt nicht zwei Wahrheiten, eine offizielle für Schule, Gesellschaft und Staat und eine inoffizielle für zu Hause oder interne Kreise. Nein, wir sagen immer das, was wir denken. Damit sind wir »abhörsicher«.

Diese protestantische Geradlinigkeit funktionierte natürlich nur auf dem Boden einer ausgewogenen, nicht konfrontativen Weltsicht. So geschah es vor und nach der Wende mitunter, daß Gerhard Schöne auch »Leisetreterei« vorgeworfen wurde, obwohl er an vielen Stellen in seinem ehrlichen Bemühen schon weit über das hinausgegangen war, was andere sich trauten. Diesen viel umstrittenen »Mittelweg« beschritt Gerhard Schöne nicht als Opportunist, sondern als kritischer Christ.

In Gesprächen mit Liedermacherkollegen wurde diese Diskussion natürlich auch geführt. Es geschah allerdings selten in einer systematischen Auseinandersetzung. Eher kam es beiläufig zu Kontakten und

Gesprächen. Trotz ihrer Kompaktheit und Überschaubarkeit bestand die DDR-Liedermacherszene der 80er Jahre aus ausgeprägten Individualisten, die aus sich heraus und sehr eigenbestimmt künstlerisch arbeiteten.

Gerhard Schöne: *Ich traf mich einmal mit Stephan Krawczyk. Er sprach mich an und sagte, daß ich doch mit meiner öffentlichen Anerkennung und mit meinem Namen, meinem Status auch eine ganz andere Verantwortung hätte. Ich dürfte also nicht so vorsichtig sein und diplomatisch in meinen Texten. Vielmehr könnte ich doch viel deutlicher und kritischer zur Sache kommen und das klar benennen, was im Staat DDR schiefläuft. Ich weiß nicht mehr genau, wie ich damals darauf reagiert habe. Jedenfalls ist meine Art, mit Wirklichkeit umzugehen, eben eine andere. Er hat das aus meiner Sicht völlig falsch eingeschätzt. Ich habe doch nicht absichtlich diplomatische Texte gemacht, um besser durchzukommen. Ich habe so geschrieben, wie ich es besser nicht konnte. Ich habe Themen gesucht und behandelt, die meine Spielfreude und meine Anliegen gleichermaßen abbildeten, mehr ging eben nicht. So, wie z.B. Hans-Eckardt Wenzel gesellschaftspolitische Themen behandelte, so konnte ich gar nicht schreiben, traute es mir auch nicht zu. Mit Wenzel habe ich mich aber auch nie über die jeweiligen Inhalte, die wir in den Liedern behandelt haben, unterhalten. Ich habe mir oft seine Konzerte angehört und wir haben danach hinter der Bühne selten, und wenn, dann auch nur privat, geredet. Ich war und bin mir auch unsicher, ob er mit meinen Liedern überhaupt etwas anfangen kann. Ich habe nie gewagt, ihn danach zu fragen. Vielleicht hat auch Wenzel gewisse Vorbehalte gegenüber meinen Liedern und sagt eher aus Höflichkeit nichts dazu – mir geht es ja gegenüber anderen Kollegen auch manchmal so.*

Am meisten habe ich noch mit Barbara Thalheim geredet. Aber eigentlich auch weniger über die Lieder, als über bestimmte Entscheidungen und Weichenstellungen im Leben.

Gerhard Schöne beschreibt in diesen Erinnerungen, wie er mit der Wirklichkeit umgeht. Er taktiert nicht, er berechnet nicht eine mögliche Wirkung, er schreibt und singt so gut und so ehrlich er kann. Und da er ein abwägender, ein nachdenklicher Zeitgenosse ist, der sich immer erst in verschiedene Interessen hineindenkt, bevor er eine eigene Meinung bildet, konfrontiert er nicht, lieber moderiert er.

Diese Moderatorenrolle macht es für die Herren, die »gern zu ihm rein kommen wollen« unmöglich, bei ihm anzukommen. Sie versuchen die Konfrontation, aber Gerhard Schöne moderiert sie, ob bewußt oder instinktiv, immer wieder ins Aus.

Gerhard Schöne: *Die Elias-Gemeinde und ein befreundeter Pfarrer, bei dem ich in meiner Berliner Anfangszeit auch einmal kurz gewohnt habe, wollten, daß ich zu Ostern in der »Osternacht« der Gemeinde singe. Sie erwähnten gleich, daß im letzten Jahr Bettina Wegner zu diesem Anlaß gesungen hätte und die Stasi in diesem Zusammenhang sehr aktiv war. Das Gemeindehaus war damals für die »Osternacht« wegen der vielen erschienenen Gäste schon längst zu klein geworden und man war gemeinsam in die Kirche umgezogen. Dieser »Umzug« aber war von den Stasibeobachtern als Demonstration bewertet worden. Somit stand auch das Fest ein Jahr später irgendwie unter Spannung. Nun hatten sie mich also eingeladen zu singen und ich hatte zugesagt. Bald darauf klingelten zwei Herren an meiner Tür, die sich als Herr Fuchs und Herr Klein vorstellten und sich mit mir unterhalten wollten. »Dürfen wir reinkommen«, fragten sie ein bißchen scheinheilig. Sie hätten gehört, ich spielte in der »Osternacht« der Elias-Gemeinde und sie wollten mich gern warnen und darauf hinweisen, daß ich dort auf staatsfeindliche Leute treffen würde. Ich dachte sofort bei mir: Wenn ich jetzt gleich vor denen erschrecke und als eingeschüchterter Hase hier sitze, haben die schon Punkte gewonnen. Ich muß also ganz souverän wirken! Also habe ich die beiden hereingebeten, habe ihnen Kaffee angeboten und habe versucht, mich vernünftig mit ihnen zu unterhalten. Zunächst mal habe ich ihnen mitgeteilt, daß ich die »Osternacht« in der Elias-Gemeinde anders sehe als sie. Da träfen sich kritische Christen zu einem Fest und keine staatsfeindlichen Elemente zum Aufruhr. Das könnten sie mir ruhig glauben, denn auch ich sei ein solcher kritischer Christ. In diesem Stil pendelte die Unterhaltung noch ein paar Mal hin und einmal her. Zum Schluß sagten sie dann den wohl obligatorischen Satz: Dieses Gespräch bleibt aber unter uns. Ich darauf: Nein, das bleibt es sicher nicht. Ich werde noch heute meinem Freund, dem Pfarrer der Elias-Gemeinde davon erzählen.*

Heute bin ich natürlich ganz froh, daß ich in diesem Moment so reagiert habe. Womöglich würde ich sonst als einer in den Akten auftauchen, der ihnen die Hand gereicht hat. Ich bin also auch wirklich zu Rudi Panke, dem Pfarrer gefahren, und habe ihm von dem Besuch erzählt. Der hatte schon so etwas erwartet.

Dann also fand das Konzert statt, und danach kamen die Herren Fuchs und Klein wieder zu mir und sagten, daß sie den Abend gern mal mit mir auswerten würden. Ich wollte sie nun nicht schon wieder hereinlassen, schließlich sollten sie mich nicht für ihren großen Freund halten. Ich habe sie also in der Tür stehenlassen und ihnen gesagt, daß es für mich da aber gar nichts auszuwerten gäbe. Daraufhin sind sie einfach abgezogen. Haben selber noch, quasi zum Abschied, den Abend positiv resümiert, in dem

Sinne, daß es ja eigentlich keine Vorkommnisse gegeben habe und sie insgesamt zufrieden wären.

So weit, so kleinkariert, so harmlos. Natürlich verliefen die Geplänkel über die Auslegung der gesellschaftlichen Wirklichkeit nicht immer so flach. Ab Mitte der 80er Jahre verschärfte sich die Unzufriedenheit über die Engstirnigkeit, mit der auf Meinungsäußerungen von Liedermachern und Schriftstellern vom Staat reagiert wurde. Manchmal war mehr Offenheit möglich, meistens aber verschärften sich die Reaktionen auf Offenheit. Die liberalen Entwicklungstendenzen in der Sowjetunion verunsicherten das greise Politbüro zunehmend. Galt bisher der Satz »Von der Sowjetunion lernen, heißt Siegen lernen« als oberster Glaubenssatz, so wurde plötzlich auf die eigenständige Politik der DDR geschworen. Was für die anderen gut ist, muß doch nicht bei uns richtig sein – so argumentierten auf einmal ehemalige »unverbrüchliche« Freunde des großen Bruders. Diese Entwicklung gipfelte in dem fatalen Satz des für Kultur und Ideologie zuständigen Politbüromitglieds Kurt Hager, der sinngemäß sagte: Wenn der Nachbar tapeziert, muß man doch nicht auch gleich ans Renovieren denken.

Mit »L'art de passage«

Gorbatschow tapezierte sein Riesenhaus neu, und Honecker hockte in seiner kleinen Mottenburg und sagte: Ist doch schön hier!

Diese groteske Situation brachte die Gesellschaft in allen ihren Teilen in Aufruhr. Bis in die Parteigruppen der SED hinein fuhr der Konflikt zwischen restaurativen und innovativen Kräfte wie ein Blitz.

Auch Gerhard Schöne wollte mit anderen tapezieren – er hatte es mit seinen poetischen Bildern ja bereits auf seine Weise getan. Als sein Kollege Stephan Krawczyk immer mehr bei seinen Konzerten ob seiner geäußerten Positionen behindert wurde und nur noch in Kirchen auftreten durfte, bekam Gerhard Schöne Post.

Gerhard Schöne: *Mir hatte jemand aus Leipzig geschrieben, daß ich, der Gerhard Schöne, zu der ganzen Angelegenheit um Stephan Krawczyk und sein Berufsverbot doch etwas sagen müßte. Und das hatte mich natürlich erwischt. Er hatte recht, ich hätte was tun müssen. Vielleicht hätte ich von mir aus das gar nicht so gemacht, teils aus Trägheit, teils aus Ängstlichkeit. So aber sah ich mich quasi in der Pflicht. Ich habe mir einen Text überlegt, den ich dazu in meinem bevorstehenden Konzert bei den Chansontagen in Frankfurt/Oder verlesen könnte, wo ja sowohl die ganze Szene wie auch reichlich Presse anwesend sein würde. Dann habe ich demjenigem in einem Brief nach Leipzig zurückgeschrieben und diesen Text gleich mitgeschickt. Das war, wie sich herausstellte, ziemlich naiv. Die Stasi muß diesen Brief abgefangen haben. Man wußte Bescheid, daß ich was im Schilde führte. Ich wußte das ja aber noch nicht und war mir natürlich auch unsicher in dieser ganzen Angelegenheit. Deshalb wollte ich mich gern mit ein oder zwei Kollegen noch beraten, ehe ich in Frankfurt/Oder bei den Chansontagen auftrat. Mir wäre auch lieber gewesen, wenn sich einige Kollegen angeschlossen hätten. Aber irgendwie kam es gar nicht mehr zu diesen Gesprächen, die Zeit war knapp, einige erreichte ich nicht. Mit irgend jemandem habe ich dann darüber noch gesprochen, ich weiß bloß wirklich nicht mehr, wer das war, und auf diesem Wege muß es dann Gisela Steineckert erfahren haben, die als Präsidentin des Komitees für Unterhaltungskunst ja auch in Frankfurt/Oder war. Ich war schon aufgeregt genug und wollte den Text auf jeden Fall im Konzert ablesen, nicht frei sprechen, da hätte ich mich sicher verhaspelt. Dann wollte mich Gisela Steineckert am Nachmittag vor dem Konzert, wir hatten gerade Soundcheck, noch schnell mal unbedingt sprechen. Sie war in einem anderen Konzert, da spielte gerade Gundermann mit den Feuersteinen sein »Männer, Frauen und Maschinen-Programm«, für das er dann den Hauptpreis bekam. Ich glaube, sie schickte mir sogar ein Taxi, daß ich mal schnell zwischendurch dorthin kommen sollte. Da ahnte ich schon, worum es gehen würde. Sie sagte mir: Also, Gerhard, du hast da was vor, laß uns*

5973

BV Leipzig
Abteilung M-A/I

Leipzig, 2o. 11. 1987
sc.

BVfS Bln
26. NOV 1987
Tgb.-Nr. 8809/87

BStU
000065

A K G

Operativ-Information 234/87

Im Prozeß unserer Fahndungs- und Auswertungstätigkeit erarbeiteten wir die Postsendung, gerichtet an

Empfänger: [redacted] PKZ: [redacted] in Heidelberg
7050 Leipzig
[redacted]
lt. PM 67 f von 6/81 beschäftigt als Hilfsarbeiter beim [redacted]

Absender: S c h ö n e , Gerhard
1055 Berlin
[redacted]
geb. 10.01.52
B085138183

Sachverhalt:
Der Absender sympathisiert mit seinem Berufskollegen Stefan K r a w c z y k .und bringt zum Ausdruck, daß er mit den "Vorgängen um Stefan Krawczyk" - z.B. Abnahme des Berufsausweises - nicht einverstanden ist.
Mit dem Ziel, Stefan K. zu helfen, will der Absender während seines bevorstehenden Konzertes in Frankfurt/Oder öffentlich zu dieser Problematik sprechen.
Die Briefsendung beinhalteteine Durchschrift dessen, was der Absender zur vorgenannten Problematik zu sagen beabsichtigt.

Maßnahmen:
-Information an Stellv. Op., Gen. OSL Müller
-Inf. und Originalbriefsendung an Leiter Abt. XX
-Inf. und Kopie der Sendung an MfS, Abt. M/AKG
-Inf. und Kopie der Sendung an AKG

Leiter der Abteilung

Katsch
Oberstleutnant

Stasibericht über die »erarbeitete« Postsendung von Gerhard Schöne nach Leipzig

noch mal darüber reden. Ich war natürlich erst mal bockig und sagte ihr, daß ich diesen Text auf jeden Fall vorlesen möchte. Dann sagte sie, ich würde ins offene Messer rennen, den kollegialen Gedanken in Ehren, aber es gäbe Informationen über Krawczyk, die ließen einiges in einem anderen Licht erscheinen. Natürlich waren da sofort zwei Seelen in meiner Brust. Ich wollte zu meiner Meinung stehen und die auch öffentlich machen, das wollte ich mir nicht gleich ausreden lassen. Andererseits war ich auch sehr unsicher, ob es wirklich Dinge gäbe, die ich gar nicht wüßte, die mich in eine rettungslose Situation bringen würden. Wer läuft schon gern ins offene Messer? Ich wollte natürlich keine Dummheit begehen, die am Ende auch meinen Beruf gefährdet hätte. Sie fragte mich, wann ich denn das letzte Mal mit Krawczyk geredet hätte. Da mußte ich wahrheitsgemäß antworten: Eigentlich noch gar nicht so richtig. Dann sagte sie, sie hätte zu Hause eine Mappe mit Unterlagen, woraus hervorginge, was er so denke. Das würde sie mir nach den Chansontagen zum Lesen geben. Dann könnte ich immer noch entscheiden, ob ich bei meinem Text bliebe, aber dann wüßte ich doch etwas mehr. Sie würde mich nur warnen wollen, es wäre eine Dummheit sonst. So weit, so gut. Ich war sehr unsicher geworden und hatte natürlich kein gutes Gefühl dabei, als ich den Text wieder in die Tasche steckte und nichts zu diesem Thema öffentlich sagte. Da ist schon auch ein bißchen Feigheit dabei gewesen, für die ich mich schon schämen muß. Ich hätte ja auch noch nachhaken und an dem Thema dranbleiben können, aber Sachen, die unangenehm werden können, verdrängt man halt lieber. Nach den Chansontagen kamen dann auch wieder welche von der Stasi zu mir nach Hause und wollten mit mir über Krawczyk reden. Eine äußerst unangenehme Situation. Da saßen zwei Typen auf meinem Sofa, tranken wieder meinen Kaffee und fragten scheinheilig, was ich denn für Probleme mit Krawzcyk hätte, um mir dann zu erklären, welche feindlichen Aktivitäten von ihm ausgehen würden. Ich hab ihnen gesagt, daß ich das aber anders sehe. Die spielten dabei die Rolle der väterlichen Ratgeber, die Meinungen plänkelten hin und her und dann gingen sie Gott sei Dank wieder.

Das klingt sehr zaghaft. In dem Eingeständnis, in der angespannten Situation nicht Herr der Entwicklung gewesen zu sein, liegt jedoch eine große Ehrlichkeit von Gerhard Schöne. Wer möchte von sich behaupten, cleverer gewesen zu sein? Was alles auf dem Spiel stand, zeigt die umfangreiche Berichtsakte, die für diesen eigentlich lapidaren Vorfall von der Stasi angelegt wurde. Auf dem Spiel stand weniger der private, als vielmehr der öffentliche Gerhard Schöne, der auf seine Art und Weise Botschafter von Toleranz und Liberalität in der DDR bleiben wollte. Er solidarisierte sich zwar mit Krawczyk, weil ihm Zensur an sich zuwider war.

XX/4

Berlin, 24. 11. 87
poe - 41 652

BStU
000035

Vorschlag zur Gesprächsführung

Inoffiziell wurde bekannt, daß der freischaffende Liedermacher

Gerhard Schöne
erf. XX/4

aus Unkenntnis der tatsächlichen Zusammenhänge beabsichtigt, sich mit seinem "Berufskollegen Stephan Krawczyk" zu solidarisieren.

In der Vergangenheit wurden zu politisch-operativen Sachverhalten bereits durch uns Gespräche mit Schöne geführt. Dabei zeigte sich bei ihm Gesprächsbereitschft und die Bereitschaft, Argumente unsererseits zur Kenntnis zu nehmen.

Es wird vorgeschlagen, zur offensiven Verhinderung eines politisch falschen Auftretens des Schöne durch den Unterzeichner ein Gespräch mit ihm zu führen, in dem er mit offiziell auswertbaren Fakten über die Feindtätigkeit des Krawczyk vertraut gemacht wird und die auf Wahrung der sozialistischen Gesetzlichkeit gerichtete Tätigkeit der Staatsorgane erläutert wird.

Der Inhalt der Gesprächsführung wird mit Referat XX/7 abgestimmt.

Das Gespräch soll im Zeitraum bis 9. 12. 87 in der Wohnung des Schöne geführt werden.

Polcuch
Hauptmann

Generell einverstanden.
Vorher Konsultation mit XX/7 i. Verb. mit HA XX/7 (Gen. Tischendorf), um das Ergebnis des Gespräch in Frankfurt/O mit berücksichtigen zu können.

1.12.87

Überlegungen der Stasi nach den Chansontagen 1987, ein Gespräch mit Gerhard Schöne über Stephan Krawczyk zu führen

Er setzte aber gleichermaßen seinen Weg fort. Einen Weg, der nicht auf Konfrontation und letztendlich Ausbürgerung aus der DDR zielte. Gerhard Schöne trat für eine neue, eine »tapezierte« DDR ein.

Die Stasi hatte tatsächlich in Leipzig seinen Brief mit dem geplanten Text zu Stephan Krawczyk herausgefischt. Darauf gingen eilige Schriftstücke zwischen den Dienststellen hin und her und der Apparat wurde in Bewegung gesetzt, schließlich galt es, eine »Provokation« zu verhindern.

Operativ-Information 234/87: Leipzig, 20.11.1987

Sachverhalt: Der Absender (Schöne, Gerhard) sympathisiert mit seinem Berufskollegen Stefan Krawczyk und bringt zum Ausdruck, daß er mit den »Vorgängen um Stefan Krawczyk« – z.B. Abnahme des Berufsausweises – nicht einverstanden ist.

Mit dem Ziel, Stefan K. zu helfen, will der Absender während seines bevorstehenden Konzertes in Frankfurt/Oder öffentlich zu dieser Problematik sprechen.

Die Briefsendung beinhaltete eine Durchschrift dessen, was der Absender zur vorgenannten Problematik zu sagen beabsichtigt.

Der Brief Gerhard Schönes an denjenigen, der ihn ermutigt hatte, etwas zur Situation zu sagen, findet sich genauso in den Stasi-Akten wie der Text, den er verlesen wollte:

In den letzten Tagen wurde ich von verschiedenen Leuten auf die Nachricht aus westlichen Medien hin angesprochen, daß mein Berufskollege Stephan Krawczyk unter Strafe gestellt wird, wenn er weiterhin in Kirchen auftritt. Andere Auftrittsmöglichkeiten standen ihm in letzter Zeit ohnehin nicht offen, nachdem ihm, es war wohl vor zwei Jahren, unter recht undurchsichtigen Begleitumständen der Berufsausweis abgenommen wurde.

Hier in Frankfurt, wo Jahre zuvor Stephan Krawczyk den ersten Preis des Kulturministers verliehen bekam, möchte ich hiermit öffentlich erklären, daß ich nicht damit einverstanden bin, wie mit meinem Kollegen verfahren wird und daß ich es bedauere, daß er mehr und mehr ins gesellschaftliche Abseits gedrängt wird.

Ich kenne Stephan Krawczyks derzeitiges Repertoire nicht und weiß nicht, ob ich mit allem einverstanden wäre, was er äußert. Aber ich dachte, die Zeiten, wo man unbequeme, in bestimmten Punkten politisch anders denkende Künstler mundtot machte oder außer Landes jagte, wären endlich vorbei.

In der Sowjetunion sind »neues Denken« und »Offenheit« angesagt. Künstler, die meinten, in ihrer Heimat beschnitten zu werden und ins Aus-

land gingen, werden eingeladen, zurückzukommen. Es werden Fehler eingestanden.

Wir sollten auch in diesen Punkten von der Sowjetunion lernen und zum Beispiel einen Liedermacher, der verantwortlichen Kulturfunktionären Ärger und Kopfzerbrechen macht, lieber auffordern, sich öffentlich der Diskussion zu stellen, meinetwegen auf einem Podium beim Festival des politischen Liedes, wo genügend kluge Köpfe beisammen sind.

Wir sollten die Attraktivität des Sozialismus durch Argumente begreiflich machen, nicht durch Verbote.

Schon zu viele unserer Künstler haben unserem Land den Rücken gekehrt.

Da ich an diesem Lande hänge und versuche, es im Ausland im besten Licht darzustellen, schmerzen mich derartige Fehler besonders.

Lieber ...

Dein Appell an unser solidarisches Gewissen hat mich sehr erfreut und darin bestärkt, in Frankfurt während meines Konzertes in der Konzerthalle, etwas zu den Vorgänge um Stephan Krawczyk zu sagen. Zur Kenntnisnahme schicke ich Dir einen Durchschlag dessen, was ich da sagen will. Darüber hinaus werde ich mit anderen Kollegen sprechen und überlegen, was wir helfend tun können.

Sei ganz herzlich gegrüßt von Gerhard Schöne

Es gibt nur eine Wahrheit, hatte Gerhard Schöne in seinem Elternhaus gelernt, und die sagt man immer offen und ehrlich, ob im Klassenzimmer, am Telefon oder zu Hause am Abendbrottisch. Also hatte er auch ohne Argwohn seinen Brief mit der Erklärung der Post anvertraut.

Die Bezirksverwaltung Frankfurt/Oder der Stasi wertet für ihre Zentrale in Berlin die Chansontage 1987 wie folgt aus:

In Vorbereitung der Chansontage war uns intern bekannt geworden, daß der Liedermacher Schöne die Absicht hatte, bei seinem Auftritt in der Frankfurter Konzerthalle eine persönliche Erklärung für den wegen seiner politisch-negativen Aktivitäten bekannten Interpreten Krawczyk zu verlesen.

Im uns vorliegenden Text dieser Erklärung erklärt sich Schöne nicht damit einverstanden, daß der Krawczyk in der DDR »mundtot« gemacht wird und fordert dazu auf, diesem die Möglichkeit öffentlicher Auftritte z.B. beim Festival des politischen Liedes zu geben. Nach unserer Kenntnis ist Schöne zu dieser beabsichtigten Handlung von Berufskollegen, deren z.T. negative politische Haltung offenkundig ist, inspiriert worden.

Zur Verhinderung dieser durch Schöne in ihrer Tragweite offensichtlich nicht erkannten Provokation wurde durch uns der Leiter der zeitweiligen Parteikommission, Genosse Kirchner (Mitarbeiter der Abteilung Kultur beim ZK der SED), informiert und gebeten, mit Schöne eine Aussprache in dieser Angelegenheit durchzuführen. Nach mehreren Gesprächen nahm Schöne Abstand von seinem Vorhaben und räumte ein, über die Aktivitäten des Krawczyk nur unzureichend informiert gewesen zu sein.

Der Einsatz dieser zeitweiligen Parteikommission hatte darüber hinaus sehr positiven Einfluß auf die kritische Auseinandersetzung mit Unzulänglichkeiten in der künstlerischen Aussage verschiedener Beiträge.

Die Chansontage waren insgesamt gekennzeichnet durch Vielfalt und Differenziertheit der künstlerischen Angebote der Chansoninterpreten und Liedermacher. Es war das Bemühen erkennbar, einige künstlerische Positionen zu den Lebensfragen unserer Zeit und Problemen der Entwicklung des realen Sozialismus zum Ausdruck zu bringen. Dabei blieben aufgeworfene Fragen häufig unbeantwortet, es fehlte insgesamt an Texten mit eindeutiger Parteinahme.

Ein Teil der Interpreten beschränkte sich in inhaltlichen Aussagen zu stark auf Probleme der Kinder, älteren Menschen, Punkanhänger sowie der sogenannten Aussteiger. Aktuelle Probleme unserer Gegenwart wurden teilweise nur oberflächlich dargestellt.

Nach unserer Meinung und der Auffassung mehrerer Mitglieder der Beratergruppe kann man nicht damit zufrieden sein, daß

- *in Wettbewerbsveranstaltungen, aber auch in Gastspielen einzelner ehemaliger Preisträger überwiegend politisch indifferente z.T. verworrene Texte angeboten wurden. Häufig wurde ohne jeglichen positiven Aspekt an unserer Wirklichkeit herumkritisiert. Teilweise berechtigte Kritik wiederum ist politisch falsch interpretiert worden;*
- *bei der Bewertung der Programme sowie der Preisvergabe die Reaktion des Publikums zum Maßstab genommen wurde, zu wenig jedoch politisch-ideologische Aspekte. Dies zeigte sich auch in Diskussionen innerhalb der Beratergruppe, wo teilweise Nachsicht und Toleranz gegenüber falschen Aussagen geübt worden ist.*

Die Stimmung ist nervös und verunsichert in diesem Herbst 1987. Was tun diese Liedermacher da? Wenn sie doch richtig provozieren würden, könnte man sie alle fassen. Aber sie sind so vieldeutig, so »indifferent«. Die Stasi beklagt das Fehlen eines eindeutigen Standpunktes. Sie meinte damit natürlich einen »parteilichen Standpunkt«, aber eigentlich beklagt sie auch das Fehlen eines eindeutigen Feindes. Insofern ist der Rückzug Gerhard Schönes, der im November 1987 in Frankfurt/Oder seine

Erklärung zu Stephan Krawczyk nicht verlas, ein Signal zum Weitermachen: Wir tappen nicht in jede Falle, heißt diese Botschaft.

Es geht an dieser Stelle nicht um die Wertung von Charakteren. Mut zur Konfrontation oder geschicktes Taktieren sind zwei Möglichkeiten, mit Zensur und Einflußnahme umzugehen. Beide sind legitim. Gerhard Schöne hatte wohl instinktiv bemerkt, daß die Wendeltreppe eskalierender Auseinandersetzungen nicht sein Betätigungsfeld sein konnte. Er wollte kritischer Mensch **in** der DDR bleiben, politisch zwar, aber nicht tagespolitisch gefesselt. Etwas Ähnliches scheint auch Gisela Steineckert bewegt zu haben. Sie wird als wichtigstes Ziel eine »Deeskalation« im Auge gehabt haben mit dem Ziel, die offenen und liberalen Chansontage nicht zu gefährden und den bedrohlichen Ring um die Gilde der Liedermacher insgesamt nicht noch enger ziehen zu lassen. So agierte jeder in seinem eigenen, aber auch in einem allgemeinen Interesse. Das Interesse bestand darin, Freiräume in der DDR zu erhalten. Und das Mittel zu diesem Zweck konnte mitunter auch das Zurückweichen in bestimmten Situationen sein. Solange diese Angst nicht in auf Eigennutz schielende Kollaboration umschlug, ist sie nachvollziehbar und verständlich.

Wenige Monate später schreibt Gerhard Schöne eine Eingabe an Erich Honecker, in der er den Fall Krawczyk erneut thematisiert.

Gerhard Schöne: *Als im Januar 1988 die Liebknecht-Luxemburg-Demonstration war und Krawczyk und die anderen dann verhaftet wurden, war das Thema sofort wieder präsent, in den Medien und natürlich auch bei mir. Also schrieb ich einen Brief an Honecker, in dem ich höflichst bat, Krawczyk und die anderen nicht als Provokateure zu bezeichnen, sondern vielmehr konstruktiv mit ihnen umzugehen. Natürlich habe ich nie eine Antwort auf diesen Brief bekommen, nicht von Honecker und auch nicht von einem seiner Untertanen. Als ich vor einiger Zeit meine Stasi-Unterlagen einsah, fand ich meinen Brief wieder. Und zwar das Original. Also muß ich doch annehmen, daß Honecker meinen Brief überhaupt nie gelesen hat. Da konnte es ja nichts werden mit der DDR...*

Das »Lied von der zu früh aufgestandenen Wahrheit« liegt in der Luft. Auch Gerhard Schöne will nicht ewig zwei Schritte vor und einen zurückgehen. Jetzt, 1988, könnten es schon gut einmal auch drei Schritte vor und keiner zurück sein.

Er hatte es immer wieder erlebt, wie ihn wohlmeinende Freunde »strategisch« beraten hatten und auch, wie er selbst klug genug sein wollte. In Frankfurt/Oder war das so gewesen und in vielen anderen Situationen all die Jahre und Monate vorher auch.

Gerhard Schöne, [redacted]

STAATSRAT
der Deutschen Demokratischen Republik
11744 -3.2.88

An den Generalsekretär der SED
und Vorsitzenden des Staatsrates der DDR

Erich Honecker

Staatsrat der DDR
Marx-Engels-Platz
Berlin
1020

Pr Berg 04

Sehr geehrter Herr Honecker !

Mit einer herzlichen Bitte möchte ich mich an Sie wenden.
Um des Ansehens unseres Staates und des inneren Friedens Willen, bitte ich Sie, sich dafür einzusetzen, daß die, in den Medien als 'Provokateure' bezeichneten DDR-Bürger freigesprochen werden, bzw. unter Bewährung fallen.
Ich bin Sänger und Liedermacher und ich habe häufig bei Konzerten in der BRD und Westberlin, in Interviews und Gesprächen dem primitiven, westlichen Klischee von der DDR, als 'Polizeistaat' u.ä. widersprochen und meinen Staat verteidigt, indem ich von meinen Erfahrungen, vom Leben hier berichtete.
Ich schätze Sie als einen bedeutenden, friedfertigen Staatsmann unseres Jahrhunderts.
Deshalb wage ich auch, Ihnen meine Bitte vorzutragen, Ihre Stimme einzusetzen zugunsten einer öffentlichen Diskussion als Antwort auf Provokationen, für Auseinandersetzung mit deren Inhalt, statt strafrechtlicher Verfolgung.
Abgesehen von dem, was westliche Medien für sich davon ausschlachten, glaube ich, daß viele Menschen unseres Landes erschrocken und besorgt über die Vorgänge der letzten Zeit sind.
Ich bin sicher, daß es unserem Ansehen und dem inneren Frieden nur nützt, wenn wir mit Argumenten auf Kritik reagieren, selbst wenn die Kritik verletzend sein sollte. Aber kritische und provozierende Stimmen einfach zum Schweigen zu bringen, ist wohl der falsche Weg.

Hochachtungsvoll

Gerhard Schöne

Berlin, am 30. Januar 1988

Brief von Gerhard Schöne an Erich Honecker vom Februar 1988

Beim Festival des Politischen Liedes 1984 mit der Gruppe »Uta ma dumi«

Zu oft war er, und mit ihm viele andere im Land, der Zensor seiner eigenen Gedanken! Als »öffentlicher Mensch«, der Gerhard Schöne geworden war, lag diese Entwicklung nahe. Lieder und Texte sollten entstehen, die möglichst viele Probleme der Gesellschaft möglichst so geschickt benannten, daß die offizielle Zensur ihnen nichts anhaben, die Zuhörer aber genügend für sich entnehmen konnten. Dieser Ansatz war aber auch geeignet, Menschen zu Lakaien ihrer eigenen Sicherheitsstrategie zu machen. Irgendwann mußte sich der Dichter als eine Verstümmelung des eigenen Idealbildes erkennen – oder er gab sich mit seiner Verstümmelung ab, und betäubte sich mit kurzfristigen Erfolgen am Hofe der Zensur. Gerhard Schöne erkannte sehr wohl die Gefahr und hat ihr im »Lied von der zu früh aufgestandenen Wahrheit« Worte gegeben.

Am Montagmorgen, es war noch dunkel,
ist eine Wahrheit zu früh erwacht.
Sie schlief im Hirne von einem Sänger
und hat den Mann um den Schlaf gebracht.
Er schrieb sie nieder in einer Strophe
und sang das Liedchen dann vor sich hin.
Jedoch der Zensor in seinem Kopfe
rieb sich bedenklich das fette Kinn.
Er solle lieber noch etwas warten,
vielleicht bis morgen, wie er ihm riet,
Mit der zu früh aufgestandenen Wahrheit
in jener Strophe von seinem Lied.

Am Dienstagabend wollt' er es singen
bei seinem Gastspiel in Nettelbeck.
Die Klubhausleiterin las die Texte
und legte einen der Texte weg.
Denn diese Strophe sei ihrer Meinung
zwar völlig richtig, doch zu direkt.
So was wird heute nur angedeutet,
das wird umschrieben oder versteckt.
Der Sänger sollte noch ein bißchen warten,
vielleicht 'ne Woche, wie sie ihm riet,
mit der zu früh aufgestandenen Wahrheit
in jeder Strophe von seinem Lied.

Da erkannten sich viele auf einmal erschrocken wieder. Gerhard Schöne hatte ihnen, indem er selbst in den Spiegel sah, auch einen Spiegel vor die Nase gehalten. Alle, die in der DDR kritisch lebten, aber als Produktionsleiter, Autor, Lehrer oder Redakteur auch ein Stück DDR mitbestimmen konnten, erlebten in diesem Lied ein Teil ihres tagtäglichen Dilemmas.

Doris Winkler, Gerhards frühe Mentorin und erste Produzentin, zugleich Redakteurin im DDR-Rundfunk, hatte einige Jahre nur noch wenig Kontakt zu Gerhard Schöne, hört irgendwann dieses Lied und erkennt sich darin wieder.

Doris Winkler: *Gerhard Schöne beschreibt da sehr realistisch, wie er mit Liedern gekommen ist, zu denen der Redakteur gesagt hat: Das ist eigentlich noch nicht so weit, im Moment kann man das so nicht sagen, das kann so nicht formuliert werden. So habe auch ich Gerhard Schöne und anderen Liedermachern gegenüber argumentiert. Andere Redakteure genauso. Man hatte ja immer auszubalancieren zwischen dem, was der Rundfunk wollte und sollte und dem, was die Künstler wollten. Und in der Regel waren die Lieder, die den Künstlern die wichtigsten waren, gerade die, die die Rundfunk-Oberen nicht akzeptieren würden. Diese beiden Interessen hatte man auszubalancieren. Und das beschreibt Gerhard in diesem Lied von der zu früh aufgestandenen Wahrheit ziemlich genau, übrigens so genau, daß natürlich auch dieses Lied im Rundfunk wieder erhebliche Bauchschmerzen erzeugt hat. Da kann man die Kollegen von DT64 fragen, die dann 1988/89 damit zu tun hatten...*

Auftritt beim Liedersommer der FDJ 1986

In dieser Frage unterschieden sich Rundfunk und Fernsehen übrigens kaum. Beim Fernsehen kamen höchstens noch mehr Ängste hinzu und manchmal hat einem sogar die Dekoration noch einen Streich gespielt, wie z.B. bei einer Veranstaltung in Leipzig, die ich als Musikredakteurin des Fernsehens betreute, neben Barbara Molsen als der Redakteurin damals. Da wollte das Fernsehen, so am Anfang der 80er Jahre war das, die ganze Liedermacher- und Chansonszene mal in einer Sendung darstellen. Für viele Liedermacher war das dann der erste Auftritt im Fernsehen. Angesiedelt war die Sendung in der Unterhaltungsredaktion und da gab es bestimmte Hör- und Sehgewohnheiten. Die Ausstatter wollten uns als Dekoration ein Karussell hinstellen. Na gut, dachten wir, dann nennen wir das Ganze auch gleich »Lieder-Karussell«. Da wußten wir aber noch nicht, wie z.B. die Karussell-Pferdchen im einzelnen aussehen würden. Die waren nämlich alle in einem anheimelnden Rosarot gehalten. In eine solche Dekoration konnte man weder Gerhard Schöne noch Stephan Krawczyk mit ihren Liedern hineinsetzen. Da mußten dann also Lieder her, die in diese Dekoration paßten. Eine absurde Situation!

Die Tatsache, daß sich nicht die Umgebung auf das Lied, sondern das Lied auf die Umgebung einstellen sollte, hat im »Lied von der zu früh aufgestandenen Wahrheit« also ein treffendes Bild bekommen.

Nach einer Woche gab er im Rundfunk
sein neues Liedchen dem Redakteur,
der ihm versprach, es zu produzieren,
nur augenblicklich wärs etwas schwer.
Die gegenwärtig-spezielle Lage
sei kompliziert und nicht seine Schuld.
Es hieße jetzt, nichts zu überstürzen,
erst einmal Ruhe und viel Geduld.
Sie sollten lieber noch etwas warten,
vielleicht 'nen Monat, wie er ihm riet
mit der zu früh aufgestandnen Wahrheit
in jener Strophe von seinem Lied.

'nen Monat später war er beim Fernsehen
und gab das Lied in die Redaktion.
Die fanden's toll, nur es passe leider
nicht in die Studiodekoration.
Die sei zartrosa, alles im Nebel,
da sei das Liedchen wohl viel zu klar.
Auch in der Leitung gäb's noch Bedenken.

Das Lied sei gut. Bloß nicht dieses Jahr.
Er solle damit noch etwas warten,
ein, zwei, drei Jahre, wie man ihm riet,
mit der zu früh aufgestandnen Wahrheit
in jener Strophe von seinem Lied.

Die Lage schien vertrakt. Da die Einflußnahme oder die Kritik an einzelnen Titeln eigentlich immer ideologisch und nie künstlerisch oder ästhetisch geführt wurde, war eine sachliche Kritik z.B. in Fragen der Plazierung eines Liedes innerhalb einer Sendung oder Dekoration gleich gar nicht mehr möglich. Um bei diesem Beispiel zu bleiben: Da wurde hinter dem sachlichen Rat, ein bestimmtes, vielleicht ernstes Lied von Gerhard Schöne nicht zwischen rosaroten Karussellpferdchen singen zu lassen, sofort eine politisch-ideologische Verhinderungsabsicht vermutet. Natürlich auch oft nicht zu unrecht. Es war ein Teufelskreis aus Mißtrauen, der nicht dem Liedermacher zur Last gelegt werden konnte. Berechtigter Weise vermutete er, durch reichlich Erfahrungen untersetzt, immer gleich eine Zensur seiner Gedanken und Lieder. Redakteure und Produzenten galten oft als Aufpasser. Partner konnten sie erst nach längerem Kennenlernen und mehrfacher Arbeit werden. Das Eis war dünn und immer wieder in Gefahr zu brechen. Der Kampf um Texte und Textzeilen war allgegenwärtig.

Doris Winkler: *Natürlich mußte ich alle Texte, die im Rundfunk produziert werden sollten, vorher vorlegen. Und dann wurde entweder »abgezeichnet« oder es wurde nicht abgezeichnet. In diesem Fall gab es auch kein Gremium, das darüber entschied, das war eine einzelne Person, der Chef dieser Produktionsabteilung Ernst Heinze, der sagte Ja oder Nein. Bei den Rockmusikern gab es später ein Lektorat, da wurden die Texte manchmal wenigstens noch diskutiert, die Entscheidungen von mehreren getroffen. Aber in der Abteilung, in der die Liedermacher angesiedelt waren, entschied eine Einzelperson. Das war auch für mich meist unberechenbar. Gute oder schlechte Laune spielten da eine große Rolle. Ich konnte meist vorab nicht einschätzen, wie die Entscheidung ausfallen würde.*

Und so singt denn auch Gerhard Schöne von dem zartrosa Studio, in das sein Lied in diesem Jahr nicht passe – auch hat die Leitung noch Bedenken. Die einfachen Erlebnisse, von Doris Winkler bestätigt, werden hier in ihrer poetischen Verkürzung bedeutungsvoll. Rosarot war eben auch Gleichnis für Sozialismus »light«. Während die roten Genossen in der Sowjetunion Glasnost und Perestroika versuchten zu praktizieren, schauten die Genossen im ZK der SED in ihre rosarote Limonade. Die Uhren tickten auf das Ende der DDR hin, aber noch hört es kaum jemand.

In der letzten Strophe seines, im Februar 1988 geschriebenen, Liedes setzt sich Gerhard Schöne in eine Zeitmaschine. Zwei bis drei Jahre fährt er aus dem Jahr 1988 nach vorn: Das wäre dann also 1990/91.

Nach zwei, drei Jahren bei seinem Gastspiel
im kleinen Klubhaus von Nettelbeck,
hat er ganz mutig das Lied gesungen.
Die Klubhausleiterin lachte keck.
Jedoch die Leute warn bißchen sauer.
Es hat sie alles nicht interessiert.
Was dieser Typ sang, war Schnee von gestern.
Jetzt wurde anders hier diskutiert.
Da fuhr der Sänger betrübt nach Hause
und hat sich traurig ins Bett gestreckt.
Am nächsten Morgen, es war noch dunkel,
hat eine Wahrheit ihn früh geweckt.

Michail Gorbatschow lief am 6. Oktober 1989 in Berlin »Unter den Linden« entlang und rief den Reportern den geschichtemachenden Satz zu von denen, die das Leben bestrafen würde, wenn sie zu spät kämen.

Im Lied von Gerhard Schöne fährt der Sänger, der zu lange zu schüchtern gewesen war, betrübt nach Hause und wird am nächsten Morgen von einer früh aufgestandenen Wahrheit geweckt. Die Nachricht lautet: Die DDR ist weg! Doch bevor es so weit war, kam noch das, was die Geschichtsschreibung die »friedliche Revolution« nennt. Der Sänger Gerhard Schöne war da mittendrin.

Titelheft des »Festes des Liedes«, das im April 1988 im Palast der Republik in Berlin stattfand

12.

»ICH WAR DER WIMPEL FÜR GUTE DISZIPLIN« –

DAS KOMISCHE ENDE DER DDR

»Gehe nicht zu deinem Fürst, wenn du nicht gerufen wirst« ist ein Sprichwort aus den Zeiten der Kleinstaaterei, das es in der DDR besonders zu berücksichtigen galt, vom Künstler ebenso wie von jedermann. Die Kunst und der Künstler hatten dabei auf den schmalen Grat zu achten, der zwischen öffentlicher und staatlicher Anerkennung und der Vereinnahmung durch den Staat verlief. Aber für die Schublade kann der Liedermacher nicht arbeiten, er muß raus auf die Bühne. Seine Kunstform ist präsentisch, dadurch besonders lebendig und wirksam – aber eben abhängig von vielen Außenbedingungen.

Gerhard Schöne hatte seine öffentliche Plattform in den 70er Jahren zunächst in der Kirche gefunden, aber schon bald war sein Schaffen so stark, daß er aus der Nische heraus auf die »weltlichen« Bühnen strebte. Als alle Hürden wie Fernstudium und Auftrittsgenehmigung genommen waren, die erste Plattenveröffentlichung ein Erfolg wurde, erreichten er und seine Lieder schnell eine enorme Popularität. Und dies war der Punkt, an dem Gerhard Schöne aus Sicht der Kulturpolitik »unser Gerhard Schöne« wurde. Es war eine freundliche Unart dieser Zeit, daß sich immer die, die eigentlich Politik und nicht Kunst machen sollten, an Erfolge »ihrer« Künstler anhängten. Man war stolz auf das Gewächs, das man in seinem Garten zum Blühen gebracht zu haben meinte. Dieser Anteil am Gedeihen kulmulierte mitunter in der Feststellung, daß man z.B. diesen Gerhard Schöne hatte machen lassen, ohne ihn zu behindern und dies allein schon als Verdienst von Kulturpolitik verbuchte. Einen anderen so gewähren zu lassen, daß er machen konnte, was er für richtig hielt, ohne daß ihm größere Steinbrocken in den Weg gelegt wurden, war eine spezielle Art von Förderung, die sich die Staatsmacht auf der Habenseite gutschrieb. Es war dies eine originäre DDR-Kader-Mentalität, deren vereinzeltes Auftreten auch heute noch in Leitungsebenen und öffentlichrechtlichen Anstalten auftritt und das sichere Indiz für Führungsschwäche von Abteilungsleitern oder Chefredakteure genannten »Führungskräften« aller Couleur ist.

Gerhard Schöne also hatte sich ungestört entwickeln »dürfen«, jetzt, wo er groß und bekannt war, kamen die Einladungen zu staatsprotokollarischen Anlässen, damit man auch kollektiv stolz auf ihn sein konnte. Der Internationale Frauentag wurde im Zentralkomitee der SED mit verdienstvollen Frauen des Landes gefeiert, Ehrenbanner an verdiente Arbeitskollektive waren übergeben worden, ein anstrengender Parteitag sollte am Abend kulturell garniert und leichtfüßig ausklingen. Immer wurde ein buntes Programm von Darbietungen zusammengestellt, klangvolle Namen und kurze kulturelle Häppchen sollten gereicht werden. Das geflügelte Wort »Nur die Besten fahren nach Moskau« machte die Runde, aber einen solchen Termin als Künstler ohne triftigen Grund abzusagen, galt zumindest als problematisch. Für die verbreitete Unlust, bei solchen Anlässen zu spielen, gab es mindestens zwei Gründe: Zum ersten war wirklich gute künstlerische Arbeit bei diesen Anlässen meist nicht möglich, auch nicht eigentlich gefragt. Die Aufmerksamkeit der Anwesenden war schwach, manchmal wurde während der Darbietung gerade gespeist. Ebenso war die Programmfolge entweder geschmacklos oder langweilig zusammengestellt. Dramaturgie galt als Fremdwort. Zum zweiten mußte der Künstler eine unbestimmte, jedoch nicht ganz unberechtigte Angst vor einer möglichen konkreten Bewertung durch die alten, mächtigen Herren des ZK haben. In diesem Kontext aufzufallen, hieß, schlecht aufzufallen. Denn Politik wie Kulturpolitik wurden immer auch in Form der Randbemerkung, auch aus der launischen Situation heraus, gemacht. Bestimmt gab es Künstler, die es als Ehre für sich erlebten, dort aufzutreten. Die Mehrheit aber, und dazu zählte auch Gerhard Schöne, war froh, wenn der Kelch an ihnen vorüberging oder der Termin überstanden war. Die Entscheidung, für ein großes Publikum in der DDR da zu sein und mögliche Freiräume auszutesten, beinhaltete aber auch den Kompromiß des gelegentlichen »Hofsängertums«. Der Trompeter Ludwig Güttler hat das erlebt, die Primaballerina Jutta Deutschland, der Sänger Peter Schreier und eine Reihe anderer namhafter Künstler der DDR sahen sich in dieser Situation. Eine konfrontative Absage an dieser Stelle hätte den Boden für eine Breitenwirkung in der DDR entzogen und wäre der Öffentlichkeit überdies nicht zu vermitteln gewesen.

Die Atmosphäre anläßlich solcher Protokollveranstaltungen war keineswegs luxuriös oder gar nobel, eher kleinkariert und kleinbürgerlich. Uninspiriertes Ambiente, mittelmäßige und schlechte technische Ausstattung waren die Regel. Das Programm aber wurde von der anwesenden, auserwählten Masse der gerade Ausgezeichneten meist für gut befunden. Man vertraute darauf, daß die führenden Genossen nur das Beste vom Besten ausgewählt hatten und klatschte bei jeder Darbietung mit gleicher Frequenz Beifall. Auch die ausgesuchten Moderatoren für diese Abende galten als Garanten für parteilich-witzigen Charme der jeweiligen Art.

Gerhard Schöne: *Die KGD Berlin produzierte die Veranstaltungsreihe »Spaß am Freitag« in den Räumen unter dem Fernsehturm in Berlin, und ich sollte zum Team gehören. Die Schauspielerin Hildegard Alex, der Moderator Kalle Neumann und einige andere traten auf, und auch ich war eben mit drei Liedern dabei. Diese Veranstaltung lief zwei Monate lang jeden Freitag, und für mich war das eine ganz angenehme Möglichkeit, Auftritte zu haben, ohne weit fahren zu müssen, quasi einfach nur um die Ecke zur Arbeit zu gehen. Dann kam eines Tages der Anruf, daß das Pro-*

gramm »Spaß am Freitag« ausgewählt wurde als ehrenvolle Abschlußveranstaltung für die Berliner Delegierten des SED-Parteitages, der gerade stattfand. Bei anderen Gelegenheiten hatte ich mich aus solchen geplanten »protokollarischen Auftritten« herausgemogelt, indem ich plötzlich krank geworden war oder so etwas. Aber hier war ich Teil eines Programms und ich konnte die anderen nicht einfach hängen lassen. Zwei Seelen wohnten also in meiner Brust. Zum einen sehr wohl ein Stück Neugierde, wie es wohl bei einem solchen Anlaß zugehen möge und zum anderen aber die Angst, daß mich möglichst keiner, der mir sonst wichtig war, bei einem solchen Auftritt sehen möge. Mir fiel keine gescheite Ausrede ein, und ich ging mit dorthin. Es waren in allen verschiedenen Räumen des Palastes der Republik bunte Programme im Gange, und zwischen zwei Essengängen sollten wir auf einer kleinen, extra aufgebauten Bühne unseren Abend geben. Am Vormittag wurden wir zu einer Probe bestellt. Wir spielten unsere Titel an. Heinz-Florian Oertel, der bekannte Sportreporter, wurde zusätzlich als Moderator engagiert. Neben Kalle Neumann sollte er für den Fall, daß »führende Persönlichkeiten der Partei- und Staatsführung« zu dem Programm stoßen, die Moderation übernehmen, die Gäste also dann extra begrüßen und überhaupt nur das Richtige tun. Mir ist noch genau der Standort der Bühne in Erinnerung. Sie stand zunächst so, daß die Mehrheit des Saales bespielt werden konnte, nur zwei Tische, an denen der sowjetische Stadtkommandant und der Berliner Bezirkschef der SED, Konrad Naumann, sitzen sollten, standen etwas seitlich der Bühne. Der Protokollchef sagte sofort: So geht das nicht! Die Bühne mußte also zu diesen beiden Tischen herumgedreht werden. Das ging zwar, aber nun saßen die 95% an den anderen Tischen seitlich neben der Bühne und wir sollten nur auf diese beiden Tische von Naumann und dem Stadtkommandanten hin spielen. Der Abend nahm also seinen Lauf, und zum Glück gingen meine drei Liedchen vorbei, ohne daß, wie ich befürchtete, eine »hochgestellte Persönlichkeit« den Saal betrat. Mir war schon mal der berühmte Stein vom Herzen gefallen. Ich saß dann am Künstlertisch in der Ecke, von wo aus man alles gut weiter beobachten konnte. Plötzlich flog die Tür auf und Erich Mielke mit Gefolge betrat den Saal. Sofort sprangen neben uns und auch an anderen Stellen des Saales die Leute auf und brüllten: »Hoch, Hoch, Hoch« und »Es lebe die Inter- natio- nale Solidari-tät«. Mitten im Programm brach dieses Unwetter los, und Oertel bemächtigte sich sofort wie verabredet ganz eifrig des Mikrofons, um die Situation auf die sportlich-witzige Art zu meistern. Er begrüßte Mielke als »unseren ersten Kapitän und Libero« im Saal. Daraufhin sprang Konrad Naumann, der Berliner Bezirkssekretär der SED, auf die Bühne, um sich bei Mielke für Oertels Flapssigkeit zu entschuldigen und formgerecht unseren Genossen Minister für Staatsicherheit zu begrüßen. Natürlich mit dem obligaten: »Hoch lebe unser Genosse Erich Mielke!«, »Hoch, Hoch, Hoch«, brüllten wieder alle im Saal. Es standen also, wie von der Tarantel gestochen, alle aufrecht, nur ich blieb als einziger auf meinem Platz sitzen. Da saß ich nun unglücklich über mich und die Welt und dachte: Gute Nacht, Gerhard... Hoch, hoch, hoch, donnerte es noch um mich herum, und dann setzen sich alle wieder. Mielke war schon angetrunken, und die vermeintliche Dreistigkeit von Oertel war ihm jetzt Anlaß, sich mit ihm auf ein kleines Rededuell einzulassen. Er latschte also auf die Bühne und nahm Oertel erst mal das Mikrofon weg und fuhr ihm gleich über den Mund: »Oertel, du hängst doch deine Fahne auch nur nach dem Wind. Erst bist du für die, dann für die andere Fußballmannschaft und selten für den BFC.« Oertel bemühte sich nun nach der öffentlichen Abmahnung durch Naumann um möglichst untertänige Scherze: »Genosse Minister, wir sind doch alle Sportsfreunde... » Es war eine einzige Peinlichkeit. Mielke in seiner Mischung aus angetrunkenem Machtmensch und süffisanter Kumpeligkeit war für mich eine sehr eindrückliche Erfahrung. Und ich merkte, wie nah man manchmal an Grenzen entlangschrammen konnte und gerade noch mal heil davonkam.

Diese kleine Anekdote illustriert sehr anschaulich die Interaktion von offizieller und informeller Gesellschaft in der DDR. Die Mehrheit ihrer Einwohner waren nämlich, ob wissentlich, gezwungen, freiwillig oder mit strategischen Hintergedankenen, Grenzgänger zwischen beiden Fronten geworden.

Die lächerlichen Formen, in denen der DDR-Staat seine Macht demonstrierte, waren der überwiegenden Zahl der Menschen bewußt. Die Rituale beim montäglichen Fahnenappell in der Schule, das Muppet-Show-mäßige »Abwinken« der Maidemonstration durch die Tribüne des Politbüros bis hin zu Fernsehberichten, in denen Honecker einen Kindergarten betritt mit den Worten: »Ja, das sind also die Kinder hier... ». Das war lächerlich, aber das Lachen darüber, das jeden sofort überfiel, verebbte hinter vorgehaltener Hand. Offiziell wurden diese Rituale bedient oder man versuchte, sich darum herumzumogeln. Diese Mogelei und Anpassung als ausschließlich opportunistisch und hasenfüßig zu bezeichnen, wäre jedoch zu kurz gegriffen. Sie basierte zum einen auf dem natürlichen Anpassungsbedürfnis des Menschen, das man in jeder Gesellschaftsform beobachten kann. Zum anderen hat es mit der intuitiven Annahme zu tun, daß der am besten lacht, der zuletzt lacht. Nicht zuletzt in der Lächerlichkeit der DDR sahen Leute wie Gerhard Schöne auch ein Indiz für die Endlichkeit derselben in diesen ihren engen und hierarchisch verkrusteten Teilen. Selten aber war damit eine grundlegende Ablehnung der gesamten ostdeutschen Republik gemeint. Der

»Geil, geil, geil! Oh, Omi halt mich fest, dieser Typ ist cool,cool, cool!«

Autor selbst bekam 1981 vom damaligen stellvertretenden Kulturminister Wagner den Schallplattenpreis für Lieder des Duos Görnandt/Rönnefarth überreicht, für ein Duo, das damals im Bezirk Gera mit dem heftigen Widerstand der bezirklichen Sicherheitsbehörden zu tun hatte. Durch die Entscheidung einer integren Jury war es dennoch zur Preisvergabe gekommen, und der Minister überreichte die Urkunde mit den Worten: »Weiterhin einen festen Klassenstandpunkt!« Das war so komisch, daß es zwischen Görnandt und Rönnefarth fortan zu einem Ritual vor jedem wichtigen Auftritt wurde, sich »weiterhin einen festen Klassenstandpunkt« zu wünschen. Trotzdem hatte sich damals keiner getraut, laut zu lachen. Unbewußt schwang eher die Hoffnung mit, daß diese Lächerlichkeiten irgendwann überwindbar wären, weil sie so offensichtlich neben der Realität und dem gesunden Menschenverstand lagen. Gerhard Schöne also bewegte sich, normal wie jeder andere Bürger auch, durch die Klippen des DDR-Alltags. Durch seine herausgehobene Stellung als populärer Künstler, durch seine Erfolge führte ihn diese Fahrt durch die Klippen an Orte und in Situationen, die jedoch plastischer, also auch darstellbarer sind, als die so vieler anderer. Da bekamen Otto Normalverbraucher und sein Kumpel regelmäßig ihre Prämie und manchmal auch die Aktivistennadel angesteckt und kein Hahn krähte danach. Gerhard Schöne bekam den Nationalpreis, den Kunstpreis der DDR und auch den der FDJ, und jeder konnte es in der Zeitung lesen, am besten noch mit dem entsprechenden Bild und dem Händedruck dazu.

Gerhard Schöne: *Preise haben mir eigentlich nichts bedeutet. Eher wußte ich, daß bestimmte Fans mir diese Preise sehr übelnehmen würden. Zum Beispiel war der Kunstpreis der FDJ für einige Leute in der Kirche schon der Beweis dafür, daß ich mich nun angepaßt hätte. Zum anderen waren solche Preise auch hilfreich, weil ich oft genug mit ängstlichen Veranstaltern zu tun hatte, die sich mitunter in ihrer Angst schon besonders mutig fanden, wenn sie mich überhaupt eingeladen hatten. Es gab damals immer wieder auftauchende Gerüchte, z.B. daß ich einen Ausreiseantrag gestellt hätte. Da hatte der Veranstalter Angst, ich würde »staatsfeindliche« Lieder singen und er bekäme den ganzen Ärger ab. Solche Leute waren eben mit dem »Kunstpreis der DDR« und dem »Kunstpreis der FDJ« gut zu beruhigen.*

Die Verantwortung wurde auch in dieser Situation in guter zentralistischer Manier nach oben wegdelegiert. Das war ja der Vorteil einer Position wie der des Gerhard Schöne: anerkannt in der alternativen, in der kirchlichen Szene und auch anerkannt auf der staatlichen Ebene. Also haben die Preise in diesem Sinne etwas genutzt, obwohl sie doch für Gerhard Schöne gleichermaßen kurios erscheinen mußten. Da bekommt einer den FDJ-Kunstpreis, der nie Mitglied in der FDJ war!

Gerhard Schöne: *Ich habe trotzdem diese Auszeichnungen mehr oder weniger willkommen entgegengenommen. Mir war natürlich auch klar, daß es wahrscheinlich eine Quote gab, aus allen Künsten mußte mal jemand an die Reihe kommen, eben auch mal ein »humanistischer« Liedermacher. Die Preise abzulehnen, wäre mir da nicht in den Sinn gekommen, hätte sicher auch unangemessen Wirbel gemacht. Nein, ich habe die Preise angenommen und mit ihnen »gearbeitet«. Beim Nationalpreis im Oktober 1989, also kurz vorm Ende der DDR, war mir allerdings etwas mulmig. Aber da habe ich nach der Annahme sofort mitgeteilt, daß ich die eine Hälfte des Preisgeldes für eine Initiative gebe, die Leuten hilft, die bei einer Demonstration gegen die Ereignisse auf dem Platz des Himmlischen Friedens in Peking festgenommen worden waren. Die andere Hälfte gab ich an ein Projekt, das Nähmaschinen nach Vietnam schickte. Auf diesen Brief an das Ministerium für Kultur bekam ich zwar keine Antwort, aber ich bekam den Preis und auch das Geld ging auf meinem Konto ein und ich konnte es weiterreichen.*

Natürlich war das 1989, kurz vor dem fast sicheren Ende der DDR, eine eigenartige Situation mit dem Nationalpreis. Gerhard Schöne hätte ja auch brüsk ablehnen und später stolz auf seine widerständische Haltung

Solidaritätsveranstaltung im Märkischen Museum in Berlin

DER VORSITZENDE DES STAATSRATES
DER DEUTSCHEN DEMOKRATISCHEN REPUBLIK
VERLEIHT

GERHARD SCHÖNE

FÜR SEIN ERFOLGREICHES
UND MASSENWIRKSAMES LIEDSCHAFFEN,
INSBESONDERE FÜR KINDER

DEN NATIONALPREIS
DER
DEUTSCHEN DEMOKRATISCHEN REPUBLIK
III. KLASSE
FÜR KUNST UND LITERATUR

BERLIN, DEN 7. OKTOBER 1989

Urkunde zum Nationalpreis III.Klasse

verweisen können. Die Entscheidung für die Annahme war jedoch viel schlauer und in ihrer Wirkung auch vieldeutiger. Denn die Tatsache, daß ein »Unterhaltungskünstler« einen Nationalpreis bekam, hatte eine politische, aber auch eine kulturelle Dimension. Die Bemühungen, allen Genres in der DDR Gleichberechtigung zuteil werden zu lassen, sind ja durchaus zu würdigen. Also bekam nicht nur der angesehene »Hochkulturkünstler« den Preis, sondern auch der umherziehende, noch dazu unangepaßt pazifistisch humanisierende Liedermacher-Clown. Diese Hand anzunehmen, war richtig. Die andere, politisch vereinnahmende Hand auszuschlagen, indem das Preisgeld einer staatsfernen Aktion wie der Demonstration gegen die Ausschreitungen auf dem Platz des Himmlischen Friedens in Peking zukam, war ebenso richtig.

Gerhard Schöne: *So ähnlich teilte ich es auch für mich auf. Ein Teil des Preises war die Anerkennung einer Leistung, der andere war ein politischer. Für das eine konnte ich mich bedanken und vielleicht auch ein bißchen stolz sein, von dem anderen mußte ich mich distanzieren. Deshalb war es mir auch wichtig, das Geld weiterzugeben, um meine Position klarzumachen. Den Preis selbst, also Orden und Urkunde, habe ich mir übrigens bei Hartmut König, der damals der für die Unterhaltungskunst zuständige stellvertretende Kulturminister war, im Büro abgeholt, da ich zur offiziellen Preisverleihung wegen eines Konzerts gar nicht anwesend sein konnte. So gibt es also auch kein Bild von mir, auf dem mir Honecker die Hand schüttelt. Ich ging erst ein paar Tage später ins Kulturministerium und saß bei Hartmut König im Zimmer. Er sagte : »Gerhard, wie du das mit dem Geld gelöst hast, naja...«, es folgte eine lange Pause, »das mußt du schon wissen. Viele reden ja schlecht über Leute von der Stasi, aber ich habe dort viele gute Freunde, da gibt es auch vernünftige Leute, die es wirklich ehrlich meinen mit dem Sozialismus.« Es folgte wieder eine lange Pause. Dann hat er eine Flasche Rotkäppchen-Sekt geöffnet und wir haben die ausgetrunken. Daraufhin nahm ich meinen Preis und trollte mich von dannen.*

Als sich Gerhard Schöne an diesem Oktobertag des Jahres 1989 aus dem Kulturministerium »trollte«, schlug langsam eine Tür hinter 40 Jahren DDR zu. Wie müdes Herbstlaub von den Bäumen raschelten auch die Hierarchien von Politik und Gesellschaft in sich zusammen. Eine große Aufbruchstimmung hatte das Volk erfaßt, als es merkte, wie schwach ihr vorher oft so stark und despotisch anmutender Staat geworden war. Natürlich war diese aus dem Aufbruch gewonnene Hoffnung oft blauäugig und naiv.

Am 1.Dezember 1989, knapp zwei Monate nach der Nationalpreisverleihung an Gerhard Schöne, rief Wolf Biermann in Leipzig auf seinem ersten Konzert in der DDR nach seiner Ausbürgerung im Jahre 1976 dem Publikum mahnend zu:

Verkauft nicht die ganze bankrotte Gesellschaft
Wir sind das Volk, wir bleiben hier
Das einzige, was wir verkaufen: Das ist die Mauer
in Stücken, als Souvenir!

Das klingt heute fast prophetisch, damals war es für viele schwer nachvollziehbar. Was denn verkaufen? Wieso überhaupt? Wir bauen jetzt unser Wirtschaftswunder, wir kriegen Westgeld und Demokratie, was kann da eigentlich schiefgehen?

1998, fast ein Jahrzehnt nach diesen letzten Monaten der DDR, hat Gerhard Schöne in seinem Programm und auf der CD »Das Leben der Dinge« eine schöne Metapher gefunden für die Angepaßtheit und die Macht, und wie sie beide lächerlich sein können. »Der Wimpel für gute Disziplin« wurde Schulklassen verliehen, bei denen alles »in bester Ordnung« war. Er steht für eine Welt, in der klar beschrieben ist, was erlaubt, verboten, gewünscht und abgelehnt wird. Unter einer solchen Vorschrift lebte es sich einfach und gemütlich – man mußte lediglich die Bedingungen erfüllen. Beklommenheit stellt sich allerdings ein, wenn man darüber nachdenkt, ob das Leben im Rahmen von Vorschriften für Ordnung und Sicherheit allein glücklich macht.

Gerhard Schöne stellt sich mit seinem Lied wieder einmal nicht besserwisserisch außerhalb des Problems und mahnt die anderen ab, er schlüpft in die Rolle des Wimpels, der nun im Schulkeller liegt und langsam vermodert.

Hier sind die goldenen Fransen!
Vom Fahnentuch fehlt ein Stück,
liegen zerschunden im Schulkeller unten,
wehmütig denk ich zurück...

Ich war der Wimpel für gute Disziplin,
voller Stolz einst verliehn.
Die goldene Schrift glänzte, wenn die Sonne schien
für meine Klasse der guten Disziplin.

Und dann marschieren alle Unworte wie »Ordnungsdienst«, »Lehrervertreter« und »Lernkollektiv« vorbei und der Wimpel wird zum Banner, das voranweht. Nach der unbefriedigend ausgegangenen Taschentuchkontrolle in der Klasse lösten die Kinder das Problem wie folgt:

Das war dem Kind eine Lehre.
Nie wieder kam es verschmutzt
Hielt immer peinlich das Taschentuch reinlich,
hat's einfach nicht mehr benutzt!
Ich war der Wimpel für gute Disziplin.
Kindheit schmolz schnell dahin.
Mancher Blick war voll Haß, wie mir schien.
Doch ich trotze dem Blick!
Für mich gabs kein zurück!
Ich, der Wimpel für gute Disziplin.

Dinge, die nicht mehr für das benutzt werden, wofür sie ausgedacht sind, verlieren ihren Nutzen, ihre Bedeutung für die Menschen. Wie beim Taschentuch, das immer sauber sein sollte, hatte auch die DDR von ihren Bürgern verlangt, daß sie ihr Land sauber halten sollten. Wenn Kritik, dann bitte parteilich. Wenn kritische Lieder, dann bitte für und nicht gegen unsere Gesellschaft. Und so kam es, daß sich keiner mehr in die DDR »schneuzte«, sich mit Fragen, Kritik oder Ideen in ihr wiederfinden konnte. So wurde sie langweilig und leer. Sie gab ihren Nutzen und ihre Bedeutung auf wie das Schnupftuch im Lied vom »Wimpel für gute Disziplin«. Uninspirierte Ordnung hatte den vollständigen Stillstand bewirkt.

13.

»MIT DEM GESICHT ZUM VOLKE« –

DIE WENDE UND DIE SEHNSUCHT NACH EINER BESSEREN WELT

Gerhard Schöne als Feuerschlucker auf seinen großen Open-Air-Sommernachtskonzerten 1988

Das Jahr 1990 riß die Menschen in der DDR in einen immer schneller werdenden Strudel. Dieser Wirbelsturm änderte immer wieder unerwartet seine Richtung, und in ihm kämpften Hoffnungen und Ängste, alte und neue Ideen miteinander. Gerhard Schöne schwebte in diese Auseinandersetzung in hoher Flughöhe ein. Dies betrifft seine Popularität, seine Anerkennung in allen gesellschaftlichen Kreisen, aber auch seine künstlerische Produktion.

1987 hatte er sich mit der gerade gegründeten Gruppe »l'art de passage« zusammengetan. Einige der Musiker kannte er schon seit ein paar Jahren. Mit Tobias Morgenstern und Rainer Rohloff, den beiden Gründern der Gruppe, hatte er nun in dieser Konstellation kongeniale Partner gefunden. In der Mischung aus französischen und lateinamerikanischen Stilelementen traf die Musizierweise von »l'art de passage« genau die Leichtigkeit und poetische Sensibilität der Liedkompositionen von Gerhard Schöne. Seine Lieder waren zunächst ja alle für die Gitarre ausgedacht. Dabei spielte Gerhard Schöne sein Instrument in einer offenen Stimmung, die eigenartige Melodie- und Harmonieabläufe ermöglichte, ohne kompliziert und ausgedacht zu wirken. Diese Schmetterlinge am Liederhimmel wurden nunmehr von tausend bunten Faltern aus der Arrangementkiste von Tobias Morgenstern und Rainer Rohloff begleitet. Es entstanden Musiken voller innerer Ruhe und ausgelassener Spiellust zugleich, und das Publikum war fasziniert.

Der klassische Liedermacher mit der zulpenden Gitarre vor dem Bauch war für Gerhard Schöne seit dieser Konstellation erst einmal abgehakt. Die erste große Tournee mit »l'art de passage« durchs ganze Land lief außerordentlich gut, war musikalisch und inhaltlich eine sehr stimmige, anrührende und zugleich höchst professionelle Angelegenheit. Der große Erfolg überraschte nicht wirklich, sondern war eigentlich vorprogrammiert. Die Theater und Kulturhäuser der kleinen, mittleren und großen Städte des Landes waren stets ausverkauft. Gerhard Schöne wurde begeistert gefeiert. Nach sieben Wochen Tournee hatten er und die Musiker alles gegeben und viel erreicht. »Du hast es nur noch nicht probiert« war ein Programm, das sich gleichermaßen auf der Höhe der Zeit und der Kunst befand. Es wurde von AMIGA für eine Live-Doppel-LP mitgeschnitten und veröffentlicht. Und wenn nicht so viele Zwischentöne und selbst spontaner Publikumsbeifall an politisch brisanten Stellen (z.B. im Lied »Mit dem Gesicht zum Volke«) weggeschnitten worden wären, würde dieser Mitschnitt wohl zu dem besten und authentischsten gehören, was man aus dieser Zeit der DDR heute noch hören und nacherleben könnte.

Gerhard Schöne auf jeden Fall war ganz oben angekommen. Da wurde es Zeit für ihn, im Frühjahr 1988 neue Pläne zu schmieden: Eine Open-

Air-Tournee sollte es diesmal werden, mit dem Charakter eines Sommerfestes. Er kündigte damals an:

Gerhard Schöne: *Nach insgesamt sieben Wochen Tournee durch die DDR im vergangenen Jahr, auf der mich die Musiker der Gruppe »l'art de passage« begleiteten, möchte ich in diesem Jahr ein größeres Vorhaben verwirklichen: Eine Tour durch Freilichtbühnen unseres Landes. Der Gedanke kam uns, nachdem uns auf der letztjährigen Tournee fast alle Veranstalter darauf ansprachen, daß sie bei weitem nicht der Kartennachfrage gerecht werden konnten, wobei wir schon in größeren Theatern und Kulturhäusern gastierten. Allein habe ich in den Vorjahren bereits viermal vor jeweils ca. 10 000 Zuhörern in der Freilichtbühne »Junge Garde« in Dresden gute Erfahrungen sammeln können. Dieses Sommernachtskonzert soll aber nicht allein das Ziel haben, viele Leute zu erreichen. Ich verspreche mir auch vom ganzen Charakter des Abends im Freien etwas ganz anderes, als man es in geschlossenen Räumen verwirklichen kann. Beispielsweise mit so vielen Menschen in der Dämmerung ganz leise einen Kanon zu singen, ist ein unvergeßliches Erlebnis.*

Zu etwa achtzig Prozent werde ich ganz neue Lieder, die Anfang des Jahres entstanden sind, singen. Tobias Morgenstern hat sie arrangiert. Die Gruppe wird auch zwei bis drei Instrumentalstücke spielen. In einem eher geselligen Mittelteil werden zehn Mädchen als Serviererinnen mit Bauchläden durch die Reihen gehen und Bonbons, eine Erinnerungspostkarte, Wunderkerzen, Luftballons u.a. anbieten.

Unter dem Sortiment des Bauchladens soll auch farbiges Papier zu haben sein, aus dem sich die Leute, nach vorheriger Animation, Flugzeuge falten können. Mit einem dazugehörigen Lied werden sie angeregt, auf die Papierflugzeuge (wie bei einer Flaschenpost) einem Fremden einen Gruß, ein gutes Wort, einen Segenswunsch oder etwas Ähnliches zu schreiben, möglicherweise auch ihre Adresse zu hinterlassen, um später von dem, der ihr Flugzeug auffängt, Post zu erhalten...

Gerhard Schönes Ankündigungen für seine große Open-Air-Sommertour enthielten keine leeren Versprechungen. Der Liedermacher war sogar als Feuerschlucker zu bestaunen. Tausende erlebten einen zauberhaften Abend, ob in Rostock auf dem Platz der Jugend, im Schloßgarten in Schwerin, in Leipzigs Zentralem Kulturpark, auf Potsdams Freundschaftsinsel, in der »Jungen Garde« in Dresden, beim Liedersommer in Berlin auf der »Insel der Jugend«, im Naturtheater Meißen, der Freilichtbühne Zittau, im Greifswalder Stadion oder an vielen anderen Orten des Landes. Lieder, Poesie und das Erlebnis von Gemeinsamkeit – das waren die scheinbar leicht herzustellenden Garanten eines Abends, der Publikum und Medienleute, Funktionäre, berufsmäßige Beargwöhner und vor allem natürlich die Fans überzeugte. Die »Junge Welt« zitierte einen Text von Gerhard Schöne und faßte am 26. August 1988 zusammen: *Schillerndes und leuchtendes Finale aus Seifenblasen, ein kanonsingendes Publikum – in warmer Nacht und unter Leuten/ die über eine Brücke gehen/ ein Lachen, Singen und ich dachte/ vielleicht wird's nie wieder so schön...*

Kann sein, daß sich in diesem Sommer des Jahres 1988 die Nischengesellschaft DDR in den Konzerten des Gerhard Schöne ihre größten und friedlichsten Nischen leistete. Und unter freiem Himmel versammelten sich Leute unterschiedlichster Weltanschauung und Herkunft und waren für ein paar Stunden gemeinsam frei.

In dieser beschriebenen Höhe wurde natürlich jedes Wort von Gerhard Schöne, jede Nuance aufmerksam erwartet und gewertet. Denn noch immer wurde er trotz enormer Popularität vom Publikum als der Kumpel und Freund in gleicher Augenhöhe angenommen. Aus dieser Rolle heraus wurde im Wendejahr 1989 jede öffentliche Äußerung von ihm hoch brisant.

Wie bekannt, richteten sich 1989 die Mehrzahl der Reformbestrebungen in der DDR zunächst auf Verbesserungen innerhalb des Landes. An die deutsche Einheit und den Zusammenbruch des Ostblocks wollte und

Poesie und Seifenblasen – Die Open-Air-Sommertournee mit »l 'art de passage« 1988

konnte damals keiner denken. Die Wortführer der alternativen, sich langsam formierenden Gruppen in der DDR waren klug und gebildet genug, um vor einer puren Übernahme westlicher Modelle zu warnen. Geeint waren zunächst alle in einer Sehnsucht nach einer besseren DDR.

Gerhard Schöne: *Natürlich war es erst einmal die Hoffnung, vieles hier zu Hause besser machen zu können. Aber ich hab mir da zunächst gar nichts konkreter vorgestellt. Ich dachte nur, wenn es ein anderes Modell gäbe als die Marktwirtschaft, das wäre wünschenswert.*

Insofern war Nikaragua damals ein Traum für mich. Dort, so dachte ich, würde bewiesen, daß es Demokratie in Verbindung mit sozialistischem Wirtschaften und Verteilen gibt, daß man es doch vereinbaren kann. Und daß das auf andere Länder ansteckend wirken könnte, war meine Hoffnung, auch auf uns natürlich, in der DDR. Ganz sicher haben wir Nikaragua total verklärt. Es hatte einen bestimmten Glanz für uns, aber ich habe dort ja diese Ansätze selbst erlebt. Dazu gab's die Bücher von Ernesto Cardenal, die in dieser Kommune entstanden sind, in der die Bauern miteinander lebten, zusammen das Evangelium auslegten, und dann hat jeder noch gemalt und gedichtet. Diese Fähigkeit steckt doch in jedem, hab ich gedacht. Was wollte man denn mehr?

Aus Nikaragua hatte Gerhard Schöne die direkte Anregung für das Lied »Mit dem Gesicht zum Volke« mitgebracht. Es bezog sich auf eine gleichnamige Veranstaltung der Sandinisten, die sie regelmäßig auf Plätzen und in Sälen des Landes abhielten. Minister, Mitarbeiter des Staates und der Staatschef selbst stellten sich dabei allen Fragen des Volkes.

Was für eine Vorstellung für einen DDR-Bürger, der zu Hause täglich an den abweisenden Häuserfronten der Ministerien oder Bezirksleitungen in Ostberlin und anderswo entlanglief oder die verhangenen Staatskarossen von Wandlitz durch die Greifswalder Straße gen Staatsratsgebäude rollen sah und abends in der »Aktuellen Kamera« über Planerfüllung und Ernteergebnisse informiert wurde!

All die einfachen, banalen Wünsche, die viele DDR-Menschen an ihre Regierung auch hatten, wurden da aufgezählt:

Der erste Mann des Staates sprach,
das Mikro in der Hand,
er sei auf alle Fragen
aus dem Volke jetzt gespannt.

Gleich flogen ein paar Arme hoch,
die Sprecher standen auf.

Was auch die Leute fragten,
vorn gab's eine Antwort drauf.

Mal sprach eine Ministerin
und mal ein Kommandant.
Die Antwort gab stets einer,
der das Sachgebiet verstand.
Nur ich verstand nicht all zuviel.
Mir reichte, was ich sah.

Und die Versammlung hieß:
MIT DEM GESICHT ZUM VOLKE
MIT DEM GESICHT ZUM VOLKE
MIT DEM GESICHT ZUM VOLKE
Nicht mit den Füßen in 'ner Wolke, nein!

Am Sonntag beginnt der Liedersommer der FDJ in Berlin

Die Zärtlichkeit einer Revolution

Gerhard Schöne berichtet von seinem Besuch in Nikaragua
Am 12. August tritt er in der Lichtenberger Parkaue auf

In der letzten Woche ging die Meldung vom ersten internationalen Buchfestival Nikaraguas durch die Presse unseres Landes. Auch die DDR hatte etliche Kisten voll mit Büchern und eine kleine Delegation auf den Pinata-Platz im Herzen Managuas gesandt. Neben Vertretern des Kulturministeriums, Schriftstellern und dem Karikaturisten Manfred Bofinger war der Sänger und Liedermacher Gerhard Schöne für zwei Wochen zu Gast in dem kleinen mittelamerikanischen Land. Hier einige seiner mitgebrachten Eindrücke ...

*Die Sache ist die: Kaum ist man in Nikaragua angekommen, hallt einem das Wort „Kultur" in den Ohren, es ist Teil einer äußerst vielfältigen Thematik und Programmatik, und schon nach ganz kurzer Zeit merkt man, daß dieses Wort hier einen Stellenwert besitzt, den es in anderen Ländern nicht hat.**

Gerhard Schöne beim Singen und Manfred Bofinger beim Zeichnen
Foto: Klementz

Nikaragua hatte eingeladen. Mit uns noch etwa 300 weitere Verlage (wie ich später erfuhr aus mehr als 40 Ländern der Welt). Es war eigenartig, den Pinata-Platz, zu der Zeit eine Oase der Kultur, als Teil ganz Managuas zu sehen. Wenn auch nicht vordergründig, so war doch der Ausnahmezustand im Lande ständig zu spüren. Ein Lastwagen voller Soldaten, eine Meldung in der Zeitung oder im Rundfunk über ein abgeschossenes Flugzeug – manchmal Kleinigkeiten, die den Blick für die Realität wachhielten. Denn auf dem Markt selbst herrschte nur Frieden. Und die Freude der Menschen, die aus Neugier auf die Bücher und Schriftsteller zum Fest gekommen waren. Viele Eltern hatten ihre Kinder an den Händen.

Auf meinen ersten Streifzügen durch Managua verwunderte es mich, daß meine Begleiter stets in Begeisterung gerieten, wenn sie auf den Straßen Gruppen von Kindern sahen. Sie erklärten mir schließlich, daß unter dem Somoza-Regime keine Kinder außerhalb ihrer Wohnung zu sehen waren, weil die Polizisten ihnen mißtrauten oder sie einfach aus Erbitterung oder Grausamkeit haßten.

Viele Kinder streunten auch allein herum, verkauften Kokosflocken oder Kaugummi. Wieder andere bettelten um Bleistifte oder Geld. Wenn sich die Gelegenheit ergab und ein paar der kleinen schwarzhaarigen Kerlchen zusammenstanden, nahm ich mir die Gitarre und sang. Fünf Lieder hatte ich zuvor ins Spanische übersetzt und gelernt, um mit den kleinen Nikaraguanern zusammen singen zu können. Richtig schön wurde das bei der Übergabe einer Kinderbibliothek in Managua, als erst ich den Kindern vorgesungen habe, dann sie mir. Und Bofi hat gezeichnet. Alles, was die Kleinen wollten. Ich erinnere mich zum Beispiel an die Elefanten in der Spinnwebe, die in dem einen Lied vorkamen. Schade, ich konnte nur zwei Texte für meine Kinderliedersammlung ergattern.

Tief prägend war die Begegnung mit Daniel Ortega, Ernesto Cardenal und anderen Mitgliedern der Regierung. Jeden Monat einmal nimmt sich die Staatsführung die Zeit, öffentlich Fragen des Volkes zu beantworten. Man nennt das: „Mit dem Gesicht zum Volke". Berührend zu erleben, wie vom Präsidenten oder von den Ministern offen und ehrlich auf die Fragen geantwortet wurde, zu spüren, wie ernst den Sandinisten die Sorge um ihr Volk ist, und zu erahnen, welche Zärtlichkeit und Liebe zu den einfachen Menschen hinter diesem echten Interesse steckt.

Man kann nicht Revolutionär sein, ohne Zärtlichkeit in den Augen und in den Händen, ohne Liebe zu den Armen und zu den Kindern.

(Notiert von Petra Hennicke)

*) Die kursiv gedruckten Zitate stammen von Julio Cortazar und sind im Buch „Nikaragua so gewaltsam sanft" nachzulesen.

Zeitungsbericht der »Jungen Welt« über den Aufenthalt von Gerhard Schöne in Nikaragua, hier zusammen mit dem Kinderbuchautor und Zeichner Manfred Bofinger

Hier las kein Mensch vom Zettel ab.
Sie sprachen alles aus.
Oft gab es Zwischenrufe und
Gelächter und Applaus.
Das findet immer wieder statt,
und jeder darf herein.
Und keine Frage ist zu heiß
und kein Problem zu klein.

Ohne »Zeremonienkram« lief in Nikaragua eine Begegnung von Regierenden und Regierten ab. Egal, wie verklärt die tatsächlichen Ereignisse im kleinen mittelamerikanischen Land von Gerhard Schöne wahrgenommen wurden, eines ist klar: Das Lied mit seinen Bildern fuhr aufrüttelnd mitten in die Gesellschaft der DDR. Obwohl schon 1988 entstanden, ist es für viele **das** Wendelied.

Ach kleines Nikaragua, so stolz und so bedroht
noch brauchst du fremde Hilfe, sonst wär' eine Hoffnung tot.
Doch gibst du nicht nur Wolle, Fleisch, Kaffee und Silber fort.
Nimm auch noch etwas anderes mit auf in den Export:

Ich meine:
MIT DEM GESICHT ZUM VOLKE,
MIT DEM GESICHT ZUM VOLKE
nicht: mit den Füßen in 'ner Wolke, nein!
MIT DEM GESICHT ZUM VOLKE!
Ah, ja

Spätestens an der Stelle, wo via Export aus dem kleinen und bedrohten Nikaragua diese Freiheit und Offenheit, der andere Umgang miteinander in die DDR importiert werden sollte, brauste in den Konzerten frenetischer Beifall auf. Wenn schon nicht Glasnost und Perestroika aus der Sowjetunion, dann vielleicht so...

Techniker des Palastes der Republik berichten, daß sie hinter ihren Glasscheiben im Regieraum Angst bekamen, weil das begeisterte Füßetrampeln des Publikums im großen Saal die ausfahrbaren Tribünen des Palastes in bedrohliche Vibrationen versetzte. So etwas hatten sie da noch nicht erlebt. Es war dies übrigens die gleiche Veranstaltung im Februar 1989 beim Festival des politischen Liedes, bei der an eben dieser Stelle einige FDJ-Funktionäre aus der ersten Protokollreihe noch während des Liedes aufstanden und mit erboster Miene den Saal verließen. Auch wurde aus dem Rundfunkmitschnitt, der am nächsten Morgen mit einem kurzen Ausschnitt im Frühprogramm von DT64 von der Atmosphäre des Abends künden sollte, genau dieses Lied kategorisch ausgeschlossen. Das Argument, daß Kritik in der DDR zwar möglich war, aber doch bitte im geschlossenen Raum stattfinden sollte, weil sie sonst vom Klassenfeind mißbraucht würde, war mit diesem Lied auf eine Weise entkräftigt, der man nicht mehr argumentativ, sondern nur noch restriktiv begegnen konnte. Das kleine, schwache Nikaragua, wirtschaftlich zu diesem Zeitpunkt schon fast ausgeblutet und politisch auf dem amerikanischen Kontinent mit dem Rücken an der Wand stehend, leistete sich genau diese Freiheit. Die Funktionäre gingen aus dem Saal, sie wendeten ihr Gesicht ab vom Volke. Damit läuteten sie ihren Abgang von der Schiffsbrücke

ein. »Mit dem Gesicht zum Volke« nahm dieses Volk ernst. Es traute ihm zu, zur rechten Zeit mit den gegebenen Antworten umgehen zu können. »Wir sind das Volk«, riefen 1989 die Demonstranten der Montagsdemonstrationen, um bald darauf »Wir sind ein Volk« zu skandieren. Die Poesie des Aufbruchs war der pragmatischen Forderung nach der Einheit Deutschlands gewichen.

Gerhard Schöne: *Mir war der Begriff »Volk« eigentlich sehr suspekt. Aber die Veranstaltung in Managua, die ich dort erlebte, die hieß eben genauso und da wollte ich korrekt bleiben. Schon so etwas wie »Dem deutschen Volke« bereitet mir Unbehagen, auch in welch anderen Zusammenhängen der Begriff »Volk« sonst so verwendet wurde und wird. Aber »Mit dem Gesicht zur Bevölkerung« konnte ich ja nun wirklich nicht dichten...*

Hier war also kein volkstümlicher Populismus gemeint, sondern ein Wunsch formuliert worden, der darauf baute, daß genügend verant-

02.06.78
Der Sch. stammt aus einer Pfarrersfamilie. Er ist Briefträger bei der Deutschen Post und studiert als Fernstudent an der Musikschule "Carl-Maria von Weber" in Leipzig.
Schöne spielt auf der Gitarre und singt vorwiegend seine eigenen Lieder. Er ist Anhänger von Biermann und Bettina Wegner und hat schon öfters innerhalb verschiedener Kirchen in der DDR Lieder von Biermann und der Wegner aufgeführt, die gegen die gesellschaftlichen Verhältnisse in der DDR gerichtet waren. Seine eigenen Lieder sind ohne politische Aussage. Desweiteren unterhält er Kontakt zu kirchlichen Jugendlichen. Bei der Bearbeitung soll seine ideologische Haltung näher aufgeklärt werden und eine mögliche Beeinflussung von Jugendlichen durch den Sch. verhindert werden.

(BC 45, LM 1-, I-II 41) D-I fl., D 5-2, EF 52, N 1-4, K 3-2, H-1 fl., Z 1-2, I-1 tf.

25.03.82 M-Kopie, Brief an Rudolf Reese, ev. Jungmännerwerk Sachsen-Anhalt, 3014 Magdeburg, Hesekielstr. 1. Inhalt: Sch. schreibt über sein musikalisches Schaffen. Produktion einer LP mit Liedern kirchlichen Inhalts. Sch. will in Magdeburg zu einem kirchlichen Jugendabend singen. Bf. vom 9.8.81. (Kopie wurde vernichtet)

8.-14.9.80 WB/ Gastspiel
11.11.80, WÜ 45/80: Auftritt in Kirche in Dresden.
14.4.81, KD Zossen: Liederabend in ev. Kirche Zossen. (AKG/20912)
MB/7/82/Neubrandenb.: Auftr, des Sch. in der Johanndes-kirche Neubrandenburg im Rahmen der Friedensdekade - eine kirchl.-pazif. Jugendveranstaltung. (AKG/ 20912)
Nov.82: Hinweis über Auftreten während Friedensdekade 1982 (AKG/2003 - Friedensdekade)
KMST, 20.12.82: Teilnahme am Jugendgottesdienst am 12.12.82 in der Petri-Kirche KMST. (AKG/4010)
16.12.83 Inf.919/83 Geplante Teilnahme an Kabarettaufführung in Wohnung, Wichertstr. 68 zum Thema "Frieden in unserer Zeit - was tun wir dafür?" (ZMA 10050/3, 10050/17)
Jan./Febr./1988: Teilnehmer der feindl.-neg. Kräften organisierten Gegenaktion zu den staatl. Maßn. seit 17.1.88. (ZMA 160 B)
11/87: Teilte einer Person mit, daß er bei seiner Veranstaltung in Frankf./O. (Konzerthalle) einen Text verlesen werde - Sympathie für Stefan Krawczyk. (20912)
18.09.89: Erstunterzeichner einer aggressiv feindlichen Resolution mit Sympathieerklärung für den Aufruf "Neues Forum" und die kirchlichen Basisgruppen und mit Forderung nach sofortigen gesellschaftlichen Veränderungen (ZMA 2109); 10.10.89: Teilnehmer an "Andacht" in der Gethsemanekirche; 15.10.89: Spendete von seinem erhaltenen Nationalpreis 10.000 M für eine Kirchein Gotha und 10.000 M für eine Veranstaltung in der Erlöserkirche "Konzert gegen Gewalt und für die gequälten, geschundenen Verfolgten";

Zusammenfassung der für die Staatssicherheit wesentlichen Karrierepunkte des Gerhard Schöne von 1978 bis zur Erstunterzeichnung der Resolution der Unterhaltungskünstler der DDR und seiner Spende vom Nationalpreisgeld am 15.10.1989

wortliche Menschen in freiem Handeln ihrem Land zum Besseren helfen könnten.

Liest man heute Papiere und Resolutionen, die 1989 auf diese Hoffnung fußend verfasst wurden, ist man erstaunt und betroffen zugleich. Der gesunde Menschenverstand und die Lust an Visionen, die aus diesen Dokumenten sprechen, sind meilenweit von heutiger Realpolitik entfernt. »Das ist eben so« – dieser Satz feiert auch in der Politik des 21. Jahrhunderts fröhliche Urständ, obwohl er doch lange Zeit lediglich für eine restriktive Äußerung alternder DDR-Politiker gehalten worden war.

So steckt auch die »Resolution der Unterhaltungskünstler« vom 18. September 1989 voller Hoffnungen und Ideen. Hans-Eckardt Wenzel hatte einen Entwurf, Jügern Eger und Toni Krahl hatten einen zweiten. Gerhard Schöne war dabei, als beide Papiere zusammengearbeitet wurden. Liedermacher und Rockmusiker trafen sich in Berlin-Weißensee, sie diskutierten und verabschiedeten die Resolution. Als man feststellte, daß diese nun sofort an viele Stellen verschickt werden müßte, fragte jemand zaghaft, wer das denn nun alles so oft abschreiben sollte...? Kopiergeräte oder auch nur ähnliches Gerät waren aus gutem Grund in der DDR noch mehr als Mangelware. Da stand mit einem leichten Brummeln Gerhard Schöne auf und teilte mit, daß er zu Hause einen kleinen tragbaren Tischkopierer hätte, den er schnell mal holen würde. Alle wiegten bewundernd und erstaunt ob dieses »Mitbringsels« von einem Westkonzert die Köpfe. Gerhard Schöne fuhr los und holte den Apparat.

Gerhard Schöne: *Mein Freund und Manager im Westen, Marcus Köhler, hatte mir schon ziemlich zeitig gesagt: Gerhard, du brauchst einen Computer oder mindestens eine elektrische Schreibmaschine mit größerem Speicherplatz. Das hat mir eingeleuchtet und ich habe mir recht bald eine elektrische Schreibmaschine und ein tragbares Kopiergerät gekauft. Das waren dann ja zwei große tolle Anschaffungen! Und als es zu dieser Situation kam, beim Verfassen der Resolution der Unterhaltungskünstler, daß man die noch hätte mehrfach abschreiben müssen, da bin ich schnell zu mir nach Hause gefahren, hab das Gerät geholt und wir konnten das kopieren. Dazu war es ja auch da!*

Das Kopiergerät des Gerhard Schöne, das der DDR-Zoll bei der Einfuhr nicht hätte entdecken dürfen, hatte also für die Wende eine entscheidende Rolle gespielt. *»Fürs Museum für Deutsche Geschichte«*, so Gerhard Schöne spaßhaft, *»werde ich es aber grundsätzlich nicht herausgeben.«* Die erste Kopie, die der Apparat ausspuckte, ging herum und wurde unterschrieben. Gerhard Schöne zog sie aus seinem Gerät und unterzeichnete als erster.

Die Stasi notierte sofort: »*18.9.1989: Gerhard Schöne – Erstunterzeichner einer aggressiv-feindlichen Resolution mit Sympathieerklärung für den Aufruf des ›Neuen Forum‹ und die kirchlichen Basisgruppen und mit Forderungen nach sofortigen Veränderungen.*«

Der Text der Resolution lautete:
Wir, die Unterzeichner dieses Schreibens sind besorgt über den augenblicklichen Zustand unseres Landes, über den massenhaften Exodus vieler Altersgenossen, über die Sinnkrise dieser gesellschaftlichen Alternative und über die unerträgliche Ignoranz der Staats- und Parteiführung, die vorhandene Widersprüche bagatellisiert und an einem starren Kurs festhält. Es geht nicht um »Reformen, die den Sozialismus abschaffen«, sondern um Reformen, die ihn weiterhin in diesem Land möglich machen. Denn jene momentane Haltung den existierenden Widersprüchen gegenüber gefährdet ihn.

Wir begrüßen ausdrücklich, daß Bürger sich in basisdemokratisch orientierten Gruppen finden, um die Lösung der anstehenden Probleme in die eigene Hand zu nehmen. Dieses Land braucht die millionenfache Aktivierung von Individualität; die alten Strukturen sind offenbar kaum in der Lage dazu. So haben wir den Aufruf des NEUEN FORUM zur Kenntnis genommen und finden in dem Text vieles, was wir selber denken, und noch mehr, was der Diskussion und des Austausches wert ist. Wir halten

Veranstaltung in der der Gethsemane-Kirche in Berlin im Oktober 1989

es für überfällig, alte Feindschaften und Vorbehalte abzubauen und zu überwinden. Es ist nun wichtig, daß der positive Wille großer Teile der interessierten Bevölkerung eine positive Entsprechung »von oben« findet. Das heißt auch Anerkennung dieser Gruppen, ihre Tolerierung und Einbeziehung in das Gespräch und in die Gestaltung dieser Gesellschaft, wie es die Verfassung der DDR mit ihren Bestimmungen gebietet. Dieses – unser Land muß endlich lernen, mit andersdenkenden Minderheiten umzugehen. Vor allem dann, wenn sie vielleicht gar keine Minderheiten mehr sind.

Das Anwachsen rechtsextremer und konservativ-nationaler Elemente auch bei uns, das Beliefern gesamtdeutscher Anschauungen ist ein Ergebnis fehlenden Reagierens auf angestaute Widersprüche und historisch unverarbeitete Tatsachen. Linke Kräfte fallen dieser Politik des Festhaltens erneut zum Opfer. Wir wollen in diesem Land leben, und es macht uns krank, tatenlos mit ansehen zu müssen, wie Versuche einer Demokratisierung, Versuche der gesellschaftlichen Analyse kriminalisiert bzw. ignoriert werden. Wir fordern jetzt und hier sofort den öffentlichen Dialog mit allen Kräften. Wir fordern eine Öffnung der Medien für diese Probleme. Wir fordern Änderung für diese unaushaltbaren Zustände. Wir wollen uns den vorhandenen Widersprüchen stellen, weil nur durch ihre Lösung und nicht durch ihre Bagatellisierung ein Ausweg aus dieser Krise möglich sein wird. Feiges Abwarten liefert gesamtdeutschen Denkern Argumente und Voraussetzungen. Die Zeit ist reif. Wenn wir nichts unternehmen, arbeitet sie gegen uns!

18.9.1989, Unterzeichner u.a.: Gerhard Schöne, André Herzberg, Hans-Eckardt Wenzel, Toni Krahl, Martin Schreier, Tamara Danz, Frank Schöbel, Rüdiger Barton, Uwe Haßbecker, Lutz Kerschowski, Jürgen Eger, Angelika Weiz, Conny Bauer, Kurt Demmler...

Anfang Oktober, also knapp 14 Tage nach der Unterzeichnung der Resolution, war Gerhard Schöne mit dem Dresdner Gitarrenduo wieder auf Tournee im Westen. In der Nähe von Göttingen wurden die Musiker und er an ihrem Ostauto erkannt und den damals bereits zahlreich im Westen ankommenden Ossis zugerechnet, die über Ungarn in die Bundesrepublik kamen. An einer Kreuzung bot ihnen ein freundlicher Bundesbürger einen D-Aufkleber fürs Auto an. *Hier, das könnt ihr jetzt draufmachen*, rief er, *ihr gehört jetzt zu uns!* Das war gut gemeint, aber Gerhard Schöne mußte ihm wahrheitsgemäß antworten: *Nein, ich gehör nach Hause.*

Der Bundesbürger fing an, diese Ossis nicht zu verstehen, Gerhard Schöne sah sich den Untergang der DDR im West-Fernsehen an und fuhr zurück in den Osten.

14.

»ICH BIN EIN GAST AUF ERDEN« –

ALS KÜNSTLER CHRIST SEIN

Cover-Foto der CD/LP »Ich bin ein Gast auf Erden«

Ich bin ein Gast auf Erden
Ich weiß, es muß so viel
bis morgen anders werden
und ferne liegt das Ziel.
Will's mit in Ordnung bringen
will stillen manches Weh
mein schönstes Danklied singen
bevor ich von ihr geh.

Diese letzte Strophe des neugedichteten Textes von Gerhard Schöne auf den Choral, der im Kirchengesangbuch unter der Rubrik »Tod und Ewigkeit« steht, beschreibt in wenigen Worten das Anliegen, die Mission des Gerhard Schöne. Er kennt das alte Lied gut. Als Kreuzträger lief er zu Beerdigungen, die sein Vater als Pfarrer abhielt, wie es bei Pfarrerssöhnen üblich war, vor dem Sarg her. Der Originaltext ist von Sehnsucht nach dem Jenseits durchzogen. Da heißt es:

Ich bin ein Gast auf Erden
und hab hier keinen Stand
der Himmel soll mir werden
da ist mein Vaterland.

Jeder »kreuztragende« Junge wußte: Dieses Lied sägte an den Nerven der Trauergäste. Mit unvergleichlich abgeklärten und ruhigen Worten traf der Choral die Menschen bei ihrem Nachdenken über Sinn und Ablauf des eigenen Lebens:

Was ist mein ganzes Wesen
von meiner Jugend an
als Müh und Not gewesen
solang ich denken kann.

Gerhard Schöne nimmt als reifer Liedermacher den Rucksack dieses schweren, schönen Liedes auf die Schulter und trägt ihn aus dem 17. ins 20. Jahrhundert. Er will Christ sein – im Leben und auf der Bühne. Aber sehr schnell merkt er, daß Lieder mit allzu deutlichem Verkündigungscharakter seinen Vorstellungen nicht gerecht werden. Er muß die Inhalte so in seine Welt aufgesogen haben, daß sie sich ohne missionarisches Wollen zu neuen, zeitgemäßen Formen entwickeln. Erst mit dem Choralprojekt wagt sich Gerhard Schöne, der weiß, wie streng das Publikum ihm gegenüber als Künstler und Mensch eine Erwartungshaltung formuliert, an Lieder heran, die sehr direkt von seinem christlichen Glauben singen.

Gerhard Schöne: *Das Publikum, so glaube ich, nimmt erst einmal den Künster ganz geradlinig wahr: Wer pazifistische Lieder singt und selbst auch zur Baueinheit geht, ist erst mal glaubwürdig. Aber das kann auch ziemlich schnell ins Klischee abgleiten. Aus den einzelnen Liedern wird eine eindeutige Forderung nach dem persönlichen Verhalten des Künstlers abgeleitet. Bei mir ging das soweit, daß Leute sauer waren, wenn sie merkten, daß ich mit dem Auto zum Konzert fuhr. Es kam auch öfters vor, daß es an der Haustür klingelte und jemand mit Rucksack vor der Tür stand und sagte: Hallo, hier bin ich. Ich wollte mal sehen, wie du so lebst und vielleicht hier pennen. Die Leute fühlten sich mir durch bestimmte Lieder sehr nah und sie verbanden damit zugleich eine genaue Vorstellung, wie ich zu sein hätte. Ich mußte mich da oft auch wehren. Was ich auf der Bühne mache und wie mein Leben ist, das möchte ich schon in Übereinstimmung sehen. Ich bin trotzdem ein ganz normaler Mensch und möchte keinen Heiligenschein erwerben.*

Natürlich habe ich zu Beginn meiner Laufbahn auch Fehler gemacht. Da verstieg ich mich schon das eine oder andere Mal in die Haltung eines Missionars. Von oben herab sah ich auf die »Spießer« und wie sie lebten. Ich hatte eine Weltverbesserer-Einstellung und war stolz auf meine Ideale. Vielleicht hielt ich mich auch für etwas Besseres. Je älter ich dann wurde, um so mehr fand ich die Stellen interessant, die nahe an meiner eigenen Gefährdung lagen. Ich entdeckte meinen inneren Schweinehund und daß der mitunter bestimmte Interessen hatte, gegen die ich vorgehen mußte. Von der eigenen Schwäche ausgehend, konnte ich dann Bezug nehmen auf andere, die ähnliche Schwächen zeigten. Deshalb schrieb ich immer weniger aus der Haltung eines, der schon alles kann und weiß. Vielmehr bezog ich die Haltung eines Menschen, der genauso unsicher, genauso gefährdet ist wie andere auch, die gleichen Wünsche und Sehnsüchte hat, mit den gleichen Problemen, Ängsten oder Krankheiten umgehen muß. Ich möchte ja mit meinen Liedern auch gern im Austausch sein mit anderen Menschen. Es gibt wenige Formen des Austausches untereinander, mit denen man sich auch Mut machen kann, in denen man sagen kann, was für einen von Bedeutung ist oder worauf man hin lebt. Man kann das aber in Gedichten und Liedern ganz gut. Und natürlich ist der Antrieb zum Schreiben immer noch vielseitiger. Da ist auch Spielfreude dabei, die Lust am Gestalten und am Vortragen. Es macht einfach Freude, eine bestimmte Stimmung entstehen zu lassen, wenn Leute sich bei einer spannenden Geschichte packen lassen. Auch wenn man Leute verunsichert, an der Nase herumführt, ihre Erwartungen also nicht erfüllt, kann man einen Sinn dieses

Tuns auf einer anderen Ebene finden. Gute Lieder finden eben nicht statt, wenn man sich vornimmt, so und so soll die Aussage sein, Augen zu und durch. Spielfreude und Verantwortung liegen da nah beieinander. Jeder Mensch wird sich fragen: Wozu bin ich auf der Welt, was ist meine Aufgabe und wo liegen meine Begabungen? Ich ahne, daß meine Begabungen vielleicht darin liegen, mir Lieder auszudenken und zu singen. Und damit will ich sehr verantwortlich umgehen.

Und diese Auffassung von Verantwortung ist in die Neufassung des alten Chorals eingeflossen. In das Nachdenken über die Endlichkeit des eigenen Lebens ist das Nachdenken über die Verantwortlichkeit für das Leben eingewoben. Das ist eine diesseitige Frömmigkeit, die nachrechnet, was passiert, wenn der Mensch sich gedankenlos als Hausherr auf der Erde aufspielt. Dabei bleibt auch das neue Lied, wenn es über menschliche Fehler und menschliche Ängste nachdenkt, bei der Ich-Form. »Ich«, das heißt jeder, der es hört und es heißt ich, Gerhard Schöne selbst.

Ich bin ein Gast auf Erden,
versuch mich dann und wann
als Hausherr zu gebärden,
der alles machen kann.
Dann sterben Wälder, Meere,
dann bleibt kein Lüftchen rein,
dann gehen ganze Heere
von andern Gästen ein.

Nicht die anderen sind die Bösen, und der gute Liedermacher geigt ihnen einmal kräftig die Meinung. Nein, ich, Gerhard Schöne, denke über meine Verantwortung, mein Leben, meine Wünsche nach. Vielleicht denkt ihr auch mal so...?

Gerhard Schöne: *Ich hatte immer den Wunsch, in meinen eigenen Liedern meinem christlichen Glauben mehr Ausdruck geben zu können. Aber ich war auch unsicher, was wohl daraus dann würde. Das lag vor allem daran, daß mich viele christliche Lieder total nervten – in ihrer Form und auch in ihrer Aussage, die dann so direkt eben sehr simpel war. Mir war lange nicht klar, wie ich es anstellen könnte, um aus dieser Frömmigkeitsfalle herauszukommen und doch das zu sagen, was ich sagen wollte. Zeilen wie »Nimm dir als Kursbuch die Bibel« oder ähnliche fand ich eben wirklich schrecklich, auch andere »moderne« Kirchenlieder mit einer anbiedernden Jugendsprache gefielen mir überhaupt nicht. Also war die Sache für mich zunächst tabu, aber es hat mich trotzdem immer beschäftigt. Lite-*

ratur wie die Psalmen von Ernesto Cardenal oder die Gedichte von Dorothee Sölle haben mich immer beeindruckt. Der erste Choral, den ich dann gemacht habe, war: »Wohl denen, die da wagen, ein Nein zur rechten Zeit«. So ähnlich hatte ich das in einem Gedicht von Dorothee Sölle sinngemäß gelesen. Dieser Kunstgriff, mit ein paar wenigen Worten einen Choraltext umzubauen, faszinierte mich. »Jesu, meine Freude« war dann das nächste Lied in dieser Reihe. Wie bei anderen Zyklen auch, an denen ich gearbeitet hatte, beschloß ich auch hier, eine ganze Reihe in dieser Art zu machen. Kriterium für die Auswahl war zum einen meine Vorliebe für bestimmte Choräle, zum anderen die Titelzeilen, die ich gezielt nach Anregungen durchforstete. »Wohin soll ich fliehen« war z.B. eine Zeile, die in der Zeit der Maueröffnung eine ganz eigene Bedeutung bekam. »Ich steh an deiner Krippen hier« ist eigentlich mein Weihnachts-Lieblingslied. Dazu wollte ich erst gar nicht unbedingt einen Gegentext machen. Aber die Frömmigkeit aus einer Zeit vor 400 Jahren konnte ich so auch nicht nach-

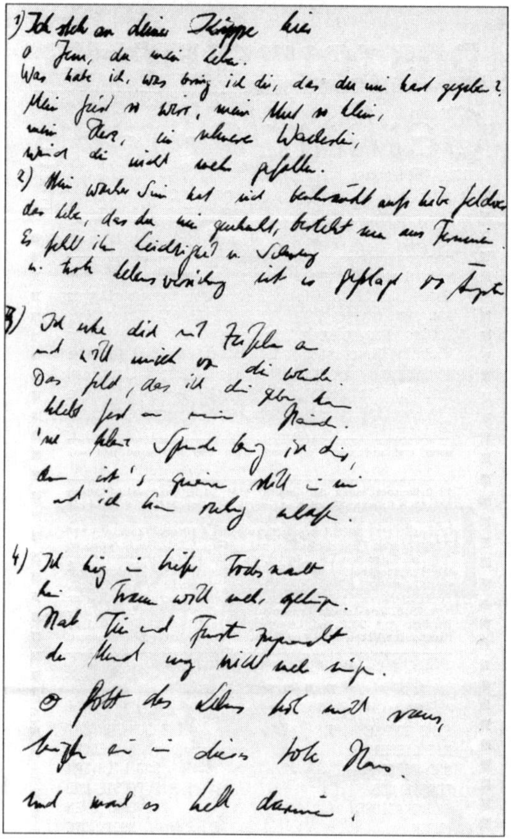

Handschriftliche Textnotiz zu »Ich steh an deiner Krippe hier«

singen. Meine Frömmigkeit ist eben anders. Das versuchte ich dann, unter Beibehaltung der Versform, neu dort hineinzubringen.

Immer habe ich die Titelzeile erhalten, mit wenigen Ausnahmen und nur kleinen Änderungen wie z.B. die Änderung von »Stille Nacht« in »Schrille Nacht«. Aber auch so war ja die Titelzeile noch erkennbar.

Für mich sind diese alten Choräle wirklich ein sicherer Hafen. Da fühle ich mich frei und sicher genug, die Inhalte meines Glaubens singen zu können. Sonst, beim völligen Neuerfinden, war und bin ich unsicher.

Ist dieses Wollen beim Publikum, hier muß man ja besser sagen, bei der Gemeinde, so angekommen? Haben die Zuhörer das als religiöse Lieder begriffen oder waren sie vielleicht im Gegenteil sogar verunsichert? Man kann bei diesen Liedern nicht simpel mitsingen wie bei den vielen neuen Kirchenliedern, die sich fröhlich an einem Verkündigungstext entlangschrammeln.

Gerhard Schöne: *Die Leute haben mich mehrheitlich in diesem Vorgehen bestätigt. Es werden einzelne Lieder sogar bei kirchlichen Veranstaltungen gesungen. Ich wurde auch gefragt, ob ich dieses Projekt nicht noch weiterbetreiben könnte, z.B. für einige Bachkantaten, die in ihren Texten heute nicht durchweg befriedigen können. Eine Kirchenmusikerin wünschte sich von mir mal, daß ich neue Texte auf diese alte Struktur machen würde.*

In einem Kirchengesangbuch steht auch nach dem Originaltext »Jesu, meine Freude« mein Text wie ein Gedicht zum Nachlesen.

Ich glaube, daß die Arbeit an den Chorälen für mich noch nicht zu Ende ist. Da kann ich immer mal wieder diesen Faden neu aufnehmen und die Arbeit fortsetzen. Interessant für mich war auch, wie anders die Lieder in einem Theater, einem Club oder einem Kulturhaus klangen. Damals hatte ich mit »l'art de passage« eine Tournee. Und wenn ich dann sang »Oh, Gott des Lebens, hol mich raus! Brich ein in dieses tote Haus und mach es hell darinnen«, und die Leute saßen da im guten Abendkleid, dann ergab sich eine ganz andere Spannung, als es die gleichen Lieder in der Kirche vermocht hätten. Aber diese Erfahrung ist auch nicht neu: Dort, wo man die Erwartung an ein bestimmtes Lied nicht hat, kann durch die Überraschung ein Edelstein besonders hell leuchten.

Der Konzertsaal wurde also zur Kirche, so wie vorher die Kirche zum Konzertsaal geworden war.

Natürlich vermag Gerhard Schöne nicht, eine Trennung von weltlichen und geistlichen Podien aufzuheben. Immer wird es die Showbühne und die meditative Klause geben als Orte, die sich in ihrer Endkonsequenz gegenseitig ausschließen. Sie bedürfen aber einander in ihrer Gegensätzlichkeit, und Gerhard Schöne hat sie beide besucht. Nur in selten glücklichen Konstellationen, wie z.B. bei den Choralliedern, bringen das Lied und die Person, von der es getragen wird, diese Grenzen ins Wanken. In diesen lichten Augenblicken wird die große Showbühne für einen Moment zur kleinen Kapelle am Wege, genauso wie es bei Gerhard Schöne geschehen konnte, daß die Altarraumtreppen für ein paar Stunden die Showtreppen des Liederspektakels wurden. Auch dieser Spagat ist Gerhard Schöne gelungen. Der große Erfolg dieser Lieder kann nur aus der Demut vor den eigenen Fähigkeiten und Kräften gespeist sein und begriffen werden. Alltagssorgen und Ängste, die mit Gerhard Schöne am Beginn der 90er Jahre viele DDR-geborene Menschen teilten, sind in die Choräle eingewoben.

Man erinnere sich, das Leben in fast allen Koordinaten änderte sich: Die Straßen bekamen neue Namen, das Geld wurde anders, der Beruf, die Kneipe an der Ecke veränderten sich. In diesem zeitgeschichtlichen Umfeld liest sich die zweite Strophe aus »Ich steh an deiner Krippen hier« unter ganz eigenen Assoziationen:

Mein wacher Sinn hat sich beschränkt
aufs liebe Geldverdienen.
Das Leben, das du mir geschenkt
besteht nun aus Terminen.
Es fehlt ihm Leichtigkeit und Schwung
und trotz Lebensversicherung
ist es geplagt von Ängsten.

Ein Großteil der Choraltexte sind 1990 entstanden. Es war dies für die meisten Ostdeutschen, auch für Gerhard Schöne, eine Zeit des totalen Umbruchs. Er hat mit seinen Liedern und seiner Botschaft aus der DDR heraus für eine Wende in der DDR gewirkt. Gemeint war damit immer ein Neuanfang: Bessermachen im Sinne von Ballast abwerfen und unbelastet neue Ideen verwirklichen. 1990 mußten viele aus der ersten Reihe der Wendebewegung in der DDR erkennen, wie mühsam die Wege der Ebene waren und wieviel an neuem Ballast der neue große Bruder Westdeutschland in das vereinte Deutschland mitbrachte. In dieser Zeit der Unausgewogenheiten und Unsicherheiten zog sich Gerhard Schöne vom tagesaktuellen Kommentar zurück. Instinkiv hatte er gemerkt, daß dafür jetzt tausend Medien, Zeitungen, Vereine und Parteien zuständig waren. Das, was er vor der Wende mit Liederkollegen, Schriftstellern und auch Pastoren ersetzen mußte, weil es vom Staat unterbunden wurde, der Streit über tagespolitische Entscheidungen, fand jetzt auf dem großen Markt der Möglichkeiten statt. Und da dieser Markt ganz oft und schnell zum Markt der Eitelkeiten wurde, ist dieser zeitweilige Rückzug Gerhard Schönes für ihn selbst, aber auch für sein Publikum, ein Schritt voran gewesen.

Kunst weist über Politik hinaus. Sie weist auf Fragen hin, über die Politik keine Zeit hat nachzudenken. Die Choräle im Konzertsaal waren in diesem Sinne eine zeitgerechte Antwort.

1996 wurde Gerhard Schöne der Preis der Stiftung »Bibel und Kultur« verliehen. Der Pfarrer Joachim Schöne hielt die Laudatio und bemerkte:

Das Kuratorium der Stiftung BIBEL UND KULTUR hat seinen diesjährigen Preis einstimmig dem Liedermacher Gerhard Schöne zugesprochen. Die bisher acht Preisträger sind Vertreter verschiedener Künste. Vom Musiker Helmuth Rilling über bildende Künstler, je einem Vertreter von Publizistik und politischer Kultur bis hin zum kürzlich verstorbenen Filmemacher Krzysztof Kieslowski. Der Liedermacher Gerhard Schöne ergänzt diese Reihe nicht nur, seine Wahl zeigt, daß die Stiftung BIBEL UND KULTUR einen weiten Raum im Auge hat, wenn sie an die Verbreitung und Auslegung der Bibel denkt.

Weiten Raum im Sinne von Psalm 31,9 »Du stellst meine Füße auf weiten Raum«. Schon in der Zeit realsozialistischer Enge hat der Liedermacher diesen Raum gefunden und Kinder, junge Menschen, Leute, die zuhören können, mit auf diesen weiten Raum genommen. Damals wie heute singt er in Kirchen, bei Veranstaltungen auf kleinen und großen Bühnen, auf Kirchentagen.

Durch Einladung einiger Goetheinstitute ist er mit Schülern, Pädagogen und vielen, an der Arbeit der Institute Interessierten zusammengekommen, hat seine Lieder gesungen in Frankreich und Polen, Dänemark, Schweden, Brasilien, auch in den USA.

»Du stellst meine Füße auf weiten Raum« – das meine ich auch im biblischen Sinn. Gerhard Schöne kennt die freien, weiten Räume Gottes. Ich habe davon gesprochen, daß er nie »fromme« Lieder geschrieben hat und versucht, seine tief innerliche Frömmigkeit anzudeuten. Für mich wird sie hörbar in dem frühen Lied »Unterm Dach«: »Die zwei schrägen Wände, ein bergendes Zelt. Das Fenster zum Himmel, die Türe zur Welt.«

1991 hat er uns mit einer Liedfolge überrascht: »Ich bin ein Gast auf Erden«. Das sind alte Choräle, textlich und musikalisch frei bearbeitet mit seinen Musikern, die ihm nicht nur Liedbegleiter, sondern Partner und Freund sind. Neben der Gruppe »l'art de passage« das »Dresdener Gitarrenduo« Karl-Heinz Saleh/Jörg Naßler.

Aber auch diese Lieder sind nicht fromm (im engeren Sinn). Sie stoßen an, rütteln auf – weiterzugehen auf dem weiten Raum.

In der Vergabe des Preises BIBEL UND KULTUR sehe ich eine Auszeichnung für einen Liedermacher, der aus dieser geistlichen Grundhaltung liebevoll Geschichten erzählt, wundersame, wunderliche, wunderbare und wunder-volle. Geschichten voll von Wundern.

Ich weiß, lieber Gerhard, was du empfindest, wenn man so über dich redet.

Aber: Eine Laudatio ist nun einmal eine Lobrede, verzeih mir.

Da bittet der Ziehvater aus der Jugendzeit, Joachim Schöne, der fantasievolle Pfarrer, Jugendmentor, Beschützer und Freund von Gerhard Schöne, seinen Ziehsohn um Vergebung für ein Lob, das er ihm aussprechen *muß*!

Gerhard Schöne wird, wie es seine Art ist, den Kopf etwas schräg gelegt haben und auf seine Zehenspitzen geschaut haben. Die steckten anläßlich dieser Laudatio und auch sonst heute noch immer nicht in modischen, sondern in festen Wanderschuhen, wie er sie auch zu seinem ersten Besuch als Student bei Wolf Biermann getragen hatte. Biermann hatte damals gesagt: Ich hab mir eure Schuhe angeschaut, und deine, Gerhard, die sind gut, mit denen kann man gut laufen, mach dich auf die Wanderschaft, Junge...

Ich bin ein Gast auf Erden.
Bald muß ich wieder gehn.
Umarme ich Gefährten,
sag ich: Auf Wiedersehn!
Dann denke ich beklommen:
Ob wir wohl noch einmal
wie heut zusammenkommen?
Wer weiß der Stunden Zahl?

Die Stiftung Bibel und Kultur
verleiht ihren Preis für das Jahr 1996
dem Liedermacher
GERHARD SCHÖNE
der dem Menschen von heute
wunderbare Geschichten
aus biblischem Vertrauen heraus erzählt,
die zum Staunen und Nachdenken führen.

Dresden, 22. Mai 1996 Der Vorsitzende des Kuratoriums
Ministerpräsident Dr. h. c. Johannes Rau

Urkunde des Preises der Stiftung BIBEL UND KULTUR 1996

15.

»NOCH FÄLLT MIR EIN LIED DAZU EIN« –

ALLES WIRD ANDERS UND ALLES BLEIBT, WIE ES IST

Cover der CD »Lebenszeichen« 1990

Zu seiner CD »Lebenszeichen«, die im November/Dezember 1989 aufgenommen wurde und 1990 erschien, schrieb Gerhard Schöne:

> *Am 20. November tauchten Zeichen an einer Wand auf.*
> *LEBENSZEICHEN, auf die Mauer gemalt von Manfred Butzmann, dem bekannten Grafiker aus Berlin-Pankow. Tags darauf wurden sie von den Organen der Staatsmacht übertüncht. Aber Lebenszeichen lassen sich nicht ausmerzen. Wenig später bröckelte die Mauer entzwei. Die Hasen leben wirklich. Auch meine Lieder sollen Lebenszeichen sein, sollen ansingen gegen alles, was Leben einschränken oder verhindern will – in uns und um uns herum. Als ich die Lieder schrieb, wunderten sich noch die Grenzer über die Himmelsgrenzverletzung eines Engels. Als ich sie aufnahm, wunderte sich niemand mehr.*
> *Wie tröstlich, daß manche Zeilen vom Leben überholt wurden.*

Die Lebenszeichen waren ausgesendet, jetzt, im Jahr 1990, als der Wendeaufbruch in einen diplomatischen Kürlauf in Richtung deutsche Einheit mündete, zog sich Gerhard Schöne erst einmal von den aktuellen Ereignissen zurück.

Schon Ende 1989 hatte er irritiert festgestellt, wie sich die Sprechchöre der Demonstranten in Leipzig wandelten. Plötzlich wachten deutschtümelnde Parolen auf, die Leute schrien unablässig »Helmut, Helmut« und ein paar Ausländer wurden auch gleich noch verjagt. Er versuchte, auf solche Eindrücke aktuell zu reagieren, bemerkte aber, daß dies nicht sein Metier ist. Er ist der Fantast, der Märchenerzähler, der auf Zeitgeschehnisse mit überzeitlichen, fabulierten Geschichten reagiert. Er braucht Abstand zu Ereignissen, bevor er darüber schreiben kann. Die Schnelligkeit, also auch die Vergänglichkeit, des Kabarettisten ist ihm fern.

Gerhard Schöne gestaltet also seine abwartende Haltung am Beginn der 90er Jahre als einen bewußten Prozeß. Er vergleicht diese Haltung mit seinem Idealbild von einem guten Pfarrer: Er hält sich aus Einzelentscheidungen heraus, er ergreift nicht Partei, weder in menschlichen Streitfällen noch durch direkte Werbung oder Unterstützung für eine politische Partei. Er vertritt einen Inhalt, eine Botschaft, auf deren Basis sich die Leute selbst für oder gegen etwas entscheiden können.

Gerhard Schöne wird in den Jahren seit 1990 von fast allen Parteien der Bundesrepublik angesprochen. Bündnis 90/Die Grünen empfindet er seinem eigenen Standpunkt am nächsten. Die SPD nominiert ihn 1995 als parteilosen Wahlmann für die Bundespräsidentenwahl. Mit der PDS hat er keine Probleme, drückte da nicht mancherorts das Unbehagen wegen der Altkader in der Partei...

Allein die christlichen und die freien Demokraten gehen nicht auf ihn zu. Er hält sich gegenüber allen zurück und befragt sich selbst nach seinen neuen Motivationen und Zielen. Oder hat er die gar nicht nötig? Ist er vielleicht nur aufgescheucht wie alle anderen neben ihm und dem Trugschluß aufgesessen, daß mit dieser Wende alles, auch sein Publikum, neu zu suchen ist?

Gerhard Schöne beschließt, nicht nach den Trends zu schielen, sondern seiner eigenen Sehnsucht zu vertrauen: Sehnsucht nach Antworten, nach dem Sinn des menschlichen Lebens, nach der Geburt gerade hier, in diesem ehemals geteilten Land, das nun wieder ein Land werden will.

Weiter fragte er sich, was sein Publikum wohl jetzt von ihm erwarten, erhoffen würde?

Die kritischen Zeilen aus DDR-Zeit, die zwischen den Zeilen immer noch mehr transportierten als im gehörten Text, waren in ihrer Funktion überholt. Sagen durfte nun jeder alles. Aber gerade diese grenzenlose Freiheit bewirkte, daß die eigentlichen Fragen und Antworten oft vergessen wurden.

1988 hatte Gerhard Schöne ein »Lebenslied« geschrieben:

Noch wachsen am Hinterkopf Haare,
noch wühlt sich der Wind da hinein!
Noch singen im Frühjahr die Stare
so schön wie im vorigen Jahre.
Noch fällt mir ein Lied dazu ein.

Dieses Lied verkörpert genau diese schwebende Zeitlosigkeit, die ihm den Weg aus der alten in die neue Welt ermöglichte. Hier sagt einer: Egal, wo ich hinkomme, ich habe meine Lieder auf dem Weg dabei, ob als Antwort, als Frage, als Schutz oder als Geschenk.

Noch will ich zur Ruh mich nicht betten.
Noch spiel ich nur ungern den Held.
Und glaub doch, die Welt wär zu retten.
Noch häng ich, wie tausende Kletten
am Leben und an dieser Welt.

Gerhard Schöne hatte in der DDR eine Familie gegründet – die große Familie seiner Freunde und Anhänger. Nun, nach den ersten taumelnden Schritten in die 90er Jahre, stellt sich heraus, daß diese Familie zusammenhält. Gerhard Schöne gehört zu ihr, wie sie zu ihm. *Wenn ich irgendwo hinkomme, sind die anderen eben auch da,* sagt er selbst zu diesem Phänomen. Seine Konzerte, mit denen er wieder kontinuierlich im Land unterwegs ist, sind gut besucht. Sie vermitteln etwas von Heimat für alle die, die sie besuchen, ohne dabei heimattümelnd oder nostalgisch zu sein. Die Zuhörer finden sich in den gewohnten Umgangsformen, sie treffen alte Bekannte und sie treffen »ihren« alten Bekannten Gerhard Schöne.

Er ist anders geworden und hat sich doch nicht verändert. Und vielleicht war es das genau, was sie sich für sich auch erhofften?

Wie aber reagierte die wirtschaftliche Seite, die Musikvermarktungsindustrie, auf dieses Phänomen des Gerhard Schöne und seines steten Publikum?

Immerhin hatte er beim VEB Deutsche Schallplatten nach dem Trompeter Ludwig Güttler die höchsten Verkaufszahlen in der DDR! Man konnte gespannt sein, wie AMIGA in der Marktwirtschaft mit diesen Pfunden wuchern würde. Haben die neuen Chefs zu Gerhard Schöne Kontakt aufgenommen?

Gerhard Schöne: *Ich bin zu denen hin, um zu fragen und Vorschläge zu machen, wie wir nun weiterarbeiten könnten. Schließlich wollte ich ja nach der Wende auch weiter Lieder schreiben und singen und auch mein Publikum hat das erwartet. Nicht so AMIGA, die hatten entweder keine Lust mehr, mit mir was zu machen, oder sie sahen gar nicht durch, wahrscheinlich sogar beides. Zu dieser Zeit hatte ich schon lose Kontakte zu Klaus Koch, der ja im Herbst 1989 seine Firma Buschfunk gegründet hatte. Und er fragte mich dann bald, ob wir nicht was zusammen machen wollten. Das war übrigens zu der Zeit, als andere in der Szene stark von Busch-*

Open-Air-Konzert auf der Freilichtbühne in Berlin-Weißensee mit »L'art de passage«

funk abrückten, Barbara Thalheim z.B. Es gab da am 3. Oktober 1990 ein »Abschiedskonzert aus der DDR«, Buschfunk organisierte es und viele DDR-Künstler traten kostenlos auf. Danach gab's dann ein Gerücht, daß Buschfunk damit das große Geld eingenommen hätte. Es herrschte Mißtrauen, aber Klaus Koch hat diese Vorwürfe immer weit von sich gewiesen. Andere wollten daraufhin mit ihm nicht zusammenarbeiten, ich konnte mich dieser krassen Kritik aber nicht anschließen. Es gab zwischen mir und den Buschfunk-Leuten ein grundsätzliches Vertrauensverhältnis, und das war ausschlaggebend. Außerdem machten sie eine gute Arbeit, wie ich bald merkte. Hätte ich mich bei einer großen Plattenfirma beworben, dann wäre ich, wenn sie mich überhaupt genommen hätten, immer ein kleines Licht in deren großem Geschäft geblieben. Bei Buschfunk wußte ich von Anfang an, daß wir gemeinsam kämpfen mußten, um es zu schaffen. Ich war für das Label ein wichtiger Mann und das Label war wichtig für mich. Ich hielt diese Verabredung für die günstigere.

Und was mir bei Klaus Koch, dem Buschfunk-Chef, bis heute lieb und wichtig ist, ist die Tatsache, daß er sich immer auch inhaltlich mit meinen Liedern auseinandersetzt. Er will etwas, er hat ein Anliegen, ein Format. Andere Labels, mit denen ich zwischenzeitlich mal Versuche machte, vermittelten immer den Eindruck, daß es zuerst und vor allem um Geld und Kalkulationen ginge, nicht um Lieder. Am wichtigsten war bei denen, daß auf der Platte Werbung für andere Produkte war, egal, was man als Künstler davon hielt. Es mußte möglichst billig ganz viel untergebracht werden, um es möglichst ganz teuer zu verkaufen. Da habe ich bei Buschfunk einfach eine andere Basis. Es geht zuerst mal um meine Lieder, die Produktion und die Ausstattung der CD. Auch wenn es mal teurer wird, als zunächst gedacht, wird das Produkt so gut gemacht, wie es geht.

Andere Angebote gab es also für mich fast nicht. Mit Pila gab es eine ganz kurze Zusammenarbeit für eine Platte und dann war wieder Schluß, von beiden Seiten aus. Zu Fritz Rau, dem großen Konzertveranstalter, bekam ich mal einen Kontakt. Er hatte ja noch zu DDR-Zeiten Barbara Thalheim und mich als Vorgruppe für Heinz Rudolf Kunze eingekauft. Da gab es ein Konzert im »Theater des Westens« in Westberlin. Das lief für mich in diesem Umfeld aber nicht sonderlich gut, ich fühlte mich da überhaupt nicht wohl. Später habe ich eine Tournee gemacht zusammen mit Pe Werner und Clemens Bitlinger. Auch da tauchte Fritz Rau noch mal auf, weil ihm gefiel, was ich machte, aber konkrete Angebote gab es nie.

Gerhard Schöne blieb bei Buschfunk, und dies mit zunehmendem Erfolg. Seine Nachwendeproduktionen sind in den neuen Bundesländern und in ausgewählten Ländern im Westen in den Läden präsent und erhältlich. Das ist anders als zu DDR-Zeiten, wo die Limitierung der Schallplatten von der Verfügbarkeit über das Rohmaterial abhing. Die Vertriebswege für DDR-Künstler mußten ab 1990 völlig neu aufgebaut werden, und auch der in der DDR landesweit präsente Gerhard Schöne wurde in den 90ern in der BRD zu einer erst einmal regional begrenzten Persönlichkeit. Dieser Bekanntheitsgrad beginnt im größer gewordenen Land wieder stetig zu wachsen. Dazu tragen Auftritte bei Sendungen des Fernsehen, z.B. in der »Sendung mit der Maus«, im Kinderkanal usw., aber auch Preisverleihungen und Ehrungen bei. Der Preis der Stiftung Bibel und Kultur und der Verdienstorden des Landes Berlin sind hier zu nennen.

Und da gibt es noch etwas, das die Ankunft von Gerhard Schöne mitten in der Gesellschaft nach der Wende beschreibt. Zwei Schulen, zuerst 1993 die Sonderschule für Geistigbehinderte in Wolmirstedt, und später die 13. Grundschule in Gera, feierten die Namensgebung zur »Gerhard-Schöne-Schule«. Die Schulleiterin in Gera, Christine Walther, sagte zur feierlichen Namensgebung:

Heute erhält unsere Grundschule einen Namen. Uns freut es besonders, daß es im 25. Jahr des Bestehens der Schule passiert. Wechselhaft war die Entwicklung dieser Schule: Erst war sie 16 Jahre lang polytechnische Oberschule. Danach zog von 1990 bis 1991 das Gymnasium ein und seit 1991 werden die jüngsten Schüler der Thüringer Schullandschaft, die Grundschüler, hier unterrichtet.

Nachdem wir einfach die Nummer 13 waren, soll heute Namensgebung sein. Einen passenden Namen zu finden, ist schon bei einem Neugeborenen sehr schwer. Und so mancher von uns hätte sich sicher einen anderen

Nach der ...xten Zugabe noch ein Zugäbchen, beim Konzert im Sommergarten Krams, 1996

gewünscht, aber einen Namen für eine Grundschule zu finden, ist noch schwerer. Er muß vor allem von unseren 6- bis 10-Jährigen selbst kommen, sie müssen sich mit ihm verbunden fühlen. Wir wollten einen Menschen, der auch einmal unter uns sein kann, der nicht auf einem Sockel steht. Einen Menschen wie du und ich – und doch etwas Besonderes.

Sie wollten Gerhard Schöne, weil er nicht auf einem Sockel steht, weil er ein »Besonderer« und doch Erreichbarer unter ihnen sein kann. Besser kann man die Wirkung des Liedermachers in den 90er Jahren eigentlich nicht beschreiben. Viele Beziehungen und Bekanntschaften hatten sich für Ostdeutsche seit 1990 verändert oder waren zerrissen. Die Arbeitswelt, der Umgang mit Geld, Wohnen und Altwerden vollzog sich in neuen, unbekannten Formen. Man hatte miterleben müssen, wie Erfolg und Mißerfolg die Gesellschaft und auch private Beziehungen in einem Maße trennte, das vorher nicht vorstellbar war. Wer Erfolg hat, macht Karriere und hebt ab, hieß das. Er verabschiedete sich aus der Wendegemeinschaft – in die Chefetage der Wirtschaft, nach Übersee oder in den Bundestag. Viele Bürgerbewegte haben vor Augen, wie der ehemalige Kumpel aus der Friedensbewegung plötzlich in der schwarzen Staatskarosse eines Ministers oder Ausschußvorsitzenden auf den Hof rollte. Da war auf einmal eine große Ferne...

Gerhard Schöne, der Erfolgreiche von damals, zog auch nach der Wende erfolgreich seine Bahn. Aber er hatte den Sockel nicht nötig. Lieber saß er am Lagerfeuer, das immer unsichtbar bei seinen Konzerten auf den Bühnen in der Mitte brannte und erzählte Geschichten und Mär-

Die 13. Grundschule in Gera erhält den Namen »Gerhard-Schöne-Grundschule«, 1999

chen. Kommt in den Kreis, hieß seine Aufforderung, hier ist es warm und für jeden ist Platz. Laßt nicht andere über uns reden, laßt uns etwas von uns erzählen.

Noch brennt mir der Schnaps auf der Zunge.
Noch fasse ich gern deine Hand.
Noch steh ich, wie früher, als Junge
beim Bäcker und fülle die Lunge
mit Brotgeruch voll bis zum Rand.

Noch lebe ich eilig und flüchtig.
Noch trink ich das Glas nie ganz leer.
Noch kenne ich dich gar nicht richtig
und dabei bist du mir so wichtig.
Auch du kennst mich nur ungefähr.

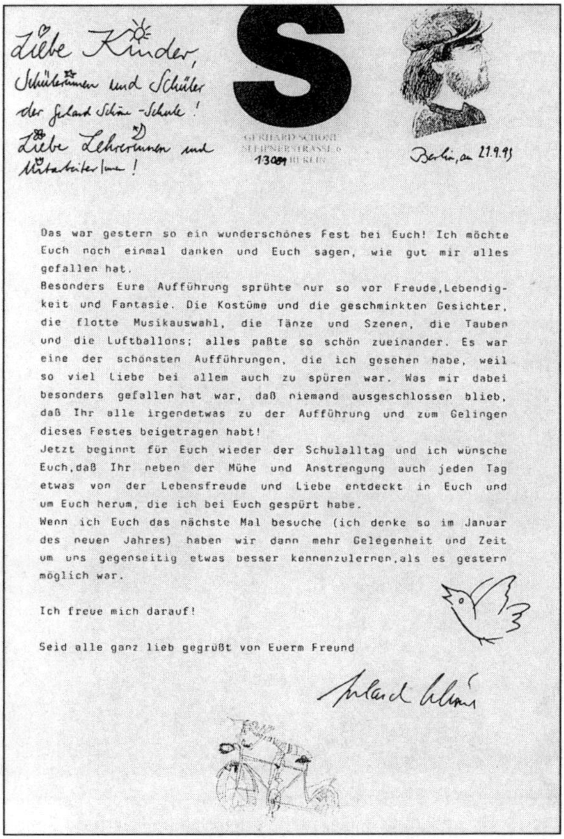

Liebe Kinder,
Schülerinnen und Schüler
der Gerhard Schöne-Schule!
Liebe LehrerInnen und
MitarbeiterInnen!

GERHARD SCHÖNE
SLEIPNERSTRASSE 6
13089 BERLIN

Berlin, am 21.9.95

Das war gestern so ein wunderschönes Fest bei Euch! Ich möchte Euch noch einmal danken und Euch sagen, wie gut mir alles gefallen hat.
Besonders Eure Aufführung sprühte nur so vor Freude, Lebendigkeit und Fantasie. Die Kostüme und die geschminkten Gesichter, die flotte Musikauswahl, die Tänze und Szenen, die Tauben und die Luftballons; alles paßte so schön zueinander. Es war eine der schönsten Aufführungen, die ich gesehen habe, weil so viel Liebe bei allem auch zu spüren war. Was mir dabei besonders gefallen hat war, daß niemand ausgeschlossen blieb, daß Ihr alle irgendetwas zu der Aufführung und zum Gelingen dieses Festes beigetragen habt!
Jetzt beginnt für Euch wieder der Schulalltag und ich wünsche Euch, daß Ihr neben der Mühe und Anstrengung auch jeden Tag etwas von der Lebensfreude und Liebe entdeckt in Euch und um Euch herum, die ich bei Euch gespürt habe.
Wenn ich Euch das nächste Mal besuche (ich denke so im Januar des neuen Jahres) haben wir dann mehr Gelegenheit und Zeit um uns gegenseitig etwas besser kennenzulernen, als es gestern möglich war.

Ich freue mich darauf!

Seid alle ganz lieb gegrüßt von Euerm Freund

Gerhard Schöne

Brief von Gerhard Schöne an die Schüler »seiner« Schule in Gera

16.

»DIE SIEBEN GABEN« –

LIEDER IM MÄRCHENMANTEL

Im Programm »Die Sieben Gaben« erzählt Gerhard Schöne die »Geschichte vom Stein«, nach einer Erzählung von Astrid Lindgren

»Eigentlich könnte unser Leben ein Fest sein.«

So beginnt Gerhard Schöne einen kleinen Text im Programm »Die sieben Gaben«, mit dem er 1992 auf Tournee ging. Und er fährt fort:

»Die Nacht schmückt sich mit Sternenhimmel und Milchstraßen. Liebesbriefe blühen an allen Bäumen, glitzern im Wasser und behauchen die Fenster mit Eisblumen. Nach Liebe schreien alle Geschöpfe. Schwalben und Präriewölfe, Fledermäuse und Unken. Die Lüfte sind von Tanz erfüllt, die Meere von Gesang...«

Woher nimmt dieser Gerhard Schöne seine Kraft und seine Poesie? Zwei Jahre nach den Wirren und der Verunsicherung von Wende und deutscher Wiedervereinigung, scheinbar jenseits von Alltagsbelastungen eine schöne Welt zu ersingen? Wer sind die geistigen, moralischen und künstlerischen Mütter und Väter? Vermag er die Gratwanderung zu bestehen? Auf der einen Seite der Abgrund der alltäglichen Geschäftigkeit, das Rennen nach Geld und das Schachern um Posten, und auf der anderen Seite die Untiefen modischer Metaphysik und esoterischer Exkursionen, die alles immer ins Positive auflösen? Wie oft darf die gute Fee noch kommen?

Gerhard Schöne: *Na, so oft kommt ja die gute Fee gar nicht! Aber ich umgebe mich einfach gern mit märchenhaften, geheimnisvollen Dingen. Das hat nicht sofort auch mit einem guten Ausgang der Dinge zu tun. Im Programm »Die sieben Gaben« sind ja auch viele gar nicht so anheimelnde Geschichten. Man bekommt vielmehr einen Spiegel vorgehalten: So gefährdet bist du auch, wie es die Figuren in der Geschichte sind. Es gilt mehr die Verabredung: Jetzt erzählt einer was. Wir setzen uns wie am Lagerfeuer zusammen. Die Stimmung ist dafür da, sich Geschichten zu erzählen. Aber es sind Geschichten, die nicht immer eindeutig sind, die auch Rätsel aufgeben können.*

In künftigen Programmmen wird dieser Ansatz vielleicht noch zusätzlich mit gespielten Bildern verstärkt. Neben den erzählten Geschichten werden zusätzlich optische Geschichten inszeniert. Die Lieder stehen natürlich weiter im Mittelpunkt, aber zusätzliche Reize sollen die eindimensionale Erwartungshaltung aufbrechen. Ein Haus mit goldenen Fenstern könnte sich in einen Fluß verwandeln. Ein Kinderwagen könnte rauchen. Etwas Versponnenes, das Deutungen offenläßt.

Bei dem Programm »Die sieben Gaben« haben wir ja eine halbe Stunde, bevor die Türen zum Einlaß aufgingen, den Raum jeweils ordentlich mit Weihrauch-Geruch gefüllt. Jetzt könnte ich mir auch vorstellen, diese Wolken und diese Gerüche direkt ins Programm zu integrieren. Mitunter sind ja solche Eindrücke von einer vermeintlichen Nebensächlichkeit, oft aber bleiben gerade sie beim Publikum als Erinnerung hängen. Da treiben wir auch für wenige Stunden eben einen großen Aufwand, weil wir wissen, wie wichtig solche Bilder für uns alle sind. Manches Detail erfordert dann, daß ein zusätzlicher Transporter mit auf die Tournee genommen werden muß, aber das lohnt sich dann irgendwie doch...

Die Beschäftigung mit solchen angeblichen »Nebensächlichkeiten« ist wichtig, gerade für Gerhard Schöne. Er hat ein Publikum, das als Bernsteine im Programm die Lieder haben will. Und wenn die nicht kommen, ist es enttäuscht. Er selbst will seine Zuhörer aber noch auf eine andere Art verführen, er will ja nicht nur die Lieder »absingen«, sondern Stimmungen und Poesie herstellen. Die Wiederholung einer einmal gemachten Verabredung, die ja auch langweilig werden kann, wird durch die Inszenierungen unterbrochen. Es passiert etwas Neues, Unbekanntes, und trotzdem ist die bekannte Form des Gerhard Schöne, nämlich seine Lieder, noch da. Dabei muß Gerhard Schöne bestimmt in einer zarten Form bleiben, zu harte und konträre Inszenierungen würden da nicht wirken. Ein Meister der Lieder-Regie ist ja Herman van Veen, der König im Genre des inszenierten Liedes. Gehört er zu den Vorbildern?

Gerhard Schöne: *Herman van Veen ist schon ein Idol für mich. Das erste, was, ich von ihm sah, waren ein paar Folgen einer Kindersendung, in der er in einer Mühle wohnte. Da saß ich mit großen Augen fasziniert davor. Dann lernte ich die Lieder kennen und ihn selbst bei seinem ersten Auftritt in der DDR im Palast der Republik. Ich spielte mit anderen im Vorprogramm.*

Am Abend vorher hatten Sabine und ich seine Kollegen, er selbst kam erst am Tag des Konzerts, zu uns in die kleine Wohnung eingeladen. Sie hatten nichts vor an diesem Abend und waren wohl auch etwas neugierig. In der 1 1/2- Zimmer-Wohnung quetschten wir uns also zusammen.

Das Konzert am nächsten Tag war für mich die Offenbarung! So etwas hatte ich noch nie gesehen. Es war wahnsinnig anregend. Da hatte Herman selbst die Latte unheimlich hochgelegt. Nicht alle seiner nächsten Programme, die ich gesehen habe, fand ich wieder so beeindruckend. Es kamen mir zu viele Brüche oder Clownerie vor, aber ich wollte wieder die schönen Lieder hören. Vielleicht hatte er Angst zu poetisch oder, böse gesagt, zu kitschig zu sein.

Aber natürlich bin ich weiter voller Hochachtung für diesen ganz besonderen Liedermacher und Clown.

Meine »Vorbilder«, soweit man das sagen kann, lernte ich aber schon viel früher kennen. Da ging es mir mehr um ihre Haltung bzw. um ihr Engagement in ihrer Welt.

Pete Seeger war der erste große Liedersänger, den ich für mich entdeckte. Er ist für mich auch heute noch quasi der Großvater aller Liederleute, die ich mag. Er bleibt mein Ursprung, und mich rühren seine Lieder immer wieder an, auch die seiner letzten Platte. Die liebevolle Art seines Vortrags und die Art, wie er mit seinem Publikum umgeht, das gefällt mir sehr gut. Ein anderer Anhaltspunkt für mich ist Joni Mitchell. Von ihr habe ich mir gerade eine CD gekauft. Sie spielt darauf mit einem Kammerorchester, das finde ich sehr stark. Bei ihr gefällt mir vor allem ihr musikalischer Anspruch. Sie hat oft ihre Fans verprellt, indem sie Neues ausprobierte, ist aber ihrem Anspruch immer treu geblieben. Ähnlich ist es auch mit Joan Baez. Aber dann vor allem noch Randy Newman. Er hat mich immer schon beeindruckt. Dann hörte ich mal einen Vortrag von Heinz Rudolf Kunze über Newman und bekam erst richtig mit, worum es bei ihm so geht. Da wurde mir die Qualität und Stärke seiner Texte klar, die ich mit meinem bißchen Englisch nicht so genau verfolgen konnte. Und musikalisch fand ich ihn schon immer faszinierend. Seine Art zu singen, diese Mitte zwischen Sprechen und Schmieren auf einem harten Rhythmus, das fand ich sehr anregend. Ja, und ganz wichtig ist natürlich auch noch Tom Waits. Ich nenne ihn am liebsten einen romantischen Schreihals. Wenn man sich seine Melodien anhört, dann sind die oft kitschig und romantisch, aber wie er sie dann eben gegen den Strich bürstet, diese Kombination von süß und herb, die ist schon toll.

Natürlich höre ich auch, was die Kollegen hierzulande so machen. Da war ja schon, als ich noch sehr jung war, Reinhard Mey mein eigentliches Leitbild. Seine Lieder habe ich viel nachgesungen. »Ich möchte wie Orpheus singen« – wer hat das als gitarrespielender Jüngling damals nicht nachgesungen? Später hatte ich bei seinen Liedern auch mal ein Sättigungsgefühl, quasi eine Überdosis. Die Lieder schienen mir einander sehr ähnlich zu sein. Das war zu einer Zeit, wo ich mich mehr für die Lieder von Konstantin Wecker interessierte. Auch Barbara Thalheim war wichtig für mich. Zuerst ihre Lieder, später haben wir uns oft unterhalten und auch einiges zusammen gemacht. Mir gefielen ihre frühen Lieder immer sehr gut, besonders die liedhaften Titel wie z.B. »Kein Tag ist sicher vor der Nacht«. Später empfand ich einige ihrer Lieder oft wie lange Textvorträge, die kamen mir dann nicht so nah. Als ich noch in Coswig war, spielte auch Bettina Wegner unter uns Freunden eine große Rolle. Wir wollten sie dann mal in unsere Gemeinde einladen. Meine Freunde und ich fanden sie großartig. Wir dachten damals: Die wird bestimmt mehr als 100 Mark haben wollen – wo sollen wir die denn hernehmen? Wir waren auch völlig ahnungslos, wie und in welchen Kategorien solche Konzerte in der Regel abliefen. Das Ganze ist dann von uns nie so richtig betrieben worden. Später, als ich wie Bettina selbst mit Liedprogrammen durch das Land zog, trat ich oft an Orten auf, wo sie auch schon gespielt hatte. Ich befand mich quasi auf ihrer Spur und überall erzählten die Leute auch von ihr. So habe ich eine Menge von ihr erfahren. Dann hatte sie mich zu ihrem letzten »Eintopp« eingeladen. Das war ja ihre inzwischen legendäre Veranstaltungsreihe im Berliner Haus der Jungen Talente, die dann bald verboten und abgesetzt wurde. Einige Fans von Bettina kamen auch zu mir in die Konzerte. Da war ich nicht immer so glücklich. Ich hatte bei ihnen den Eindruck, daß sie mit innerer Lust frustrierte Oberschüler waren, mit Kutte und hängendem Mundwinkel, die einzig in ihrer Haltung bedient werden wollten. Das aber wollte ich nicht. Und Bettina bediente diese Erwartungshaltung für meine Begriffe auch zu oft. Das war dann mein Kritikpunkt an ihr, aber viele Lieder von ihr sind mir bis heute lieb und teuer.

Ein Kaleidoskop von künstlerischen und seelischen Verwandtschaften wird hier von Gerhard Schöne beschrieben. Die vermeintliche Buntheit verwandelt sich beim genauen Hinsehen zu einer poetischen Farbigkeit. Pete Seeger und Randy Newman, Reinhard Mey und Bettina Wegner – genau in dieser Spanne zwischen provokant und lieb, moderierend und polarisierend bewegt sich auch das Werk des Gerhard Schöne. Er hat von allen etwas und wird dennoch nicht zum Eklektizisten, der überall nur gute Ideen klaut.

Im Programm »Die sieben Gaben« schnürt er alle seine Erfahrungen und künstlerischen Formideen in ein schlüssiges Paket. Man sollte sich die Entstehungszeit dieses Programmes, das Jahr 1992, durchaus noch einmal vor Augen halten. Zwei Jahre zuvor, am 3. Oktober 1990, ist die DDR der Bundesrepublik Deutschland beigetreten. Es gibt anderes Geld, andere Autos, andere Brötchen... Die Straßen werden umbenannt, in der DDR unbekannte geografische Bezeichnungen für Landstriche werden wieder zu Bezeichnungen für Bundesländer, Landkreise und Regionen. Gerhard Schöne gastiert also nicht mehr im Bezirk Cottbus oder der Kreisstadt Arnstadt, sondern im Freistaat Sachsen, in der Prignitz oder der Landeshauptstadt Schwerin. Diese scheinbar harmlosen, rein verwaltungstechnisch bedingten komplexen Änderungen in der Lebenswelt beschäftigen die Menschen in den plötzlich »neu« oder sogar »jung« genannten Bundesländern mehr, als sie oft selbst zugeben wollen. Zu Hause waren sie 40 Jahre in der DDR, zu der neben vielen Einschränkungen und Mängeln eben auch der Bäcker an der Ecke, der gewohnte Fahrplan, eine bestimmte Numerierung der Buslinien oder eben die Konzerte des Gerhard Schöne und seine Platten in der Schrankwand gehörten. Heimat, so stellte man nach dem Freudentaumel des ersten Jahres fest, ist etwas, was sich auch jenseits eines politischen Systems gebildet hatte. Nun wurden viele Stücke dieser unbelasteten, liebgewordenen Heimat mit den großen Federstrichen, die vorrangig durchaus Verzichtbares abschafften, gleichzeitig mit gestrichen. Es war die Geburtsstunde der Ostalgie, die sich aus vielerlei Gründen bis heute nicht verloren, sondern die sich eher gesteigert hat.

Gründe und Motive für diese Erscheinungen sind zu einem gewissen Teil die allzumenschliche Meckersucht und Bequemlichkeit von Leuten, die überall auf der Welt anzutreffen sind und die kein ostdeutsches Phänomen an sich darstellen. Ein wesentlicher Teil ist jedoch die wahrhaftige Trauer über den Verlust einer selbst angeeigneten Heimat und einer selbst erlebten Vergangenheit. Plötzlich erzählten West-Verwaltungsleute, West-Politiker und auch West-Künstler, wie es in 40 Jahren DDR gewesen sein sollte! Die waren doch gar nicht dabei! So regte sich mancher auf, der solcher Bewertungsversuche von außen überdrüssig war und der erfreut von einem Plakat lesen konnte, daß Gerhard Schöne mit einem großen Programm wieder in seine Stadt käme.

Da war sie ja doch noch, diese kleine, poetische, fröhliche Heimat. Da kam dieser Typ mit den Räucherstäbchen und Mitsingeliedern, mit den sehnsuchtsvollen Texten, die aus dem Alltag herausklettern, und man kannte das alles schon von früher. Vielleicht hatte man anläßlich seines Konzertes die Freundin oder den Freund kennengelernt. Die Kassetten waren im Trabbi auf der Fahrt an die Ostsee fast heißgelaufen.

»Das waren wir doch auch!«, mag sich da mancher gesagt haben, wenn er die Nase aus der Zeitung zwischen Treuhand- und Stasiskandal hervorgenommen hatte und im besten Sinne des Wortes mal wieder Gerhard Schöne »roch«.

Der hatte sich, wie viele seiner Landsleute, inzwischen in der Welt umgesehen und sich neue Ideen und Bilder eingesammelt. Schon längere Zeit grübelte er darüber nach, wie er die Kluft zwischen sich und dem Publikum überwinden könnte, zwischen Bühne und Saal. Diese Anonymität der Begegnung störte ihn. Oben auf der Bühne, geblendet von Scheinwerfern, konnte er das Publikum oft nur akustisch durch den Beifall wahrnehmen. Auch lag das Bedürfnis, sich zu treffen, alte und neue Freunde so persönlich wie möglich zu empfangen, nahe. Die Beziehungen vieler Leute waren unter dem Neuorientierungsdruck der 90er Jahre auseinandergegangen, die Atomisierung in unzählige kleine Interessengruppen schritt fort. Dagegen wollte Gerhard Schöne Zeichen setzen – seinem Publikum in einer symbolischen Form nahe sein. Bei einem Türkei-Besuch kam ihm die Idee. Dort saßen Schuhputzer am Straßenrand. Als Gerhard Schöne vor den funkelnden Schuhputzutensilien eines Schuhputzers stand, beschloß er, sich selbst so einen Kasten zu kaufen und seinem Publikum die Schuhe zu putzen. Welch ein Bild! Hier mischt sich die Exotik des Orients mit dem demutsvollen Motiv der Fußwaschung aus dem Neuen Testament. Daß einer, zu dem man gekommen ist, um seinen Worten zu lauschen, zuerst die niederste aller Arbeiten macht, nämlich die Schuhe der Gäste putzt, erzeugt eine unausweichliche Nähe, vielleicht sogar Rührung. Das hieß im Jahr 1992 bei Gerhard Schöne so viel wie: »Kommt her, die ihr in den letzten Jahren durch so viel schwieriges und unbekanntes Land wandern mußtet, ich wische euch den Staub ab, damit ihr einsteigen könnt in eine Welt, die es auch noch gibt und die noch nicht verloren ist.«

Damit die Schuhputzaktion nicht zu einer kleinen Spielerei schrumpfte, schrieb Gerhard Schöne an prominente Zeitgenossen und bat sie um ihre persönlichen Schuhputzlappen für die Aktion. Die Antwortbriefe rahmte er ein und stellte sie aus. Die Lappen kamen in kostbare Gläser und an die Hutkrempe schrieb er sich: *Ich putze DEINE Schuhe für UNICEF (einfach: 50 Pfennig, mit berühmten Schuhputzlappen: 1 DM).*

Regine Hildebrandt, damals Ministerin für Arbeit, Soziales, Gesundheit und Frauen im Land Brandenburg, schrieb prompt zurück:

»Lieber Herr Schöne, kleine Probleme werden sofort gelöst. Hier ein Stück Schuhputzlappen – allerdings ein für mich völlig untypisches Utensil:

1. wenn überhaupt, putzt mein Mann unsere Schuhe

2. werden sie sowieso nicht regelmäßig gepflegt!

So ist das! Aber, wenn die Lappen zur Kommunikation dienen, sind sie hoch zu schätzen! Ihnen herzliche Grüße und viel Erfolg

Ihre Regine Hildebrandt

Als Schuhputzer im Foyer vor Beginn des Programms »Die Sieben Gaben«

Joachim Gauck, der Beauftragte der Bundesregierung für die Unterlagen der Staatssicherheit der ehemaligen DDR, war zwar im Urlaub, ließ aber sein Büro antworten:

Herr Gauck befindet sich z.Z. im Urlaub und hat mich gebeten, Ihnen seinen Schuhputzlappen (gleich den ganzen) zu schicken. Er wünscht Ihrer Veranstaltung einen vollen Erfolg und grüßt Sie herzlich.

Liebermann/Sekretariat Gauck

Alfred Biolek »sieht sich nicht in der Lage, ... wegen der Häufigkeit ähnlicher Anfragen, in denen um persönliche Dinge gebeten wird«, etwas beizutragen. Dagegen gibt sich Reinhard Mey, der berühmte Liedermacherkollege aus dem Westen, große Mühe:

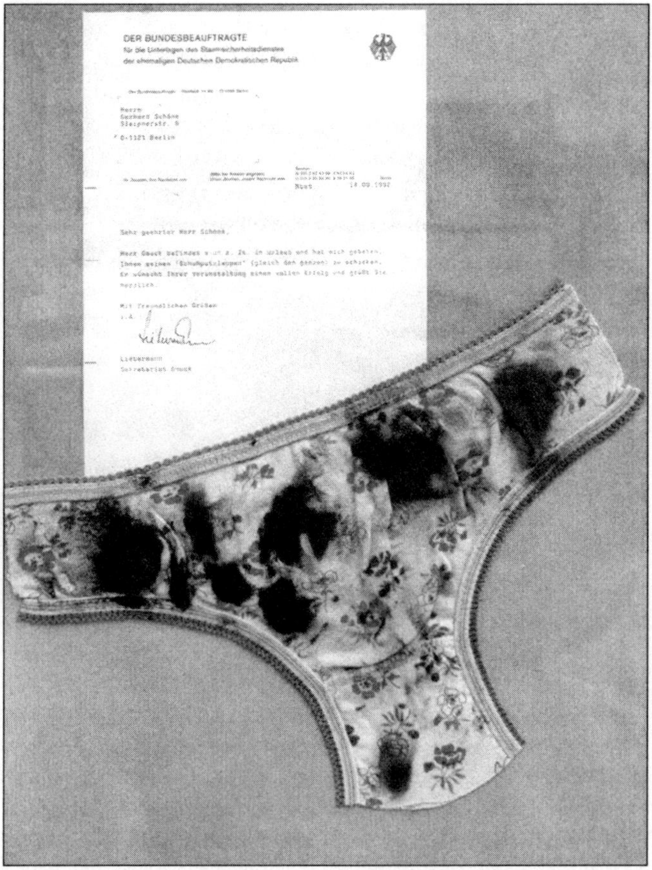

Der Schuhputzlappen von Joachim Gauck

Lieber Gerhard, zu Deinen Schuhputzutensilien kann ich diese Bürste beisteuern. Sie ist vielgebraucht und -gereist. Wenn ich unterwegs bin, dann putze ich mir oft die Schuhe, sozusagen als Therapie gegen Einsamkeit und Lampenfieber und weil ich eine gewisse herzliche Zuneigung zu Schuhen habe. Sie haben so viel auszuhalten mit uns, immer getreten und geschunden, und da finde ich es recht und billig, sie zum Dank auch mal liebevoll zu bürsten. Ich wünsche Dir eine glückliche Reise – Reinhard.

Auch Frank Schöbel, Schlagerstar aus der DDR, schreibt: *Anbei mein (Schuhputz-) Lappen gegen jeden dreckigen Schuh und gegen jedwede (mögliche) dreckige Bemerkung. Gutes Gelingen! Dein Frank.*

Angela Merkel ist damals Bundesministerin für Frauen und Jugend. Sie läßt sich auch nicht lumpen und schreibt aus Bonn:

Bundesministerium für Frauen und Jugend *Bonn, 16. Sept. 1992*
Sehr geehrter Herr Schöne, da ich Ihre Lieder immer geschätzt habe, erfülle ich Ihnen den etwas ungewöhnlichen Wunsch. Ich verbinde dies mit der Bitte, das Stück und die dazu gesprochenen Worte in verantwortlicher Weise zu benutzen. Viel Erfolg und freundliche Grüße!

Dr. Angela Merkel

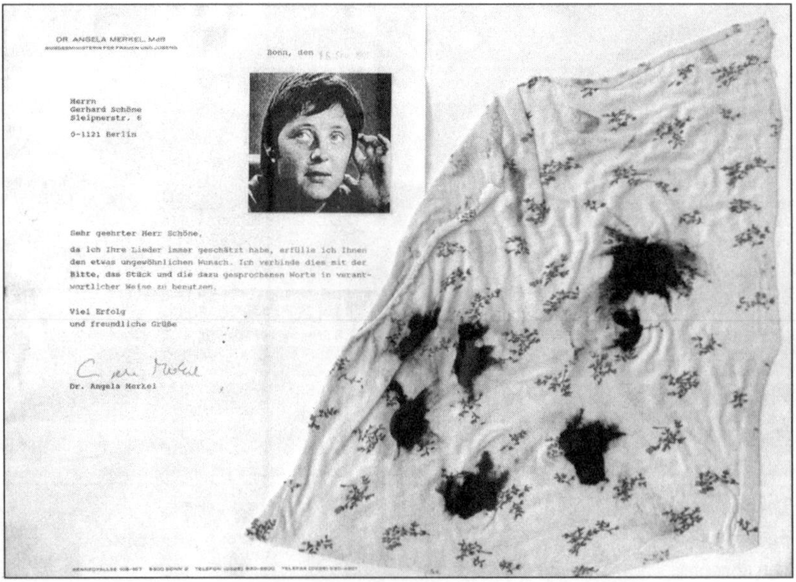

Der Schuhputzlappen von Angela Merkel

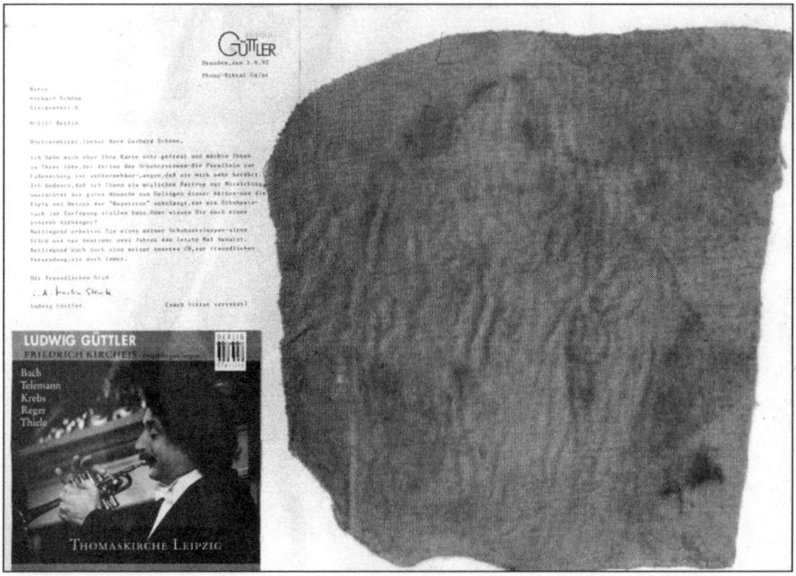

Der Schuhputzlappen von Ludwig Güttler

Unter anderem schreiben noch Täve Schur, der Radrennfahrer, und Sigmund Jähn, der erste Deutsche im Weltall.

Ludwig Güttler, der Trompeter, darf als Dresdner, als sächsischer Landsmann und Weltstar nicht fehlen. Er bringt es am genauesten auf den Punkt:

Hochverehrter, lieber Herr Gerhard Schöne, ich habe mich über Ihre Karte sehr gefreut und möchte Ihnen zu Ihrer Idee, der Aktion des Schuhputzens – die Parallele zur Fußwaschung ist unübersehbar – sagen, daß sie mich sehr berührt...

Alle diese Lappen und die Botschaften dazu signalisieren dem Publikum, das an Gerhard Schöne im Foyer vorbeiläuft: Wir gehören noch zusammen, wir können noch etwas füreinander tun. Und wir können, wie bei Reinhard Mey, anfangen, etwas miteinander zu beginnen.

Nach dem Schuheputzen vor dem Konzert im Foyer, so berichtet Gerhard Schöne, war die Kluft zwischen Akteuren und Zuhörern überwunden. Man hatte sich angefaßt und im besten Sinne des Wortes hatte man sich begriffen.

Ein Lebenszeichen war ausgesendet worden. Wir sind noch da, wir sind wieder da, wir haben eine Botschaft. Stellvertretend für viele, die das immer schon so gedacht hatten, spricht es Gerhard Schöne wieder aus.

Ähnlich wie zu DDR-Zeiten, in denen er ebenfalls oft eine Wahrheit sagte, die in der Luft lag, die sich aber keiner traute, so zu formulieren, wurde von Gerhard Schöne stellvertretend etwas ausgesprochen und gesungen. Auch jetzt trifft er wieder den Nerv seiner Zuhörer. Er schafft wieder Öffentlichkeit für Themen, die in der medialen und geschäftsmäßigen Öffentlichkeit nicht vorkommen.

Schon 1988, nach seiner großen Open-Air-Tournee hatte er sein Lied »Lebenszeichen« geschrieben und nun, 1992, traf es erst recht noch zu:

Ein kleines Flugzeug will ich noch falten.
Ich hab schon geübt.
Auf seine Flügel schreib ich die Botschaft:
Gut, daß es Dich gibt!
Im Kaufhaus lasse ich es dann fliegen, voll ins Gewühl.
Nach einer lässigen Runde findet's ein Ziel.

'ne schöne Flaschenpost will ich bauen
und werf sie ins Meer
Vielleicht, wenn ich schon gar nicht mehr lebe,
dann findet sie wer.
Auf dem Papier, das er dann entfaltet,
sage ich ihm:
Laß Dir die Träume nicht nehmen!
God bless your dream!

»Gut, daß es dich gibt.« Diese Botschaft ist weder für die Tagesschau noch die Bild-Zeitung von Belang. Gerhard Schöne läßt während seines Konzertes von seinem Publikum Papierflieger bauen, auf die jeder seine Botschaft schreiben kann. Dann fliegen diese bunten Falter kreuz und quer durch den Saal – Informationstechnik der besonderen Art im Zeitalter der sogenannten neuen Medien, die Handys sind abgestellt – es lebe der Papierflieger. Adressen und Grüße fliegen hin und her, Märchen, wahre und halbwahre Geschichten werden aufgeschrieben, fliegen umher und kommen irgendwo an. Ein junger Mann aus Straußberg schreibt z.B.:

Meine Freunde und ich sitzen beim Stuttgarter Umweltgipfel in der Straßenbahn, wir hatten beschlossen, eine Nacht mal »draufzumachen«. Und als wir da aus der Straßenbahn ausstiegen, sehen wir da ein Republikanerplakat stehen. Wir zücken die Eddings und bemalen dieses.

Und wer kommt da? Die Polizei! Nachdem wir zwei Stunden auf der Wache saßen, meinte der Polizist dann noch: »Und Fahrkarten hattet Ihr wohl auch nicht ... » Ich war froh, da endlich meinen Sonderfahrausweis für den Kinderumweltgipfel vom 23. – 26.9.1993 zeigen zu können. Wir wurden wieder »freigelassen«. Es war ja nur ein REP-Plakat. (leicht erfunden)

Ein anderer aus Halle schreibt:
Diese Geschichte hat eigentlich noch nicht zum Ende gefunden: Die »Goethe«-Lichtspiele, eines der größten Kinos in Halle, mußten schließen und werden einem großen Kaufhaus weichen. Vor ein paar Tagen stöberten wir noch mal im Kino herum und fanden Berge von diesen Eintrittskarten. Plötzlich kam uns eine großartige Idde: Einmal noch dort Kino machen! Wir bestellten den Film »Stilles Land«, der gut zum Anlaß paßt (Musik: Tobias Morgenstern), und werden in 3 Tagen abends mit Appa-

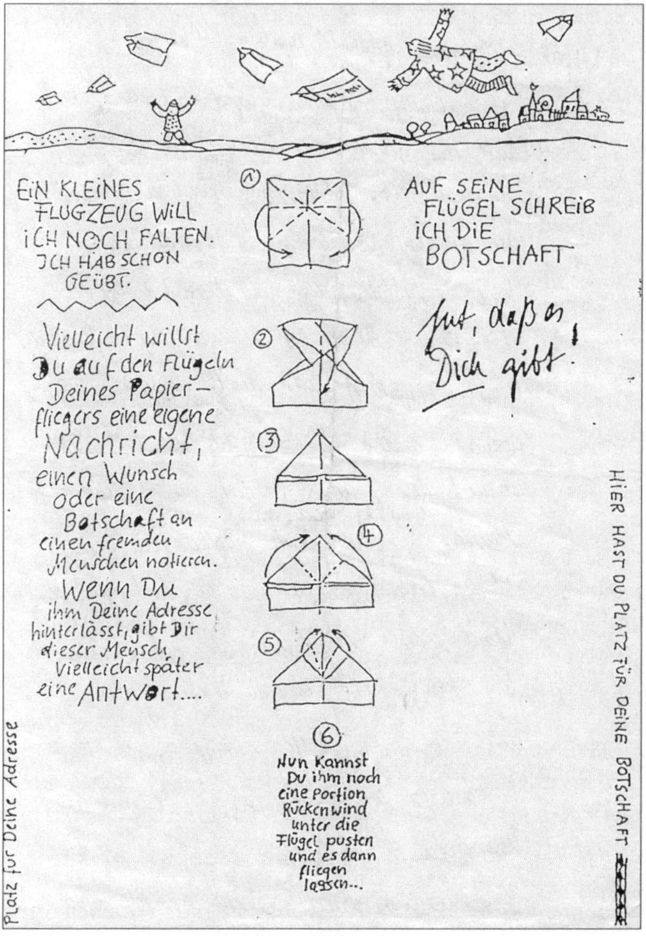

Anleitung zum Bau der Papierflieger im Programm »Die Sieben Gaben«

raten, Film und Leinwand und Glühwein in das leergeräumte Kino ziehen und den letzten Film in der Geschichte des »Goethe« zeigen. Unklar ist noch, ob das Kino nicht bis dahin schon abgerissen wird, der Abrißbagger steht schon da! Es wird also noch spannend werden, ob diese Geschichte überhaupt ein Ende hat. Diese Kinokarten als Andenken an ein Stück untergegangener DDR-Kino-Kultur und Erinnerung an eine ungewöhnliche Aktion.

Gerhard mit Papierflieger in der Hand

Da ist es wieder: das verträumte, aber immer auch hellwach mitdenkende Publikum des Gerhard Schöne. Es verfügt über die Eigenschaften, die im Lied von den »Sieben Gaben« erwünscht werden:

Die Geduld der Weinbergschnecke...
Den Stolz der Katze...
Die Balance des Stehaufmännchens...
Die Frechheit des Flohs...
Das Geheimnis eines Steins...
Den Traum des Samenkornes...

Und zuletzt den Mut der Rose,
die noch einmal rot erblüht
wenn schon Rauhreif und Neuschnee
jedes Feld überzieht.

Gerhard Schöne legt die verborgenen Eigenschaften seiner Zuhörer frei. Deshalb ist er kein Lehrmeister oder Missionar. Mit den »Sieben Gaben« ist er ein kenntnisreicher Archäologe geworden, der mit seinen Instrumenten und mit großem Geschick Kostbarkeiten freilegt, die in seinen Mitmenschen verborgen, verschüttet oder manchmal sogar vergessen sind. Dieser Archäologe mit Hut oder Zylinder auf den Geröllhalden über den verschütteten Wünschen und Sehnsüchten flüstert seinem Publikum zu:

Eigentlich könnte auch unser Leben ein Fest sein. Unsere Sehnsucht nach Umarmungen und Küssen, nach Weinen und Lachen sollten wir nicht länger verstecken. Eigentlich sollten wir keine Angst mehr haben, mißverstanden zu werden, mit unserer Neigung, einander Gutes tun zu wollen, etwas Zärtliches zu sagen. Vielleicht ist es nächsten Mittwoch schon zu spät. Eigentlich könnte unser Leben ein Fest sein. Unsere Post an die Behörden könnten wir auf rosa Briefpapier schreiben, mit Gedichten garnieren und eine bunte Feder beilegen. Die würde sich die Sekretärin keck ins Haar stecken. Eigentlich gefallen uns unsere Rollen als Konkurrenten gar nicht und wir leiden unter unseren Hierarchien. Eigentlich möchten wir wie Freunde, wie Geschwister miteinander umgehen. Das »Du« liegt uns auf der Zunge, aber noch löst sich die Zunge nicht. Die Arme wollen sich entgegenstrecken, noch hängen sie wie unter Gewichten. Verwunschen und versteinert folgen wir Mächten, die uns hindern, daß unser Leben ein Fest ist. Unsere Herzen, schon im Brautkleid, warten auf ein Zeichen. Auf die Erlösung. Was hindert uns daran?

17.

»DIE SAMMLUNG DES BLINDEN HERRN STEIN«

DAS FAMILIENPROGRAMM IN DEN NEUNZIGERN

Die Sehenden heben sich Fotos auf.
Was machte der blinde Herr Stein?
Er fing sich Geräusche, Geschichten, Musik
in Dosen und Schächtelchen ein.

Zuerst hat er mir eine Muschel gereicht.
Drin rauschte ganz fern das Meer.
Ich hörte die Brandung und Möwengeschrei.
Dann lief durch den Sand irgendwer.

So singt Gerhard Schöne im Lied vom blinden Herrn Stein. Er hat sich mit diesem alten Herren, der aus dem Mangel einen Reichtum macht, einen Bruder im Geiste erfunden.

Da hat jemand die großen und kleinen, wichtigen und nebensächlichen Geräusche seines Lebens gesammelt. Er kann über die Geräusche verfügen, wenn er Dosen und Schächtelchen öffnet.

Gerhard Schöne hat auch solche Schächtelchen. Darin sind seine Liedideen, die ja nicht im luftleeren Raum entstanden sind, groß und heroisch, sondern die immer einen zarten Faden zu den kleinen wahren Begebenheiten oder Bildern des Lebens haben. Die Bilder sind es besonders, die Gerhard Schöne immer anregten und die er sammelte. Gemeint sind nicht nur die von Malern und Grafikern erschaffenen, sondern auch die Bilder des Alltags, die andere Menschen oft übersehen. Gerhard Schöne hat sie aufgehoben und in seinen Kästen und Gehirnecken bewahrt. Die Lust, solche inneren Bilder aus sich heraus nach außen zu inszenieren, hatte er von Jugend an. Die Spielbewegungen der Kirche zogen ihn nicht umsonst an. Dort konnte er mit Freundinnen und Freunden Bilder reaktivieren, die schon lange in ihm schlummerten. Diese Bilder waren damals bestimmt eine Mischung aus Eigenem wie auch aus nachempfundenen Experimenten der Moderne. Surrealismus und Expressionismus am Theater fielen in den 70er Jahren der DDR noch der austaumelnden Formalismusdiskussion zum Opfer. Der geforderte sozialistische Realismus für alle Kunstgenres wollte nicht die Bilder neben der Wirklichkeit, die der Realität manchmal näher kamen als das pure Abbild. Die Begeisterung, mit der junge Menschen von damals im freien Raum der kirchlichen Theaterbewegung sich selbst und ihre überschäumenden Fantasien ausprobieren konnten, ist verständlich. So ging es auch Gerhard Schöne, und diese Zeit prägte ihn nachhaltig.

Nun, nach 20 Jahren Erfolgen mit seinen Liedern, wächst in ihm die Sehnsucht, über das Liederprogramm hinaus zu inszenieren, Bilder zu produzieren. Er knüpft dabei folgerichtig an die Arbeitsweise und die Ästhetik der frühen Jahre an. Ihm geht es nicht um hierarchisches

Regietheater. Ihm geht es aber auch nicht um eine Dienstleistungsshow für den Star Gerhard Schöne. Wieder sucht er den interaktiven Ansatz der Laienspielzeit, in der die Inszenierung wesentlich von einer in sich vertrauten Gemeinschaft bestimmt wird. So entsteht Zuneigung, Wärme und emotionale Kraft, die von der Bühne abstrahlt. Nicht mit Mitteln der perfekten hochartifiziellen Bühnenshow soll das Publikum in den Bann gezogen werden, sondern durch die emotionalen Schwingungen, die von der Bühne herunterkommen. Gerhard Schöne versucht mit dem Programm »Die Sammlung des blinden Herrn Stein«, Geheimnisse seines Charismas auf der Bühne mit in seine ganze Spieltruppe zu transportieren. Dazu braucht er Helfer, konsequent sucht er solche Partner in seiner Anfangszeit der Spielschararbeit unter Joachim Schöne. Therese Thomaschke wird für das neue Programm Regie führen.

Therese Thomaschke: *Ich kenne Gerhard Schöne aus der kirchlichen Laienspielbewegung. Man muß dazu wirklich »Bewegung« sagen, weil über das Theaterspielen hinaus eine Gemeinschaft von Leuten begründet wurde, die, wie im Falle von Gerhard und mir, bis heute hält. Ich habe mit 14 Jahren damit angefangen, und ziemlich bald habe ich auch Gerhard kennengelernt. Wir waren gemeinsam auf Seminaren und zu Sommertreffen. Dort hat er seine ersten Lieder vorgetragen – im Park in Radebeul. Er war einer unter uns allen. Viele spielten damals Gitarre oder*

Mit Therese Thomaschke (mit Hut) und anderen in der Zeit der Laienspielbewegung, hier in der Inszenierung »Ein Sonntagsspaziergang«, 1974

schrieben Gedichte und Texte. Wir machten zusammen Theater, das in der DDR so nicht vorkam. Wie auf einer Insel spielten und wagten wir uns an große Stücke, die offiziell nicht gespielt wurden. Man lernte an solchen Autoren und ihrem Umfeld ein Stück »Alternativ«-Kultur kennen. Es ging nicht darum, der beste Schauspieler zu sein, sondern es ging um die Aneignung dieser Stücke und ihrer Ideen und die Beschäftigung mit Theater. Insgesamt war dies eine sehr kreative Atmosphäre, in der Gerhard mit den Jahren zwar bescheiden, aber doch an deutlicher Stelle mitwirkte. Diese Gruppe von damals gehörte und gehört zusammen, auch wenn man sich 10 Jahre nicht sieht. Irgendwann saß Gerhard dann in einer Vorstellung von mir. Ich bin Puppenspielerin und mit verschiedenen Stücken unterwegs, oft führe ich auch bei anderen Gastregie. Da sagte er, daß er verstärkt wieder Lust bekäme, in seinen Konzerten Theater zu spielen und Bilder zu bauen. Daraufhin habe ich mir ein Konzert von ihm im Dresdner Kulturpalast angesehen und gemerkt, daß er diese Kraft noch hatte, Leute in seinen Bann zu ziehen. Da saß ganz oben im Rang ein Mann vor mir, der offensichtlich von seiner Frau in dieses Konzert »geschleppt« worden war, denn er fragte sie, was der Schöne da vorn denn eigentlich für ein Typ sei und was der mache. Na, das ist doch der mit den Kinderliedern, antwortete die Frau und das Konzert begann. Am Schluß des Abends sang genau dieser Mann inbrünstig die Lieder mit und hatte glänzende Augen. Das hat mich fasziniert. Gerhard konnte auch in so einem großen Raum die Leute auf eine ganz einfache Art einfangen und sogar zum Singen bringen. Also fingen wir an, uns etwas auszudenken, was in die Richtung von Gerhards Wünschen ging. Das war erst gar nicht so einfach, denn ich mußte von meinen Puppenbühnenmaßen erst einmal auf Großbühnenmaße umdenken. Gerhard hatte eine neue CD gemacht, »Böses Baby Kitty Schmidt«. Ich habe mir die Lieder angehört und dazu noch weitere Lieder aus seinem Repertoire ausgesucht und Verknüpfungspunkte gesucht. Dazu brauchten wir dann noch eine Spielidee. Ich baute also eine Art Flugzeug und wir verketteten dann die Lieder und Geschichten mit diesem Spielobjekt. Dabei bin ich zwar eine Regisseurin, die auch einmal sagt: Bis hierher und nicht weiter, aber gleichzeitig sehe ich mich als eine »Dienstleisterin« im positiven Sinne. Was Gerhard nicht verinnerlichen kann, soll er auf der Bühne auch nicht machen. Es würde nicht funktionieren. Es gibt bei uns eine Art Grundvertrauen aus der Zeit des frühen Laienspiels. Er liebt das, was ich mache, und ich liebe auch sehr, was er macht – bei aller Kritik, die ich auch oft habe. Selbst, wenn ich ein Lied stark kritisiere, habe ich nie einen Zweifel an ihm. Auf Basis dieses Grundvertrauens kann man sich eine Menge sagen. Und man kann auch aushalten, daß der andere sagt: Das gefällt mir nicht, wie du das machst, mach es jetzt mal so, wie ich es will! Dieses Verhältnis ist bei uns beidseitig.

Zusätzlich zu den Erwägungen Gerhard Schönes, durch neue Inszenierungsideen und die Zusammenarbeit mit einer Regisseurin Bewegung in das starre Schema des Liederkonzertes zu bringen, gab es ein weiteres Motiv für diesen neuen Ansatz. In den Abendkonzerten, auch wenn sie noch so spät anfingen, mischten sich immer mehr Kinder unter die Erwachsenen, die natürlich ihre Lieder hören wollten und bei anspruchsvolleren »Erwachsenenpassagen« Unruhe stifteten. Da lag es nahe, in Richtung eines Familienprogramms zu denken. An ein Programm, das für beide Seiten etwas anbot, ohne eine Seite zu unterfordern oder zu vernachlässigen. Die Bilder und der Spannungsbogen konnten helfen, die Integration des Publikums zu erreichen. Auch wurde in den 90er Jahren deutlich, daß die ausschließlich mit Kindern besetzten großen Konzerte immer schwerer beherrschbar wurden. Die Sehgewohnheiten und damit auch die Rezeptionsgewohnheiten der Kinder änderten sich durch Fernsehen und Computerspiel zunehmend. Alles wurde schneller, bunter und vertrug dramaturgische Bögen höchstens noch über eine Spanne von drei Minuten. Hallo-Optimismus und Spiele, in denen gemeinsames Brüllen wichtigstes Stilmittel ist, eroberten die Kinderstuben. Da nahm es nicht wunder, daß auch im live-Konzert die Erwartungshaltung einem krassen Wandel unterlag. Seifenblasen? Wie langweilig...

Gerhard Schöne: *Ich mache wie viele andere auch die Erfahrung, daß es seltener wird, konzentrierte Kinder im Konzert vorzufinden. Dies gilt für*

Jörg Naßler, Gerhard Schöne und Karl-Heinz Saleh im Programm »Die Sammlung des blinden Herrn Stein«

die großen Kinderkonzerte, die am Vormittag stattfinden, in die also nur wenige Erwachsene mitkommen. Da schaukeln sich Kinder schnell hoch und ahmen nach, was sie im Fernsehen sehen. Von dort wissen sie, daß man bei Shows wie wild klatschen und johlen muß und am besten damit gar nicht mehr aufhört. Und genauso machen sie es dann im Konzert auch. Als ich einmal im Dresdener Kulturpalast an einem Vormittag spielte, waren die Kinder so unter sich und so aufgekratzt, daß sie schon nach dem dritten Lied immer nur das Victory-Zeichen in die Luft machten und »Zugabe!« brüllten. Ich glaube, sie wußten gar nicht, was das bedeutet, aber Hauptsache »Zugabe« und Krach. Ich stand zunächst völlig ratlos auf der Bühne und machte automatisch auch noch laute und witzige Sachen obendrauf. Leise und nachdenkliche Lieder oder Geschichten waren gar nicht mehr möglich.

Zum anderen konnte ich zunehmend keine wirklichen Erwachsenenkonzerte mehr machen. Egal ob die Anfangszeit 20 Uhr oder 22 Uhr war – Kinder waren immer dabei und wollten dann auch mit ihren Liedern bedient werden. Es entsteht so einfach eine völlig andere Atmosphäre, andere gedankliche und musikalische Bögen sind notwendig.

Nach mehreren solcher Erfahrungen habe ich dann, auch zusammen mit Klaus Koch von Buschfunk, neu nachgedacht. Es mußte eine Art »Familienprogramm« entstehen. Das Programm »Die Sammlung des blinden Herrn Stein« ist der erste Versuch in dieser Richtung. In dieses Programm konnten Erwachsene und Kinder gemeinsam kommen. Die werden manchmal zusammen und manchmal auch einzeln angesprochen. Die Latte des Anspruchs für die Kinder liegt damit auch ein bißchen höher. Wenn sie mal ein einzelnes Lied oder eine Geschichte nicht ganz verstehen, ist das zu verkraften. Sie sind in die Gesamtstimmung und Gesamtgeschichte eingebunden und das funktioniert. Mit dieser Form habe ich wirklich gute Erfahrungen gemacht. Wir haben »Die Sammlung des blinden Herrn Stein« schon oft gespielt und es macht auch uns immer wieder Spaß.

Karl-Heinz Saleh ist ein langjähriger Freund und musikalischer Begleiter von Gerhard Schöne. Auch er hat das Suchen nach Formen, die über die Lieder hinausweisen, miterlebt. Als Musiker ist er nicht nur auf seinen Instrumenten, sondern auch mit seinem Körper, seiner Mimik, spielfreudig.

Karl-Heinz Saleh: *Eigentlich ist das eine ganz alte Idee. Der Gerhard hat ja theatralisches Talent. Immer, wenn wir früher geprobt haben für andere Sachen, gab es Stellen, wo wir gesagt haben: Gerhard, das müssen wir mal ausbauen, wir müssen mehr Theater spielen in den Programmen, wir müssen mehr gestalten. In diesem Bereich schlummern noch unsere Reserven.*

Wir sind alle ein bißchen »klemmig« und Gerhard traut sich auch nicht alles auf der Bühne. Aber wenn es dann einen Regisseur gibt, dem man vertraut, da entstehen eben Dinge, die man vorher nicht für möglich hielt. Und in den Vorstellungen spürten wir dann, daß das, was wir uns da zusammen ausgedacht hatten, auch beim Publikum ankommt. Also eigentlich war es unser Wunsch, diese theatralische Form auszuprobieren und umzusetzen. Danach ergab sich die Idee, solche Lieder und Geschichten zusammenzufassen, die die ganze Familie ansprechen und berühren. Und so entstand »Die Sammlung des blinden Herrn Stein« als Familienprogramm. Für uns alle war das auch Neuland. Wir als Dresdener Gitarrenduo, also Jörg Nassler und ich, haben vorher nicht Theater gespielt. Gerhard war es seit vielen Jahren immer gewohnt, seine Liedtexte vor sich zu haben auf der Bühne. Und nun mußte er ohne sie auskommen. Im Bühnenbild war nicht vorgesehen, daß seine Textmappe herumliegt. Da hat er ganz schön dran gearbeitet, alles mußte er auswendig singen, zum Teil hat er ja sehr textintensive Stücke, bei denen viel Text in kürzester Zeit aneinandergereiht ist, »Klein Kapütze« z.B. Da gab es ordentlich Lampenfieber und Angst bei allen. Diese Spannung herrscht immer, wenn wir mit diesem Programm auf die Bühne gehen.

Außerdem hat die Regisseurin des Programms, Therese Thomaschke, diese Spannung auch ganz gut eingebunden in den Abend. Da gibt es eben nicht nur Musik und Text, da ist ein Bühnenbild, da sind Kostüme, man kann viel sehen und hören. Wir konnten eine Spannung aufbauen, die auch das Publikum verspürte. Bei der Premiere in Berlin lief es dann auch sehr gut, aber das allein war noch nicht das Kriterium. Gleich am nächsten Tage spielten wir in Markneukirchen in einer sehr großen Konzerthalle vor

»Laterna magica«- Die Faszination einer bewährten theatralischen Form

1500 Leuten. Da mußte es sich beweisen. Bei Kinderprogrammen war es sonst oft so, daß einige Kinder spätestens nach einer halben Stunde anfingen herumzulaufen und unruhig zu werden. Aber nun auf einmal herrschte bei diesem Programm absolute Ruhe bis zum Schluß. Das hat uns dann tatsächlich überzeugt, daß wir auf dem richtigen Weg waren. Wir alle waren erstaunt und haben diese neue Erfahrung wirklich genossen.

Das »verliebte Getuschel aus einem zierlichen, goldenen Seifenetui«, wie es im Lied vom blinden Herrn Stein beschreiben wird, hatte in diesem Programm eine Gestalt gefunden. Das Kind im Erwachsenen und den Erwachsenen im Kinde anzusprechen, ist ein hoher Anspruch. Schnell kann die Angelegenheit zu klein geraten, und vor lauter gegenseitigem freundlichen Herabbeugen bleibt nur noch etwas Kunsthandwerk übrig. »Die Sammlung des blinden Herrn Stein« jedoch löst ihren Anspruch beglückend ein. Diese Inszenierung steht nicht, sie schwebt – wie ein fliegender Teppich knapp über dem Bühnenboden, auf dem die Künstler ihren zarten Tanz aufführen. Sie müssen vorsichtig auftreten, um das Gleichgewicht ihres Teppichs nicht zu stören. Und irgendwann müssen sie natürlich auch wieder herunter von ihrem Fluggerät. Auch der blinde Herr Stein schneuzte sich ja im Lied traurig in sein Tüchlein, weil das verliebte Getuschel und der schöne Mädchengesang nicht ewig währten.

Erst nach einem Jahr hielt er mir eines Tags
die liebste Erinnerung hin.
Ein zierliches, goldenes Seifenetui,
verliebtes Getuschel darin.

Ein junger Mann spielte laut singend Klavier,
dazu schöner Mädchengesang.
Herr Stein schnaubte laut in sein Tüchlein und sprach:
»Nur schade, es währte nicht lang!«

Die Sehenden heben sich Photos auf.
Was machte der blinde Herr Stein?
Er fing sich Geräusche, Geschichten, Musik
in Dosen und Schächtelchen ein.

Gerhard Schöne hat mit diesem Programm ein Schmuckkästchen hergestellt, das in der Reihe seiner vielen Arbeiten besonders funkelt. Da steckt viel Liebe drin, da kommt viel Liebe heraus. Aber ewig nur lieb sein, das geht ja eigentlich auch nicht! Der schwarze Humor des Gerhard Schöne wird sich bald aus langer freiwilliger Abstinenz befreien...

18.
»ALLIGATOREN IN DER KANALISATION«
NICHT IMMER NUR LIEB SEIN

Als Straßenmusikant

»Kann ich mal gucken, wie du so wohnst?« Mit diesen treuherzigen Fragen an der Wohnungstür versuchte mancher Gerhard-Schöne-Fan, seine Nase in Bereiche zu stecken, die eigentlich dem Privaten vorbehalten sind. Wenn so etwas immer wieder passierte, war es weniger der gnadenlosen Neugier der Verehrer anzulasten als vielmehr ihrem Glauben, das Gerhard Schöne einer der ihren sei.

Das waren und sind keine Fans auf Zeit, die kreischen und ein Autogramm auf die Unterwäsche haben wollen. Es sind Suchende, die ein Stück eigenes Lebensideal in ihrem Idol gefunden haben. Er singt, was sie oft gedacht haben, er zündet wie sie Kerzen an, er trägt ein Hemd, eine Mütze wie sie. Daß die Reihenfolge mitunter andersherum ist, der Fan sich also nach der Erscheinung seines Idols gibt oder kleidet, ist dabei nebensächlich. Wichtig ist das Gefühl der Gemeinschaft: Das ist UNSER Gerhard!

Ein schöner und gefährlicher Zustand zugleich...

Denn mit der Liebe wird zugleich ein Besitzanspruch formuliert. Wehe, wenn eine Erwartung da nicht passgenau eingelöst werden kann.

Gerhard Schöne wurde immer zuerst als ein Transporteur von Botschaften und Lebenshaltungen wahrgenommen. Seine Inhalte sprachen und sprechen den Leuten so aus der Seele, daß sie mitunter die Formen, in denen sie ihnen entgegenkommen, weniger beachten. Da macht einer Kunst, aber eigentlich ist es egal – könnte man sagen und würde damit natürlich übertreiben.

Gerhard Schöne ist nicht nur Fabulierer in seinen Texten, er gestaltet mit Kompositionen und spielerischen Inszenierungen mehr als andere Liedermacher-Kollegen seine Programme. Der alte Drang zum Schauspieler und seine Herkunft aus der Laientheaterbewegung kommt zum Tragen. Da blitzt die Lust auf, Erwartungshaltungen zu irritieren, gewohnte Effekte aufzubrechen, eben eine neue, unbekannte Ebene zu den Liedern hinzuzufügen. Und doch tut sich das Publikum gerade bei solchen Versuchen schwer.

Gerhard Schöne: *Unlängst habe ich eine Tournee mit Pantomimen, der Gruppe Finkefalz, gemacht. Nach dem Programm habe ich mich oft mit enttäuschten Besuchern unterhalten. Die waren voller Erwartung gekommen und wußten nach dem Programm nicht, ob sie meinen Botschaften noch glauben konnten. Sie waren einfach verunsichert über diese beiden »Quatschmacher« in meinem Programm, die angeblich hinter mir herumgealbert hätten, während ich meine Lieder sang. Aber das war natürlich genauso inszeniert, daß an manchen Stellen die Botschaft eines Liedes nicht zerschlagen, aber doch verfremdet werden sollte. Eine weitere Dimension sollte hinzukommen. Ungeachtet der Tatsache, daß ich heute mit etwas Abstand zu der Tournee auch meine, daß das Konzept nicht sonderlich ausgereift war, war es für mich doch auch sehr erstaunlich, wie verärgert mein Publikum auf diese Brüche reagiert hat. Nach einem Konzert sagte mir jemand, ich solle doch diese Typen aus dem Programm rausschmeißen, sie würden gegen mich arbeiten und mich beschädigen. In Briefen stand das ganz ähnlich. Da zeigt sich immer wieder: Die Leute wollen mich so haben, wie sie mich eben gern hätten. Das ist aber keine neue Entwicklung, solche Momente gab es immer schon. Als ich damals anfing, mit dem Auto zu den Konzerten zu fahren und als ich dann auch im Fernsehen auftrat, kam immer wieder dieses Klischee zum Vorschein: Das darf der Gerhard Schöne aber nicht! Er darf kein neues Auto haben, sondern bestenfalls eine alte Rostlaube und er darf im Fernsehen auch nicht in eine Unterhaltungssendung. Das Publikum hatte sich ein Bild von mir gemacht und dem sollte ich nach Möglichkeit passgenau entsprechen. Und die Kriterien, was da gerade noch so ging und was wirklich gut zu mir paßte, gab es oft gleich dazu. Natürlich hat mich das immer wieder sehr belastet.*

Deshalb habe ich das Bestreben, dieses Klischee manchmal zu verwirren oder in Frage zu stellen. Die Leute sollen neu und frisch mitdenken und nicht auf den eingefahrenen Gleisen bleiben, sondern die auch mal verlassen. Aber das ist vielleicht auch nicht so einfach. Wenn ich meine eigenen Vorlieben bei Liedern von anderen Leuten überprüfe, dann hänge ich auch an den schönen, den poetischen Titeln und weniger an den sarkastischen. Insofern bin ich meinem Publikum auch wieder sehr ähnlich, kann es gut verstehen und will auch seinen Wünschen nachkommen. Gewisse Lieder sind dann eben fast heilig und ihre Infragestellung verunsichert zutiefst. Warum ist das jetzt so? Finde ich das jetzt noch gut? Hat er jetzt seine Position dazu verändert? All solche Fragen kommen dann auf. Man erwartet von mir Kontinuität.

Die Jüngeren wollen oft die Kinderlieder wieder hören. Das war mal ihr Einstieg. Es gibt auch Leute, die sind erst mit den »Sieben Gaben« bei mir gelandet. Und andere, inzwischen ältere, haben mich mit der ersten Platte »Spar deinen Wein nicht auf für morgen« entdeckt und seitdem kaum etwas versäumt. Und Kinderlieder habe ich ja parallel zu allen Programmen gemacht. Die Anhänglichkeit von vielen Leuten ist schon sehr groß. Sie wollen mit mir oder in mir immer etwas Bekanntes und Vertrautes wiedertreffen, etwas, was sie lange kennen, was irgendwie zu ihrem Leben gehört.

Aber Gerhard Schöne gehört auch sich selbst. Enge Vertraute wußten schon lange, daß in dem »sanften Poeten« auch ein sarkastischer, dem schwarzen Humor zugewandter Schalk steckt. Oft hat er im kleinen Kreis plötzlich mit einem scharfen, bösen Witz alle überrascht.

So, wie der ästhetisch hochglanzgeschliffene Architekt, der in seinen Vorgarten plötzlich Gartenzwerge stellt, um seine Gäste zu verunsichern, konnte auch Gerhard Schöne hinterlistige Befreiungsschläge führen, um die Erwartungshaltung seiner Verehrer zu torpedieren.

Aus Anlaß einer Besprechung zu einem großen Konzert mit vielen jungen, neuen Liedermachern hat er so etwas einmal getan. Das Konzert war für einen guten Zweck gedacht und alle wußten, daß Gerhard Schöne ein unermüdlicher Benefizspieler ist. Das ist übrigens auch heute noch so. Die Unterredung nahm also ihren Lauf, und besonders die Nachwuchsleute hatten leuchtende Augen, nun mit Gerhard Schöne auf einer großen Bühne auftreten zu können. Der saß lässig in der Ecke und sagte eigentlich gar nichts. Als alles besprochen war, meldete er sich doch zu Wort und fragte: »Und wie ist es mit der Kohle? Wieviel gibt's denn? Ohne Knete geht bei mir hier gar nichts.« Sprach's, stand auf und ging grinsend raus aufs Klo. Für die aufstrebenden neuen Talente brach eine Welt zusammen. »Ihr« Gerhard Schöne – ein geldgieriger Kerl? Sollte das alles nur Fassade sein? Es gehörte einige Überzeugungskunst der »alten Hasen« dazu, diese Sache als kleinen schwarzen Scherz zu enttarnen. Natürlich war es ein solcher, aber Gerhard Schöne konnte noch lange über sein Gelingen schmunzeln.

Also war es nicht verwunderlich, daß irgendwann ein Programm, eine CD erscheinen würde, wo diese Seite des Gerhard Schöne herausbrach. Makabre Lieder entstanden, aus denen Blut, Rache, Schadenfreude und ekliges Gewürm nur so hervorkrochen.

Gerhard Schöne: *Ich habe also »schwarze« Lieder gemacht, hab dann aber gemerkt, daß ich die doch nicht überall singen kann, z.B. in Kirchen, wo auch ältere Leute oder viele Kinder dabei waren. Da saßen welche mit ihren Gesangbüchern auf dem Schoß und ich wollte makabre Lieder singen, das ging nicht. Gerade in dem Zusammenhang wollte ich die Leute nicht verärgern oder irritieren. Dann habe ich überlegt: Ich könnte mir diese Lieder auf der Straße gut vorstellen, zumindest um sie dort auszuprobieren, später gingen sie dann sicher auch wieder im Konzert. Daraufhin kam die Idee, andere Straßenkünstler dazu einladen, eine Art Straßenrevue zu machen. Aber dazu mußte ich zuerst selbst mal Erfahrungen als Straßenmusiker machen und das alles mal ausprobieren. Ich habe Tobias Morgenstern und Karl-Heinz Saleh gefragt, ob sie mitmachen, die beiden haben auch alles arrangiert und dann haben wir überlegt, wo wir uns denn hinstellen zum Musikmachen. Das war gar nicht so leicht. Ich wollte ja auch, daß die Leute stehen bleiben und schon eine Weile zuhören, so daß sie die Geschichten der Lieder auch mitbekommen konnten. Auf diese Lieder mußte man sich ja schon richtig einlassen, stehenbleiben, vielleicht auch mal einen Moment hinsetzen oder so. Ich habe dafür immer ein paar Kissen eingepackt und mitgenommen, auch einen Teppich ausgebreitet, dazu hatten wir zunächst auch ein Harmonium.*

Ich brauchte auch auf der Straße so eine Art Bühne um mich herum, ich mußte erst eine bestimmte Atmosphäre schaffen, habe also auch Teelichter aufgestellt, eine Decke hingelegt. Dann merkte ich, daß es gut wäre, die Leute auch irgendwie mit einzuspannen. Wenn erst ein oder zwei Jugendliche stehen blieben, würde sich hoffentlich bald ein größeres Grüppchen bilden.

Es kamen auch welche, die mich gleich erkannt hatten und ganz besorgt fragten, was mit mir los sei, ob ich jetzt auf der Straße lebte und eben hier spielen müßte. Die habe ich dann aber beruhigt und habe gesagt: Ne, das mach' ich nur aus Spaß. Es kamen welche aus Dresden, die erkannten mich sofort und waren total begeistert nach dem Motto: Da kommen wir mal nach Berlin und treffen gleich den Gerhard auf der Straße. An die habe ich sofort Aufgaben verteilt, wie Kerzen anzünden, alles etwas nett herrich-

Cover der CD »Alligatoren in der Kanalisation« mit der Warnung: »Die Lieder auf dieser CD sind zum Teil makaber, gruselig oder eklig! Zartbesaitete, unbescholtene, das Schöngeistige liebende Menschen sollten sich lieber anderer CDs von Herrn Schöne kaufen!«

ten und so, dann blieben auch andere stehen und interessierten sich dafür und so lief es ganz gut. Am besten in Ostberlin in der Nähe der Oranienburger Straße, da hatten wir eine ruhige Ecke gefunden, an der auch viele vorbeikamen. In Westberlin am Ku'damm lief es überhaupt nicht gut, da wurde viel gebaut, wir mußten hinter die Gedächtniskirche gehen, da kam aber keiner lang, ein anderes Mal hat's in Strömen geregnet, da sind wir an eine überdachte Stelle gegangen, wurden aber von einem Dönerbudenbesitzer vertrieben. Gut ging es dafür wieder im Monbijoupark, da lagen die Leute relaxt auf der Wiese herum und ließen es sich gut gehen, hingen in der Sonne und haben gekifft. Das war aber weniger Straßenkunstatmosphäre, sondern eher wie am Rand des Freibades oder am Lagerfeuer. Das Ziel für uns war ja, eine Platte dabei aufzunehmen und vielleicht dann später mit dem Programm auf Tournee zu gehen.

Aber so richtig eingelassen auf die Straßenmusik habe ich mich gar nicht, das ist dann schon noch was andere, das weiß ich sehr wohl. Bei uns war es eben Mittel zum Zweck.

Das ewige Liebsein hatte also an der Straßenecke ein Ende, aber doch nicht ganz. Instinktiv baut sich Gerhard Schöne wieder seine Welt. Ein Teppich, Kerzen, Gerüche. Er braucht diese Kabinette für die Seele, auch wenn er die Gemütlichkeit mit Nadelstichen stören will. Am Ende der 90er Jahre schickt er sich an, sich vom Bild des Gerhard Schöne, wie es die Öffentlichkeit hat, zu emanzipieren. Er versucht diesen Abnabelungsprozeß auf die ihm eigene Art zu gestalten. Überraschend hart im Einzelnen, Kontinuität wahrend in der Ganzheit. Dieser Prozeß betrifft seine künstlerische Arbeit und sein privates Leben.

Gerhard Schöne: *Auf Dauer nervt mich natürlich das Klischee, das man mir verpaßt. Immer nur der »Meister der leisen Töne« zu sein oder der »Sanfte Poet« ist für mich eben sehr langweilig. Ich will auch, daß es mal einen überraschenden Effekt gibt, eine Stelle im Programm, die man so nicht erwartet hat. Selbst auf das Risiko, daß das dann nicht alle verstehen oder auch so mögen.*

Das Image kann auch eine Fessel sein. Das spüre ich schon ganz genau. Das geht ja bis ins private Leben hinein. Ich habe mich vor einiger Zeit von meiner Frau getrennt. So was ist natürlich schmerzlich für alle Beteiligten, aber es passiert tausendfach in der Welt. Und jetzt gibt es Leute, die sagen mir, sie könnten mir jetzt nicht mehr glauben und wären ganz erschüttert, daß nun auch ich so was mache. Ich wäre für sie immer der Hort des Guten gewesen. Nun wären sie völlig erschüttert. Aber da muß ich mal sagen, das ist dann zunächst auch deren Problem. Es gibt einfach Dinge, da muß ich mich freimachen von den Erwartungen der Leute. Da kann ich einfach nur tun, was ich für richtig halte, auch wenn das dem vorherrschenden Bild einen Kratzer gibt. Ich habe ja auch immer versucht, mit meinen Liedern zu signalisieren, daß die Welt nicht so komplett heil ist, auch nicht im Privaten. Und dann ist es eben sehr schwierig, wenn man mit allen Gedanken, Sehnsüchten und Geschichten, die in Liedern vorkommen, so komplett gleichgesetzt wird. Das kann natürlich zu 100% nie sein. Ich stehe zu all dem, was ich da singe, aber nicht in jeder Situation bin ich das auch. Außerdem verändert sich der Mensch ja auch noch. Ich kann verstehen, daß man vom Künstler ein Höchstmaß an Authentizität verlangt, an Glaubwürdigkeit, daß Mensch und Kunst gut übereinanderpassen. Das will ich auch. Ich möchte verantwortlich und glaubwürdig leben, aber das ist dann nicht immer haargenau auch das, was die Leute damit meinen. Lieder haben ja auch immer die Möglichkeit, Dinge weiter oder anders zu denken und zu interpretieren, nicht nur auf einer Ebene zu bleiben.

Gerhard Schöne schafft mit seinen Liedern Räume. In diese fröhlichen oder melancholischen Zimmer tritt sein Publikum als Gast ein. Natürlich liegt da der Schluß nahe, diesen Raum als die einzige Behausung des Liedermachers anzusehen. Da wohnt er, da hat er zu bleiben.

Aber Räume sind nicht dazu da, jemanden in ihnen einzusperren. Gerade der, der einen Raum erfand, löst sich eher als andere von ihm und sucht neue Gefäße für sein Leben. Er sitzt nicht in, er steht auf einem Raum. Joachim Schöne, Gerhards Förderer und künstlerischer Ziehvater aus Dresden, zitierte in seiner Laudatio anläßlich der Preisvergabe des Preises »Bibel und Kultur« den Psalm 31,9 » ... du stellst meine Füße auf weiten Raum.«

Dieser Raum ist es, auf dem Gerhard Schöne angekommen ist. Diese Weite lockt und macht Angst zugleich. Diese Weite rettet aber auch vor der ewigen Haft in der Zelle, die einem andere zugewiesen haben. Klischees sind dazu da, gebrochen zu werden. Auch Gerhard Schöne bleiben die Euphorie und der Schmerz des Klischeebruchs nicht erspart. Zwischen den Alligatoren in der Kanalisation und den Märchenfeen aus dem 7. Himmel muß er, wie übrigens jeder andere Mensch, seinen Weg täglich neu bestimmen. Welch ein Glück – auch für seine Fans!

Viele neue Lieder werden hoffentlich auf diesem Weg entstehen.

»...und wo ist hier der Star auf der Bühne?«

19.

»ICH BIN DEIN HUND« –

DER AUFBRUCH IN EINE VIELDEUTIGE ZUKUNFT

Für dieses Kapitel erlauben sich die Autoren, ihr Lieblingslied von Gerhard Schöne für die Titelzeile zu verwenden. »Ich bin dein Hund« ist ein Ausnahmelied im großen Werk des Gerhard Schöne. Bei seiner Betrachtung und Interpretation ist das bedeutsame Wort »Dialektik« angebracht, denn hier outet sich der Liedermacher auf originelle und entwaffnende Weise in seiner Doppelrolle als ergebener Diener seines Publikums und als eigenwilliger Kopf zugleich.

Ich bin dein Hund,
Dein altes, treues Tier.
Die Kette brauchst du nicht,
Ich häng ja so an dir.
Bin dir ohne Zwang ergeben, wau, wau, wau.
Schenke dir mein Hundeleben, wau, wau, wau.
Ich liebe dich ohne Bedingungen, ohne Grund,
so wie ein Hund.

Die Bedingungslosigkeit gegenüber jemandem, den man liebt und den man begleiten will, scheint nur auf den ersten Blick »hündisch«.

Gerhard Schöne arbeitet mit diesem Lied selbstverständlich nicht ausschließlich die Beziehung zu seinem Publikum ab, aber wir versuchen hier, diesen Anteil im Lied herauszusezieren. Ohne die selbstlose Ergebenheit, mit der Gerhard Schöne seinem Publikum treu blieb, mit der er ihm »Mut ins Herz bellte«, mit der er sang:

Bist du traurig und zerschunden, wau, wau, wau,
lecke ich dir deine Wunden, wau, wau, wau,

ohne diese Ergebenheit hätte er die Zuwendung des Publikums seinerseits nicht empfangen können.

Deshalb bedurfte es auch keiner Strategie der Kulturpolitik der DDR, diesen »humanistischen Bündnispartner und Christen« in die offizielle DDR einzubinden und ihm Erfolg zu gewähren.

Überall, wo Gerhard Schöne anklopfte mit seinen Liedern, ob bei Rundfunkredakteuren, Veranstaltern, Kulturfunktionären, bei Plattenproduzenten, Musikerkollegen oder Journalisten, öffnete er durch seine Wesensart Türen und Fenster zu gemeinsamen Empfindungen. Befragt danach, was sie denn nun eigentlich damals bewogen hat, Veranstaltungen, Radiosendungen, Schallplatten- oder Fernsehaufnahmen mit ihm zu machen, antworten fast alle: Er und seine Lieder waren so angenehm anders und so anrührend. Er hat uns im Herzen berührt. Gerhard Schöne hatte sich kraft seiner Lieder und kraft seiner Persönlichkeit durchgesetzt. Er hatte das Kunststück fertiggebracht, auch im Funktionär immer den Menschen anzusprechen. Und genau so verankerte er sich an unzähligen einzelnen Stellen der DDR-Gesellschaft und ihren Strukturen. So hatte ihn nicht nur tausendfach das Publikum angenommen, auch viele andere gewannen über Lieder und Begegnungen mit ihm Sympathie für ihn. Sie alle waren angerührt von Gerhard Schöne, und deshalb taten sie etwas in ihrem Wirkungskreis für ihn. Sie waren Teil der »Gemeinde« des Gerhard Schöne geworden. Eine theoretische Strategie war unnötig, weil nicht nur ein großes Publikum, sondern auch genügend »Entscheider« nicht nur im Kopf, sondern auch im Herz von seinen poetischen Liedern getroffen waren.

Dies ist auch die Erklärung für die wunderliche Tatsache, daß der Pfarrerssohn Gerhard Schöne aus Coswig bei Dresden und seine Lieder im besten Sinne zum bewahrenswerten »Inventar« eines Landes DDR gehören, das selbst längst nicht mehr existiert.

Ich bin kein Schoßhund, der die Hand dir leckt,
Kein Boxer, der die Zähne blickt.
Kein Schäferhund, der dich bewacht,
kein Vieh, das Männchen macht.

Zum treu ergebenen Diener gehört auch ein eigenwilliger Kopf! Zur Liebe gehört auch Eigenwilligkeit! Der Hund im Lied streunt, läßt sich von Häschern jagen und von Wanzen plagen, um schließlich als altes, treues Tier zurückzukehren.

Sollte ich Dich überdauern, wau, wau, wau,
werde ich endlos um dich trauern, wau, wau, wau.
Werd verkümmern, gehe jämmerlich zugrund
wie ein armer Hund.

Gerhard Schöne braucht seine Freiheit, seine Eigenwilligkeit, aber er braucht sie nicht um ihrer selbst willen, sondern um seine Erlebnisse weiterzuerzählen. Er braucht auch sein Publikum! Er wandert, er »streunt« durch die Welt zwischen Kindsein und Altern, zwischen Geburt und Tod. Anders als bei anderen Künstlern, deren Lebenskurve auch äußerlich alle inneren Spannungen erkennen lassen, spielen sich bei Gerhard Schöne diese Abenteuer im Kopf ab. Die »Stetigkeit« seines Lebens ist für viele ein Markenzeichen geworden. Um so erstaunter und auch befremdet reagierten einige seiner Fans darauf, daß er sich aus einer harmonisch geglaubten langen Beziehung zu seiner Frau trennte und eine neue Partnerschaft einging.

Wieso aber schwingt sich da jemand zur Beurteilung dieser in vielen Liedern nachzuvollziehenden abenteuerlichen Reise durch die Welt auf?

Fragen stellen heißt Fragen beantworten, auch wenn es schmerzlich ist! Die Suche nach dem persönlichen Glück auch bei Gerhard Schöne ist nicht getrennt vom künstlerischen Schöpfungsakt, sondern immer nur inmitten desselben zu sehen.

Und so wird auch Gerhard Schöne in einer neuen Beziehung, zwischen Jugend und Alter, mit einem neuen Leben umzugehen wissen.

Gerhard Schöne: *Ich habe ja schon bei unser Tochter Katharina erlebt, wie ein Mensch von ganz klein zu einem Jugendlichen heranwächst und wie spannend das ist. Und dann habe ich jetzt bei meiner Freundin im Bauch dieses Wesen gespürt, wie es boxt und strampelt. Ich bin eigentlich ein ziemlicher Pessimist, mir ist auch bange, wie es auf der Welt weitergeht, in die man so ein kleines Wesen setzt. Aber dann hoffe ich natürlich auf das Gute. Und ich denke, man kommt nicht einfach so auf die Welt, sondern mit einem Auftrag, dem man nachspüren muß. Man muß herauskriegen, wo der liegt und was man machen kann. Und so wird auch dieses kleine Kind hoffentlich nicht nur was von der Erde nehmen, sondern ihr auch etwas geben, auch anderen Menschen wichtig sein. Ganz besonders auch mir wird es wichtig sein.*

Und wenn ich ans Alter denke, dann ist es im Moment mit dem Gedanken verbunden, daß meine Freundin, mit der ich zusammenlebe, wesentlich jünger ist als ich. Für mein Kind werde ich immer ein alter Vater sein. Das ist der erste Gedanke, der sich da jetzt aufdrängt. Dann habe ich schon auch ein wenig Furcht vorm Alter. Ich weiß ja gar nicht, ob ich das, was ich jetzt so mache mit dem Liederschreiben und Singen, bis ins Alter hinein werde machen können. Ob ich das durchstehe und ob mir immer noch was einfällt. Ich hab ja zwar früher mal einen Beruf gelernt, in den werde ich aber nicht wieder zurückgehen können. Und dann wäre die Frage, ob mir rechtzeitig eine andere Idee kommt, wenn die Liedermacherei nicht mehr gehen sollte. Das sind meine Unsicherheiten und Ängste. Wenn ich mir allerdings Pete Seeger mit seinen über 80 Jahren anschaue oder Atahualpa Yupanqui, der auch noch in einer Kirche in Argentinien sitzt und leise auf seiner Gitarre herumzupft und die Leute hören noch gebannt zu, da denke ich dann wieder etwas optimistischer. Es scheint ja zu gehen, wenn einem noch was einfällt und man auch noch Lust darauf hat, auf die Bühne zu gehen. Man muß sehen, daß man beweglich bleibt, im Kopf und auch so. Aber ein bißchen bange ist mir da schon. Hinzu kommt ja auch, daß ich dann zu den vielen Alten gehören werde, die es schon jetzt und erst recht in ein paar Jahren geben wird. Und die immer weniger jungen Menschen müssen erwirtschaften, was wir dann verbrauchen. Das ist

'ne völlig neue Dimension, wie Alte den Jungen zur Last fallen. Da bin ich mir auch nicht sicher, welche Entscheidungen in der Politik noch getroffen werden und was die dann für uns bedeuten. Das ist ganz eigenartig.

Dabei habe ich nicht vorm Altwerden Angst, auch nicht vorm Sterben. Ich bin nach Konzerten auf der Rückfahrt im Auto schon manchmal kurz eingenickt, so daß ich denke, daß das mal mein Ende sein wird. (lacht !!) Und auch das habe ich wahrscheinlich von meinen Eltern. Die haben schon so oft gedacht und davon erzählt, daß dies nun ihr letzter Winter würde und sie leben immer noch fröhlich. Auch mir ging es so, wenn ich mich von ihnen nach einem Besuch verabschiedete, daß ich immer im Bewußtsein wegfuhr, das könnte das letzte Mal gewesen sein, daß ich sie so sehe. Und das ist ein Gedanke, der immer gegenwärtig ist bei mir. Wenn ich auf Tournee fahre oder zu einem Konzert und zu Hause die Wohnungstür hinter mir zumache, denke ich auch einen kurzen Moment darüber nach, ob ich sie wohl auch wieder aufschließen werde. Da ist der Gedanke an Tod immer sehr nah und relativ alltäglich, auch das Bewußtsein, daß es schneller mal vorbei sein könnte, als man so denkt. In der Weise bin ich sozusagen auch darauf gefaßt, würde nicht schmollen, sondern wäre damit einverstanden. Es gibt nichts, von dem ich mir sagen müßte, das wolltest du noch unbedingt erledigen, da wolltest du noch hinfahren oder so. Insofern schaue ich dankbar auf mein bisheriges Leben zurück – und bin gespannt, was noch kommt.

Als Kind war ich bei den Beerdigungen, die mein Vater machte, als Kreuzträger eingesetzt und habe viele Leute Abschied nehmen sehen von ihren Angehörigen und sah auch, wie die aufgebahrt waren. Das ist mir insofern alles nicht fremd, aber eine bildliche Vorstellung vom Danach habe ich überhaupt nicht. Ich habe eher die Hoffnung, daß nicht einfach nur der Körper verfault und das war's dann, mehr bleibt nicht. Aber welche Form das dann haben soll, weiß ich auch nicht. Auch die rein geistige Nähe bei Gott kann ich mir so nicht vorstellen, das klingt ja auch schon langweilig. Es kann nicht nur Inhalte geben, sondern auch Formen, aber wie die aussehen, ich weiß es nicht. Da hat mir der Gedanke von Gundermann sehr gefallen, der in seinem Lied »Einmal« beschreibt, daß es sein könnte, er käme als Katze wieder und daß seine Frau fremden Katzen die Türen öffnen sollte. Das ist ein sehr schönes Bild, auch ein trostreicher Gedanke. Ich rechne damit, daß es Gott gibt, daß der die Menschen liebt und sich für jeden was ausgedacht hat. Was das dann ist – da lasse ich mich überraschen und habe keine festen Vorstellungen.

Gerhard Schöne wird bald 50 Jahre alt, und die »erste Hälfte« seines Lebens hat er im 20. Jahrhundert zugebracht. Es war ein Jahrhundert, das ihm als Ostdeutschen kurz vor seinem Ende, 1990, eine Wende fast aller Werte des alltäglichen Lebens vor die Haustür inszeniert hat. Aus dem Liedermacher für die kulturelle und gedankliche Alternative im Sozialismus wurde ein ostdeutscher Liedermacher in der Bundesrepublik Deutschland. Die hatte ihre kulturellen Wurzeln bisher in Westeuropa geschlagen und schaute zunächst verwundert auf Leute wie Gerhard Schöne, der lernen mußte, mit dieser Verwunderung umzugehen. »Warum bist du so sanft, warum forderst du nicht konkreter etwas ein?«, so lauteten die Fragen von Westdeutschen, die nicht gelernt hatten, mit Kunst als Lebensmittel im Sinne von Stärkung der eigenen Position umzugehen. Eines war klar: Auch die Kunst des Gerhard Schöne war nicht mehr nötig, um stellvertretend für öffentliche Medien etwas zur Verfassung der Gesellschaft zu sagen. Alles stand immer in der Zeitung – auch in Ostdeutschland nach der Wende. Aber wurde auch immer alles gesagt? Sätze wie: »Wohl denen, die da wagen, ein Nein zur rechten Zeit« waren nicht altmodisch geworden. Sie verursachten nur eine andere Assoziation. So ging und geht es mit vielen Liedern des Gerhard Schöne. Sie sind mitunter so zeitlos, daß sich ihre Interpretationsmöglichkeiten offen auf neue Situationen einstellen können. Sie haben nicht politisches Alltagsgezänk in nette Verse gepreßt, sondern etwas allgemein Menschliches erfaßt und besprochen.

Und wenn auch die DDR als das Land, in dem Gerhard Schöne Kindheit, Jugend und Erfolge hatte, untergegangen ist, so sind es die Lieder aus dieser Zeit noch lange nicht. Sie sind zwar in der DDR entstanden und sie konnten in ihrer Art auch nur dort entstehen, aber sie haben heute die DDR nicht mehr nötig. Was sie brauchen, das sind Menschen, die zwischen den Großbuchstaben an der Oberfläche die tausend Kleinbuchstaben entdecken können, die das Leben unter der Oberfläche so ungemein vieldeutig machen.

Gerhard Schöne, der eindeutige Mensch mit den vieldeutigen Liedern, wächst in die Schuhe des nächsten Jahrtausends hinein. Wie sie ihm passen, ob sie ihn drücken werden, ist ungewiß.

Gerhard Schöne: *Wie das Gras die Kraft hat, durch Beton zu brechen, so hoffe ich doch immer wieder, daß die Natur noch so viele Selbstheilungkräfte hat, um mit den unmöglichen Dingen klarzukommen, die ihr die Menschen aufbürden. Und daß in den menschlichen Gehirnchips noch genügend Kraft ist, bestimmte Korrekturen möglich zu machen, so daß so manche falsche Entwicklung noch im allerletzten Moment gestoppt würde. Das hoffe ich.*

Er selbst wird weiter das tun, was er kann, und dies so gut es ihm möglich ist. Er wird fabulieren, nachdenklich mahnen, verschmitzt lächeln. Er ist Vater eines Sohnes, Erdenbürgers des 21. Jahrhunderts, geworden. Für dieses kleine Wesen hat er nun eine Verantwortung, die über den eigenen Lebenshorizont hinausweist. Da beginnt ein Mensch in eine Welt hinauszutapsen, die irgendwann nicht mehr die Welt des Gerhard Schöne sein wird. Der sitzt dann längst auf einem Himmelsschiff und bläst kleine Schäfchenwolken um sich her. Seine Enkel und deren Kinder werden seine Lieder singen und sich an einen Opa erinnern, der so wunderbar versponnen war. Denn auch sie werden die Sehnsucht nach der Wirklichkeit neben der Realität, wie sie aus der Zeitung kommt, haben. Auch sie werden F-Tsch-Chqu-&%-Wumm-Apparate lieben, gute Feen ersehnen und traurig beim Abschied sein.

Das hat er sich vor vielen Jahren ausgedacht, werden sie über Gerhard Schöne sagen, und jetzt wohnt er dort, am Ende des Weges, wo die Sternschnuppen hinfallen...

Auf der Bühne des HdJT in Berlin am 2.12. 1989 anläßlich des Konzertes »Verlorene Lieder – Verlorene Zeiten«, bei dem sich aus der DDR ausgewiesene und in der DDR gebliebene Liedermacher erstmals zum Konzert und Gespräch wiedertrafen.

TEIL II

GESPRÄCHE ÜBER GERHARD SCHÖNE

FRIEDRICH SCHORLEMMER:

»Er hat auf sanftmütige Weise der Wahrheit, auch der schwierigen Wahrheit, die Stimme gegeben«

Friedrich Schorlemmer, sehr vielen Menschen in Deutschland sind Sie bekannt als der lutherische Pastor aus Ostdeutschland, der mit besonnenen und klugen Worten auf die »Barrikaden« der Wendezeit 1989 sprang. Ein Sympathieträger mit leicht gelocktem Haar aus Wittenberg – das hat die Medien gefreut. Natürlich konnten sich Ihr Stellenwert und die Achtung vor Ihrem Standpunkt nicht aus dem luftleeren Raum entwickeln. Sie waren seit den 70er Jahren eine wichtige Figur der kirchlichen Jugend- und Studentenarbeit. Da lag es nahe, sich mit Problemen und Wirkungsweisen von Kunst und Kultur auseinanderzusetzen und Schnittpunkte für die eigene Arbeit als Seelsorger zu suchen. Gerhard Schöne, der von der Presse ja übrigens mitunter als »Gitarren-Schorlemmer« bezeichnet wird, dürfte in diesem Zusammenhang in Ihrem Visier doch schon relativ zeitig aufgetaucht sein.

Friedrich Schorlemmer: *Ich wurde 1971 Studenten- und Jugendpfarrer und war von Beginn des Studiums an beteiligt an der Gottesdienstreform, weil ich den Eindruck hatte, er war steif, er nahm nicht das Lebensgefühl von Menschen auf, also weder in seinen Formen noch in seinen Inhalten. Da hab ich immer danach gesucht und überlegt, wie können wir die Traditionen und gegenwärtige Befindlichkeiten und Geschmäcker miteinander verbinden und zwar so, daß es als Gottesdienst angemessen bleibt. Und da mußte man sich natürlich fragen: Gibt es ein Zielpublikum, z.B. jüngere Leute, das bei Liedern, die uns lieb geworden sind, also Paul Gerhard vielleicht, Abstand hat. Die Frage bestand einfach, ob man da nicht auch ganz neu anfangen muß, auch neue Lieder zu schaffen, die nicht künstlerisch als religiöser Sing-Sang einzustufen sind. In dem Zusammenhang habe ich geschaut, was gibt es da und habe auf meinem alten Tonbandgerät »Smaragd 4«, ein herrliches Zweispurgerät, die Lieder von Gerhard Schöne und eben seine Stimme zum ersten Mal gehört. Und spontan hat mich daran beeindruckt, daß hier einer ganz authentisch singt. Er singt, was in ihm los ist, singt, was er sieht, singt einfach seine Seele. Und das erreichte eine Form von Schlichtheit, die im guten Sinne was ganz Naives hatte. Da steckte seine ganze Zartheit drin, schon durch seine Stimme, und gleichzeitig war mir klar, das würde so nicht lange Bestand haben. Denn auch*

Lieder, die nur für den Tag bestimmt sind, müssen sich überprüfen lassen, ob man sie nach zwei Jahren auch noch hören will. Kunst zeigt sich erst darin, ob man z.B. Lieder nach vielmaligem Hören immer noch mal hören will. Und da hat sich dann ein Ausfilterungsprozeß ergeben, auch in den Gottesdiensten, wo manches, das im Moment gut und richtig war, dann wieder beiseite gelegt werden mußte. Und einige der frühen Lieder von Schöne, die auf diesen Tonbändern zu finden waren, gehörten noch dazu. Heute würde man die sicher als ganz schön kitschig bezeichnen, aber damals hatten sie eine aufbrechende Funktion. Es war die Stimme des Authentischen, des ganz Nahen. Hier fühlten sich Menschen, auch jüngere Leute, verstanden bei dem, was er sagte. Im Unterschied dazu ist die Kirchentradition doch sehr hermetisch.

Gemeinsames Singen hat ja im besten Sinne des Wortes etwas »Erhebendes«. Nun konnte man beobachten, wie der junge Gerhard Schöne diese hermetisch geschlossene Käseglocke des protestantischen Kirchengesangs, wie er am Ende des 20. Jahrhunderts leider in vielen Kirchen praktiziert wurde, aufbrach. Da schleppte sich nicht ein ständig langsam werdender Gesang hinter einer Orgel her, sondern die Spiellust eines Vorsängers nahm die Gemeinde, die gar nicht nur die Gemeinde im engeren Sinne war, auf eine frohe Reise mit. Das, wofür Kirchenlieder ja gemacht sind, nämlich ein Gemeinschaftserlebnis, stellte sich spontan ein!

Friedrich Schorlemmer: *Das ist etwas ganz Wichtiges. Und die Gesellschaft heute krankt auch daran, daß wir nicht mehr gemeinsam singen. Alles ist in höchster Lautstärke, daß man nicht mehr reden kann und auf CD-Qualität, aber das gemeinschaftliche Singen bleibt aus. Das hat eine humanisierende Funktion, eine gemeinschaftsbildende Funktion und eine, die den einzelnen aktiviert und kreativ macht, im Sinne: Ich brauche mich nicht zu schämen für meine Stimme, ich kann auch singen, zumindest was der andere da vorsingt. Und in der Gemeinschaft macht mir das Spaß. Gegenwärtig haben wir eher so eine Scham, den Mund richtig aufzumachen, es sei denn, es gibt einen Verstärker, der alles, auch allen Schrott, verdeckt. Ohne Verstärker kann man viel eher rauskriegen: Was ist dran an dem, was einer singt. Insofern sieht man bei Gerhard Schöne alle Schwächen seines Singens in dieser offenen Art. In den frühen Liedern ist das ganz deutlich erkennbar. Diese Aufnahmen sind unter den einfachsten Bedingungen entstanden und wurden nicht hinterher irgendwie aufgearbeitet. Und das eben gehörte zu dem Menschlichen und Authentischen, daß da jemand nicht ganz groß ist, in nie erreichten Höhen, dem du nur zuhören, zujubeln kannst, den du nur anbeten kannst. Nein, vielmehr:*

Das ist was, was auch zu dir gehört, das kannst du auch singen, das kannst du nachvollziehen. Das waren die ersten wichtigen Empfindungen bei diesen Liedern und oft ist das auch heute noch so bei Gerhard Schöne. Und was er singt, hat in einem echten, ganz unkitschigen Sinne mit Liebe zu tun, mit Liebe zum Leben, Liebe zu dem Schwachen, Liebe zu dem Einzelnen, zum Übersehenen. Also: Das sind eigentlich Liebeslieder an das Leben, von Anfang an und bis heute.

Und wenn heute auf irgendwelchen Ebenen immer so wichtig über die »Werte« diskutiert wird, da kann ich nur lachen. Der Gerhard Schöne hat unendlich viel mehr für die Wertebildung von Menschen geschaffen durch seine Lieder als alle, die heute so klug darüber reden. Ganz tief drin sitzt das bei vielen und gerade was Sensibilität und Kreativität anlangt, hat er das so oft mit angeschubst mit seinen Texten. »Kathrin malt mit Wasserfarben und mit heißen Händen eine Welt aus Veilchenduft und wilder Phantasie« z.B., das war doch zum Hinschmelzen für meine Kinder. Und ich konnte das mit ihnen zusammen hören und auf den langen Fahrten im Auto mitsingen. Überhaupt, wie viele Autofahrten im Trabbi haben wir mit unseren Kindern, Kassettenrecorder und Gerhard Schöne verbracht!

Gerhard Schöne beschreibt selbst, daß er seine ersten Lieder nicht zielgerichtet als Kinderlieder schrieb, sondern sein Publikum hat sie über die Jahre dazu gemacht. Selbst in einer für ihn bedrängenden Zeit wie seiner Zeit als Bausoldat hat er Lieder geschrieben, die heute noch zu seinen stärksten zählen. Er zielte nicht auf Wirkungen, er vereinte in sich selbst Kindlichkeit und Erwachsensein, Freude und Bedrückung.

Friedrich Schorlemmer: *Ja, und deshalb konnte er auch bedrängte Leute, vereinzelte und einsame Menschen so gut verstehen und das in Zeilen bringen, die eine Poesie haben, die verständlich bleibt. Diese Poesie bemüht sich um Menschen, es sind Gebrauchslieder, um den Alltag besser zu bestehen.*

Meinen Sie, daß dies eine Poesie ist, die sich als eine Art »Gottesgabe« aus Gerhard Schönes Haltung dem Leben gegenüber herstellt oder steht dahinter eher eine künstlerische Idee und Anstrengung?

Friedrich Schorlemmer: *Ich meine, er* ist *so. Er ist ja gerade nicht bemüht in dem Sinne, sondern er ist ganz direkt. Das kann man künstlerisch natürlich manchmal befragen. Aber wenn man vom Effekt her denkt, was es also bewirkt, dann hatten die Leute doch immer den Eindruck: Der ist genauso, wie er singt und was er singt, das hat ganz und gar etwas mit uns zu tun. In diesen Liedern fühl ich mich verstanden. Der drückt etwas aus, was ich mich so nicht getraue auszudrücken. Insofern war er immer auch einer, der Menschen geöffnet hat für Innerstes. Das ist ja bis heute so, wenn er z.B. zu Kirchentagen auftritt. Und ich meine, er weiß auch, was es heißt, schwach zu sein, vielleicht ausgegrenzt zu sein, herausgedrängt zu sein, allein zu sein, nicht bei der Masse zu sein und mitzugrölen. Das kann man nicht nur erfinden. Aber natürlich hat er es auch genossen, wenn die Leute ihm zugehört und zugejubelt haben. Ich glaube, je mehr Zuhörer er hat, desto kreativer wird er, desto besser wird sein Lied und desto stärker wird sein Witz. Er ist einer, der kreativ wird durch sein Publikum.*

Das Singen wurde ja in den 70er Jahren in der DDR nicht nur von der Kirche wiederentdeckt. Die Hootenanny-Bewegung Mitte der 60er Jahre, die in die FDJ-Singebewegung mündete, hat auch auf ein Gemeinschaftserlebnis gezielt. Gerhard Schöne hat beides wahrgenommen. Ein Auftritt des »Hootenanny-Klubs« in seiner Heimatstadt Coswig hat ihn stark beeindruckt. Er entdeckte also die verschiedenen gesellschaftlichen Räume für Lieder. Haben Sie diese Doppelbewegung als zwei Seiten eines ähnlichen, offenbar in der Zeit liegenden Bedürfnisses wahrgenommen?

Friedrich Schorlemmer: *Ich habe das so nicht mitbekommen. Ich habe nur mitbekommen, daß die Singebewegung der FDJ durchaus auch Leute ansprach, die sich bis dahin nicht von der FDJ haben ansprechen lassen. Das war schon zu spüren. Insofern gab es den beabsichtigten Effekt durchaus. Andere in meiner Jungen Gemeinde und auch in der Studentengemeinde waren grundsätzlich gegen das ganze Gesinge, auch bei uns, weil sie den Eindruck hatten, hier macht die Kirche etwas genauso wie die FDJ und umgekehrt. Und da haben sich manche gesagt: Das geht überhaupt nicht. Da darf man sich gar nicht erst gemein machen, ganz grundsätzlich. Solche Stimmen gab es. Aber ich habe nie gehört, daß man jemandem wie Schöne vorwarf, daß er da irgendwie »mitmachte«.*

Natürlich hatte auch Gerhard Schöne selbst Auseinandersetzungen mit seinen Fans, die ihm übelnahmen, wenn er auf den Festivals des Politischen Liedes sang. Sie wollten ihre saubere Nische – mitunter hatten sie ja auch schlechte Erfahrungen mit der offiziellen DDR gemacht. In dieser sauberen Nische mit Namen Kirche lebte es sich einfacher, und Gerhard Schöne war zuallererst »Eigentum« dieser Szene. Da befremdete es sehr, wenn er plötzlich aus dem Fernsehapparat ins Wohnzimmer schaute. Er selbst verwirklichte nur das, was er auch in seinen Liedern forderte: Angebote zum Nachdenken in jeder Lebenslage und an jeder Stelle –

eben auch beim Festival des Politischen Liedes. Er sang ja dort die gleichen Lieder wie in der Kirche.

Friedrich Schorlemmer: *Gerade in diesem Festival des Politischen Liedes waren ja Aufbruchsmomente drin, emanzipatorische Ideen, die ganz wichtig waren. Das sind so Sachen, die heute gern in Bausch und Bogen verdammt werden. Auch in diesem Fall wäre das ganz falsch. Das Festival war nicht gleichzusetzen mit Egon Krenz und Hartmut König, auch wenn die damit zu tun hatten. Vielmehr passierten dort auch Aus- und Aufbrüche, wo es zu einer Teilidentifizierung mit der DDR von durchaus kritischen Leuten kam. Also z.B. bei einem Thema wie Chile, da war ich ganz und gar »auf DDR-Linie«. Der rechtmäßig gewählte Präsident der Republik Chile wurde mit Hilfe des amerikanischen Geheimdienstes ermordet. Das stimmt ja wohl auch heute noch. Und die DDR war Zufluchtsort für Leute aus Chile geworden, während sich andere Länder zurückhielten. Und die DDR war auf Seiten von Nelson Mandela, der damals im Westen noch als Kommunist galt und wo sie erst heute so tun, als wären sie schon immer für ihn und den ANC gewesen, und deshalb durfte er dann auch im Bundestag reden, weil er ja schon immer für die Freiheit gekämpft hatte. Also hier wird im Nachhinein zu schnell politisch zugeordnet. Und mir ging es wie vielen anderen, die hier eingemauert waren: Da hat man damals gesucht, wo gibt es Verbündete mit einem ähnlichen Geist, wo gibt es Anknüpfungspunkte zu Leuten, die »die Deutsche Demokratische Republik« stärken wollten und zugleich wollten, daß sie anders wird. Also insofern fand ich diese Form der Grenzgängerei, wie sie selbst Gerhard Schöne praktiziert hat, damals schon richtig,* **wenn** *man sich nicht kaufen ließ! Da mußte man bei einigen, die den ganz großen Erfolg hatten, ein paar kritische Fragen stellen. Aber die Puhdys und Gerhard Schöne waren da schon zwei unterschiedliche Paar Schuhe, fand ich. Da sind die Liedermacher sowieso ein anderes Völkchen gewesen. Der Dialog ist immer sinnvoll gewesen über ihre Haltung und was sie politisch wollen. Auch der Dialog über ihre Lieder natürlich. Und daß Gerhard Schöne und auch andere sich genau darauf einließen, habe ich damals kritisch begleitet, aber schon immer mehr freundschaftlich. Ich fand es gut, daß wir die Fronten, die es auch in unserem Land DDR gab, durchbrechen und wenn dies mit Leuten geschieht, die dabei glaubwürdig bleiben. Und zu denen gehörte Schöne immer. Deshalb kann ich gut verstehen, daß er aus der Kirchennische herauswollte.*

Die Lieder wollten raus aus dem Altarraum, nicht, um nie wieder zurückzukehren, sondern um auf Verkündigungsreise zu gehen. In der Kirche war so vieles klar. Die Verabredung stimmte. Sang aber Gerhard Schöne in Kulturhaus oder Werkkantine, stieß er doch oft auf Verwunderung und Erstaunen. Er sprach dann Themen an, die so an diesem Ort noch nie thematisiert worden waren.

Friedrich Schorlemmer: *Wenn man so will, ist ja gerade das etwas Missionarisches an seiner Grundhaltung. Menschen für etwas aufzuschließen, wofür sie sonst gar kein Verständnis, ja nicht mal Zugang hatten, das ist überhaupt begrüßenswert. Und dabei ist dann auch viel rausgekommen! Die Platten, die er gemacht hat in der DDR, die gehörten zum Lebensmittel für ganz viele Leute. Man wollte nicht nur Pete Seeger hören, sondern auch was aus dem eigenen Land, was von innen kam. Genauso war es mit einer Platte wie »Jazz Lyrik Prosa«. Das, was bei VEB Deutsche Schallplatte da mitunter gemacht wurde, war für einen Zensurstaat manchmal ziemlich viel. Das muß man heute mal sagen!*

Kunst hat sich in vergangenen Jahrhunderten immer auch als Dienerin von Religion verstanden. Nach dem Verlust dieser Mitte waren dann nun alle Genres autonom und verwirklichten sich selbst. Denken Sie als Theologe manchmal darüber nach, welche Rolle Kunst in unserem Jahrhundert in der und für die Religion noch spielen kann? Oder anders gefragt: Welchen Stellenwert bekommen auch in Zukunft Leute wie Gerhard Schöne auf ihrem Weg zwischen weltlichen und geistlichen Bühnen?

Friedrich Schorlemmer: *Wer das Verhältnis von Kunst und Religion nicht reflektiert, verurteilt die Religion leichtfertig dazu, abergläubisch, kitschig und banal zu werden. Ich sage jetzt einfach mal: Mancher Katholizismus, in Polen beispielsweise, ist eine reine populistische Kitschveranstaltung, sowohl geistig wie auch künstlerisch. Gleichzeitig entwickelt sich daneben immer auch große Kunst. Religion ohne Kunst geht deshalb schon nicht, weil Gott der größte Künstler ist und alles, was Menschen machen, der Versuch da anzuschließen und Mitschöpfer zu sein, also die Begabungen der Menschen mit auszuformen. Die Kirche war jahrhundertelang Auftraggeberin von Kunst. Da ist neben großem Kitsch eben auch große Kunst entstanden, auch Auftragskunst mit einer bestimmten, festgelegten Botschaft, »Propagandakunst« also. Die bunten Glasfenster in den großen Kirchen waren genau das, für das einfache Volk, für Analphabeten erzählte Geschichten. Diese Verbindung zwischen großer Kunst und einfachem Gemüt wieder zu schaffen, ist die Aufgabe der Kirchen. Also auch, den Zugang zur Kunst zu ermöglichen und zu schaffen für Leute, die diesen Zugang von sich aus nicht finden. Und dies zusammenzuhalten und dahin zu führen, das geht meistens nicht konfliktlos. In unserem Jahrhundert nun fällt das auseinander, weil der Anteil der Menschen, auch der Künst-*

ler, die zum Christlichen eine nähere Beziehung haben, viel geringer geworden ist. Das ist der Punkt. Und zum zweiten, die künstlerischen Formen, etwas Religiöses zu gestalten, haben sich irgendwie abgearbeitet. Es ist beinahe alles bereits probiert worden. Für spezielle Zielgruppen ist interessant, was Ligeti für die Orgel macht oder Messian, auch Arvo Pärt. Aber das ist nie für die große Menge. Insofern ragt das heraus, was Gerhard Schöne gemacht hat, z.B. mit seinen Choralbearbeitungen auf der CD »Ich bin ein Gast auf Erden«. Und zwar vom Poetischen her, vom Künstlerischen und vom Theologischen her. Er arbeitet Tradition auf und schafft Scharniere zwischen Vergangenheit und Gegenwart. Das ist eine besondere Begabung. Ich halte also seine Choralbearbeitungen für das Schönste, was es gibt an Aufnahme und Aneignung von Tradition für heute.

Angeregt wurde Gerhard Schöne zu diesen Liedern u.a. von Dorothee Sölle. Bei dieser Theologin entdeckte er die eben genannten Scharniere zwischen gestern und heute. Mit deren Hilfe konnte er Dinge und Einsichten seines eigenen Glaubens authentischer ausdrücken, als es ihm mit eigenen Worten gelungen wäre.

Friedrich Schorlemmer: *Genau Dorothee Sölle hat gesagt, daß Theologie eigentlich Theopoesie sein muß. Das ist ihr Wort dafür. Eben nicht nur Logos, das Denkerische, sondern auch das Poetische. Das hat Schöne versucht zu transponieren, auch für jüngere Leute. Seine Lieder sind ja, wenn ich das mal so übersteigert sagen darf, eine musikalische Anwendung des Satzes aus dem Neuen Testament: Wenn ihr nicht werdet wie die Kinder, werdet ihr das Himmelreich nicht bekommen.*

Das heißt: Bei Gerhard Schönes Liedern darf man wie die Kinder werden, gerade wir Erwachsenen. Und wir hören seine Lieder gern mit Kindern zusammen, das ist wie Weihnachten, das man ja auch am liebsten mit Kindern zusammen feiert. Erwachsene beugen sich nur scheinbar zu den Kindern herab; eigentlich geht es direkt in ihre Seele hinein. In jedem Erwachsenen steckt dieses Stück Kind immer mit drin, und das will dann Gerhard Schöne hören. Leider haben wir inzwischen diese strenge Trennung zwischen E- und U-Musik, um mal bei diesen komischen Worten zu bleiben. Und ich bestehe z.B. darauf, daß auch die U-Musik E-Musik ist und umgekehrt. Wenn die E-Musik nicht auch U-Musik ist, wird sie ganz elitär. Große Kunst kann nicht darauf verzichten, auch populär zu werden, ich sage: auch. Und genauso ist das mit der leichten Musik, die darf nicht seicht werden, wenn sie Kunst bleiben will. Gerhard Schöne gibt uns da ein gutes Beispiel: Bei ihm ist das Leichte auch das Wahre.

Gerhard Schöne war zu DDR-Zeiten und ist auch heute noch praktizierender Pazifist. Er war in der kirchlichen Friedensbewegung in der DDR in den frühen 80er Jahren präsent und hat auch da mit seinen Liedern einen bestimmten neuen Ton hinzugefügt, der erkennbar christlich geprägt ist und zugleich auch aus der Mitte der Gesellschaft kam.

Friedrich Schorlemmer: *Die Friedensbewegung in der DDR hatte dadurch Gestalt, daß sie Symbole fand: Die berühmten Aufnäher »Schwerter zu Pflugscharen«, aber auch andere Zeichen. Zweitens hatte sie große poetische Texte von Ernesto Cardenal, Dorothee Sölle, aber auch von Wolf Biermann. Und drittens kamen Lieder dazu. Das waren Lieder aus der amerikanischen Friedensbewegung, andere, die in unseren kleinen Heftchen abgedruckt waren und die dann der eine oder andere auch zur Gitarre begleitet hat. Und es waren auch Lieder von Gerhard Schöne dabei. Ich kann mir die Friedensbewegung ohne seine Lieder, auch ohne die von Dieter Trautwein und Huub Osterhius, nicht vorstellen. Eine Friedensbewegung lebt auch von den Refrains, sie lebt davon, daß man bestimmte Dinge wiederholt und sie in seine Seele aufnimmt. Solche Lieder wurden zu Fanfaren des friedlichen Widerstandes, zu Fanfaren des Mutes. In einer Welt von Kanonengedröhn war das ziemlich wichtig.*

Der Umbruch in der DDR kam bald auf das Gleis der Vereinigung und damit verloren sich bestimmte Inhalte, die die Aufbruchsbewegung trugen – wie sich überhaupt viele Inhalte verloren. Basisdemokratische, ökologische, an Menschenwürde orientierte Inhalte. Diese Dinge wurden schnell vernachlässigt. Ich frage mich manchmal, wo bleibt denn heute z.B. der Friedensmensch Eppelmann, den es mal gab. Hat es dem denn in der Freiheit völlig die Sprache verschlagen? Auch die Kirchen beherrschten in den Zeiten des Kosovo-Krieges diese bestimmte und traditionelle Sowohl-als-auch-Sprache. Die Logik der Gewaltlegitimation war die beherrschende geworden.

Gerhard Schöne hat ja mit der »Friedenssteuer« nach 1990 versucht, seine Überzeugung auch tätig weiterzuleben. Heute muß er eingestehen, daß diese Form der Verweigerung eines bestimmten Teiles der Steuer für Kriegszwecke erfolglos war und gescheitert ist. Offensichtlich gibt es wenige geeignete Formen, Pazifismus zu leben.

Friedrich Schorlemmer: *Ich habe von seiner Aktion gehört, das aber auch nicht weiter verfolgt. Es ist ein Ausdruck auch meiner Hilflosigkeit. Hinzu kam die Spaltung der Friedensbewegung damals im Golfkrieg 1991, wovon sie sich ja bis heute noch nicht wieder erholt hat.*

Sehen Sie denn nach dieser Phase der Sprachlosigkeit inzwischen auch wieder neue Impulse? Wenn man auch diesen Prozeß als Wellenbewegung sieht, könnte man darauf hoffen, daß die Amplitude aus dem Tal irgendwann wieder einmal nach oben ausschlägt?

Friedrich Schorlemmer: *Also, wenn wir nicht hoffen könnten, daß diese Amplitude mal wieder hoch geht, dann könnten wir sowieso einpacken. Ob es aber so kommt, kann keiner voraussagen. Meine Befürchtung ist, daß die Verblödung mittels Medien grenzenlos wird. Im Wettlauf um die Unterschreitung des Niveaus sind selbst die öffentlich-rechtlichen Anstalten gut mit im Rennen. Meine Hoffnung ist dennoch, daß die Menschen irgendwann merken: Das ist hohl, banal, das ist Lüge, das ist lediglich die Macht, an uns zu verdienen. Ich hoffe, daß sich im Menschen etwas wehrt, weil er etwas Authentisches, etwas Direktes möchte, etwas Warmherziges, etwas im echten Sinne Gefühlvolles und auch Visionäres. Das Herz muß warm, der Kopf muß klar sein. Und da, glaube ich, haben Liedermacher im guten Sinne was Aufklärerisches; die halten keine Vorträge, sondern singen ihre Lieder. Dadurch haben sie etwas Eindringliches und Wirksames, schon weil sich Lieder wiederholen lassen. Ein Lied lebt ein Stückchen mit den Menschen mit. Liedermacher sind Botschafter für das, was menschliches Leben und miteinander leben wert macht. Für die politische Kultur eines Landes sind sie wichtig. Sie nehmen etwas auf von der inneren Situationen der Menschen in ihrer Zeit. Ihre Texte haben einen poetischen Überschuß, der mehr ist als nur die Botschaft, und dieser Überschuß kann mobilisieren. Liedermacher können im besten Sinne eine Gegenöffentlichkeit mobilisieren, die immer eine Minderheit bleibt, aber eine Minderheit, die ganz wichtig ist für eine Gesellschaft, die, um es theologisch zu sagen, Salz der Erde ist. Gerhard Schöne gehört da dazu. Das ist schon ganz viel.*

Auch diese Minderheit braucht ja ihre Öffentlichkeit. Hat die eine Nische in den Medien, wird die sich aufs Internet verlegen oder irgendwann noch eine ganz andere Form für sich finden?

Friedrich Schorlemmer: *Es wird immer nur eine Gegenöffentlichkeit sein. Die direkte Begegnung, den sinnlichen Vorgang wird es weiter geben. Ich gehe in eine Veranstaltung und dort sind außer mir 200 oder 50 oder 1000 Leute. Und gleichzeitig darf man nicht darauf verzichten und muß sich dafür einsetzen, daß eine Kunst, wie sie Gerhard Schöne macht, in die Medien kommt, einen höheren Verbreitungsgrad hat für jemanden, der nicht zu einem Konzert fahren kann. Das muß man sich weiter erkämpfen, auch wenn es im Internet für alles eine Seite gibt. In einer Mediengesellschaft dürfen Menschen, die eine Botschaft haben, nicht zu Medienmuffeln wer-*

den, bloß weil sie den Eindruck haben, die Medien sind verdorben. Man muß da weiter »reinkommen«, auch um zu zeigen, wir sind noch da, haben ein Publikum und einen Anspruch.

Vielleicht kommen wir von diesem Gedanken zu einem weiteren Schlüssel zum Geheimnis der großen Popularität des Gerhard Schöne in der DDR. Er war zwar in den offiziellen Medien der DDR vorhanden. Aber die eigentlichen Begegnungen und Erlebnisse mit ihm haben in der Gegenöffentlichkeit stattgefunden. Er ist dadurch für viele DDR-Geborene zu einem Stück Heimat geworden. Jeder kennt ihn, jeder hat ihn schon mal gesehen – und trotzdem klebte und klebt nicht der Geruch des DDR-Stars an ihm.

Friedrich Schorlemmer: *Man findet eben sehr viele Leute, die sagen, Gerhard Schöne gehört zu meiner Lebensgeschichte, dieser bestimmte Klang, diese Lieder gehören dazu. Es war ein unverwechselbarer Klang, der in diesem Land DDR so entstehen konnte und hier so gehört wurde. Gerhard Schöne hat sich seine Orte hier gesucht und er hat sie gefunden. Er hat sich Räume der Freiheit erdacht, ersungen und auch erstritten, wenn es sein mußte. Manchmal konnte man da aus Kirchensicht ein bißchen neidisch drauf schauen, was für ein großes Publikum er gefunden hatte: In*

Konzert »Verlorene Lieder – Verlorene Zeiten« am 2.12.1989
(im Bild rechts: Jürgen Eger, Barbara Thalheim, Steffen Mensching)

der Öffentlichkeit, in den vielen Haushalten, wo seine Platten und damit seine Lieder gehört wurden.

Auf Schöne trifft exemplarisch zu: Selig sind die Sanftmütigen, denn sie werden das Erdreich besitzen. Schöne hat den Sanftmütigen die Stimme gegeben, das war und ist unverwechselbar. Das hat kein anderer so gemacht, das hat auch keiner so machen können wie er. Und anderen, die viel härter vorgegangen sind, paßte das sicher nicht. Aber Gerhard Schöne hat auf sanftmütige Weise der Wahrheit, auch der schwierigen Wahrheit, Stimme gegeben. Das war es und zwar auf eine Art und Weise, die immer auch noch etwas Wohliges behielt, so daß das – mit etwas Sentiment – eine seelische Heimat für viele werden konnte.

Friedrich Schorlemmer ist Pfarrer und Leiter der Evangelischen Akademie Sachsen-Anhalt.

BARBARA THALHEIM

»Er ist der naive Maler unter den Liedermachern«

Barbara, viele Jahre lang waren du und vielleicht noch Kurt Demmler die einzigen prominenten Liedermacher in der offiziellen DDR. Eine eigene Szene gab es in dem Sinne erst seit den späten 70er Jahren. Damals allerdings tauchten einige Kollegen auf, die in den folgenden Jahren wichtige Impulse gaben, die die ganze Szene mit neuen Ansätzen, Gedanken und musikalischen Formen bereicherten. Auch Gerhard Schöne machte sich nach seinem Studium an der Dresdner Hochschule und noch während seiner Zeit als Bausoldat daran, wahrgenommen zu werden und zwar außerhalb der Kirche. Kannst du dich erinnern, wann und in welchem Zusammenhang du ihn zum ersten Mal erlebt hast?

Barbara Thalheim: *Ich weiß, daß ich ihm zunächst gar nicht direkt begegnet bin, wohl aber seiner Schrift. Wie andere Leute auch, schrieb er mir Briefe und dann schickte er auch eine Kassette mit Liedern. Und zuerst ist mir seine Schrift aufgefallen. Er hat nämlich so eine richtige Krikel-Krakel-Schrift. Die erinnerte mich sehr an den Maler Horst Hussel und da ich Gerhard noch nicht kannte, ordnete ich ihm zunächst ein Hussel-Gesicht zu. Die Schrift also war es, die ich so originell fand und die hat sich ja bis heute bei ihm auch kaum verändert. Ich kriege wirklich viele Briefe, aber seine Schrift erkenne ich immer sofort heraus, sie hat eigenartige Hügel und Spitzen oder Zacken, die eine Ähnlichkeit haben mit kleinen Vignetten. Dann las ich natürlich auch seine Texte und fand die ebenso originell. Ich nannte ihn: »den naiven Maler unter den Liedermachern«. Und das ist er eigentlich bis heute. Wenn man seine Kunst transponieren könnte auf bildende Kunst, dann wäre er ein naiver Maler, der Gleichnisse malt über das Leben.*

Übrigens habe ich bis heute Gerhards Texte aufgehoben. Da steht auf jedem Text genau, wann er entstanden ist. Ich habe nach den Jahren viele Texte zerrissen, die ich damals geschickt bekam, als ich bei DT64 die Chansonecke betreute. Aber Gerhards Texte sind Originale, die zerreißt man nicht. Es hat mich damals sehr fasziniert, wie er auf die Idee gekommen ist, in seinem Lied »Unterm Dach« zu beschreiben, wie man Schnittlauch aus der Dachrinne futtert.

Interessanterweise waren es ja wahrscheinlich auch seine Lieder zu den Bildern von verschiedenen DDR-Malern, die ihn über den kirchlichen Rahmen hinaus bekannt gemacht hatten, darunter das Lied »Heizers Geburtstagsständchen« vom Hallenser Albert Ebert, der ein naiver Maler ist...

Barbara Thalheim: *Ich nannte Gerhard einen naiven »Töne-Maler« bevor er seine Lieder zu Albert Eberts Bildern gemacht hat. In der Kunst kommt es auf Unverwechselbarkeit an, also auf die Fähigkeit, etwas ganz Eigenes zu schaffen, das eng mit der Person, die es macht, verbunden ist. Das ist Gerhard gelungen und offensichtlich gelingt es ihm bis heute immer wieder. Er ist ein Volkssänger, kein intellektueller Überflieger, der Selektierkunst macht für einige wenige »Auserwählte«. In Gerhards Konzerten sitzen ja noch heute die 75-jährige Oma mit dem Enkelkind, der Mediziner und der Philosoph zusammen, alle fühlen sich bei ihm gut aufgehoben und doch zieht auch jeder etwas anderes aus seinen Liedern für sich heraus. So etwas mit Kunst zu erreichen, ist rar und gelingt nur wenigen Künstlern überhaupt.*

Im Gespräch mit Barbara Thalheim in der Volksbühne Berlin 1987.
Im Hintergrund rechts: Reinhard Heinemann, Leiter des Festivals des Politischen Liedes.

Gerhard selbst und auch seine erste Produzentin und Mentorin Doris Winkler berichten, daß du in einer Jury saßest, als Gerhard 1979 noch in der Unifom der Bausoldaten vor der Berliner Bezirkskommission für Unterhaltungskunst vorgesungen hat. Deine flammende Rede für dieses »junge Talent« hätte bewirkt, daß auch die anderen den etwas schüchtern daherkommenden Gerhard Schöne und seine Lieder ernst genommen haben.

Barbara Thalheim: *Ja, schade, ich kann mich an alles, was in Uniformen stattgefunden hat, überhaupt nicht mehr erinnern. Wahrscheinlich ist das eine posthume Verdrängung meiner Zeit im Erich-Weinert-Ensemble. Aber daß die Lieder von diesem Gerhard Schöne anders, eben originell waren, das haben ja ziemlich schnell einige Leute mitbekommen. Gerhard konnte ja schon 1981 seine erste Schallplatte machen. Das war doch für DDR-Verhältnisse erstaunlich.*

Aber ich will nicht nur ins naive Schwärmen abgleiten. Gerhards bewußt zur Schau gestellte naive Lebenssicht hat natürlich auch ihre Tücken. Ich behaupte mal einfach, daß man das Leben nicht schöner singen darf, als es defacto ist. Ich bin von meiner Persönlichkeit her mehr ein Schmuddelecken-Gucker. Und da machte es mich mitunter zornig, wenn mir in jedem zweiten Lied von Gerhard eine gute Fee vorgesetzt wurde, die mich bei der Hand nehmen würde. Und meist löste sich es in der letzten Strophe noch so auf, daß ich selbst die gute Fee sein könnte, wenn ich das nur in mir erkenne und daran fest glauben würde. Leider läßt die Welt, in der wir leben, das »Feen-Tum« nicht zu und der Glaube kann eben nicht Berge versetzen. Dennoch haben Gerhards wunderschön geschriebene Seelenpflaster ihre Berechtigung. Das will ich keinesfalls in Abrede stellen. Was mich bis heute tief berührt, ist zum Beispiel das Lied »Wellensittich und Spatzen«. Ein solches Bild muß man erst mal erfinden: »Als mein gelber Wellensittich aus dem Fenster flog, hackte eine Schar von Spatzen auf ihn ein. Denn er war wohl etwas anders und war nicht so grau wie sie und das paßt in Spatzenhirne nicht hinein.« Gerhard beschreibt in diesem Lied den Vorgang, die Vorzüge und die Gefahren des Andersseins. Er ist von seiner Erzählhaltung her der Beobachter geblieben. Ich würde mich, wenn ich so ein Lied schreiben würde, schreiben könnte, mit Sicherheit als Wellensittichfrau outen. Meine Grundphilosophie, anders zu sein als andere, wäre mir wesentlicher zu beschreiben, als den Vorgang des Andersseins an sich.

Diesen Unterschied zwischen euch gibt es ja in der Kunst zu beobachten, aber vielleicht auch im wirklichen Leben. Als Künstlerpersönlichkeiten könntet ihr beide jeweils als zwei sehr unterschiedliche »Exemplare« beschrieben werden...

Barbara Thalheim: *Das ist wohl wahr. Ich habe ja viele Konzerte und Tourneen mit Gerhard gemacht, vor allem über viele Jahre den Liedercircus. Fast immer war Gerhard derjenige, dessentwegen die meisten Leute ins Konzert kamen, der vom Publikum am meisten erwartet und beklatscht wurde. Dennoch war er in den jeweiligen Teams der Bescheidenste, der Leiseste, nie exzentrisch, egozentrisch oder egoistisch. Er ist schon ein Phänomen, der gute Gerhard, eine ganz ungewöhnliche Künstlerpersönlichkeit: Außerhalb von Bühne und Öffentlichkeit will er am liebsten unauffällig sein, keinesfalls im Mittelpunkt stehen.*

Einmal, als wir mit dem Liedercircus 1986 in Dresden spielten, ist er mit mir, Bernd Rönnefarth und Matthias Görnandt von Circus Lila zu seinen Eltern, die in der Nähe wohnten, gefahren. Das war eine »Auszeichnung«! Ich habe in meinem Tagebuch genau beschrieben, wie es bei seinen Eltern aussah in dem kleinen Häuschen, das auf einem Hügel stand, der Garten, der an einem Abhang lag. Wir saßen um den gedeckten Tisch, gaben uns die Hände zum Gebet, der Vater hat gesprochen oder etwas vorgelesen. Mir war die Situation ziemlich unbehaglich, komme ich doch aus einem nicht konfessionell gebundenen Elternhaus. Ich bin nicht einmal getauft. Jedoch kenne ich auch Pfarrhäuser, bei denen hat das Tischgebet eine Wertigkeit wie Zähneputzen und Haarekämmen. Aber bei Gerhards Eltern war das ganz anders. Ich glaubte auch ganz genau registriert zu haben, daß Gerhard mich beobachtete: Wie wird sich wohl diese exaltierte Zicke hier verhalten. Und ich glaube, ihm ist ein Findling vom Herzen gefallen, als ich ganz normal mit allen das Tischgebet sprach.

Du sagst, ihr habt z.B. auf solchen Tourneen viel miteinander geredet. Waren das auch Gespräche oder Auseinandersetzungen über die unterschiedlichen künstlerischen Konzepte und die dahinter stehenden Auffassungen?

Barbara Thalheim: *Über die Lieder und unsere unterschiedlichen Haltungen haben wir eigentlich nie miteinander diskutiert. Daß wir antipodische Ansichten, was unsere Kunst anbelangt, haben, war ja eigentlich klar. Nein, es gab andere Gemeinsamkeiten. Zum Beispiel der Argwohn, den der Staat uns gegenüber hatte. Auch Gerhards künstlerische Entwicklung wurde von offizieller Seite beargwöhnt. Da gab es durchaus zwischen uns Parallelen, was den öffentlichen Umgang mit unserer Kunst anging. Aber dann haben wir uns auch ein bißchen aus den Augen verloren. Komischerweise war das zu einem Zeitpunkt, als ich anfing in Kirchen zu spielen, was er ja schon längst machte.*

Bei den Liedercircus-Tourneen war Gerhard Schöne einer der wenigen, von dem ich mir hab Sachen sagen lassen. Und er hat ganz schön ausgeteilt, nicht um mich zu verletzen, sondern ganz ehrlich und eben geradezu. Wir haben ja alle so unsere Scheren im Kopf, wenn wir jemandem mal sagen wollen, daß uns dieses oder jenes an ihm nicht so gefällt. Aber Gerhard hat diese Schere nicht. Der sagt einem dann knallhart auf den Kopf zu, was ihm nicht paßt. Er hatte einen Blick für die kleinen Lebenslügen und er erwischte mich öfter dabei. Ich bin ja selbst nicht zimperlich im Austeilen, aber bei Gerhard habe ich niemals gekontert, das war etwas anderes, er konnte sich das leisten. Mir ist übrigens auch niemand bekannt, der Gerhard nicht leiden konnte oder seine Lieder komplett und grundsätzlich schlecht fand. Welche Wohnung von Freunden und Bekannten oder Unbekannten ich auch immer betrat, im Plattenschrank stand mindestens eine Platte von Gerhard Schöne, wenn nicht für Erwachsene, dann sicher für Kinder. So etwas zu erreichen, ist schon eine künstlerische Leistung, das muß man einfach konstatieren.

Da sind wir bei dem, was ich gern als das »Phänomen Gerhard Schöne« bezeichne. Also die Frage, wie es kommen konnte, daß dieser Mann, der immer so bescheiden und zurückhaltend auftrat, sich auch eher hinter einem anderen versteckte, wenn man mit einem Rundfunkmikrofon oder einer Fernsehkamera vor ihm stand, doch in der DDR so präsent in den Herzen und Hirnen so vieler Leute war?

Barbara Thalheim: *Da spielt wohl seine Weltsicht und die Prägung durch sein christliches Elternhaus eine ganz entscheidende Rolle. Viele Freunde von mir, die aus Pfarrhäusern kommen, »leuchten« als Menschen auf ganz eigenartige Weise. Begriffe wie: Glaube, Liebe, Hoffnung, sind für sie keine leeren Worthülsen und daß, obwohl man kaum noch zu glauben, zu lieben, zu hoffen wagt. Und bei Gerhard kommt sicher noch was Messianisches dazu. Gerhard ist, wie ich nur wenige kenne, ein an Psyche und in der Seele gesunder Mensch, der hat nirgendwo 'ne Macke. Außer vielleicht, wenn er seine schwarzen Witze erzählt. Wie jemand, der an Feen und Heilige glaubt, sooo schwarze Witze erfinden und erzählen kann, wird mir ein ewiges Rätsel bleiben. Aber gelacht habe ich trotzdem nicht schlecht. Den Dichtern sagt man ja nach, daß sie in ihren Poemen oder Liedern klüger, soll sagen reifer, sein dürfen als im Leben. Gerhard ist da vielleicht eine Ausnahme. Da ist schon ein großes Maß an Übereinstimmung. Aber viel-*

leicht macht das ja auch der »liebe Gott«, der an Gerhard zu glauben scheint, bei mir bin ich mir da nicht so sicher.

Und noch etwas kommt sicher dazu: In der stark atheistisch geprägten Gesellschaft, in dem mit Ideologie überfrachteten System, wie es die DDR war, hat Gerhard mit seiner Message »Wir stemmen das Leben ohne Parolen, ohne Gebrauchsanweisungen von oben« viele Menschen erreicht. Es gab unterschiedliche Interpretationen seiner Texte: Einmal eben die ganz christliche und zum anderen ermöglichten seine Texte auch ein Aussteigen aus vorhandenen ideologischen Zwängen. Und vielleicht hat ihm genau das so viele und so unterschiedliche Leute zufliegen lassen. Daß das Leben »menschelt« und ohne politische Barrikaden auskommt, das haben seine Lieder gut transportiert und es war sicher ein wesentlicher Punkt für seine enorme Popularität in der DDR. Er hat sozusagen ein Vakuum gefüllt, das die Gesellschaft durch das Einschwören der Menschen auf politisches Bewußtsein und Vermassung erzeugt hat. Andererseits muß man sagen, daß Gerhards Lieder genau in die Zeit paßten. Sie hatten ihren Humus, ihre Voraussetzungen in der DDR der 80er Jahre. Die DDR war für ein Lied wie »Mit dem Gesicht zum Volke« eben reif und Gerhard Schöne war der, der es schreiben konnte. Er hat sich in die DDR-Kulturlandschaft gefräst wie ein Schaufelbagger in den Tagebau. Irgendwann waren seine Lieder nicht mehr wegzudenken. Es klingt paradox und doch war Gerhard Schöne ein Kind der DDR. Seine Lieder wären ohne die DDR, wie sie war, nicht denkbar. Und das, obwohl Gerhard alles andere als ein DDR-konformer Künstler war. Aber das klingt ja fast schon wie ein Nachruf. Gerhard macht ja immer noch schöne Lieder.

Du beschreibst Gerhards Spezifik sehr genau, sicher auch in ihrer Unterscheidung zu deiner eigenen Spezifik. Bei all dieser Verschiedenartigkeit, und, ich nehme mal auch an, dem Beharren darauf, gibt's es Facetten seiner Persönlichkeit, die du gern auch dein eigen nennen würdest?

Barbara Thalheim: *Ich glaube, daß unter den Liedermachern nur die Künstler ein eigenes Publikum finden, die niemanden nachäffen, die nicht so sein wollen wie – Wolf Biermann, Reinhard Mey oder Konstantin Wecker, um nur einige bekannte Namen zu nennen – sondern die ganz selbstverständlich sie selber sind. Aber zuerst muß man erst einmal wissen, wer man selbst ist. Und dann braucht man noch einen riesigen Haufen Talent und Glück natürlich. Der eigentlich schüchterne, sächsisch näselnde, nicht mit einer bedeutenden Stimme ausgestattete Gerhard Schöne ist so ein Künstler. Er ist er, wenn er auf der Bühne steht und nicht eine »angeschaffte« Kunstfigur, die spielt, sie selber zu sein. Diese Grundvoraussetzung für diesen Beruf würde ich auch gern für mich in Anspruch nehmen wollen. Ein Unterschied zwischen uns beiden, den ich aber bewahrt wissen möchte, ist vielleicht der, daß Gerhards Lieder nicht wirklich weh tun. Ich will, daß meine Lieder – zumindest einige – wirklich weh tun, daß man sich darüber aufregt. Daß man Stellung bezieht, dafür oder dagegen – aber bloß nicht ungefähr. Gerhard beschreibt in seinen Liedern das Leben, wie ich es auch sehe. Aber er bleibt der Beobachter. Er konstatiert, er wertet, aber bewertet nicht. Vielleicht ist es weise, vielleicht aber ist es Angst vor der Selbstzerstörung. Denn Lieder können einem manchmal ganz schön zusetzen und manchmal wird man sogar gezwungen, das zu leben, was man gesungen hat. Ich weiß, wovon ich rede.*

Ich stelle mir Gerhard in 30 Jahren als alten, rüstigen Mann vor, in einem kleinen Hutzelhaus an der Elbe oder Saale. Voller Bücher, selbst gebauter Möbel und lustiger Vögel, die frei herumfliegen dürfen. Immer raucht der Schornstein, als Zeichen: Ich bin hier, kommt mich besuchen! Und egal, welche Zeitenwenden uns noch bevorstehen, in seinem Garten flattert eine Fahne, auf der steht: »Wenn ich esse, esse ich. Wenn ich lese, lese ich. Wenn ich liebe, liebe ich. Weil ich lebe, lebe ich.«

Barbara Thalheim war in der DDR und ist auch heute eine streitbare Liedermacherin, außerdem Autorin und Kulturmanagerin.

GISELA STEINECKERT

»Mit seinen Liedern kam er mir vor wie ein moderner Märchenerzähler, auch hatte er etwas von einem Schamanen im guten Sinne.«

Gisela, bevor du Präsidentin des Komitees für Unterhaltungskunst wurdest, warst du ein paar Jahre als Vorsitzende, erst des Arbeitskreises, dann der Sektion Chanson/Lied tätig und man kann getrost sagen, daß dir die Liedermacher immer besonders am Herzen lagen. So gab es, zumindest in einem bestimmten Zeitraum, auch kaum jemanden im kleinen Ländchen DDR, der halbwegs professionell Lieder machte und deiner Aufmerksamkeit entgehen konnte. Kannst du dich erinnern, wann Gerhard Schöne in dein Blickfeld kam, und was dir an ihm auffiel?

Gisela Steineckert: *Ich kann mich nicht daran erinnern, wann ich Gerhard Schöne zum ersten Mal gesehen hab, aber ich kann mich daran erinnern, wann er mir zum ersten Mal aufgefallen ist. Das war in Gussow, in der Mark Brandenburg, wo wir uns immer vor den Chansontagen versammelten, um noch Künstler anzuhören, die sich dort vorstellen oder in den Wettbewerb wollten. Und dorthin hatte ich auf Vorschlag von anderen auch den Gerhard Schöne eingeladen, wahrscheinlich war das 1977 oder 1979. Er kam aber nicht, um sich den anderen vorzustellen, denn die meisten von uns kannten ihn schon. Ich weiß aber, daß es in Gussow war und daß ich damals Sektionsbriefe schrieb, die von vielen Leuten gesammelt wurden, weil sie sie so amüsant geschrieben fanden, auch mit Informationen aus der Szene. Und da war also der Gerhard Schöne und sang auch etwas. Ich hörte ihm zu und beobachtete ihn dabei und habe damals, daran erinnere ich mich noch, zu den anderen gesagt: »Der kann Gitarre spielen, der kann dichten, der kann auch Musiken erfinden, wenn er nun noch lernt zu interpretieren, dann wird er ein wesentlicher Mann in der Szene.« Ich war dann sehr erstaunt, als ich hörte, daß er nicht nur Komposition studiert hatte, sondern Gesang. Was mir bei seiner Nuscheligkeit des Vortrages fast unglaubwürdig erschien, weil ich die Hälfte von dem, was er sang, zuerst gar nicht verstehen konnte. Der hat immer so gesungen, als ob man ein Lied ja schon sehr gut kennen müßte, und er erinnere einen jetzt noch mal daran, in dem er's mal schnell so rausplappert.*

Ich dachte noch, daß er sehr sensibel ist, das sah ich an seinen Händen. Daß er ein gütiger, den Kindern gewogener und den Frauen zugetaner

Mann sein muß, sah ich an seinen Augen. Und er war nur sehr vorsichtig dabei, andere zu kritisieren, wollte niemandem wehtun. Dabei schien er mir nicht gerade sehr mutig zu sein. Er sagte das dann auch lieber so unter den Tisch weg, als demjenigen direkt. Es sei denn, es hat ihn etwas wirklich geärgert oder sehr stark erfreut, dann hat er auch ein bestimmtes Urteil abgegeben.

In seinen eigenen Liedern hat er ja von Anfang an eine Sprache benutzt und Themen und Bilder gefunden, die ihn und seine Lieder schnell erkennbar werden ließen. In einem Umfeld von Künstlern, die sowieso alle höchst individuell nachdachten, schrieben und sangen, hatten dennoch seine Lieder einen ganz eigenen Ton. Wie hast du den empfunden?

Gisela Steineckert: *Mit seinen Liedern kam er mir vor wie ein moderner Märchenerzähler, auch hatte er was von einem Schamanen, im guten Sinne. Der setzt sich hin und spricht über die Güte der Welt und über die Schönheit des Menschen, in dem Sinne, daß der Mensch sich nur seiner eigenen Schönheit bemächtigen müßte, um was draus zu machen. Aber Gerhard sagte das seinem Publikum ohne jeden Vorwurf. Das ist mir damals aufgefallen. Er gehörte nicht zu den Klugscheißern, die sich als einzige im Besitz der ganzen Wahrheit und Moral fühlten und allen anderen mal sagen wollten, was für miese Schweine sie denn seien. Gerhard Schöne hat nie Zensuren an andere Menschen verteilt, sondern Beispiele erzählt, Vorschläge gemacht und immer liebevoll dazu ermutigt, etwas gut zu finden und anzunehmen und vielleicht weiterzutragen. Er hat die Leute wirklich angesprochen, hat sich mit ihnen über sein Thema unterhalten, und zwar so, daß sie bereit waren, sich auf ihn einzulassen. Das lag an seiner Glaubwürdigkeit. Man hatte bei ihm nie das Gefühl, jetzt erzählt er uns hier schöne Sachen und zu Hause kloppt er seine Frau. Die Übereinstimmung zwischen seinem Wesen und seinem Lied, und wie er es vortrug, die war von Anfang an sehr groß, deshalb war er so glaubwürdig.*

Und auch wer ihn nicht genau kannte, hat doch bemerkt: Dieser Mann hat eine Präsenz, eine Ausstrahlung, eine Aura, die zwingend ist. Die hat jemand oder er hat sie nicht, das kann man nicht lernen. Sie kommt aus einer inneren Überzeugung, aus einer Mentalität, die kann noch so schüchtern wirken, in den Pausen der Lieder oder hinter der Bühne, aber in dem Moment, wo er darf, was er am liebsten tut, kann er sich absolut mitteilen, kann er mit seiner Botschaft der Freundlichkeit, des Lächelns überzeugen. Bei Gerhard Schöne hätte ich nie angenommen, daß der in Wahrheit ein unredlicher Mensch sei. Und das ist ein Phänomen bei bestimmten Künstlern, weltweit. Mitunter kann man nicht erklären, warum jemand, der nicht am besten singen kann, der viele Dinge auch einfacher macht als andere, warum der dennoch auf jeder Bühne den Mittelpunkt bildet, einfach, indem er da steht. Dazu kommt dann später auch ein Stück Legendenbildung, die immer mehr auch hilft, genauso zu sein.

Die Liedermacher, die in den 70er Jahre auf die Szene traten, kamen ja zumeist aus der FDJ-Singebewegung oder es waren Schauspieler, Leute aus dem Theater, die ihre eigenen Texte auch singen wollten. Gerhard Schöne kam aus einem ganz anderen »Stall«. Er war in der kirchlichen Laienspielbewegung groß geworden, hatte den aktiven Wehrdienst verweigert, wurde Bausoldat und hatte von daher keinen Lebenslauf, der auf eine bevorstehende große Karriere in der DDR schließen ließ. Spielte das mal eine Rolle bei den ersten Begegnungen mit ihm?

Gisela Steineckert: *Für mich spielte das keine Rolle. Ich weiß nicht mal, ob ich das alles wußte damals. Er war mir mit seinen Liedern und mit seiner Art aufgefallen, das war für mich das Entscheidende. Und wie immer, wenn mir jemand aufgefallen war, habe ich über ihn nachgedacht. Ich dachte, was braucht er, was muß er haben und hab mich danach erkundigt, z.B. danach, wie er wohnt. Er hatte gerade geheiratet, seine Frau hatte Medizin studiert, es schien eine große Liebe zu sein, mit einem lange unerfüllten Wunsch nach einem Kind. Und dann sahen wir uns in der Sektion mehrmals und er wirkte belastet. Ich fragte ihn: Gerhard, wo sind die wunden Punkte, kann man irgendetwas für dich tun. Und da sagte er, ja, also wieder in seiner Art, als ob's gar nicht so wichtig sei, aber ich bemerkte, es war ihm sehr wichtig, also, er sagte, daß seine Frau als Absolventin nach dem Studium drei Jahre nach Rathenow gehen müßte. Na gut, da habe ich versucht, das zu verhindern. Das wäre für ihn furchtbar gewesen, und ich argumentierte den Ärzten gegenüber. Ich bin nicht zur Partei gegangen oder zu irgendeinem Direktor von irgendetwas, ich dachte, das kann ich nur über die Ärzte dort machen. Ich habe denen einen langen Brief geschrieben mit schrecklichen Schilderungen, was passieren würde, wenn sie diese Studentin tatsächlich zu ihrer Verpflichtung zwingen. Dort würde mit der Gitarre dann ständig ein Mann rumhocken, weil er ohne seine Frau nicht leben kann. Und wir haben es wirklich geschafft, daß die gesagt haben, na, wenn sie einen Ersatz stellt, kann sie in Berlin bleiben. Und so ist es dann wohl auch gekommen.*

Von dieser Hilfe abgesehen, ist er aber, so scheint es zumindest, sehr schnell und selbständig seinen Weg gegangen in dieser Szene. Er hat seine Kontakte über die KGD Berlin geknüpft, hatte mit Doris Winkler am Anfang eine Mentorin, die ihn auch in den Rundfunk brachte und dann hatte er sehr schnell seine erste Platte »Spar deinen Wein nicht auf für morgen«.

Gisela Steineckert: *Ja, Gerhard lief sehr schnell und gut allein. Der ruhte offenbar in sich und zog seine Spur. Ich habe ihn selbst gar nicht oft getroffen, aber andere erzählten mir immer mal, was er so tat. Sie erzählten auch wundersame Geschichten von seiner Gewohnheit, zu Hause z.B. Sprüche auf einen Kleiderständer zu pieksen und wer sich einen wegnahm, mußte einen anderen aufhängen. Und seine Sprüche machten dann die*

Runde unter den Kollegen, sie waren menschlich und schön und seine Texte auch waren für mich sehr schön. Ich fand seine Interpretationen nach wie vor relativ unbedeutend. Die sind mir eigentlich nie, auch später nicht, als er schon der berühmte Gerhard Schöne war, als besonders kunstreich aufgefallen. Ja aber, er hatte zu sich gefunden über die ganz besonders großen Eierschalen, aus denen er rausgekrochen ist. Er kam mir sehr naiv vor, sicher eingebettet in eine einfache Moral, in der Gut und Böse, Menschlich und Unmenschlich ziemlich säuberlich aufgeteilt waren. Und das war ja auch gut für ihn. Das gab ihm die Unbefangenheit, sein Talent kreativ zu nutzen und wirklich an das Gute zu appellieren und das Böse auf seine Art zu bekämpfen. Wobei »bekämpfen« für ihn schon ein falsches Wort wäre, er hat in Frage gestellt. Und ich habe mich sehr darüber gefreut, daß dieser junge Künstler offenbar die Gabe hatte, auf der Bühne so präsent zu sein. Was viel wichtiger ist, als ob alle deine Handwerke stimmen. Präsent sein, eine Ausstrahlung haben, den anderen angucken und das, was du da oben machst, für die da unten machen, und zwar mit der ganzen Seele und dem ganzen Herzen, das war ihm gegeben und wenn er seine Lieder mit dieser Intensität einer moralische Überzeugung von der Rettbarkeit der Welt füllte, saßen die da unten und fingen an, ihn zu duzen, in ihrer eigenen Seele. Sie fühlten sich verstanden. Ich dachte dann, ja, das ist wichtig, er muß das so machen und so machen können und man muß dafür sorgen, daß er keine Schwierigkeiten damit kriegt, denn es wird bald einer kommen und feststellen, das ist ja gar nicht so richtig gut für die Partei und die kommunistische Idee.

So richtig intensiv hat, nach unserer Recherche, allerdings nie jemand an den Liedern von Gerhard Schöne herumkritisiert. Zum einen wurde er mit seinen Positionen gar nicht ernst genommen, in dem Sinne, daß er »der Partei und dem Staat« hätte gefährlich werden können. Zum anderen auch waren seine Lieder ja nie so, daß sie grundsätzlich provozierten und die »andere Seite« herausforderten.

Es gab ja übrigens auch eine Reihe von sogenannten politisch zuverlässigen Künstlern, die ewig nicht in den Westen fahren durften, während Gerhard Schöne, der Pfarrerssohn aus Coswig, sehr frühzeitig, Anfang der 80er Jahre Einladungen zu Westkonzerten erhielt und denen auch bald nachkommen konnte.

Gisela Steineckert: *Ja, da haben wahrscheinlich mehrere Leute dran gedreht. Ich dachte auch, daß der die Welt mal sehen muß, daß er mal raus müßte. Und dann hab ich ein bißchen rumgenörgelt, warum sie den Schöne nicht mal rausfahren lassen. Dann haben sie gesagt: Na, wenn du mal mit ihm fährst, dann kann er sich in Westberlin mal ein Konzert von dem*

Georg Danzer anhören. So etwas wurde dann quasi als Vorwand genommen, um ihn »probehalber« mal rauszulassen. Das haben wir dann auch gemacht. Zusammen mit einigen anderen trafen wir uns am Bahnhof Friedrichstraße und was dann kam, war so typisch für den Gerhard Schöne. Er kam mit einer prallgefüllten Tasche, in der seine Doppelbemmen für den ganzen Tag drin waren, damit er kein Geld für Essen ausgeben mußte. Und er war frisch gewaschen und gekämmt und fein gemacht. Und ich sagte dann zu ihm: Gib mir mal dein Geld. Ich hab doch kein Geld, sagte er. Darauf ich: Na, da wärst du ja schön dumm, wenn du nicht ein bißchen Geld mit hättest, aber du kannst damit nicht durchgehen. Gerhard, du guckst so treuherzig, dich fragen die sofort, gib's lieber her. Er blieb aber stur: Nein, ich hab ja eigentlich kein's und das bißchen habe ich so gut versteckt, das findet niemand. Er hatte es in seiner Haarbürste versteckt. Ich konnte ihn dann schließlich noch überzeugen, es mir doch zu geben. Ich steckte es in die Manteltasche und wir gingen durch. Sie haben ihn dann nur angeguckt, er wurde sofort verlegen und rot, aber es ging gut. Dann am Bahnhof Zoo hab ich ihm gesagt: Nenn mir einen Zeitpunkt, an dem wir uns wieder hier treffen. Es war ganz erstaunt: Was denn, gehst du jetzt nicht mit, soll ich alleine gehen. Ja, sagte ich ihm, ich fahre zurück, ich habe heute noch Buchpremiere in der Karl-Marx-Buchhandlung. Wo willst du denn als erstes mal hin, hab ich ihn noch gefragt. Er sagte was von »Zweitausendeins« und Bücher und Schallplatten anschauen. Da schlug ich ihm vor: Wir treffen uns am Nachmittag wieder, und weil du dann bestimmt kein Geld mehr hast, lade ich dich zum Kaffee ein. So wurde es auch und bei Kaffee und Kuchen hat er dann von seinen ersten Erlebnissen im Westen erzählt.

Insgesamt glaube ich, daß Gerhard, der dann auch viel in der Sektion Liedermacher war, erst später erwachsener geworden ist. Das war nicht unser Verdienst, das ist uns so direkt auch gar nicht aufgefallen, aber er wurde erwachsener und verantwortlicher. Und immer ist er bei seiner Klientel geblieben: Daß er ein Mann für die Kinder ist, ein Mann für die Leute, die mit dem Herzen sehen und für die Leute, die von ihm gerne etwas über des Lebens Sinn, Nutzen und Chancen wissen wollten, am liebsten eins zu eins. Das war ja wirklich ein Phänomen, wie die Leute ihn angenommen haben, immer zu 100 %.

Wer ihn etwas genauer kannte, wußte aber auch, daß mit diesem sanften Menschenwesen Gerhard Schöne eine Sturheit verbunden war, gegen die du dann auch nichts machen konntest. Wenn der »Nein« gesagt hatte, dann blieb das auch dabei. Gerhard hatte die Fähigkeit, die andere nicht hatten, aus einer Situation heraus den Kompromiß oder die Grenzen zu erkennen, zu akzeptieren oder zu mißachten. Wenn er sich in eine Sache eingelassen hatte, dann hat er auch immer versucht, das Machbare herauszuholen und das Mögliche durchzusetzen. Aber er war nicht jemand, der in einem Gespräch darüber, wie man denn ein schönes Erlebnis organisieren könnte, gesagt hätte, man müsse da Stinkbomben reinbringen oder Buttersäure in den Saal werfen. Seine persönliche Lauterkeit, daß er seins sagt und vertritt, egal, ob es gerade jemandem gefällt oder auch aller Meinung entspricht, habe ich nie, aber auch nicht ein einziges Mal, angetastet gesehen. Es ist ihm auch nie Schlitzohrigkeit nachgesagt worden. Die Preise, die er bekommen hat, sind doch in der DDR denen am liebsten gegeben worden, die schon ein bißchen tot waren, denen, von denen man sicher sein konnte, sie machen keinen Ärger mehr. Aber bei Gerhard war das so, wenn den jemand für einen Preis vorgeschlagen hat, aus Zweck oder aus Liebe, hat sich nie jemand gefunden, der dagegen etwas Substantielles vorgebracht hätte.

Es gab Situationen, bei denen man wirklich schnell eingreifen mußte und manchmal auch konnte, auch ohne, daß er es direkt merkte. Man hatte mir z.B. zugetragen, es gäbe eine ganze Reihe von Liedern, die im Rundfunk nicht gesendet würden und quasi dort verboten wären. Da habe ich eine Diskussion mit den Verantwortlichen von Rundfunk und Fernsehen angezettelt und wollte die Lieder und die Argumente hören. Nachdem eine ganze Weile herumgeeiert wurde, ging es dann nur noch um das Lied »Der Märchenprinz«. Und plötzlich meinten die auch alle, daß sie gar nicht verstünden, was an diesem Lied problematisch wäre und das würde nun sicher ab sofort gespielt werden. Das Ganze platzte wie eine Seifenblase.

Im Grunde genommen waren das immer relativ harmlose Versuche, einzelne auch von seinen Liedern nicht so populär werden zu lassen. Gerade ein Lied wie das »Lied von der zu früh aufgestandenen Wahrheit« ging ja im Kern auch an die Medien- und Informationspolitik der DDR. Es wurde auf jeden Fall von den Verantwortlichen so verstanden und das nicht zu unrecht. Ende der 80er Jahre wurden Gerhard Schönes Lieder zupackender und direkter. Und mit seinem »Mit dem Gesicht zum Volke« hat er ja ein wichtiges politisches Lied geschrieben.

Gisela Steineckert: *Erst mit diesem Lied ist Gerhard ja, aus meiner Sicht, wirklich angeeckt. Aber da hatte er schon eine solche Popularität, daß niemand mehr die Macht gehabt hätte, ihn daraufhin aus dem Verkehr zu ziehen. Er hat dieses Lied geschrieben, als er aus Nicaragua zurückkam. Wir haben uns da nur noch sehr selten gesehen, aber mir schien es, als wäre er seit dieser Zeit ein anderer Mann geworden. Er war fester in seinen Konturen geworden, bestimmter und männlicher. Er hatte einfach im Kopf sein Geschlecht gefunden und seine Überzeugungen bereichert. Er wußte nun nicht mehr nur, wogegen er ist, sondern: Er hatte auch für sich ein*

Maß gefunden, unter das er moralisch und politisch nicht mehr gehen wollte. Das hatte eine neue Qualität. Er hatte seine Grenzen der Sanftmut überschritten und gesagt: Es wird Zeit. Dieses Lied war so vital, so unmittelbar und eingreifend – an diesem Lied konnte man nicht vorbeigehen oder vorbeihören.

Kam diese Veränderung in der Ausstrahlung seiner Persönlichkeit für dich überraschend, oder war sie doch in diesem christlichen Menschenbild schon angelegt und hat nur auf ihre Zeit gewartet?

Gisela Steineckert: *In der ersten Zeit war meine überwiegende Wahrnehmung von Gerhard Schöne die der Wiedergeburt eines unscheinbaren kleinen Prinzen, poetisch durchtränkt und voll von gutem Willen. Und mir schien, daß er sich strikt an das hielt, was er schön fand und wofür er sein wollte, und weniger genau, wogegen er sich deswegen dafür einsetzen müßte. Er wurde reifer und erfahrener, auch sicherer in seinen Mitteln, und dann gab es sicher auch überraschende Erkenntnisse bei ihm. Natürlich strahlte diese Reife auch auf sein Publikum zurück. Leute, die sich einen Sinn für solche Art von Poesie bewahrt hatten, wie er sie in schöner Weise ausdrücken konnte, waren dann ganz nah bei ihm.*

Ich weiß auch gar nicht, wie es ihm heute damit geht. Neulich sah ich ein Bild von ihm in einer Zeitung und sah, daß sein Kinn immer noch so etwas Entschlossenes hat, in seinen Augen immer noch diese Güte ist. Auch ist er, wie wir alle, ein bißchen älter geworden. Er hatte schon damals eine Identität als Autor, Interpret und auch Erfinder seiner Melodien gefunden, die ihn unverwechselbar gemacht haben. Am Anfang konnte man manchmal noch das Gefühl haben wie, na wie lange wird das wohl vorhalten. Aber dann verlor sich das mehr und mehr und er gewann eine moralische und künstlerische Identität, die mir sehr imponiert hat. In diesem Sinne konnte er Ermutigung geben fürs eigene Leben und auch Erbauung. Er wollte, indem er sich weise oder auch naiv beschränkte, mich nicht überfordern, konnte sich in mein Gefühlsleben hineinbegeben und manchmal sang ich innerlich mit und stimmte in seine Sichtweise ein.

Gisela Steineckert ist Autorin und Lyrikerin, auch Texterin vieler populärer Chansons und war in der DDR Präsidentin des Komitees für Unterhaltungskunst.

HANS-ECKARDT WENZEL

»Wenn er seine Eigenarten, vor allem den leisen Ton und die ihm eigene Naivität, durchhält, hat er bestimmt ein imposantes Alterswerk aufzutischen.«

Hans-Eckardt Wenzel, du stehst in der Liedermacherszene, schon in der DDR und erst recht noch danach, mit einem ganz eigenen, immer sehr selbstbewußt und souverän wirkenden künstlerischen Konzept da. Man könnte meinen und unterstellen, daß du ziemlich unbeeindruckt von allem, was Kollegen Liedermacher um dich herum so produzieren, schon lange deine Spur ziehst. Auf ganz andere Art, aber vielleicht ähnlich autonom, macht das auch Gerhard Schöne. Gibt es Erinnerungen bei dir, wann Schöne in dein Blickfeld geraten ist und mit welchem Eindruck es verbunden war?

Hans-Eckardt Wenzel: *Die »Liedermacherszene« hat mich kaum interessiert. Ich hatte irgendwann, vielleicht Anfang der 80er Jahre, von einem Sänger mit Namen Schöne gehört. Ich habe aber wahrscheinlich Gerhard zunächst mit Rainer Schöne verwechselt. Als ich das geradegerückt hatte, traf ich ihn in der Humboldt-Universität in der Mensa. Wir wurden uns vorgestellt. Dann habe ich mir auch ein Konzert von ihm angehört. Er galt damals als Geheimtip in der Szene und mich interessierte: Warum? Was ich dann von ihm hörte, hat mich aber nicht gleich vom Stuhl gehauen. Näher kamen wir uns eigentlich erst mal über die Musiker, mit denen ich zusammengearbeitet hatte, vor allem über Karl-Heinz Saleh und Dieter Beckert. Die kannten Gerhard Schöne länger.*

Später habe ich Gerhard meist aus der Ferne betrachtet. Mir war manches von seinem poetischen Material nicht straff genug, nicht genügend streng geformt. Das war meine künstlerische Distanz, die ich zu ihm hatte. Andererseits fand ich seine spielerische Art und seine »Seifenblasen« interessant. Er brachte andere Töne in die Landschaft, Töne, die es nicht gab. Eine Mischung von Gemeindeversammlung und Lagerfeuer. Die Konstitution kleiner Gruppen bestehend aus »guten Menschen«!

Wir, also Mensching und ich, hatten da ein anderes Konzept. Insbesondere ab 1982 waren wir auf zirzensische Destruktion aus, auf Auflösung. Bei allen künstlerischen Unterschieden habe ich Gerhard vor allem als »ehrliche Haut« empfunden. Viele in der Szene haben stark imitiert, hatten eben ihre Vorbilder, die man raushörte. Mal war das Wecker, dann van

Veen oder auch Biermann. Es gab diese Schulen. Und das Angenehme an Gerhard war, daß er keiner dieser Schule angehörte, sondern daß er wirklich er *war, von Anfang an eine ganz eigene Ästhetik hatte. Das fing schon an mit seiner so eigenartig gestimmten Gitarre, eine offene Stimmung, bei der sich bestimmte harmonische Wendungen versagten. Man wußte bei ihm, wo es harmonisch hingeht.*

Seine erste Platte »Spar deinen Wein nicht auf für morgen« bekam ich geschenkt und die hat mich wirklich berührt. Die hatte einen angenehmen, geraden Ton. Gerhard und ich hatten eine gewisse Distanz zueinander, die aber nicht aus Ignoranz herrührte. Man wußte voneinander: Das, was der andere macht, mache ich nicht und umgekehrt. Wir kamen uns nicht ins Gehege. Jeder hat seine Art. Gerhard gefielen von meiner ersten Platte vor allem die beiden Kramer-Vertonungen. Er erzählte mal, daß diese beiden Lieder auf einer Kassette sind, die er immer im Auto hört. Auf dieser Ebene war unsere Kommunikation. Wir haben nicht zusammengesessen und Texte analysiert und unsere Ansichten erforscht. Es waren zufällige Begegnungen, atmosphärisch eher.

Gerhard Schöne betrat Anfang der 80er Jahre die Bühne der Liedermacher und hat es in kürzester Zeit zu einer enormen Popularität gebracht, und zwar ohne anbiedernde Verhaltensweisen, einfach mit seinen Liedern. Das hat ja schon damals einige Künstlerkollegen sehr verwundert und es gehört ja bis heute zu diesem »Phänomen« Gerhard Schöne. Welche Erklärung hast du dafür, daß seine Lieder offenkundig von so vielen Leuten und so vollkommen angenommen wurden?

Hans-Eckardt Wenzel: *Es gab in den 80er Jahren einen Artikel von dem sowjetischen Autor Daniil Granin, der in der DDR veröffentlicht wurde. Überschrieben war er mit »Über die Barmherzigkeit«. Granin hat darin beschrieben, warum und wieso in der sozialistisch realistischen Kunst das Moment der Barmherzigkeit abhanden gekommen ist und was das für Defizite, für Schäden, auch künstlerisch, erzeugt hat. Er beschrieb z.B., daß die grundsätzliche Liebe des Künstlers zu seinem Publikum so nicht mehr vorhanden war, der Künstler dagegen viel öfter als strenger Erzieher auftrat. Ich glaube, Gerhard Schöne hatte und hat genau diesen »barmherzigen« Ansatzpunkt. Die DDR war ideologisch geprägt. Der oft gepredigte historische Optimismus ging im normalen Leben nicht auf. Als ich anfing zu schreiben, nervte mich diese Diskrepanz zwischen gesellschaftlichem Entwurf und dem realen Leben. Der Bruch wurde mein Thema. Gerhards Ansatz bestand, glaube ich, darin, den gesellschaftlichen Entwurf überhaupt nicht als Gegenstand zu akzeptieren, sondern er operierte im abstrakt-menschlichen Bereich. Es gab weniger historische Determinanten.*

Alle Phänomene wurden mit dem moralischen Blick betrachtet. Zum Beispiel so ein Lied wie »Wellensittich und Spatzen«. Es war die Verteidigung der Buntheit im alltäglichen Leben. Das machte die Wirkung bei den Leuten aus, auch bei mir übrigens. Gerhard schreibt in diesem Lied und in vielen anderen aus der Position von einem, der selbst nie der Sieger sein will, der auch nicht gedanklich über den anderen stehen will. Und das ist dann sowohl textlich wie auch musikalisch ein Ansatz, der eine gewisse Strenge regelrecht verbietet. Er impliziert, daß man mit den Leuten auf gleicher Ebene ist. Einzig der moralische Impetus gibt das Motiv zur Formulierung her. Eine zu hohe künstlerische Form würde dem widersprechen. Und selbst, wenn Gerhard in einem großem Saal vor über 1000 Leuten spielt, bleibt das Gefühl von Gemeinderaum oder Lagerfeuer. Auch von Ebenbürtigkeit. Er stellt aus, daß er einer von der Art seiner Zuhörer wäre. Und das hat er über die Jahre auch aufrecht erhalten, bewußt oder unbewußt. Gerhards Traditionen liegen da wahrscheinlich auch eher in der Wandervogelbewegung der Jahrhundertwende, in der intellektuelle bündische Jugend sich sammelte und weniger im Protestsong oder einem bizarren, überzeichneten Kunstanspruch.

Das würde heißen, daß dieses Defizit im »rein menschlichen Bereich«, daß man in der DDR-Gesellschaft und ihrer Kunst ausmachen kann, hier nun bei ihm das Pendel in die andere Richtung ausschlagen ließ und eine Kunstform zur Blüte brachte, die es sonst so nicht gegeben hätte.

Hans-Eckardt Wenzel: *Gerade bei Gerhard Schöne, aber auch bei anderen waren es ganz bestimmte gesellschaftliche Umstände, durch deren Hilfe bestimmte künstlerische Positionen aufgewertet wurden. Ich meine schon, daß ein Gerhard Schöne, der in der Bundesrepublik groß geworden wäre mit den gleichen Liedern, der gleichen Haltung und seiner Art des Auftretens, längst nicht dieses Feedback erreicht hätte. Das liegt an den Gesellschaftsstrukturen der DDR. Es gab Bereiche der Wirklichkeit, die einfach nicht besetzt wurden von ideologischer bzw. staatlicher Seite. Sie konnten gar nicht besetzt werden im Rahmen dieses ideologischen Systems. Es gab Leerstellen und sukzessiv wurden diese Stellen besetzt. Man hätte, wäre man damals im Bewußtsein von 1990 gewesen, vielleicht sogar anhand dieser zunehmenden Inbesitznahme der Wirklichkeit durch andere, nicht zentral bestimmbare Kräfte, das Maß des Verfalls ablesen können. Der moralische Impetus des Protestantismus trug daher eine enorme Energie, zunehmend in den Konflikt. Da ist von unten etwas anderes angewachsen und Gerhard war mitten drin. Das Phänomen ist, daß er sehr schnell zu einem Zentrum wurde, nicht im urbanen Sinne, sondern vor allem im ländlich-idyllischen, in einer Flächenwelt.*

Wenn man also seinen Ansatz vielleicht so beschreiben kann, daß er zuerst der Bestimmung des Menschen und der Diskrepanz zu seinem tatsächlichen Tun auf der Spur war, dann implizierte das ja bei ihm dann auch die Haltung: Wenn ich mich bewußter und anständiger verhalte und es mit mir viele andere tun, dann gelingt uns auch im größeren Kontext einiges besser. Eigentlich eine Position, die von den natürlich stark ideologisch geprägten Vorstellungen vom Leben und der Verantwortung des einzelnen in der sozialistischen Gesellschaft gar nicht so weit entfernt war.

Hans-Eckardt Wenzel: *Das ist eigentlich eine Position, wie sie in der Literatur des 19. Jahrhunderts existierte. Das Setzen auf den moralischen Impetus. Das hatte sich nach dem 1. Weltkrieg schon mal erübrigt, als die gesellschaftliche Erfahrung da war, daß die Moral des Einzelnen nicht viel bewirkt. Die moralische Individualität zählte im Schützengraben von Verdun rein gar nichts mehr. Resultierend aus dieser Erkenntnis wurde dieses Thema in der Kunst nicht mehr so häufig behandelt. Auch hier eine Leerstelle. Gesellschaftliche Erfahrung von Bedrohung abstrakter moralisch definierter Individualität wurde unmöglich für den modernen Alltag. All dies nicht bedenkend oder reflektierend, wiederholt Gerhard diese altertümliche Haltung und die Leute werden gefangen. Es hängt wohl auch damit zusammen, daß die Lebensentwürfe, die viele in der frühen Jugend*

Konzert »Verlorene Lieder – Verlorene Zeiten« am 2.12.1989 • Hans-Eckardt Wenzel und Steffen Mensching (im Hintergrund links: Gerulf Pannach; rechts: Danuta und Matthias Görnandt, vom Mikrofonständer fast verdeckt Wolf Biermann und Gerhard Schöne)

auch in der DDR hatten, ganz ähnliche moralische Positionen enthielten: großzügig sein anderen Positionen gegenüber, den Wein nicht für morgen aufsparen, aktiv leben und anwesend sein usw. Und für diese in sich völlig verwaschenen Positionen hat Gerhard mit seinen Liedern einen Ausdruck geschaffen. Die Szene, die sich eng um ihn scharte, also die Leute mit den Rucksäcken und den Jesuslatschen, die habe ich gesehen als gebildete und sonntagsgekleidete Variante des Blues! Eine Art christlich-folkloristische Blues-Szene. Es galt als ein bißchen subversiv, obwohl es gar nicht subversiv daherkam. Dazu kam Gerhards ehrliche Naivität. Ich halte Naivität überhaupt für eine Grundvoraussetzung, um Kunst zu produzieren. Gerhard wandte sich künstlerisch den Kindern zu! In meinen Augen – ein Ausdruck eines großen Vertrauens in Zukunft. Was ist das anderes als Optimismus, daran zu glauben, daß andere kommen werden, die besser sein könnten. In seinen Kinderliedern kommt sein eigener Entwurf vielleicht am genauesten zum Vorschein. Ein Lied wie »Jule wäscht sich nie« hat eine Generation geprägt. Das war ein Kinderschlager im besten Sinne. Wobei Gerhard nie kindertümelte, er hat Geschichten erzählt für große und kleine Kinder. Und in diesem Sinne sind die meisten seine Lieder Kinderlieder, wie vielleicht auch er ein großes Kind ist.

Zum Phänomen Gerhard Schöne gehört sicher auch seine Glaubwürdigkeit, die Wahrhaftigkeit seines Auftretens. Leute nehmen ihn mit Unbedingtheit an und erwarten von ihm, daß er alles, was er einfordert, zuerst einmal selbst lebt.

Hans-Eckardt Wenzel: *Das christliche Beispielgeben und -leben fordert solche Totalität heraus. Man muß sich dauern messen lassen an konkreten Handlungen. Alle Details werden gleichzeitig als Symbole benutzt. In Gerhards Oeuvre ist genau auch das dann das Problem. Er hat zu wenig Distanz, zu seinen Themen und zu seinem Publikum. Immer hat er den Wunsch, identisch zu sein. Wir haben 1983 mal ein Programm zusammen gemacht. Das nannte sich »Liederchaos«. Barbara Thalheim war noch dabei und der Puppenspieler Peter Waschinsky. Da gab es Versuche, auch Gerhard durch Verkleidungen mal anders zu definieren. Es war ein Spiel, dem Alltäglichen zu entkommen. Er macht das ja gern selbst manchmal in seinen Programmen. Wenn man aber genau hinschaut, ist es ziemlich egal, welche Mütze er sich aufsetzt: Er bleibt immer so, wie er ist. Er spricht auch immer so. Mensching und ich hatten die Kostümierung vollzogen, um anders sein zu können, um der normalen Logik zu entkommen. Bei Gerhard ist Verkleidung eher ornamentaler Schmuck und kein Spiel mit den anderen Möglichkeiten. Das christliche Dogma der Identität bleibt ungebrochen bei ihm.*

In der Endphase der DDR gab es von den Liederleuten eine ganze Reihe von sehr differenzierten und sehr kritischen Liedern und Texten. Dann aber wurde doch ziemlich eindeutig Gerhard Schönes Lied »Mit dem Gesicht zum Volke« zum eigentlichen Wendelied. Andere hatten vielleicht deutlichere Gesellschaftsentwürfe abgeliefert, er aber hatte »beim Volk« ins Schwarze getroffen. Als er das Lied am 4. November 1989 auf der großen Kundgebung in Berlin auf dem Alexanderplatz sang, herrschte eine beeindruckende Einheit zwischen diesem Lied und der Million Menschen, die da versammelt waren.

Hans-Eckardt Wenzel: *Gerhard hatte mit dem Lied seine sonst vorherrschende Sprach- und Denkebene verlassen. Ich war kurz nach ihm in Nikaragua. Und wenn man aus der Stagnation der DDR in dieses kleine Land kam, wo nichts funktionierte, große Armut herrschte, man also alles relativieren mußte und dann solche Mechanismen wie diese Versammlungen erlebte, da mußte man neu nachdenken. Ich kann sehr genau nachvollziehen, wie es ihm ergangen sein wird damals. Der Umbruch bei ihm zu diesem utopischen Gesellschaftsentwurf in diesem Lied rührt bestimmt daher. Da spielt die ganze Atmosphäre eine Rolle, die dort herrschte, auch das schöne Licht, die schönen Menschen, die Musik. Und typisch für ihn ist, daß er das positive Beispiel nimmt und das der DDR-Realität gegenübersetzt. Andere haben die Realität kritisch in die Absurdität geführt. Die meisten Leute in der DDR in dieser Umbruchphase waren aber von einem utopischen Gedankenentwurf geprägt und wollten nicht selbstkritisch zertrümmern, was da war. Sein Lied hat dazu gepaßt und deshalb so funktioniert. Und es war ein Beispiel aus der großen weiten Welt, dem sympathischen Nikaragua. Das hat ihn fasziniert und das hat er weitergegeben. Er hat die Leute ermutigt! So etwas ist möglich auch unter sehr viel schwierigeren Umständen! Sein Lied war außerdem nicht vom Antikommunismus geprägt. Das war, glaube ich, ganz wichtig dafür, daß es die Leute so annehmen konnten in dieser Situation, da alle bisherigen Werte ihren Sinn zu verlieren schienen.*

Gerhard Schöne konnte nach 1980 ziemlich unbehelligt in der DDR seinen Weg gehen. Er hat Förderung erhalten und auch große gesellschaftliche Anerkennung bis hin zum Nationalpreis. Meinst du, daß es Strategien des Staat gegeben hat, die bewußt darauf aus waren, den kritischen Christen Gerhard Schöne zum Bündnispartner zu machen ?

Hans-Eckardt Wenzel: *Ich denke, weil Gerhard keinen rein intellektuellen Ansatz hatte, haben Staat und Partei ihn zunächst gar nicht so wahrgenommen, ihn nicht als Gefahr erkannt. Die Institutionen, die für Ord-*

nung und Sicherheit zu sorgen hatten, waren darauf fixiert, daß die Attacken gegen die DDR immer von links und von Intellektuellen kommen. So war Gerhard nicht definiert. Und er ist da einfach unterschätzt worden. Die Staatsorgane haben sich dann eher um Leute gekümmert, die das Spiel mitgemacht haben, die sofort in die Rolle des Dissidentischen gegangen sind und sie bis zum Ende ausgespielt haben, Krawczyk z.B.

Provokation war, glaube ich, nie Gerhards Thema, auch das Märtyrerische liegt ihm nicht. Er ist sanft. Sich selbst ans Kreuz nageln zu lassen, wäre ihm eine peinliche Pose, die mit pathetischer Geste kleine Dinge zu sehr hochspielt. Er hatte diesen leisen, sanften Ton. Der hat mich fasziniert, unabhängig davon, was er grad gemacht hat. Dieser leise Sprachduktus war ungewöhnlich in der DDR!

Man rief eigentlich eher sehr laut. Alles Anarchistische war laut und grell, aber er sprach in leisem Ton, fast nuschelnd, flüsternd. Gleichzeitig hat aber auch er systemstabilisierend gewirkt, wie alle, die überhaupt noch produziert haben, indem er alle die, die gut sein wollten und es nicht sein konnten, versammelte und ihnen in zwei Stunden Konzert das Gefühl gab, daß sie nicht allein sind. Auch das war eine Ventilfunktion.

Gerhard Schöne hat ja nach der Wende sehr viel thematisch gearbeitet, erst die Choralbearbeitungen, dann mit »Die sieben Gaben« und »Die Sammlung des blinden Herrn Stein« vor allem Märchenlieder und Geschichten gemacht. Könntest du dir vorstellen, daß der neue Alltag in der Bundesrepublik sich für seine Poesie nicht so richtig greifen ließ?

Hans-Eckardt Wenzel: *Das zum einen und dann kam sicher dazu, daß er auf seine Art erst mal alles gesagt hatte. Dann kommt die Wiederholung. Sowieso sind bei fast allen Leuten die ganz frühen Lieder die, die am schärfsten umreißen, was man eigentlich sagen will. Oft ohne, daß man das selbst genau benennen kann. Da gibt es dann später immer Varianten davon. Dem zu entkommen, versuchte er, in thematischen Rahmen zu arbeiten. Da kann man sich anderen Einflüssen öffnen und erlebt andere Formzwänge. Das reflektiert Gerhard auch, glaube ich. Denn die Zwänge, die seine eigene Form an ihn stellt, sind relativ gering. Das heißt für jemanden, der künstlerisch arbeitet, daß er umso mehr allein ist, denn die Form ist der einzige Partner beim Produzieren. Je strenger ich die Form wähle, desto mehr hilft sie mir, daß ich über mein Bekanntes hinauskomme, daß ich anders denken kann als im Alltag. Da sucht Gerhard auch in der Zusammenarbeit mit den verschiedenen Musikern immer auch andere Formzwänge, sehr behutsam, aber immerhin.*

Du hast am Anfang des Gesprächs Gerhards nicht vorhandene Strenge in der künstlerischen Form als einen Aspekt benannt, der deine partielle Distanz zu seinen Liedern zur Folge hatte. Genauso wie man das in seiner Sprache bemerken kann, wirkt ja auch seine Bühnenpräsentation mitunter zufällig und wenig kompakt, er selbst sogar unbeholfen.

Hans-Eckardt Wenzel: *Zum einen ist er wahrscheinlich manchmal so. Zum anderen aber bewegt auch er sich in einem sozialen Gefüge: Das Publikum nimmt etwas von mir, dann bin ich in dem Augenblick, wo es da ist und die Rolle von mir einfordert, auch genau der. Ob ich es gerade sein will oder nicht. Da spielt man eine Rolle, auch er spielt dann die Rolle des Unbedarften, der mal den Text vergißt. Für die Leute wirkt das besonders menschlich und überschaubar. Gerhard ist in diese Rolle reingewachsen und hat sie natürlich auch ausgefüllt. Das ist nicht nur er, das ist auch seine unbewußt wahrgenommene Rolle in diesem Kunstbetrieb. Die füllt er übrigens ja auch jetzt noch aus, er beharrt auf dem charmant Dilettantischen. Mit seinem Straßenmusik-Projekt hat er das ja regelrecht zum Thema gemacht. Vielleicht ist es auch Furcht vor einer hohen Perfektion. Das liegt ja tief in der deutschen Seele begründet. Die romantischen Leute, oder die, die sich dafür halten, mögen die Gescheiterten, die an ihrem Anspruch Zugrundegegangenen. Der alte Neid gegen die Formstrenge des Goethe gegen den wirren Hölderlin z.B.! Das hat wohl damit zu tun, daß man das Leben in seiner Perfektion fürchtet. So liebt das Publikum oft mehr den Anspruch als die Durchführung. Gerhards Reime bestehen manchmal nur aus Assonanzen. Das kann man eigentlich gar nicht stehen lassen. Aber bei ihm funktioniert's und das ist dann das Entscheidende. Und er hat es nicht berechnet, es hat sich im Kontext ergeben. Wenn man, ob mit dem Publikum oder mit einem Partner, zusammenarbeitet, entwickelt man in dieser Beziehung nur eine bestimmte Art von sich. In der Zusammenarbeit mit anderen andere Arten. Trotzdem bleibt man ja immer derselbe, hat nur in einem sozialen Gefüge andere Funktionen. Gerhard ist immer in dieser einen Funktion geblieben. Bei seinen Ausbruchsversuchen, z.B. in größeren Projekten, hat er sich, glaube ich, nicht so sehr wohl gefühlt. Er wollte sich selbst nicht so weit verunsichern oder verschieben. Das hätte bedeutet, daß er formale Aspekte mehr hätte ernst nehmen müssen.*

Das Publikum will es übrigens von ihm auch nicht. In einem seiner letzten Programme gab es Stellen, an denen konträr zu seinen Liedern inszeniert wurde und z.B. während er sang, die Musiker hinter ihm etwas ganz anderes taten. Aus dem Publikum wurde er dann auch schon mal aufmerksam gemacht, daß da wohl hinter ihm was nicht stimme...

Hans-Eckardt Wenzel: *Das ist dann der Preis, den man zahlen muß, wenn man eine gewisse Bekanntheit erreicht hat und einen festen, sehr großen Publikumsstamm hat. Da kommt man überhaupt nicht mehr aus seiner Haut raus. Das kann auch zu einer Einengung führen, die man selbst gar nicht will.*

Aber Gerhard ist ja auch vor allem gut, wenn er genau das macht, was er kann. Er hat keine große mimetische Begabung, kann nicht so gut nachmachen. Andere haben sich viel schneller eine Haltung ausgeborgt. In dem Sinne wäre er auch überfordert, eine Haltung einzunehmen, nur weil sie gerade gut funktioniert oder modisch ist. Er ist immer bei sich geblieben, er hat nicht diese Wechsel in seiner Karriere vollzogen. Wenn man ihm gesagt hat, z.B. in diesem »Liederchaos«, geh doch mal so und so über die Bühne, ging das einfach nicht. Er ging immer wie Gerhard Schöne rüber, selbst wenn er sich was anderes vorgenommen hatte. Gerhard ist völlig auf sich selbst fixiert, grübelt vor sich hin, ruht in sich. Wenn er diese Eigenarten, den leisen Ton und die ihm eigene Naivität durchhält, hat er bestimmt auch noch ein imposantes »Alterswerk« aufzutischen. Vor allem wenn er die Naivität hält und dazu ein Stück reflektierende Weisheit kommt, er produktiv und seine Lust zum Produzieren bleibt, kann man von ihm sicher noch einiges erwarten.

Hans-Eckardt Wenzel ist Autor, Sänger und Liedermacher, bekannt geworden auch über das Clownsduo Wenzel/Mensching.

KLAUS KOCH

»In bestimmten Dingen hat er einfach eine Konsequenz, die ihn vor Vereinnahmung schützt.«

Die intensive Zusammenarbeit von Gerhard Schöne und BuschFunk bezieht sich ja auf die neunziger Jahre. Gerhard Schöne war der in der DDR längst berühmte Gerhard-Schöne, nun waren alle in der Bundesrepublik angekommen. Vielleicht zuerst die Frage nach der ersten Wahrnehmung, die du von Gerhard in der DDR hattest?

Klaus Koch: *Die früheste Beobachtung stammt aus Leipzig, als ich ehrenamtlich im Studentenklub Moritzbastei arbeitete. Sie ist auch eher eine Randnotiz.*

So um 1977 trat Gerhard dort auf. Ungewöhnlich war nur, dass er mit dem Zug aus Berlin angefahren kam, seine Gitarre unterm Arm. Er erhielt als Honorar den damals üblichen Förderbetrag von 50,- Mark und ich nehme mal an, dazu noch seine Kosten für die Zugfahrt von stabil 32,20 Mark. Es waren auch nicht allzu viele Besucher da. Er stand noch ganz am Anfang.

Dann hatte ich über viele Jahre eigentlich keinen Kontakt oder eine Beobachtungsmöglichkeit, was schon ungewöhnlich ist, denn in der Moritzbastei sangen über Jahre immer dienstags eigentlich alle, die im Bereich Lied und Chanson einen Namen hatten oder sich einen erwerben wollten. Wahrscheinlich waren die Räumlichkeiten des Klubs für die stetig steigende Popularität von Gerhard dann schnell zu klein. Sicher hatte er in Leipzig andere gute Veranstalter.

Erst zehn Jahre später, als er anfing mit der Gruppe »L'art de passage« zusammenzuarbeiten, schnitten sich unsere Wege wieder. Die Gruppe hatte sich im Februar 1987 gegründet. Irgendwann erschienen sie und baten mich bei ihrer Startphase um Unterstützung. Dabei waren sie nicht nur fünf hervorragende Musiker mit einem Konzept, was ja in der kleinen DDR eine Novität darstellte. Sie waren auch ungeheuer zielstrebig und auf Erfolg hin orientiert. Die Zusammenarbeit mit Liedermachern gehörte dabei zu einer ihrer tragenden Säulen, was sie im Grunde bis heute, und sei es mit Schöne oder Bettina Wegner, mit Reinhard Mey oder Linard Bardill, durchgehalten haben.

Die große Tournee, die sie dann im Sommer 1988 mit Gerhard Schöne machten war gleichwohl ein Novum, denn erstmals ging ein Liederma-

cher mit so einer Band auf die Bühne und die Massen strömten. Allein in Berlin auf die Insel der Jugend kamen über zehntausend Leute. Man hatte das Gefühl, die Insel könnte untergehen und es war eine unglaubliche Atmosphäre.

Dann kam die Zeit der Wende und jeder mußte zunächst sich selbst orientieren und z.T. auch neu organisieren. Schon Ende 1989 hast du BuschFunk gegründet und nach kurzer Zeit war mit dem Namen BuschFunk auch der Name Gerhard Schöne verbunden.

Klaus Koch: *Es war eine fast täglich wachsende Verunsicherung eben auch unter Künstlern. Tobias Morgenstern, der Akkordeonist von »L'art de passage« kam erneut auf mich zu und fragte mich, ob wir uns irgendwie zusammentun können. Ich kündigte bei der Akademie der Künste, wo ich beschäftigt war, vergaß sogar, meinen Resturlaub zu nehmen, und gemeinsam mit einem Freund bezogen wir einen gerade geschlossenen Rewatex-Laden mit Ofenheizung im Prenzlauer Berg.*

Im März organisierten wir ein Konzert von Schöne wieder in der Moritzbastei in Leipzig. Das fand in einer sehr aufgewühlten Atmosphäre statt. Einige Meter weiter, vor dem Opernhaus, lief die Abschlußkundgebung der Allianz für Deutschland mit dem Gastredner Helmut Kohl. Einige meinten, in diesem Umfeld eine kleine Hatz auf vermeintliche Linke veranstalten zu müssen. Das Naheliegende war die Moritzbastei, in der Gerhard Schöne spielen sollte. Das Konzert wurde mehrfach gestört und fand unter unsäglichen Bedingungen statt. Auch Gerhard war zutiefst verunsichert über das, was sich da politisch auftat, und keiner wußte, was daraus werden würde.

Gerhard hat sich ja dann bis auf wenige Ausnahmem im Jahre 1990 zurückgezogen, um sich gedanklich zu sortieren und zu beobachten.

BuschFunk sollte keine Plattenfirma werden, soweit haben wir überhaupt nicht denken können. Unsere Idee war ein Künstlerbüro, so eine Art Schaltstelle, die sich um Künstler kümmert, sie betreut, in Vertragsfragen berät, Tourneen und Konzerte organisiert oder die Medien- und Pressearbeit macht.

In diesem Zusammenhang hatte uns Gerhard gebeten, den Plattenvertrag für sein Album »Ich bin ein Gast auf Erden« anzusehen, den er von der Deutschen Schallplatte, ehemals Amiga, angeboten bekam. Als er dann mit seinen Vertragsvorstellungen dort antrat, haben die ihm, der ja in der DDR Auflagen hatte, die über mehrere hunderttausend gingen, im wesentlichen einen Vogel gezeigt und sich z.B. lieber auf Harald Juhnke konzentriert. Dabei handelte es sich nicht um überzogene, selbstgerechte Forderungen. Als Gerhard mit diesem Ergebnis wiederkam, waren wir zu-

nächst ratlos. Da sagte er: Na, wenn es so ist, warum macht BuschFunk nicht meine Platte?

Das war Vertrauensbonus wie Mißtrauensantrag in einem. Er war sich nicht sicher, ob wir ihn vielleicht doch falsch beraten hatten.

Es waren dann drei schlaflose Nächte und unser waghalsiges Konzept stand. Unsere wirtschaftliche Situation wäre mit von »der Hand in den Mund leben« noch rosig umschrieben. Wir hatten nichts, aber auch wirklich nichts. Es ging also nur so, daß die Produktion der Platte und eine Konzerttour unmittelbar aufeinander folgten. Am besten heute die Platten vom Werk holen und sie morgen auf den Konzerten verkaufen. Das ging dann tatsächlich gut und mit den Einnahmen am Plattenstand haben wir die 14 Tage alten Rechnungen bezahlt.

Gerhard Schöne wurde so zum echten Geburtshelfer von BuschFunk.

Irgendwie war auch er durch die Resonanz bei den Konzerten und die Annahme von »Ich bin ein Gast auf Erden« neu motiviert. Im Januar 1992 schrieb er innerhalb von 4 Wochen die Lieder für die »Sieben Gaben«. Als er sie mir sehr stolz vorstellte, war ich glücklich und fuhr entsprechend froh nach Hause. Das konnte nur ein gutes Jahr werden...

Gerhard war in der DDR neben einigen anderen mit die sicherste Bank, was das Publikumsinteresse anging. Seine Tournee von 1988 hatte zumindest im Liedermacherbereich alle Rekorde an Zuschauerzahlen gebrochen: 10 000 Leute auf der Insel der Jugend, 8000 in der »Jungen Garde« in Dresden usw. Dann konnten nach der Wende die Leute auch endlich zu den Künstlern in die Konzerte gehen, die sie sonst nur von weitem hatten. Und andere sind nur noch zu Hause geblieben. Allein bei Gerhard Schöne in den Konzerten konnte man den Eindruck haben, als sei nichts geschehen. Kontinuierlich zog er seine Kreise und das Publikum in seine Konzerte. War es denn tatsächlich so und wenn ja, hast du dafür eigentlich eine schlüssige Erklärung ?

Klaus Koch: *Künstlerische Phänomene lassen sich ja leider nur selten schlüssig erklären. Natürlich liegen die Auflagen seiner Alben heute deutlich unter denen in der DDR. Das wären ja dann heute jedes Mal sogenannte »Goldene Schallplatten«. Aber schon 1991 in Dresden war der Kulturpalast bereits vorab ausverkauft. Er hätte dort auch zweimal singen können.*

Es gibt so einige Gründe. Zunächst ist es die wunderbare Kombination von Liedern für Erwachsene UND seinen Kinderliedern, die mehrere Generationen berührt und in seine Konzerte zieht.

Sein Publikum wächst damit nach. Er hat schon rein quantitativ einen sehr breiten Zugang zum Publikum.

Schöne hatte im Vergleich zu vielen anderen Künstlern nie eine Ersatzfunktion für nicht vorhandene, nicht erlebbare internationale oder auch nur westdeutsche Stars. Deren Popularität fiel nach der Wende berechtigterweise gegen Null. Er wurde auch nach der Wende an- und ernstgenommen, ja verehrt weil er Gerhard Schöne geblieben war. Er hatte nie eine Stellvertreterfunktion erfüllt oder zu erfüllen. Viele Dinge, die er in seinen Liedern thematisiert hatte, verloren ihre Bedeutung nicht dadurch, daß dieser Staat DDR nicht mehr da war, die diesbezüglichen Reibungsflächen waren und sind auch im vereinten Deutschland vorhanden, im nicht unbeträchtlichen Maße.

Und drittens hatte er einen immensen Vertrauensbonus bei seinem Publikum. Das mag auch daran liegen, dass er sich zu allen Zeiten aus allem Medienrummel und den vermeintlich erforderlichen Öffentlichkeiten strikt herausgehalten hat. Er war nie »Kessel Buntes«-kompatibel, wird nie ein langweilender oder provozierender Dauer-Talkshowgast sein und wahrscheinlich nie für irgendein Ostprodukt in westdeutscher Unternehmerhand posieren.

Gerhard hat sich – glaube ich – nie als Systemkritiker in der DDR verstanden – als beharrlicher wie sanfter Kritiker von Herzlosigkeit, Intoleranz und politischem Stumpfsinn aber schon.

Und dabei hatte er gerade 1988 mit dem Lied »Mit dem Gesicht zum Volke« sich politisch für ihn auf sehr unmittelbare Weise positioniert und ja eigentlich **das** Wendelied geschrieben ?

Klaus Koch: *Das sehe ich genau so. Und mit »Bruder Judas« hat er 1990 vielleicht das einzige Lied geschrieben und in Konzerten gesungen, welches die Stasi-Problematik in eine Form und in eine Aussage bringt, die mich wirklich anrührt und betroffen macht.*

Aber, du hast recht. Dieses »Mit dem Gesicht zum Volke« hatte eine symbolische Kraft. Ich erinnere mich noch sehr genau, wie fiebrig die Stimmung hinter der Bühne des Palastes der Republik 1988 war – das Lied singen oder weglassen.

Wir rieten ihm, nicht auf das Lied bei diesem Auftritt zum Festival des Politischen Liedes zu verzichten. Dann sang er es und wie aus »Protest« stand die gesamte Protokollreihe der Funktionäre auf und verließ den Saal – ganz filmisch mit dem Rücken zum anwesenden Publikum.

Aber trotzdem, er wollte ja seinen Feinden oder besser den anderen auf keinen Fall wirklich weh tun...

... hatte er überhaupt Feinde?

Klaus Koch: *Ich kann es mir nicht vorstellen. Auch den Staat DDR hat er ja nicht als seinen Feind angesehen. Und auch umgekehrt hätte dieser Staat mit ein wenig Souveränität diesen sanften, friedfertigen Künstler und die Menschen, die in seine Konzerte kamen, nicht als Feinde ansehen können.*

Gerhard selbst war – glaube ich – auch immer berechenbar, eben in seiner Sanftmut oder auch in seiner Art die andere Seite auch anzuhören. Er hatte und hat keine feindliche Einstellung.

Worum ich ihn zum Beispiel andererseits bewundere, ist gleichzeitig seine Konsequenz, mit der er bestimmte Dinge durchzieht. Das war so, als der Irak 1990 losschlug oder als der Balkan brannte. Genau zu einem Tourneestart begann die Nato im Kosovo einzugreifen. Ab diesem Tag hat Gerhard jeden Abend auf der Bühne erklärt: Ich bin gegen diesen Krieg. Er hat das zu einem Zeitpunkt gemacht, als viele andere und darunter viele ehemals friedensbewegte Künstler, zustimmende Erklärungen abgaben und so gar nicht klar war, was nun wirklich los ist.

Bei bestimmten Sachen hat er einfach eine Konsequenz, die ihn treibt und die ihn vor Vereinnahmung schützt. Vereinnahmung ist etwas, wovor ihm mit am meisten graut.

Ich glaube, es war 1995, als er zu einem Auftritt beim großen Kinderfest des Bundespräsidenten geladen wurde. Er hat sich gefreut und zugesagt. Dann kam ein Schreiben, er möge bitte seine Liedtexte vorher ein-

reichen. Daraufhin hat Gerhard einen Brief geschrieben, daß er diese Wünsche noch aus DDR-Zeiten in unangenehmer Erinnerung hat und deshalb lieber auf den Auftritt verzichtet. Punkt und Schluß.

So etwas wird natürlich nicht publik. Es wäre ihm völlig fremd, daraus öffentlichkeitswirksames Kapital zu schlagen.

Er ist übrigens auch ein Künstler, der nicht sagt, ich habe diesen oder jenen Wert. Und unter diesem Honorar gehe ich nicht auf die Bühne. Das geht bis dahin, dass er wohl zuweilen auch benutzt wird. Als er den Preis der Stiftung Bibel und Kultur nach John Neumeier und Kieslowski bekam, der mit 10.000 DM notiert ist, hatte er schon vor der Preisverleihung so viele schriftliche Bitten um Spenden auf seinem Schreibtisch, so daß er mit leeren Händen kam und ging.

Die Zahl seiner Benefizkonzerte ist einfach immens. Ich kenne keinen anderen Künstler in Deutschland, der in dieser Dimension und vor allem ohne Aktivierung der Öffentlichkeit und entsprechender Zurschaustellung dies macht.

Wenn man sich seine Lieder anschaut, fällt auf, daß Gerhard nach der Wende sehr viel thematisch orientiert geschrieben hat: Da gab es zuerst die Texte und Lieder auf die alten Kirchenchoräle. Dann kam mit »Die sieben Gaben« ein Zyklus aus dem Bereich der Märchen und Parabeln. Später dann »Die seltsamen Heiligen«, eine Folge von Liedern über ungewöhnliche, manchmal heldenhafte Menschen. Die wurden aufgefangen von den »Alligatoren in der Kanalisation«, Lieder mit absurden, schwarzhumorigen, mitunter ganz bösen Geschichten, die er mit Musikerkollegen auf Berliner Straßen aufführte. Und dann 1998 »Das Leben der Dinge«, ein Zyklus von Liedern, in denen er die Dinge selbst aus ihrem Leben und ihrer Sicht erzählen läßt. Mit »Das Perlhuhn im Schnee« gibt es ab Herbst 2000 wieder einen neuen Märchenabend von ihm.

Auffallend ist ja nicht nur dieses thematische Bündeln, sondern auch, daß es sich in der Mehrzahl um Themenkomplexe handelt, die sich zumindest auf den ersten Blick nicht mit dem Alltag und dessen Problembewältigung unmittelbar beschäftigen. Könnte das damit zu tun haben, daß Gerhard diesen gedanklichen Freiraum hergestellt hat, um den veränderten Alltag nunmehr in der Bundesrepublik auch erst mal zu »lernen«, selbst zu durchdringen, ehe ihm daraus wieder Lieder und Themen erwachsen?

Klaus Koch: *Gerhard lebt einfach in seiner Welt. Die hat er sich weit vor der Wende geschaffen und sie ist in gewisser Hinsicht unabhängig von der konkreten politischen Lage und den Einflüssen von außen. Er ist da relativ autonom, auch weil viele seiner Themen eben nicht systembedingt, sondern von einem eher allgemeinen und von einem humanistisch-pazifistischen Ansatz, mal verkürzt gesagt, geprägt sind.*

Die Lieder, die unmittelbar und direkt Welt- und Zeitgeschehen reflektieren, sind nicht unbedingt seine besten. Man könnte auch sagen, darin liegen nicht seine absoluten Stärken.

Mit den Zyklen fing er 1990 bei der Platte »Kinderliedergalerie« an.

Es wurde im letzten Jahrzehnt sein Arbeitsprinzip. Wenn du so viele Platten gemacht hast wie er, kannst du dich nicht mehr einfach hinsetzen und darauf warten, daß dir etwas Schönes einfällt, es sammeln und als Album veröffentlichen. Gegen diese Gefahr, auf eine Idee (vielleicht vergeblich) zu warten, unverbindlich und orientierungslos zu werden, wie es ja nicht wenigen Künstlern aus dem Osten ging, hat er u.a. diese für ihn sehr produktive Arbeitsweise gesetzt.

Sie gibt ihm die Möglichkeit in eine Thematik richtig tief einzusteigen und sich zu reiben, sich selbst (Frei-)räume zu öffnen, Ideen kreuz und quer zu sammeln und zu ordnen. Lieder schreiben wird dann AUCH richtige Arbeit, das heißt, der vorbereitende Teil bekommt gegenüber der poetischen Idee für ein Lied und der glücklichen sprachlichen Formulierung ein größeres Gewicht.

Musikalisch, besonders in den Arrangements für seine Lieder, kann er sich mittlerweile auf sehr viele Kollegen verlassen, vom Dresdener Gitarrenduo Saleh und Nassler bis hin zu Tobias Morgenstern und Stefan Kling von »L'art de passage«.

Diese ganz unterschiedlichen Themenbereiche bieten ja für sehr viele Leute die Möglichkeit emotional oder gedanklich »anzudocken«. Seine Popularität erwächst vielleicht auch aus diesem Spektrum an Ideen.

Klaus Koch: *Gerhard Schöne ist keiner, der polarisiert und er hat andererseits einen breiten Zugang zu Leuten ohne beliebig zu sein. Auch sein Auftreten, seine Art sind dafür nicht unwesentlich.*

Gundermann hat mal zu mir gesagt, zu Gerhard kommt die Summe der Minderheiten.

Dies ist aber keine soziale Zuordnung, sondern eher eine mentale, gefühls- oder erfahrungsmäßige Frage, die weitestgehend generationsübergreifend und regional neutral ist.

Bei dem Konzertprogramm »Die sieben Gaben. Lieder im Märchenmantel« z.B. waren die Leute regelrecht aus dem Häuschen, weil Gerhard ihnen die Chance eröffnet hat, mit ihm für Stunden in eine völlig andere Welt zu tauchen und doch mit bestimmten Bildern, Erfahrungen oder auch Erkenntnissen wieder hervorzukommen. Und das nicht auf eine platte, sondern sehr poetische Art. Das Erlebnis dieses Programmes war schon faszinierend. Wenn man davon erwacht, taucht dann leider auch die Frage auf, ob es wieder gelingen würde, ob man dies alle zwei, drei Jahre leisten kann.

Andere Künstler weichen von Zeit zu Zeit in verwandte Bereiche aus. Heinz Rudolf Kunze schreibt zwischendurch mal den deutschen Text für ein Musical. Diese künstlerische Abwechslung hat Schöne für mein Verständnis zu wenig, vielleicht fehlt sie ihm manchmal auch.

Welche geschäftlichen Beziehung habt ihr denn in dieser Hinsicht? Andere Plattenfirmen bestellen dann auch bei ihrem Künstler in bestimmten Zeitabständen ganz bestimmte Produkte, damit die Maschinerie aus Veröffentlichung, Promotion, Konzert gut läuft und den Verkauf der CD auch sichert.

Klaus Koch: *So läuft dies bei uns natürlich nicht. Gerhard muß selbst entscheiden, wenn er eine Platte für veröffentlichungswürdig hält. Diesbezüglich hat er einen wirklich guten Instinkt. Natürlich machen wir Pläne und wenn ihm etwas gut gelungen ist, dann ruft er an, singt das Lied durchs Telefon oder ich komme vorbei. Den typischen Rhythmus, alle 18 Monate ein Album und eine Tournee dazu, haben und brauchen wir nicht. Sein Publikum ist anders strukturiert, aufmerksam und sensibel. Überstürzte Aktionen hätten eher gegenteilige Folgen. Ein Gerhard Schöne-Album als Ergebnis einer geschickten, aufwendigen Promotionkampagne wäre absurd.*

Aus meiner Sicht haben wir ein gutes, entspanntes Verhältnis. Ich bin bei Streß anfällig und meide ihn tunlichst und er mag ihn überhaupt nicht und geht ihm gern gleich zu Beginn aus dem Wege.

Das klingt vielleicht nach Betulichkeit und Selbstzufriedenheit. Es ist aber nur ein anderer Arbeitsstil und eine andere Auffassung vom Umgang miteinander und gegenüber der Öffentlichkeit.

Schwierigkeiten können dadurch entstehen, daß wir auf der einen Seite de jure Geschäftspartner sind und damit vertraglich gesehen Kontrahenten und auf der anderen Seite auch Menschen, die über weit mehr miteinander reden als Auftritte, Konzepte und Honorare. Diese Konstellation kenne ich auch aus der Zusammenarbeit mit Bettina Wegner, Gundermann oder Wenzel. Daraus erwächst ein schmaler Grat. Es ist auch nicht immer gut gegangen. Wenn's mal schwierig wird, ist es meist meine Rolle nachzugeben.

Du machst ihm also auch Vorschläge und Angebote, bringst Ideen ins Spiel. Inwieweit läßt er sich darauf gern ein?

Klaus Koch: *Wir kennen uns ja mittlerweile ganz gut und wissen in etwa, was wir dem anderen zumuten können. Mir persönlich ist es auch wichtig, daß keine Routine aufkommt, alles so dahinläuft oder einfach nur so weitergemacht wird.*

Eine kurze Konzertkritik gibt es fast immer gleich nach dem Konzert im Hotel, wenn alle noch zusammensitzen.

Als Gerhard so um 1994 in der ausverkauften Stadthalle in Chemnitz ein Kinderkonzert gab und die Kinder nach drei Titeln schon »Zugabe« riefen und sich wie in einer Unterhaltungssendung des Privatfernsehens tummelten und ihn als abstrakten Star feierten, war er völlig verunsichert und mußte das Konzert fast abbrechen, weil er sich einfach nicht mehr konzentrieren konnte.

Daraufhin beschlossen wir, diese reinen Kinderkonzerte deutlich zu verringern und an einem Familienkonzert zu arbeiten. Es entstand »Die Sammlung des blinden Herrn Stein«, für mich mit das schönste, was in Deutschland Kinder gemeinsam mit ihren Eltern auf der Bühne erleben können!

1998 organisierten wir eine große Burgen- und Schlösser-Tour. Die Idee kam mir, als wir auf einer Tour an den Drei Gleichen in Thüringen bei Arnstadt vorbeifuhren. Ich rief Gerhard, der so 2 km vor mir fuhr, gleich an und fragte ihn, ob er nicht nächstes Jahr dazu Lust hätte. Er sagte sofort »Ja« und wenn Schöne sofort »Ja« sagt, dann wird es auch was. Wenn er erst anfängt zu zaudern und überlegen will, dann kann man sich mühen, wie man will, es wird nichts werden.

Gerhard ist aber auch von einer natürlichen Sturheit, wo es bestimmte Einsichten evtl. auch schwer haben können ...

Klaus Koch: *Ja, das stimmt. Es gibt manchmal Sachen, über die ich den Kopf schüttle und ihm rate: Gerhard, tu es nicht. Er neigt auch manchmal dazu, selbst die einfachsten werbetechnischen Aspekte völlig außen vor zu lassen.*

Das kann man natürlich in dieser Konsequenz oder auch Unachtsamkeit meines Erachtens als Künstler, der sein Publikum braucht, nicht tun. Beispielsweise gibt er ein großes Interview, wo gerade eine Platte erschienen ist und erwähnt diese nicht einmal oder daß ein Konzert mit ihm in dieser Stadt demnächst stattfindet.

Er hat eine fast panische Angst vor Anbiederei, einem Fallen in die so typischen Muster westlicher Unterhaltungsindustrie und allem was mit Verkaufen zu tun hat. Er hat mich da auf seiner Seite, aber es geht ja auch manchmal anders.

Eure Zusammenarbeit währt nun über zehn Jahre und wirkt nach außen hin sehr kontinuierlich, so als ob es Brüche oder heftigen Streit gar nicht gibt. Das wäre doch tatsächlich ziemlich erstaunlich.

Klaus Koch: *Ich kann wirklich nicht von heftigen Brüchen oder Streit berichten. Wir haben beide ein gewisses Beharrungsvermögen und müssen nicht jeden Tag hektisch etwas verändern, ob es nun die musikalische Besetzung ist, mit welcher er auftritt, oder das Plattenkonzept.*

Gute Lieder reifen vielleicht wie Wein, da nützt es nichts noch eine Beregnungsanlage zusätzlich aufzustellen oder das Kostüm zu tauschen.

Wichtig scheinen mir die innere Motivation und die Freude zu sein, sich auf eine Tour zu begeben und auf die Bühne zu stellen.

Wenn man so will, will ich meinen Teil leisten, daß Schöne motiviert ist, natürlich auch mit dem Eigennutz, daß ich mich selber immer aufs Neue motivieren kann und Freude habe, wenn konzertiert wird. Etwas unvorsichtig habe ich mal zu meiner Frau gesagt, daß Tourneen mit Gerhard für mich – wenn alles gut vorbereitet war – wie Urlaub sind: Menschen sehen und Landschaften, zufriedene Veranstalter und manchmal etwas Zeit haben, um miteinander zu reden. Seitdem beargwöhnt sie mich etwas und ich erzähle nun immer von den nicht endenden Problemen in der Vorbereitung...

Gerhards Konzerte sind in der Regel kommerziell erfolgreich, seine Platten und CDs verkaufen sich gut. Er ist vermutlich eine wichtige Säule im BuschFunk- Geschäftsleben. Gab es eigentlich in den letzten Jahren jemals andere Plattenfirmen, andere Agenturen, die ihn zu sich holen wollten, vielleicht um ihm große bunte Luftballons zu versprechen ?

Klaus Koch: *Ohne die beschriebene Zusammenarbeit mit ihm in den Anfangsjahren würde es BuschFunk heute wahrscheinlich nicht mehr geben. Andererseits ist Gerhard Schöne nicht auf bunte Luftballons dieser Art versessen. Wenn andere Künstler vielleicht davon träumen, in einer großen Fernsehsendung aufzutreten, ist er froh, wenn er da nicht hin muß. Einige solcher Sendungen durfte ich in den vergangenen zehn Jahren schon für ihn freundlich absagen.*

Infolge dieser Art und Weise wird er von den großen Plattenfirmen vielleicht gar nicht wahrgenommen, außerdem ist er Liedermacher, also eine aussterbende Spezies.

Ungefähr 1994 kam eines Tages Vivi Eickelberg, eine bekannte Managerin u.a. von Klaus Hoffmann, Herman van Veen u.a., zu uns hereingeschneit, um zu erfahren, wen es denn im Osten noch so gibt, den man an eine große Plattenfirma verklickern kann. Sie interessierte sich für André

Herzberg und Silly, Dirk Zöllner oder Gundermann. Schöne schloß sie definitiv aus.

Bestimmte Öffentlichkeiten nehmen sich gegenseitig gar nicht wahr. Wir waren z.B. zu einem ausverkauften Konzert im Dresdener Kulturpalast, was man erst mal schaffen muß. Gerhard gab an diesem Tage bei einem Radiosender, welcher achtzig Meter davon entfernt seinen Sitz hatte, ein Interview. Die erste Frage an Gerhard lautete: Herr Schöne, man hört ja seit der Wende gar nichts mehr von Ihnen, geben Sie denn noch Konzerte! Das ist genau der Punkt.

Nur wer beispielsweise durch die Talkshows tingelt oder in der Klatsch-Rubrik häufig auf einer Hütchen-Party mit diesem oder einem anderen Partner gesichtet wird, scheint in einem Teil dieser Welt zu existieren. Wir leben in einem anderen und sind da ganz glücklich. Insofern graut mir nicht vor den großen Plattenfirmen und einer vielleicht vergeblichen jahrelangen Arbeit. Was Gerhard braucht, ist das Gefühl einer gewissen Unabhängigkeit seiner Entscheidungen und nicht einen detaillierten Promotionplan, wo man ihn von Pontius zu Pilatus schickt.

Diese Nicht-Zur-Kenntnisnahme in einem bestimmten Bereich von Gesellschaft ist ja aber nicht nur in eurer anderes definierten öffentlichen Existenz begründet, sondern hat vielmehr mit einer nach wie vor gestörten Ost-West-Wahrnehmung zu tun.

Klaus Koch: *Natürlich auch. Wenn ein Künstler, der uns mit seiner Kunst gefällt, vor 2500 Leuten im Osten auftritt und keine Firma hat, die seine Platten verlegt, wir wären keine zwei Tage später bei ihm. Aber Dresden ist auch diesbezüglich nicht Köln oder Stuttgart.*

Gerhard hat aber auch im Westen oder Süden richtige Hochburgen. In Nürnberg oder Braunschweig kommen da immer mindestens 500 Leute. Wir können richtige Tourneen für ihn organisieren. Es sind meist Kirchengemeinden, die aber ihre soliden Strukturen als Veranstalter haben.

Das sind also langjährige Kontakte, die Gerhard schon durch seine Westreisen seit den 80er Jahren aufgebaut und gepflegt hat und wo ihm sein Publikum ebenfalls zur einen Hälfte treu geblieben ist und zur anderen auch schon nachwächst.

Klaus Koch: *Das Interesse dort ist weiter gewachsen und die Tourneen könnten noch ausgedehnt werden, wenn wir langfristiger planen würden. Aber Gerhard will nicht schon ein Jahr vorher wissen, daß er dann und dann, dort und dort ist. Das macht uns die Arbeit zwar wesentlich schwerer, aber irgendwie kann ich seine Haltung auch verstehen.*

Wenn dann Konzerte sind, kommen die Leute dort aus einem Umkreis von 200 km. Ost-West-Verständigungsprobleme gibt es da nicht: Man trifft auf Menschen, mit denen sich gut reden lässt. Auch hier merkt man wieder: Gerhard Schöne polarisiert nicht, sondern er verbindet.

Im Vergleich auch mit anderen Künstlern, die du kennst, was glaubst du denn, ist gerade Gerhards größtes künstlerisches Vermögen, wo liegen seine größten Begabungen und Fähigkeiten? Wo liegt seine Einzigartigkeit?

Klaus Koch: *Da möchte ich unterscheiden zwischen den Kinderliedern und den Liedern für Erwachsene.*

Seine Kinderlieder sind eigentlich unerreicht. Die haben Witz und Humor, sind nicht kindisch, sondern mit einem Schuß Philosophie und Weisheit der Kinder wie der Erwachsenen. Auch die musikalische Seite wird dabei nicht vernachlässigt, wie wir es leider allzu häufig bei Kinderlieder erleben.

Er nimmt die Kinder ernst und verlangt ihnen teilweise auch ganz schön was ab. Daß die Lieder wirklich was taugen und haltbar sind, kannst du im Konzert schon dadurch spüren, daß auch die Erwachsenen immer wieder ihre Freude daran haben und sich nicht albern dabei vorkommen.

Bei den Liedern für Erwachsene ist für mich vor allem die Fähigkeit, das Einfache und Naheliegende in Poesie zu wandeln, immer wieder beeindruckend. Er kann wirklich gute Geschichten mit menschlicher Wärme erfinden und glaubhaft erzählen. Wenn man so viele Jahre Lieder macht und Platten veröffentlicht wie er, dann kann ich davor nur den Hut ziehen. Seine Alben haben immer Charakter.

Zuweilen wird auch kritisiert und es wird abgewunken, die Lieder wären heute zu menschelnd, zu brav usw. Das ist ungerecht. Kein Künstler kann über einen längeren Zeitraum des Volkes Stimme sein, den kritischen Zeitgeist auf den Punkt bringen. Schöne gelang dies, auf Massenbasis, in den Jahren 1987/88, wie es Degenhardt oder BAP oder Kunze auch jeweils für kurze, jedoch sehr einprägsame Zeit in der alten Bundesrepublik gelang. Es verschieben sich nicht nur die äußeren Koordinaten, auch die inneren können sich verändern.

Gleichwohl bange ich natürlich mit ihm, daß es ihm gelingt seine Fähigkeiten und seine Produktivität zu erhalten und dies auch immer wieder sozusagen neu »einzustellen«.

Das ist ein Prozeß, der nicht nur Stetigkeit verlangt, sondern eben auch stets kreatives Umgehen mit Situationen und Angeboten auf der Basis eines erreichten und klar umrissenen künstlerischen Konzepts. Da sind allerdings mal ein besserer und mal ein schlechterer »Jahrgang« immer auch im Toleranzbereich drin.

Klaus Koch: *Na, z.B. gab es im vergangenen Jahr ein Programm »Zwischen den Dingen« mit dem Clowns-Mimen-Theater Finke-Faltz. Es wurde geprobt und geprobt und die Berichte davon sagten, daß alles in Ordnung wäre. Dann kam so etwas wie ein erster Durchlauf. Als ich das sah, dachte ich, was ist denn das?*

Im Gespräch wurde ich vom Regisseur, der vorher Gerhard weder kannte, noch etwas von ihm gehört hatte und dessen offensichtliches Ziel es war, den Liedermacher als solchen ad absurdum zu führen, dann ob meiner kritischen Fragen tüchtig heruntergeputzt. Ich ließ aber nicht locker und sprach mit Gerhard und den Musikern. Auch sie hatten im persönlichen Gespräch ein sehr ungutes Gefühl bei der Geschichte. Aber keiner hatte sich getraut etwas zu sagen, irgendwie sagten sich alle: Augen zu und durch. Der Regisseur verschwand dann unmittelbar vor der Premiere in Meißen und wurde nicht wieder gesehen. Die Kollegen mußten dann sehen, wie sie das Tourneeprogramm noch so halbwegs auf die Beine bekamen. In der Summe war es das erste Mal, daß Gerhard hier seinen ansonsten sicheren Instinkt verlor und sich mit Verlusten mehr oder weniger treiben ließ.

Ich denke manchmal, es wäre nicht das schlechteste für ihn, mal eine Pause von 1-2 Jahren zu machen. Die gravierenden Veränderungen in seinem privaten Umfeld in den letzten beiden Jahren gäben eigentlich Gelegenheit dazu.

Und was sind die Gründe dafür, daß dies nicht geschieht und er stetig am Arbeiten bleibt...

Klaus Koch: *Vielleicht haben wir alle nicht richtig darüber nachgedacht und darüber auch mal gesprochen.*

Auch ich hatte schon wieder die nächsten Touren geplant. Nun ist es erst mal anders gekommen und »Das Perlhuhn im Schnee« läuft vom Herbst 2000 an. Aber die Pause vom Singen sollte er sich trotzdem einmal gönnen.

Gerhard hat ja die Art, wie er sich selbst auf der Bühne präsentiert, in all den Jahren nur wenig verändert. Und wenn er auf der Bühne steht, macht es doch für das Publikum den Eindruck, als ob da einer von ihnen stünde. Er läßt keine große Distanz aufkommen, wirkt aber eben manchmal auch auf sympathische Weise unvollkommen und unsicher.

Klaus Koch: *Das ist schon ein Phänomen. Es gibt eigentlich kaum ein Konzert wo er sich nicht zweimal versingt, also den Text irgendwie vergißt. Er wirkt tatsächlich vor allem in Solokonzerten zuweilen unsicher und manchmal auch unkonzentriert. Aber es nimmt ihn niemand übel, es macht ihm zumeist nur noch sympathischer.*

Andererseits hat er wirklich hervorragende komödiantische, ja auch artistische Talente. Gerade das Programm »Die Sammlung des blinden Herrn Stein« hat dies eindrucksvoll gezeigt, wo übrigens auch seine beide Kollegen echt wunderbar sind. Jeder Schritt auf der Bühne, jede Bewegung, jeder gesangliche Teil sitzt auf den Punkt. Und er kann am nächsten Tag zu einem Solokonzert auf die Bühne gehen und all dies ist einfach weg. Natürlich lieben viele gerade die Solokonzerte, die er sich zumeist selbst organisiert. Hier macht er alles alleine. Er fährt los, stellt die Boxen auf und die Anlage ein, redet mit dem Veranstalter und verkauft nach dem Konzert seine CDs und baut dann wieder ab. Häufig vergißt er, sich ein Hotelzimmer zu bestellen, dann ruft er bei mir an und ich besorge schnell noch eins.

Nicht immer ist er für meine Begriffe dabei wirklich im wünschenswerten Maße konzentriert. Manchmal sind es auch Dinge und Probleme, die ihm ein Zuschauer noch vor dem Konzert erzählt hat. Das beschäftigt ihn häufig mehr, als es in diesem Augenblick gut wäre.

In manchen Diskussionen verteidigt er dann z.B. ein Lied, was wir irgendwie nicht so gelungen finden, mit dem Argument, daß es bei seinen Solokonzerten sehr gut angekommen wäre. Na, sag mal was dagegen. Ich glaube manchmal, er ist im Innersten seines Charakters einer der letzten fahrenden Troubadoure. Unter diesem Aspekt wäre er nur zivilisationsgeschädigt.

Das mußt du erklären...

Klaus Koch: *Ich hab schon manchmal geträumt, daß er kommt und sagt: Du, Klaus, ich hab mir jetzt einen Hänger oder ein echt gutes Zelt gekauft mit allem, was notwendig ist. Kannst Du bitte mal einmal in der Woche zu meiner Bank gehen und mir etwas per Post in bar hinterherschicken und dabei nicht die vielen Briefe und Karten vergessen. Ich richte mal bei dir im Büro hier derweil einen Briefkasten ein...*

Machen ihm die großen Tourneen keinen Spaß mehr? Ich selbst wünschte mir manchmal auch, daß er gerade die Lieder seiner ersten LPs wieder singt, vielleicht musikalisch neu aufbereitet und mit zwei Jahrzehnten eigener Erfahrung dazu.

Klaus Koch: *Du kannst mir glauben, daß ich bei jeder Tournee genau darum kämpfe, aber Gerhard vertraut häufig seinen alten Liedern nicht mehr so unbedingt. Er meint, die Zuhörer würden sich langweilen und man könne ihnen nicht ewig das gleiche anbieten. Mit alt meint er dann durchaus auch Songs aus den neunziger Jahren. Das ist natürlich völlig überspitzt, weil es eigentlich zu jedem Konzerterlebnis gehört, daß man dort auch Lieder hört, die einem schon vertraut sind, ja häufig kommt man auch gerade deshalb.*

Wir haben jetzt so eine Übereinkunft, daß ich maximal fünf (!) Lieder vorschlagen darf, von denen er eventuell (!) welche ins Programm nimmt, und wenn's als Zugabe ist. Vielleicht will er nicht direkt beteiligt sein an einer Art eigener Legendenbildung...

Klaus Koch ist Chef des Labels und Verlages »BuschFunk«, Freund, Berater und Manager von Gerhard Schöne.

WOLF BIERMANN

»Damit, daß jemand ein Lied über die Stasi macht, ist er noch längst nicht produktiver im politischen Sinne, als wenn ein Kind mit einem neuen frechen Lied die Chance bekommt, sich tapfer gegenüber einem schlechten Lehrer zu behaupten.«

Wolf, Gerhard Schöne berichtet, daß er dich, einige Monate vor deiner Ausbürgerung 1976, zusammen mit seinem Freund und Studienkollegen Frieder Rosenthal besuchte. Die beiden jungen Liedermacher wollten dir einige ihrer Lieder vorspielen, natürlich, um dein Urteil dazu zu hören.

Wolf Biermann: *Mich besuchten nun ziemlich viele Leute in meiner Wohnung in der Chausseestraße, berühmte Leute und unberühmte, Ostmenschen und Westmenschen. Ich kann mich nicht mehr genau erinnern.*

Die beiden jedenfalls waren auch darunter, sangen ihre Lieder vor, du hast sie angehört und dich mit dem Hinweis, ihre Lieder seien wie ihre Schuhe, ganz gut aus der Affäre gezogen. Frieder Rosenthal kam etwas schlechter weg, denn er trug damals modische, vorn sehr spitze Schuhe, die etwas unbequem aussahen. Gerhard Schöne trug die praktischen Tramperstiefel aus Wildleder. Ihm gabst du auf den Weg, daß seine Lieder so wie seine Schuhe seien und er damit gut durch die Welt käme. Eine Beschreibung, die sich schon einige Jahre später als sehr treffend erwiesen hat. Ich ahne allerdings, daß Du keine ganz konkrete Erinnerung mehr an ihn hast.

Wolf Biermann: *Es kamen manchmal Poeten, Liedermacher und spielten mir ihre Lieder vor. Natürlich nur aus einem einzigen Grund: Sie wollten von mir hören, daß sie Genies sind, daß sie prima sind. Warum geht man sonst als junger Mensch zu einem Arrivierten. Ich kenne das von mir selber. Als ich zu Hanns Eisler gegangen bin, habe ich ihm auch meine Lieder vorgesungen und wollte hören, daß ich es gut mache oder wenigstens, wie ich es besser machen könnte. Und wenn man stark genug ist und was taugt, empfindet man Kritik wirklich als Hilfe und nicht als Bedrohung und kann dann was draus machen. So werden auch irgendwann mal diese beiden jungen Athleten bei mir gewesen sein und was Schöne da erzählt hat, glaube ich gerne. Es paßt zu der damaligen Situation. Und wenn ich mich zu den beiden so zurückhaltend und dennoch treffend geäußert habe, dann erkenne ich darin sehr deutlich meine damalige Haltung. Einerseits war ich von ihnen aus gesehen der Meister, der es schon geschafft hatte, berühmt zu sein und auch berüchtigt. Und andererseits waren wir alle kleine DDR-Menschen, alle in gleichem Maße unter dieser riesigen Fuchtel des Regimes, vor der man Angst hatte, jeder auf seine Art. Mich schützte wohl meine Berühmtheit, aber das war relativ. Wenn es in der Gesellschaft knallt, wenn es gefährlich werden würde und die Herrschenden drehten durch und fühlten sich wirklich bedroht, dann würden sie zuerst den Berühmten abknallen, um ein politisches Zeichen zu setzen, das wußte ich schon.*

Hast du denn mit jungen Liedermachern und Literaten, die dich besuchten, darüber gesprochen, daß es auch für sie ernst werden könnte, wenn sie denn die Wahrheit in einer bestimmten Weise sehr deutlich aussprachen...

Wolf Biermann: *Das mußte ich denen doch nicht sagen, das wußten die selber. Ich sah sie in erster Linie unter künstlerischem und ästhetischem Aspekt. Und das war für mich der wirklich politische Aspekt. Dieses Stück Dialektik muß sein: Nur mit der Mitteilung, daß einer ein guter Mensch ist, gegen Unterdrückung und für die Freiheit der Menschheit oder eben gegen den falschen und für den richtigen Sozialismus, kann er mit der Gitarre noch nichts Gutes bewirken. Wenn er sich auf das Terrain der Kunst begibt, muß er erstens bis zehntens ein guter Künstler sein, er muß ein guter Dichter sein, gut Gitarre spielen und interessante, originelle Musiken erfinden. Und wenn er nicht seinen eigenen Ton findet, ist er verloren, als Künstler, aber auch als politisches Wesen, das sich einmischen will in die Verhältnisse. Diesen eigenen Ton zu finden, war das Entscheidende: Das konnte der Sound ja genauso sein wie die politische Haltung oder die allgemein menschliche Haltung. Ich sah das nicht so verbissen, was die politische Position betrifft. Wenn jemand, wie dieser Gerhard Schöne, ich rede jetzt so distanziert, weil ich wirklich, entschuldige bitte, kein einziges Lied von ihm kenne. Ich weiß inzwischen nur, daß er nach meiner Ausbürgerung 1976 in der DDR Erfolg und eine gewisse Popularität hatte mit seinen Liedern. Ich war im Westen zunächst mit mir selbst und den anderen Verhältnissen beschäftigt. Wenn er also damals eine zwar nicht politisch provokative, aber menschlich aufrichtige Haltung hatte, dann war er nach meiner damaligen und auch heutigen Meinung schon im allerbesten Sinne des Wortes »politisch« genug. Da hätte ich nicht den geringsten Grund gehabt an ihm herumzunörgeln. Meine einzige Sorge wäre nur gewesen: Sind seine Harmonien auf der Gitarre lebendig oder liefert er nur profanen Standardmist? Fällt ihm was Eigenes ein? Schleichen sich Lügen ein in dem Terrain, in dem er sich bewegt? Man kann ja auch über ein Frühstücksei lügen, es muß nicht immer gleich das Politbüro sein. Vor allem muß einer echt sein, eben in dem Terrain, das er als seinen Acker beackert. Das könnte auch ein Schrebergarten sein, da gibt's noch keinen Grund, sich lustig zu machen. Aber in dem Bereich, in dem man sich bewegt, soll man aufrichtig sein. Und wenn man nicht zum Drachentöter gemacht ist durch Biographie oder durch Lebensumstände, dann soll man eben so schnell wie möglich erkennen, wo die eigenen Möglichkeiten und Stärken liegen. Die soll man dann entwickeln, getreu dem deutschen Sprichwort: Keiner kann höher springen, als der Arsch kommt. Und wenn z.B. jemand »nur« richtige Kinderlieder schreiben würde, Kinderlieder, in denen die Kinder Haltungen lernen können, die wichtig sind für ihre Menschwerdung in einer menschenfeindlichen Gesellschaft, dann leistet jemand, der ihnen das liefert, schon eine große Hilfe, die unter Umständen viel subversiver ist in Bezug auf den Streit in der Gesellschaft, als jemand, der sogenannte politische Lieder schreibt. Damit, daß jemand über die Stasi ein Lied macht, ist er noch längst nicht produktiver im politischen Sinne, als wenn ein Kind mit einem neuen frechen Lied die Chance bekommt, sich tapfer gegenüber einem schlechten Lehrer zu behaupten. Natürlich, wenn jemand den Mut hatte, sich mit diesem allmächtigen Unterdrückungsapparat der SED und der Staatssicherheit in Streit einzulassen,*

Im Gespräch am 2.12. 1989 im HdJT Berlin: Barbara Thalheim, Gerhard Schöne und Wolf Biermann

war das 'ne tolle Sache. Aber lieben konnte man ihn erst dafür, wenn es ihm gelungen war, auch ein wirklich starkes Kunstwerk zu schreiben. Egal, ob es eine Stasiballade oder ein Kinderlied ist. Insofern muß man die Leute groß nennen, die die Weisheit haben, ihren kleinen Kreis in ihrem wirklichen Terrain auszuschreiten. Und in diesem Sinne gibt es dann auch gar keine Rangordnung. Da sind wir am Ende wieder alle kleine Menschen, die zusammengehören und sich gegenseitig beistehen müssen und sich ermutigen müssen. Glaube also nicht, daß ich so einen jungen Mann abqualifizierte, der da zu mir kam mit christlichem Hintergrund und nur »Menschenlieder« schrieb, wie ich es nannte, im Gegensatz zu »politischem Make-up mit dem Vorschlaghammer«, eine Formulierung von Volker Braun übrigens. So einen jungen Mann würde ich also niemals gering achten oder ihn entmutigen. Wenn ich aber merke, daß er ein Heuchler ist, sei es auf der Kinderebene oder sei es auf der großen politischen Bühne, dann muß er was in die Fresse kriegen. Denn wie Picasso richtig gesagt hat, Kunst muß entmutigt werden. Denn Kunst ist zwar Not – wendig, aber sie ist nicht notwendig. Brot ist notwendig und ein Dach über dem Kopf. Kunst ist nur ein lebensnotwendiger Luxus. Also, wer auf diesem Gebiet produzieren will, muß erst mal im allerbesten Sinne gequält werden mit Kritik. Wenn er darunter zusammenbricht, tut er anschließend was für die Kunst und für die Menschheit, indem er es endlich sein läßt. Wenn er aber widersteht und es als Kraft in sich selber reinnimmt, um da-

von bestärkt und angestachelt zu werden und zu höheren Leistungen getrieben zu werden, dann ist es gut. In der Kunst kann es keine Sozialhilfe und keine mildernden Umstände geben. Wer Kunst macht, ist nicht gerade bescheiden, der muß das dann aushalten. Für zwei linke Hände kann man nichts. So jemandem zeige ich mit unendlicher Geduld, wie man einen Nagel in die Wand haut. Aber wenn er Kunst macht, dann gibt es keine Nettigkeiten in diesem menschelnden Sinn. Die sind überall angebracht, aber dort nicht. Ich erlebe das übrigens mit meinen Kindern. Mein Sohn David, jetzt zehn Jahre alt, spielt Elektrogitarre und sein Bruder spielt Schlagzeug und Saxophon. Sie machen so Rockmusik. Von mir aus gesehen ist das alles ganz fremd und ich bewundere sie dafür mit Schrecken. Dann kommt David und sagt: Papa, ich habe ein Lied gemacht. Da freut sich das Vaterherz. Mit seinen kleinen Fingern spielt er mir das dann vor auf der Elektrogitarre und mit Verstärker. Er ist ein kleines Kind, er ist mein Sohn und ich habe eine hochemotionale Beziehung zu ihm. Ja, ich liebe ihn, aber sobald wir über Kunst reden, rede ich mit ihm, wie ich auch mit anderen rede und sei es Bulat Okudshawa oder Mikis Theodorakis oder Joan Baez oder Bob Dylan, ganz egal, ob er klein, schwach, Anfänger, mein Sohn, zuckerkrank oder behindert ist. In der Kunst gibt es keinen anderen Maßstab als die Kunst.

Wolf Biermann ist Liedermacher und Autor, wurde 1976 aus der DDR ausgebürgert und ist eine Schlüsselfigur für deutschsprachige Liedermacher und Autoren im 20. Jahrhundert.

JOACHIM GAUCK

»Wenn eine geschlossene Gesellschaft Räume freimacht, wenn also praktisch Themen schon zugelassen werden, bevor die offene Gesellschaft selbst erreicht ist, dann ist das erstmal ein Gewinn.«

Herr Gauck, Gerhard Schöne hatte in den 80er Jahren in der DDR eine solch enorme Popularität, das man nur wenige DDR-Bürger findet, die mit diesem Namen nichts anzufangen wissen. In Kreisen der Kirchen, zu denen Sie ja als Pfarrer in Rostock gehörten, war Schöne schon seit den frühen 70er Jahren bekannt. Haben Sie noch eine Erinnerung, wann Sie Gerhard Schöne und seine Lieder zum ersten Mal wahrgenommen haben?

Joachim Gauck: *Ich kann mich nicht genau erinnern, wann und wo das war. Ich weiß aber genau, daß ich sofort bestimmte Assoziationen mit dem Namen Gerhard Schöne verbinde und zwar gleich dreifache: einmal die als Familienvater, dann die als langjähriger Leiter von kirchlichen Jugendgruppen und drittens, die als Mensch, der in der DDR Kirchentage mit organisierte. Und die Grundassoziation war immer die eine: AHA, das ist also möglich hier. Diese Sprache einer Sensibilität gegenüber den Alltagsdingen, gegenüber Kindern, überhaupt eine Sensibilität gegenüber Beziehungen aller Art. Ich kann da jetzt gar keinen einzelnen Titel benennen, den ich meine. Aber da äußerte sich einer auf besondere Art in der Sprache der Liedermacher, die ja ohnehin in der DDR schon spezifisch war: Nicht zugespitzt, um überhaupt offiziell publiziert zu werden und trotzdem deutlicher als manch andere Äußerung. Der Gerhard Schöne hat mit seiner Art einfach sehr viele Leute zum Zuhören und Aufmerken gebracht. Es war ja vordergründig gar kein christliches Vokabular, das er gebrauchte. Ich wußte z.B. lange Zeit gar nicht von seinem christlichen Elternhaus und diesem Hintergrund. Zum ersten Mal bekam ich, glaube ich, von einem Jugendlichen aus meiner Gruppe etwas von ihm auf Kassette vorgespielt. Das hatte der selbst aufgenommen und ich sollte mir das doch mal anhören. Das hat dann dazu geführt, daß wir mehr Lieder von ihm gehört haben. Ich war ja zeitweilig Jugendpfarrer in Rostock. Wir haben immer versucht, Leute zu uns einzuladen, die wider den Stachel löckten. Die Jugendszene bei uns in der Mecklenburger Provinz war breit interessiert. Da interessierten nicht nur Leute wie Stephan Krawczyk und Freya*

Klier, die damals praktisch ihre einzigen Auftrittsmöglichkeiten in den Kirchen hatten. Auch Barbara Thalheim war zu einer bestimmten Zeit, als auch sie in Schwierigkeiten mit dem Staat war, bei uns. Und wenn man dann mal den Gerhard Schöne kriegte, war das ganz toll. Es war also nicht so, daß die Leute nur hinkamen, um bestimmte spitze Sachen zu hören. Die wollten auch Nachdenkliches. Eine wichtige Erkenntnis vor allem bei Schöne war dann: So sensibel darfst du also sein in der DDR ! Ich merke schon, daß man das heute im Jahr 2000 einem Außenstehenden überhaupt nicht vermitteln kann. Wenn jetzt jemand aus dem Westen liest, was ich da sage, fragt er sich vielleicht, was meint er denn damit. Unter uns ist klar: Da konnte man ein Thema mit dieser Sprache und in diesen nachdenklichen Tönen ausdrücken. Der passende Begriff in dem Falle ist dann vielleicht doch: Gegenkultur. Die Vertreter von Gegenkultur in der DDR waren im wesentlichen die unabhängigen Künstler und die Kirchen und vielleicht waren beide dankbar, wenn sie sich von Zeit zu Zeit gegenseitig bestätigen konnten. Und dann ging es mitunter über in die offizielle Kultur. Viele Texte, die z.B. Christa Wolf geschrieben hat, waren in diesem Sinne Gegenkultur. In »Kassandra« spricht sie mit einem Teil von Öffentlichkeit, der sonst nicht vorkam im öffentlichen Kulturbetrieb. Und die Liedermacher, die es geschafft hatten, bei AMIGA eine Platte zu bekommen, die konnten ja nicht alles dort auf AMIGA sagen. Da blieb ja ein nicht unerheblicher Rest. Die mußten dann das Händchen haben, eine Sprache zu entwickeln, die das vermittelte. Mich persönlich hat das besonders interessiert, weil ich kein Fundamentaloppositioneller war, obwohl ich die ganzen DDR-Jahre lang kritische Jugendarbeit gemacht hatte. Für mich aber war es wichtig, einen Weg zu gehen und Haltungen zu trainieren, mit denen die jungen Leute auch noch in der EOS, der Erweiterten Oberschule, überleben konnten und nicht praktisch schon ihren Ausreiseantrag unterschrieben.

In dieser Beziehung war doch wahrscheinlich ein Mensch und Künstler wie Gerhard Schöne ziemlich paßgenau auf dieser Linie. Er hat sich immer als kritischer Christ verstanden und sich trotzdem nie konfrontativ zum Staat verhalten.

Joachim Gauck: *Ja, genau diese Gratwanderung war für mich und viele meiner Kollegen interessant, auch für viele Jugendlichen, mit denen ich zu tun hatte. Natürlich, als die Zeit weiter fortschritt, haben sich die Schwerpunkte dann ein bißchen verlagert und sie wollten auch mehr haben, mehr Power und mehr Kritik. Und das müssen wir uns ja auch alle fragen, die Intellektuellen, die Künstler und die Kirche: Wie lange durften wir unseren relativ milden Blick und diese Neigung zur Gratwanderung eigentlich haben. Ich bin glücklich, daß wir dann 1989 im Grunde in eine revolutionäre Phase hineingeraten sind, quasi wider Willen. Aber da zeigte sich eben, daß dieses Potential der Gesellschaft, das lange genug die Gratwanderung betrieben hatte, dann wach genug war, die Veränderung der Zeiten zu sehen und auch revolutionär werden konnte. Ich weiß es nicht konkret, aber ich nehme an, daß eine Mann wie Schöne im Herbst 1989 in der Demokratiebewegung aktiv geworden ist. Die Jugendlichen jedenfalls, mit denen ich in den Jahren zuvor und auch mit Hilfe von Schönes Liedern, diese Art von Gratwanderung eines oppositionellen Denkens und Verhaltens gerade noch im Rahmen der politischen Möglichkeiten geübt hatte, die waren 1989 die Motoren der Veränderung. Denn von den anderen, den Fundamentaloppositionellen, gab es gar nicht mehr genug im Lande.*

Große Diskussionsrunde nach dem Konzert am 2.12.1989 • v.l.: Eva-Maria Hagen, Rainer Eppelmann, Wolf Biermann, Dietmar Keller, Friedrich Schorlemmer, Lutz Bertram, Matthias Görnandt, Stephan Krawczyk, Bettina Wegener, Jürgen Fuchs, Emma Biermann, Jürgen Eger, Toni Krahl, Steffen Mensching, Barbara Thalheim

Da kommen wir sofort auf die Frage, mit der Sie ja auch jetzt oft genug konfrontiert sind. Wer war ein Held in der DDR, wer war ein Feigling und was alles lag da eigentlich dazwischen? Die Biographie von Gerhard Schöne hat da meines Erachtens ganz viele Ansatzpunkte, die gar nicht so selten waren in der Bevölkerung.

Joachim Gauck: *Ich finde das sehr interessant, daß wir uns nun langsam aus einer Optik entfernen müssen, jedenfalls wenn wir uns weiterentwickeln wollen, einer Optik nämlich, die auch diktaturtypisch ist: Da half es, wenn man sich sein Weltbild vereinfachte, wenn man Schwarz und Weiß unterschied, die da oben und die da unten. Nur wenn wir undifferenziert ein aus Gründen der Unterdrückung berechtigt gewachsenes Schema weiter verinnerlichen, dann schaden wir uns auch selber. Das heißt, wir müssen jetzt noch mal den zweiten Blick gewinnen für die ganze Weite von Haltungen, auch für die unterschiedliche Art von Zivilcourage! Dann entdecken wir sowohl die Bereiche, wo wir mit uns unzufrieden sind und andererseits, wo wir sagen, ja, das würde ich auch heute nach wie vor wieder so machen. Also die Welt und unser Verhalten in ihr waren doch nicht so eindimensional wie heute manchmal getan wird. Ich habe z.B. mehrere Kirchentage verantwortet in Mecklenburg damals. Und das, was in Berlin und in Sachsen passierte, daß sich ein Kirchentag von unten bildete, weil bestimmte Themen und Formen von vorn herein von der Kirchtentagsleitung ausgeschlossen waren, das habe ich bei uns versucht zu verhindern. Wir haben die kritischen Themen alle integriert. Da gab es dann keinen gespaltenen Kirchentag. Ich allerdings, als der Verantwortliche, mußte der Kirchenleitung dieses Konzept vermitteln. Und ich mußte auch den Basisgruppen klar machen, daß, wenn sie die Themen richtig ansprechen, sie nicht mit einem Transparent über die Straße rennen müßten. Und dann müßte die Polizei auch nicht eingreifen. Wir haben diese Einigung erreicht. Und die Leute, die da mit mir in der Gemeinde und in der Jugendarbeit waren, auch die Pfarrer und Diakonen, die ähnlich gedacht haben, das war dann der Kern des Neuen Forums und der Demokratiebewegung in Rostock im Jahr 1989. Was wir uns kritisch fragen müssen, ist nicht, ob unser Stil kritisch und oppositionell zu sein falsch war, angesichts der Fundamentaloppositionellen, sondern das ist die Frage: Waren wir solidarisch genug mit den Fundamentaloppositionellen ? Waren wir solidarisch genug mit denen, denen ihre persönliche Freiheit so wichtig war, daß sie in den Westen wollten ? Und da müssen wir uns oft ehrlicherweise sagen: Nein, das waren wir nicht. Und bei Gerhard Schöne find ich interessant, daß es immer schwierig gewesen wäre, ihn als systemerhaltend zu beschreiben. Die Herrschenden waren wahrscheinlich dankbar, daß er nicht getextet hat, was für ein Schwein Honecker ist. Aber die*

Haltungen von Sensibilität, die er vermittelt und befördert hat, die waren der Kern in seinen Liedern. Daß er Menschen sensibel machte für Beziehungen, auch für Toleranz und Menschlichkeit, war entscheidend. Und das war nun alles andere als systemerhaltend.

Wenn man von dieser Einschätzung aus weiterdenkt und dabei die Biographie und die Herkunft von Gerhard Schöne im Auge hat, auch die Tatsache, daß er den Wehrdienst verweigert hat und Bausoldat wurde und daß er dann doch in der DDR diese große Karriere machen konnte mit Plattenveröffentlichungen, Fernsehen bis hin zum Nationalpreis, dann muß man sich doch auch mal die Frage stellen, ob der Staat DDR und seine Kulturinstitutionen vielleicht wirklich eine Strategie hatten, diesen Mann und seine Lieder einzubinden in den Kulturbetrieb und damit in die Gesellschaft. Halten Sie dies, aus ihrer Sicht von damals und von heute, für möglich und für wahrscheinlich?

Joachim Gauck: *Ich weiß nicht, aber wenn es diese Strategie gab, dann müßte man klar sagen, da war jemand wirklich intelligent ...*

...nach unserer Recherche war dies allerdings nicht der Fall. Der Erfolg von Gerhard Schöne, seine Ankunft in der Mitte der Gesellschaft beruhte auf vielen Einzelinitiativen von Leuten und hatte nichts mit einer staatlichen Strategie zu tun...

Joachim Gauck: *Ja, das scheint mir auch wahrscheinlicher zu sein. Die Kulturbehörden waren doch wohl eher dankbar, daß da noch ein Glaubwürdiger existierte, der nicht fortwährend und direkt gegen sie sang. So könnte ich es mir eher vorstellen. Er sang schon gegen sie, aber man konnte es genauso als allgemeine Kulturkritik sehen. Und er wird heute, wenn er sich einige Texte von damals ansieht, sich sicher auch fragen, ob er an der einen oder anderen Stelle vielleicht noch eine Kohle mehr hätte auflegen können. Aber das fragen sich doch viele. Schauen Sie sich die Autoren an, die Komponisten, genauso die Pfarrer. Eigentlich alle, die mit Öffentlichkeit zu tun hatten, müssen sich heute fragen, ab wann war was möglich. Andere müssen sich fragen und fragen sich das ja auch, Christa Wolf z.B., warum bin ich eigentlich solange in dieser Partei geblieben. Diese Rückfrage muß erlaubt sein. Es ist übrigens sehr leicht aus der Optik eines »Revolutionärs« und Fundamentaloppositionellen von damals, ein Urteil gegen Künstler zu sprechen, die sich in den Bereich der staatlichen Anerkennung begeben haben. Das ist ja eine Debatte auch in anderen künstlerischen Bereichen. Ich bin da nicht so rigide. Wenn eine geschlossene Gesellschaft Räume frei macht, wenn also praktisch Themen schon zugelas-*

sen werden, bevor die offene Gesellschaft selbst erreicht ist, dann ist das erstmal ein Gewinn! Davon hat die ganze geschlossene Gesellschaft etwas. Es wird ein kleines Fenster aufgemacht, da kommt Luft rein. Ich denke da auch an die Kunstausstellung in Dresden. Mit welcher Gier hat das Publikum auf kritische Bilder oder kritische Züge in Bildern von arrivierten Künstlern reagiert. Und genauso hat man mit großer Freude gesehen, wenn einer, der bislang nur im »Untergrund« malte, dort dann dabei war und offiziell ausgestellt wurde. Nun kann man nicht bei jedem dieser Leute sagen, igitt, er ist ja kein Revolutionär. Also kann man schon, aber ich halte es für töricht. Die Kraft, zu früher Zeit ein Revolutionär zu sein, haben nur wenige Menschen. Vielleicht gehört auch eine bestimmt Disposition dazu. Und dann kommt die nächste Frage, und die betrifft die Zivilcourage...

Ja, und da sind wir bei der Frage, wie sich wohl auf sehr unterschiedliche Weise das Aufrechtgehen in so einer Gesellschaft darstellen kann...

Joachim Gauck: *Aufrechtgehen heißt nämlich auch Kompromisse zu machen, und zwar dann, wenn man sie vor sich verantworten kann. Aufrechtgehen heißt ja nicht unbedingt, sofort alles zu wollen. Es heißt vielmehr, zu sich selbst zu stehen, seine Werte und Handlungen in Übereinstimmung zu bringen. Und ich glaube nicht, daß man z.B. Gerhard Schöne in der DDR hätte sagen können, daß er seine Werte verraten hätte, nur weil er im Fernsehen aufgetreten ist.*

Aus den Akten Ihrer Behörde haben wir ja z.B. den Vorgang nachvollziehen können, wie sich Gerhard Schöne bei den Chansontagen 1987 öffentlich für seinen Kollegen Stephan Krawczyk einsetzen wollte, was er vorbereitet hatte zu tun und was daraufhin alles passierte, daß er es dann nicht getan hat. Heute sagt er darüber, es wäre ihm noch immer mulmig, er wäre ein bißchen feige gewesen und schämte sich dafür und hätte vielleicht härter argumentieren können.

Joachim Gauck: *Ja, ich bin sicher, daß es ganz viele Menschen gibt, die eine ähnliche Situation erlebt haben. Und es ist ganz wichtig, sich selbst und anderen solche Situationen noch einmal nachzuvollziehen, solche Gratwanderungen nachzuzeichnen. Wenn er selbst gesagt hat, er hätte ein Gefühl von Scham, dann kann ich das sofort nachvollziehen. Mal ehrlich, jeder, der so zurückblickt, kennt einen solchen Punkt in seinem Leben und muß heute bekennen: Das hätte ich doch deutlicher sehen und benennen müssen.*

Zugleich aber sagt auch Schöne, daß er sich in einem Gefüge befunden hat, das er nicht grundsätzlich sprengen wollte. Er macht ganz deutlich, daß er gar nicht so werden wollte wie Krawczyk, um jetzt mal bei diesem Beispiel zu bleiben.

Joachim Gauck: *Ja, das ist ja auch richtig, ich wollte auch nicht so werden. Und da ist die Stelle, wo wir unseren Fundamentaloppositionellen mit allem Nachdruck sagen müssen, daß sie eben nicht mehr Erfolg gehabt haben als wir, die wir andere Wege gegangen sind! Das wird heute oft übersehen. Als Charakter muß ich mich heute fragen, ob ich nicht 1988 dann schon etwas forscher hätte reagieren können. Da war es eigentlich schon soweit. Aber da wird jeder für sich diesen Punkt finden müssen. Die Diskussion, die wir untereinander haben, wird genau dann interessant, wenn z.B. ein Gerhard Schöne bekennt, da war der Punkt für mich, an dem ich hätte schärfer sehen können und trotzdem war zugleich z.B. der Fernsehauftritt oder die Popularität auch enorm wichtig, nämlich für die, die noch nicht oppositionell sein konnten. Die konnten schon sensibel werden für Themen und für Beziehungen. Das war doch auch innerhalb des Systems DDR extrem wichtig, daß Leute ihre Individualität entdeckten. Es ist nämlich überhaupt nicht sicher, daß nur eine straffe Anti-Haltung geeignet war, das System zu sprengen. Die polnischen Intellektuellen haben z.B. das Individuum, die Stärkung der individuellen und inneren Kultur als Widerspruch zum Kommunismus gesehen. Das Humanum zu entdecken und die Würde des Einzelnen und seine Rechte zu definieren, seine Seele empfänglich zu machen für Schönheit und Sensibilität, all das ist auch gegen das System, arbeitet gegen die Diktatur. Ein Dichter wie Peter Huchel oder die Gedichte von Sarah Kirsch, die mußten gar nicht zugespitzt sein. Die waren gefährlich wegen der Intensität, mit der sie auf die Autonomie des Ich setzten und dieses Ich prägten.*

Gleichzeitig hat ja die Staatsmacht dissidentische und feindliche Umtriebe doch aber immer mehr von Seiten linker, intellektueller, auch radikaler Kräfte vermutet und weniger von denen, die die Subjektivität betonten und vielleicht eher in einem bürgerlichen Umfeld zu suchen waren.

Joachim Gauck: *Ja, das kann gut sein und das ging dann soweit, daß man eine exzentrische Außenseiterposition wie in der eher unpolitischen Prenzlauer-Berg-Szene noch besser tolerieren konnte. Das wurde nur schwierig, weil der Chaos-Faktor zu groß war. Die kleinbürgerlichen Ordnungsfanatiker der Staatsmacht mußten ja schon die chaotischen Lebenspraktiken als Provokation empfinden. Aber eigentlich haben die längst nicht so gestört, wie ein Biermann oder andere, die ja noch von der Havemannschen Position und von links her die Gesellschaft und die Herrschaftsstruktur in Frage stellten.*

Wenn sich die Stasi in der DDR übrigens mit Gerhard Schöne beschäftigte, dann wurde zumeist ein hauptamtlicher Mitarbeiter in eines seiner Konzerte geschickt und fertigte anschließend einen Bericht. Der enthält dann einige atmosphärische Schilderungen und mehr oder weniger ausführliche Interpretationsversuche von Liedern. Da wird dann aus dem Lied »Wellensittich und Spatzen« auch mal das »Lied vom Kanarienvogel«, aber interessant ist vor allem die große Hilflosigkeit, das Phänomen Schöne zu erklären. Die Textinterpretationen haken sich an einigen pazifistischen Zeilen und »politisch indifferenten« Positionen fest und kommen dann zu der Feststellung, daß es keine »feindlich-negativen Äußerungen« gab. Im Grunde hat die Stasi nie begriffen, was da eigentlich Thema war und in welcher Form Schöne mit seinem Publikum kommunizierte.

Joachim Gauck: *Es war sicher auch so, daß die überlegt haben: Wie wollen wir den einsortieren? Und da hatten sie dann Schwierigkeiten.*

Ich kenne das von meiner eigenen Person. Mich hat man jahrelang als »feindlich-negativ« beschrieben und für einen »getarnten Oppositionellen« gehalten, und dann gab es jemanden bei der Stasi, der 1988 vorschlug, mich als IM zu werben. Das hat nicht geklappt, weil ich meinem Bischoff und meinen Amtsbrüdern postwendend berichtet habe, daß mich ein Stasimitarbeiter aufgesucht hatte, und da war die Konspiration schon futsch. Aber interessant war, das habe ich dann später gelesen, daß bei der Stasi jemand sagte: Da an einigen Stellen vertritt er doch »realistische« Positionen, darauf könnte man doch aufbauen. Recht hatten sie, kann ich da heute nur sagen. Denn dieser Teil von Leuten, der nicht fundamental oppositionell arbeitete, wollte ja praktisch Annäherung durch Wandel, quasi das alte SPD-Konzept der Ostpolitik. So haben wir uns z.B. in der Kirchentagsszene für den Dialog mit den Kommunisten eingesetzt. Denn die wollten eigentlich keinen Dialog mit uns. Staatsvertreter kamen nicht auf einen Kirchentag, um zu reden. Und als wir dann mal zwei marxistische Professoren in einem Forum sitzen hatten, war das schon ein Fortschritt, denn damit wurde öffentlich anerkannt, daß es überhaupt unterschiedliche Meinungen über die Gesellschaft gibt. Das durfte es sonst ja eigentlich nicht geben. Insofern kann man heute die Frage stellen: Hätte man 1988 mit denen überhaupt reden müssen? Ich sage: Ja, denn nur so hat jeder merken können, was für eine Arroganz deren Absolutheitsanspruch z.B. bei der Wahrheit ist. Und jeder Künstler, wenn er sensibel war, und auch jeder Pfarrer, hat genau diesen Absolutheitsanspruch angegriffen. Darin bestand dann auch die eigene Würde. Nur wer behauptet, daß ausschließlich der fundamentalopportunistische Ansatz gut war, versieht diese andere Position mit einem Negativstempel. Wenn man sich klarmacht, daß es ganz viele Facetten gibt vom intellektuellen Denken bis zu intuitiven Meinungsäußerungen der Zivilcourage, bis hin auch zu einer Kunst, die sich nicht zum Knecht des Staats macht, dann muß man verschiedene Wege zur Autonomie des Einzelnen akzeptieren. Und nicht zu jeder Zeit hat der, der allein auf Revolution setzt, damit auch schon die beste Strategie. Interessant war für mich dann immer der Übergang und da gab es gerade in der Kunst ja viel zu beobachten. Auch bis dahin, daß viele Künstler, die sehr viel vom Staat genommen haben, dann auch 1989 merkten, daß sie das so nicht mehr mitmachen wollten und an die Seite der protestierenden Menschen gingen. Die Demokratiebewegung war ja viel breiter als die ältere Bürgerbewegung, das sollte man nicht vergessen.

Das Selbstverständnis von Gerhard Schöne ist bis heute das des kritischen Christen. In diesem Sinne hat er sich in der Gesellschaft bewegt, hat in ihr gewirkt und hat in seiner Person Kirche und Staat in der DDR oft miteinander verwoben. Das war zu Zeiten der Friedensdekaden so, aber auch noch später. Da gab es im Staat Leute, die das beargwöhnten, aber es gab sie ja auch in den Kirchen.

Joachim Gauck: *Ja, das war nicht unumstritten. Aber ich fand gerade seine Verbindung zwischen der kirchlichen Szene und dem Staat sehr richtig und hätte mir so etwas noch viel öfter auch an anderen Stellen gewünscht. Auch wenn man von der Politik absieht, ist es doch so, daß auch die Christen untereinander eine unterschiedliche Auffassung haben, wie Kirche sich präsentieren sollte. Es gibt Leute, die sagen: Wir müssen alle bekehren zu unserer Sicht der Dinge. Und anderen sagen: Von uns müssen vor allem intelligente Strategien ausgehen und wir müssen unter denen, die gar nicht wissen, was Kirche und Glauben ist, glaubwürdige Gesprächspartner haben. Leute also, die die Werte, auf denen unser Weltbild beruht, imstande sind zu vertreten, vielleicht auch mit ganz normalen Vokabeln. Da muß gar nicht erkennbar sein, daß die im Pfarrhaus eingelernt wurden. Je intelligenter und weltförmiger die Sprache ist, desto angemessener ist das oft. Ein Christ bedarf nicht unbedingt einer kirchlichen Sprache um mit seiner Sicht auf die Welt und auf den Menschen, auch auf den Menschen mit seiner Fähigkeit zu scheitern und Böses zu tun, verstanden zu werden. Und das ist eigentlich eine wunderbare Sache, auf diese Art und Weise Botschafter einer Gegenkultur zu sein. Gerhard Schöne habe ich immer so empfunden. Andere, die sich schon auf den Kampf eingerichtet hatten, die vielleicht mehr Mut hatten, werden sagen: Naja, das ist ja nur Kunstgewerbe. Aber jeder kann nur das machen, was in seinem Herzen und seiner Seele lebt und vielleicht hat ein Mensch wie Gerhard Schöne genau das als seinen Auftrag empfunden. So jedenfalls sehe ich ihn und so positiv sehe ich, wie er in der DDR gewirkt hat. Man muß nur auch sehr sorgfältig schauen: Die lieben Mitmenschen, auch wenn sie aus dem positiven Bereich kommen, sind nicht frei von Neid und Eifersucht. Da gibt es nicht immer eine wirklich faire Bewertung. Wer immer den Kopf über die Masse erhebt, der hat auch damit zu tun. Ich fand es einfach gut, daß Leute aus unserem Kulturkreis dann in der offiziellen Kultur auftauchten und zwar an prominenter Stelle.*

Gerhard Schöne hat ja mit seinem Lied »Mit dem Gesicht zum Volke« eigentlich das Wendelied geschrieben und war damit vom Festival des Politischen Liedes bis hin zum Kirchentag präsent. Nach der Wende hat er nach einer kurzen Pause zur Besinnung seine künstlerische Spur ohne große Brüche und Veränderungen weitergezogen und auch ein Großteil seines Publikums ist bei ihm geblieben. Das heißt ja nichts anderes, als daß man Menschen und Künstler mit diesem Ansatz nicht nur in der Diktatur brauchte, sondern daß sie auch jetzt wichtig sind?

Joachim Gauck: *Viele Pfarrer und auch viele Künstler beklagen ja heute, daß sie nicht mehr die Aufmerksamkeit haben wie noch in der DDR, aber die meisten von ihnen sind vielleicht auch einfach unbegabt. Aber ihre Würde bestand damals darin, daß sie sich nicht haben einkaufen lassen von der Macht, daß sie sich ihren eigenen Blick, ihre eigene Pinselführung bewahrt haben, ihre eigene Idee von einer Predigt verwirklicht haben. Ihnen war klar, daß sie den Herrschenden keinen Gefallen damit tun und später haben sie sich vielleicht in ihrer Wirkung und Fähigkeit dann auch überschätzt. Es gab doch viele destabilisierende Inputs in die Gesellschaft, die wichtig waren. Und wenn man heute z.B. manche Zeile liest, muß man schon nachdenken, was einen damals daran so bewegt hat. Das kennt jeder im Osten. Mitunter haben wir uns ja schon nach einem etwas anders klingenden Satz im »Neuen Deutschland« gesehnt. Und das hat sich, Gott sei Dank, ja verloren. Diese Sklavenmentalität und die zugehörige Sklavensprache sind weg und das ist gut so. Der Künstler, der einmal die Anerkennung von so vielen Menschen hatte und auch nach dem Wandel bei seinen Themen und seiner Sprache bleiben kann, der ist dann doch eher die Ausnahme. Aber jede Zeit braucht Beunruhigte! Auch einem demokratischen Gemeinwesen drohen Gefahren, ganz andere natürlich.*

Gerade da hat ja ein Künstler, der schon immer auf die Individualität, die Würde des einzelnen setzte, wenig Veranlassung sein Thema zu verlassen...

Joachim Gauck: *Na, im Gegenteil, der ist ja wichtig. Und Menschen werden angenommen von denen, die als Künstler ihre Seele nicht verbergen. Und wenn sie gar einen Reichtum haben an Menschlichkeit und Sensibilität, können sie den Menschen noch mehr geben. Den Kick, den sogenannten, suchen viele auch in den großen Events wie der Love Parade. Aber ein sensibler Autor oder ein Liedermacher wird immer mit einem Teil der Gesellschaft kommunizieren, mit dem Teil, der nicht an den Massenevents, sondern an dem Sich-Öffnen der Seele interessiert ist. Und Gerhard Schöne wird wissen oder intuitiv spüren, was die Leute an ihm und seinen Liedern nach wie vor haben. Da mag auch ein Stück sogenannte Nostalgie dabei sein. Mir geht es da übrigens nicht anders. Wenn ich heute so etwas höre wie von Gerhard Schöne, Lieder wie »Fantasia« oder »Du hast es nur noch nicht probiert«, dann muß ich sofort an diese Zeit denken, in der solche Lieder auch eine Verständigung unter uns hervorgerufen haben, die nicht von der SED ausging. Das ist nun mal so, ganz egal, wie wir das bewerten. Die andere Seite ist die, daß sich Leute immer ihre Nischen suchen, in jeder Gesellschaft. Und der Künstler, der lebendig bleiben will, braucht den Kontakt zu den Beunruhigten oder zu den Satten, die er beunruhigen will. In jeder Gesellschaft gibt es diesen Bereich. Wir wissen nicht immer, wie groß er ist. Da wissen Künstler wie Gerhard Schöne vielleicht manchmal mehr, wenn seine Konzerte auch heute so voll sind.*

Ich bin glücklich, dabei mitgewirkt zu haben, daß in meiner aktiven Zeit die Demokratie errungen wurde, und trotzdem lebe ich ja nicht in einer paradiesischen Welt, in der alles sich fügt und alle Zivilcourage haben. Denn wer lebt sie denn heute wirklich? Und da hat doch einer wie Gerhard Schöne, dem Zivilcourage in den großen und kleinen Dingen des Lebens immer wichtig war, noch ein unendliches Themenfeld. Und ich hoffe, daß er das immer weiter tut. Auch gerade denen gegenüber, die noch viel gestalten und bewegen wollen, den Kindern gegenüber, den Heranwachsenden. Dort ist die Sehnsucht nach bestimmten Werten, nach Glück, Gerechtigkeit und Fantasie besonders groß. Mit denen menschlich zu sprechen und ihnen zu sagen: Trau dich ein Mensch zu sein, und den Menschen neben dir wahrzunehmen, das ist ganz notwendig. Ich habe Gerhard Schöne in den letzten Jahren aus den Augen verloren, aber irgendwann Anfang der 90er Jahre hatte er von mir einen Schuhputzlappen erbeten für ein Programm und hat den auch bekommen. Und als meine Tochter, die damals ein eher schwieriges Verhältnis zu ihrem dominanten

Vater hatte, dann mitbekam, daß der von ihr geliebte Gerhard Schöne positiv über den Gauck sprach, und sei es anhand des Schuhputzlappens, hat sie mich auch wieder in etwas anderem Licht gesehen. Ich habe also sozusagen mal ganz direkt von Gerhard Schöne profitiert...

Joachim Gauck ist Pfarrer und seit 1990 Beautragter der Bundesregierung für die Unterlagen der Staatssicherheit der ehemaligen DDR.

Konzert »Verlorene Lieder – Verlorene Zeiten« Gerhard Schöne und Eva-Maria Hagen (im Hintergrund: Gerulf Pannach)

STEFFEN MENSCHING

»Er ist jemand mit einer ganz eignen Stimme und Art zu erzählen und mit einem Blick auf Leute, der sehr viel Zuneigung verrät.«

Steffen, die meisten Menschen haben Gerhard Schöne singenderweise auf einer Bühne mit seinen Liedern kennengelernt. Bei dir war das etwas anders. Gerhard beschreibt eine etwas peinliche Situation eurer ersten Begegnung. Du saßest dabei in einem Büro beim Festival des Politischen Liedes, hast auf einen seiner Liedtexte geschaut, den für schlecht befunden, als gerade Gerhard in dieses Büro kam und sagte, daß dies übrigens sein Text wäre...

Mensching: *Ja, ja, ich kannte ihn damals wirklich nicht. Beim Festival des Politischen Liedes habe ich einmal in dieser Programmgruppe gearbeitet, das müßte 1980 gewesen sein. Ich hatte damals gerade mein Journalistikstudium abgebrochen. Da war das eine Möglichkeit für mich, etwas zu tun zwischendurch. Unsere Aufgabe war auszuwählen, wie das Repertoire der Künstler, die an einem Abend zusammen auftraten, insgesamt zueinander paßt. Da machten wir Vorschläge und mußten dem Moderator des jeweiligen Abends Informationen zu den Künstlern und Titeln zuarbeiten oder auch Übersetzungen von Texten der ausländischen Künstler. Da fragte mich, wenn ich mich richtig erinnere, Reinhard Heinemann, der Leiter des Festivals, ob ich mir denn von dem Gerhard Schöne mal die Texte anschauen könnte. Den hätte man eingeladen, obwohl der ja bisher mit seinem christlichen Hintergrund nur in Kirchen gespielt hätte. Für mich machte das den Eindruck, daß man da einen aufstrebenden Künstler irgendwie befördern und vielleicht auch einbinden wollte, obwohl es einer war, der in das gängige Schema der »Roten Lieder« nicht hineinpasste. Aber keiner wußte genau, was Schöne so machte, wie die Lieder sind. Es klang wie: Der paßt eigentlich nicht so ganz zu uns, aber es steht dem Festival gut zu Gesicht, vor allem auch vor den ausländischen Gästen, wenn auch einer mitmacht, der aus der Kirche kommt, der christliche Bündnispartner sozusagen. Bis dahin hatten beim Festival von den DDR-Künstlern doch nur solche mitgemacht, die sowieso aus der FDJ-Singebewegung kamen. Gerhard Schöne war da tatsächlich der erste, der aus einem ganz anderen Stall kam.*

Naja, ich bekam also die Texte auf den Tisch, hab mir die durchgelesen und fand sie wirklich nicht so gut. Nun waren das auch nur die Texte, das ist bei Liedern ja sowieso höchst problematisch. Insgesamt waren mir seine Texte zu romantisch, zu klagend, auch in den Bildern zu klein und zu privat. Die kleine Welt des Alltags steckte da drin. Zu meinem damaligen poetischen Verständnis passte das überhaupt nicht. Ich kam ja aus einer ganz anderen Ecke, war auch viel politischer. Wir arbeiteten mit Karls Enkel, glaube ich, gerade an unserem Erich-Mühsam-Abend, also auf einer ganz anderen Schiene. Auch im Selbstverständnis waren wir anarchischer, politischer und revolutionärer, auch wenn das vielleicht eine Illusion war. Da hatten Gerhards Texte doch eine ganz andere Sicht auf die Dinge. Außerdem waren sie doch relativ einfach gereimt, das sag ich einfach so. Und der Eindruck, den Gerhard von mir damals im Sinne von »arrogant« hatte, der war sicher nicht falsch. Wobei sich meine Arroganz eigentlich weniger gegen Leute richtete, sondern sich auf Positionen bezog. Ich orientierte mich an der Weltpoesie, das war der Maßstab, übrigens auch an meine eigenen Sachen. Bertolt Brecht war eine entscheidende Position, an der ich Texte gemessen habe, Gottfried Benn eine andere und auch Hans-Magnus Enzensberger. Und da waren Gerhards Texte einfach zu klein. So wie viele andere Texte natürlich auch. Die Situation, wie er sie beschreibt, die hat so stattgefunden. Die war mir dann auch irgendwie sehr peinlich. Ich merkte, daß ich in einen Fettnapf gelatscht war, das war blöd, aber meine Position konnte ich auch nicht zurücknehmen, denn es war meine wirkliche Meinung.

Aus der Tatsache, daß ihr beide heute lächelnd darüber berichten könnt, kann man unschwer schließen, daß es eine Episode war, die eure künftige Beziehung als Kollegen nicht sonderlich schwer belastet hat. Jeder von euch wußte irgendwann um seinen Stellenwert, auch um die Verschiedenartigkeit der jeweiligen Standpunkte. Aber offensichtlich gab es nie eine kollegiale Diskussion um Texte und die dahinter stehenden ästhetischen oder weltanschaulichen Positionen?

Steffen Mensching: *Ich hab mit Gerhard später nicht so oft direkten Kontakt gehabt. Wir haben uns immer mal wieder getroffen, so als Kollegen. Einmal hatten Wenzel und ich auch was geplant mit anderen zusammen. Ich weiß nicht mehr wann und was, aber da tauchte auch Gerhard Schöne in unserem Probenraum auf und sang etwas. Und da bekam ich eigentlich zum ersten Mal mit, daß da mehr ist, als ich vorher anerkannt hatte. Daß er sehr populär war, wußte ich natürlich längst. Aber da merkte ich auf einmal, daß auch seine Texte sich gewandelt hatten. Ich fand sie dann doch viel stärker, auch selbstironischer und witziger. Dieser be-*

troffene Gestus der Anfangslieder, an die ich mich erinnerte, blieb noch, auch das Sentiment, aber es kam eine Spur von Ironie dazu. An dem Abend in dem Probenraum sang er z.B. das Lied »Geil, geil, geil« mit dieser Punkerimitation und das fand ich erstaunlich, daß er sich diesem Gegenstand widmet und dazu mit viel Humor. Und natürlich, so wie sich mein eigenes Verständnis von den Dingen auch laufend veränderte, so merkte ich dann schon, daß das, was er da macht, doch sehr konsequent war. Er hat sich ja von seinen Grundpositionen nicht abbringen lassen. Er hat den Blick auf die kleinen Leute beibehalten. Das fand ich in wachsendem Maße spannend und auch berührend. Es hat mich am Ende überzeugt. Und den Begriff der »Kleinen Leute« können wir dann auch ganz wörtlich nehmen, denn was er für die Kinder gemacht hat, und das habe ich spätestens kennengelernt, als mein Sohn das immer hörte, das also ist eine sehr wichtige Arbeit. Da hat er eine Qualität abgeliefert, die ihresgleichen sucht in Deutschland. Und so haben sich meine anfänglichen Vorbehalte Gerhard Schöne gegenüber doch sehr geändert. Ich habe einfach gemerkt: Da ist jemand mit einer ganz eigenen Stimme und einer ganz eigenen Art zu erzählen und zwar mit einem Blick auf Leute, der viel Zuneigung verrät. Und so etwas ist mir dann auch selbst im Laufe der Jahre immer wichtiger geworden. Ich habe begriffen, daß das auch Solidarität unter Leuten erzeugt.

Konzert »Verlorene Lieder – Verlorene Zeiten« • (v.l.: Steffen Mensching, Bettina Wegner, Eva-Maria Hagen, Hans-Eckardt Wenzel, Siegfried Gerlich, Wolf Biermann, Barbara Thalheim, Gerhard Schöne, Jürgen Eger)

Es gibt noch einen anderen Berührungspunkt eurer Arbeit. In seinem Programm »Da hast es nur noch nicht probiert«, das Gerhard Schöne 1987 zusammen mit »L'art de passage« gespielt hat und von dem es auch eine Live-LP gab, setzte er vor sein Lied »Lieber Feind in der Ferne« einen Text von dir, der thematisch sehr genau auf dieses Lied mit seiner pazifistischen Grundaussage hinführt. Es ist dein Text über den amerikanischen Soldaten, der in einem Buchladen in Ostberlin ein Kinderbuch kauft und damit schon das Feindbild der Verkäuferin völlig außer Kraft setzt. Diese Kopplung von deinem Text und seinem Lied hat ja damals schon den einen oder anderen verwundert, eben aus der Kenntnis eurer unterschiedlichen politischen Positionen. Die berichtende Zunft der Stasimitarbeiter, die in Gerhards Konzerten saßen, bekamen das allerdings gar nicht mit und ordneten deinen Text gleich dem »pazifistischen Gedankengut des Gerhard Schöne« zu.

Steffen Mensching: *Es gab ja, meines Erachtens, eine Annäherung. Während Gerhard sich zunehmend aus dem christlich gebundenen Kreis hin zur Gesellschaft geöffnet und sich auch politischeren Fragen zugewandet hat, in seinen Liedern wie auch seinem Auftrittsverhalten, so sind wir, also Karls Enkel und später dann Wenzel und ich, von unserer elitäreren Position doch auf eine eher ausgleichende Bewegung zugegangen. Ich glaube, da hat sich etwas aufeinander zu bewegt. Auch sind wir in unserem Oppositionsgeist auf eine andere Art schärfer geworden.*

Mein Text über den amerikanischen Soldaten war schon pazifistisch in einer ganz speziellen Richtung und ich wußte genau, daß das durchaus nicht im Sinne der politischen Hardliner ist. Einen amerikanischen Soldaten darzustellen als jemanden, der auch Friedenssehnsucht hatte, war nicht gerade das, was in der DDR Staatspolilik gewesen ist. Ich hatte den Text kurz nach dem Beschluß über die Stationierung von amerikanischen Atomraketen in der BRD geschrieben. Wir hatten kalten Krieg und scharfe Fronten. Und als Gerhard den Text dann nehmen wollte, hat mich das gefreut, das fand ich gut. Ich war richtig ein bißchen stolz darauf, daß er das macht. Es hat mich auch gefreut, daß wir in unseren Positionen so zusammengekommen waren. Da war ja wirklich was zusammengewachsen! Leute, die sich zuerst eher skeptisch begegnet sind, haben da gemerkt, daß man in grundsätzlichen Fragen auch einer Meinung sein kann oder zumindest einer ähnlichen Meinung. Das betrifft ja nicht nur Gerhard Schöne und mich. Wenn man sich anschaut, wie dicht beieinander in ihren Auffassungen auch Rocker und viele Liederleute im Laufe der Jahre bis zur Wende lagen, merkt man das auch.

Das Interessante für mich an der Kombination von deinem Text und Gerhards Lied war eigentlich, daß die Zuordnung der Autoren auch genau umgekehrt hätte sein können. Eigentlich war es eher Gerhards Herangehensweise, ein großes, auch großes politisches Thema in einer kleinen alltäglichen Begebenheit zu beschreiben und damit von ideologischen Überfrachtungen zu befreien und auf seinen Kern zu bringen. Und andererseits hat das Lied »Lieber Feind in der Ferne« einen philosophischen, fast dialektischen Ansatz, der gut und gern deiner hätte sein können.

Steffen Mensching: *Ja, wahrscheinlich hat ja Gerhard genau aus diesem Grund auch meinen Text genommen. Der paßte ja zu ihm, nicht zuletzt auch weil es um Kinder ging. Aber vielleicht gibt es noch eine andere Überschneidung. Gerhard war 1987 in Nicaragua, Wenzel und ich waren einige Zeit danach dort. Auch dieses Erlebnis hat eine Annäherung bewirkt. Die sandinistische Revolution als sozialistisches und zugleich die Theologie der Befreiung umsetzendes Experiment interessierte uns gleichermaßen. Und allein in einer Person wie Ernesto Cardenal sahen wir ja, wie solche Positionen auch zusammengehen konnten. Das war schon faszinierend. Das interessierte Gerhard aus seiner Sicht und uns aus unserer. Ich will damit nicht sagen, daß die Unterschiede zwischen uns verschwunden wären, das nicht. Der ästhetische und auch der künstlerische Ansatz blieben verschieden zwischen Gerhard Schöne und z.B. Wenzel und mir. Die Projekte, die der eine machte, konnte und wollte der andere nicht machen. Das war klar, aber man war doch nicht so weit auseinander wie das oft scheinen konnte.*

Für mich war es tatsächlich ein Lern- und Erkenntnisprozeß, bis ich begriffen hatte, daß seine Lieder eine bestimmte Schönheit und Tiefe haben. Vor einigen Jahren habe ich ein Konzert von Gerhard Schöne auf der Freilichtbühne in Berlin-Weißensee gesehen und fand auch seine Präsentation auf der Bühne sehr stimmig. Er ist frei von Eitelkeit und Dünkel gegenüber dem Publikum, er ist kein Selbstdarsteller, die Lieder funktionieren, es ist rundherum sympathisch. Und ich glaube schon, daß er auch durch seine enorme Popularität den Gefährdungen des Starkults ausgesetzt gewesen ist. Aber nichts davon ist auf der Bühne davon zu merken. In seinen Liedern macht er sich die Mühe, bestimmte Dinge aus dem Alltag festzuhalten und zu bemerken, an denen andere vorbei gehen. Die augenblickliche Beobachtung spielt ja bei ihm eine große Rolle, auch das Aufmerksammachen auf wichtige, kostbare Augenblicke des Lebens. Insofern ist Gerhard ein Flaneur und ein Sammler, der kleine, meistens wertvolle Dinge aufhebt, die auf der Straße liegen. Und das ist doch wichtig, daß es Leute gibt, die einen darauf aufmerksam machen, wo man selbst gerade daran vorbeigerannt ist und gar nicht darüber reflektiert. Die Leute mögen ihn sicher deshalb und das kann ich gut verstehen.

Als Liedermacher, Autor und Sänger in der DDR zu arbeiten, bedeutete ja auch, die Spanne zwischen der eigenen Haltung und den gesellschaftlichen Grenzen und Tabus möglichst weit auszuschreiten. Es gab da verschiedene Verhaltensmodelle, die eben nicht allein damit zu beschreiben sind, daß einer verhaftet wurde und ein anderer den Nationalpreis bekam. Nicht nur die Kunst war oft viel differenzierter, auch die Verhaltensmuster »Feigling« oder »Held« lassen sich nicht so eindeutig zuordnen, und schon gar nicht das, was sie in der Gesellschaft jeweils bewirkten. Wie siehst du denn Gerhards Rolle in diesem Spannungsfeld?

Steffen Mensching: *Spätestens an so einem Phänomen und Menschen wie Gerhard Schöne bemerkt man ja die Untauglichkeit dieser Begriffe. Gerhard war sicher nicht der Vorprescher und Barrikadenkämpfer, der den Leuten die alleinige Wahrheit verkündete. Da war Krawczyk in seinem Selbstbild und mit Freya Klier an seiner Seite ganz anders und hat es auf den Widerstand des Staates angelegt. Das war mutig in anderer Hinsicht und wäre nie Gerhard Schönes Sache gewesen. Gerhard ist doch von seinem Temperament und Charakter her eine viel ausgleichendere Persönlichkeit. Insofern war er nicht der Aufreißer von Widersprüchen. Er war auch vorsichtiger aus dem Interesse heraus, seine Arbeit machen zu können. Und wenn man vom pastoralen Bild ausgeht, dann war er vielleicht derjenige, der im Hintergrund blieb, seine Schäfchen um sich scharte und dann versuchte, so durchs Gewitter zu kommen. Er hat vielmehr diese Haltung gehabt, als mit kühnen Sprüchen vorzupreschen. Die Frage, wo man mutig und wo man feige war, die muß sich jeder selbst stellen und beantworten. Die Frage stelle ich mir auch. Ich habe auch an bestimmten Punkten den Mund gehalten, mitunter weil ich feige war und mitunter, weil ich gemeint habe, mein Mundhalten ist klüger und befördernder in einer Situation, als den Aufstand zu proben und damit vielleicht meine und anderer Arbeit zu gefährden. Also, das ist ja sowieso schwierig in Begriffe und Kategorien zu fassen. Das Leben ist vielschichtiger. Und Gerhard war wie sehr viele Leute: Ein bißchen mutig und ein bißchen feige. Viel wichtiger war aber, daß er nie andere in den Topf gehauen oder denunziert hat oder anders gegen sie gearbeitet hat. Er war immer moralisch integer und das haben die Leute gespürt.*

Steffen Mensching ist Autor, Lyriker und Schauspieler, bekannt auch durch das Clownsduo mit Hans-Eckardt Wenzel.

REGINE HILDEBRANDT

»Für mich war er immer ein Mann der Kirche und je mehr sich Leute von uns an Themen und Stellen gewagt haben, wo sie nicht mehr nur Kirche waren, hab ich mich gefreut, über jeden Zentimeter.«

Frau Hildebrandt, man weiß, daß im Hause Hildebrandt die Musik des Barock und der Chorgesang die dominierenden musikalischen Einflüsse sind. Aber auch Gerhard Schöne ist Ihnen bekannt und vertraut, der nun weder das eine noch das andere macht...

Regine Hildebrandt: *Ja, der ist uns aber über die Kirche bekannt. Mein Mann war ja viele Jahre in der Evangelischen Verlagsanstalt tätig und dort war Johannes Schöne, also der Vater von Gerhard, ein bekannter Autor, ein Hausautor. Zu Johannes Schöne hatten wir immer guten Kontakt. Gerhard Schöne lernten wir kennen, als sein Vater sagte, daß sein Jüngster auch Lieder singt. So wurde dann Gerhard Schöne mal eingeladen zu Veranstaltungen der Evangelischen Verlagsanstalt, z.B. bei der Leipziger Buchmesse, um dort zu singen. In einem solchen Zusammenhang habe ich ihn dann persönlich mal erlebt.*

Gerhard Schöne ist ja ein Künstler, der über die Kirche in der DDR groß geworden ist und dann sehr bald auch im Staat akzeptiert wurde und zu großer Popularität gelangte. Er hatte sehr viele Auftritte, machte Schallplatten, die sich viel verkauften und kam immer auch wieder in die einzelne Kirchgemeinde zu Konzerten. Haben Sie seine Wanderungen zwischen Kirche und Staat bewußt wahrgenommen und verfolgt?

Regine Hildebrandt: *Für mich war er immer ein Mann der Kirche und je mehr sich Leute aus dem kirchlichen Bereich an Themen oder an Stellen gewagt haben, wo sie nicht mehr nur Kirche waren, hab ich mich gefreut, über jeden Zentimeter und jedes kleine Stück. Auch z.B. bei der Evangelischen Verlagsanstalt, die ja auch immer versuchte, über den kirchlichen Rahmen hinaus zu wirken, in dem beispielsweise Belletristik angeboten wurde, wo dann nur noch im Nachwort darauf hingewiesen wurde, daß dies doch ein typisch christliches Anliegen sei. Es gab eine Reihe von Versuchen, den Horizont zu erweitern und nicht nur den engen kirchlichen Bereich zu erfassen. Auch unsere Berliner Domkantorei, die nicht nur für kultische Zwecke singen wollte, sondern natürlich auch die großen Oratorien von Bach, Händel, Mendelssohn etc. zur Aufführung bringen wollte für ein großes Publikum und nicht nur für unsere Gemeinde, hat das ja auch geschafft – worüber man sich freute. Und genauso war das auch bei Gerhard Schöne. In der Kirche war er groß geworden und ist viel aufgetreten, dann aber ist er rausgekommen und hat Erfolg gehabt.*

Das war für uns eine Bestätigung auf dem Weg und in dem Sinne: Wir kommen von der Kirche, aber wir wirken hinaus in die Gesellschaft. In den Kreisen, in denen ich zu tun hatte, wurde das ausschließlich positiv gesehen. Übrigens verlief für viele andere der Weg ja genau in der entgegengesetzten Richtung: Die waren zuerst draußen, dann hatte sie dort Schwierigkeiten und fanden den Weg zur Kirche. Bei Stephan Krawczyk war das z.B. so. Aber Gerhard Schöne war von Anfang an unser Mann, der auch geschickt agierte. So habe ich ihn gesehen. Seine Themen befanden sich in einem Grenzbereich, so daß sie von staatlicher Seite auch toleriert werden konnten, wenn man sie nicht bewußt mißverstehen wollte. Und das fanden wir toll.

Was meinen Sie denn, woran es lag, daß er mit seinen Themen und Liedern diese Akzeptanz fand im Staat, sowohl bei den Institutionen der Kultur, wie ja auch beim Publikum, das keine Beziehungen zur Kirche hatte?

Regine Hildebrandt: *Na, Sie wissen doch noch, wie es war. Vor allem durfte man nicht provozieren. Man konnte zu unterschiedlichen Zeiten die gleichen Dinge machen – dann durfte man sie auch wieder nicht machen. Darauf mußte man sich einstellen, wenn man überhaupt was tun wollte. Man mußte sich so verhalten, daß man nicht Anstoß erregte, sondern Anstöße gab und damit seine Botschaften vermittelte, also sein Ding machte. Und Gerhard Schöne hat das treffgenau getan. Das war genau die Kunst, mit der man in der DDR auch viel erreichen konnte. Einige andere wollten bewußt auch Anstoß erregen, auch daß man Anstoß an ihnen nimmt und haben dann folgerichtig vom Staat den entsprechenden Gegenwind bekommen. Da muß ich sagen, war Gerhard Schöne ganz auf einer Linie, die auch ich vertreten und gelebt habe: Man muß den Freiraum ausloten, so weit wie möglich nach vorn gehen und dabei die Grenzen so einhalten, daß man sich nie in die direkte Gefahr begab, daß das Verhalten als Provokation empfunden wird und dann vom Staat mit der entsprechenden Kraft bekämpft wurde. Dann nämlich hätte man gar nichts erreicht. Gerhard Schöne hat das beherrscht, bewußt oder unbewußt. Man konnte sich bei ihm gut aufgehoben fühlen. Das betraf seine künstlerische Arbeit, aber auch sein Verhalten sonst. Mein Mann war ja auch bei den*

Bausoldaten, allerdings schon ein paar Jahre früher, er gehörte zu dem allerersten Durchgang, den die DDR gestattete. Er wollte ja auch nicht verweigern und in den Knast gehen, sondern versuchte, diesen anderen Weg zu gehen, von dem man auch nicht genau wußte, was noch kommen sollte. Es gab doch viele Sachen, wo man auch seine Meinung deutlich machen konnte, ohne gleich zur Demonstration aufrufen zu müssen. Wir haben das so gehalten beim Einmarsch der Warschauer-Pakt-Truppen in die CSSR genauso wie beim Wehrkunde-Unterricht unserer Kinder. Wir wollten nicht in den Knast und die Kinder ins Heim, aber wir wollten auch nicht den Wehrkunde-Unterricht. Und da stand jedesmal die Frage: Wie kriegt man es hin ? Und meistens haben wir's hingekriegt, haben unsere Meinung gesagt, jeder wußte, was er von uns zu halten hatte, aber wir waren nicht zu greifen durch irgendwelche Provokation. Und so ähnlich hat auch Gerhard Schöne agiert, jedenfalls aus meiner Sicht. Er hat das Mögliche durchgesetzt, ist dabei nicht übers Ziel hinausgeschossen, weil er immer genau wußte, was er wollte.

Gerhard Schönes Vater war nicht nur Autor, vor allem war er Pfarrer. Das Elternhaus, aus dem Gerhard stammt, hat ja offensichtlich ganz bestimmte Werte vermittelt, den Kindern etwas mit auf den Weg gegeben, das sie hat so werden lassen. Was Sie von sich und Ihrem Mann erzählen, klingt danach, daß es eine bewußt gewählte Taktik war, sich so oder so zu verhalten. Könnte es nicht sein, daß z.B. Gerhard Schöne aufgrund dieses Elternhauses vieles instinktiv und unbewußt gemacht hat und gerade auch damit oft richtig lag?

Regine Hildebrandt: *Ich weiß nicht. Auch bei uns war das in dem Sinne nicht Taktik. Das wäre sicher übertrieben. Aber man wird in einem christlichen Elternhaus ja normalerweise zu anderen Maßstäben und Werten erzogen. Ich denke immer noch an meinen Schwiegervater, der mich ja auch konfirmiert hat, das war ein gestandener ostpreußischer Pfarrherr, der da in seiner Haltung auch wegweisend war für mich. Man wurde in einem Pfarrhaus nicht unbedingt zu revolutionärem Verhalten erzogen in dem Sinne, daß man sich immer und gegen alles und zu jeder Zeit nur zur Wehr setzte. Vielmehr herrschte doch im Protestantismus eine ausgleichende Art vor, die auch Grenzen akzeptierte. Man sollte ausgleichen und moderieren, dabei aber sein Ziel nicht aus den Augen verlieren, das war das Credo. Und so ist, glaube ich, auch der Gerhard Schöne geprägt, natürlich aus diesem Elternhaus heraus.*

Ich denke auch, daß dies dazu beigetragen haben könnte, daß ihn so viele Leute als eine Art Heimat angenommen haben, auch über die Wende hinaus. Gerhard Schönes Verhalten, als er z.B. nach einer bereits erteilten Zusage zum Schauspielstudium dann kurz vorher doch die Absage erhielt, weil er keinen aktiven Wehrdienst machen wollte, ist wahrscheinlich ein gutes Beispiel dafür, wie er auf der einen Seite bestimmte Grenzen anerkannte, um auf der anderen Seite sein Ziel nicht aus dem Auge zu verlieren. Er ging lieber einen Schritt zurück und versuchte, auf anderem Wege dorthin zu gelangen. Eine solche Verhaltensweise lag anderen sehr fern. Die begriffen Opposition schon allein als Ziel.

Regine Hildebrandt: *Genauso ist das. Ich muß gestehen, daß ich manchmal auch ganz schön dazwischen war. So ein ruhiger besonnener Typ bin ich nun gerade ja nicht. Zurückhaltung war nie meine besondere Eigenschaft. Ich habe mich eingemischt, manchmal natürlich auch jenseits der schon beschriebenen Grenzen. Das hatte man ja so genau gar nicht im Griff, ich jedenfalls nicht. Und ein bißchen wider den Stachel löcken, das wollte man schon auch, ein bißchen mehr Opposition. Diesen Widerspruch in sich haben sicher viele Menschen verspürt. Der steckte auch in jeder*

Kirchgemeinde drin, als sich da Leute versammelten, um ihren Frust gegen den Staat loszuwerden – Leute, die sonst vorher da nicht gesehen wurden. Wo war nun da die Grenze und wie ging man mit ihr um. Und ein bißchen, das muß man zugeben, gehörte auch der Krawall dazu, also Leute, die nicht so besonnen, nicht so auf Ausgleich bedacht waren. Das Draufhauen, wie es z.B. Biermann oder Krawczyk gemacht haben, hat mir ja auch gefallen. Das muß ich schon zugeben. Wir haben noch nie einen Fernseher gehabt, aber als das Biermann-Konzert aus Köln lief, im November 1976, da sind wir natürlich zu meinen Eltern und haben uns das angeguckt. Da hat man sich doch gefreut, wenn die DDR mal so 'n kleines Ding auf den Dutt bekam. Er hat gute Lieder gemacht, aber er war auch eine Krawallnudel und nun wirklich nicht auf Ausgleich aus. Das war die eine Möglichkeit, laut zu werden und dann auch rauszufliegen. Aber es ging auch anders. Gerhard Schöne hat dieses andere gemacht und wir auch.

Gerhard Schöne war ja spätestens ab Mitte der 80er Jahre in der DDR-Öffentlichkeit sehr präsent. War im Fernsehen, im Rundfunk, hatte nach Ludwig Güttler die höchsten Schallplattenverkaufszahlen, hat Konzerte gegeben vor manchmal acht- bis zehntausend Leuten. Er hat Preise bekommen und war auch von den Kulturinstitutionen der DDR anerkannt. Haben Sie erlebt, daß in Kreisen der Kirche dieser Erfolg im Staate beargwöhnt wurde, daß ihm vielleicht auch Karrierismus und Anpassung unterstellt wurden?

Regine Hildebrandt: *Ich habe solche negativen Bewertungen nicht erlebt, überhaupt nicht. Dazu waren wir uns zu sicher, daß er einer von uns ist. Ich hätte ihm nicht mal übel genommen, wenn er bestimmte Lieder nur im staatlichen Bereich gesungen hätte und in der Kirche nicht oder umgekehrt. Da muß man ja nicht dogmatisch sein. Und ein Vorwurf wie Karrierismus ist mir nicht untergekommen. Sehen Sie, dazu war er doch überhaupt ein Antityp. Von der ganzen Persönlichkeit her ist er doch über so etwas erhaben, das mußte man ihm nicht unterstellen. Von seinem ganzen Auftreten her kam einem das nicht in den Sinn und daß er so oft im Fernsehen war, haben wir ja sowieso nicht mitbekommen.*

Von dem großen Publikum, das Gerhard Schöne in der DDR hatte, ist ihm ja ein sehr großer Teil auch nach der Wende treu geblieben, ein anderer ist auch neu dazugekommen. Man kann den Eindruck bekommen, daß das nicht nur an der Qualität seiner Lieder liegt, sondern auch für viele Leute mit Heimat verbunden ist, wenn sie Lieder von Gerhard Schöne hören. Da hätten wir ja den Fall, daß eine Erinnerung an die Zeit in der DDR weder im Zorn erfolgt, noch eine rein nostalgische Angelegenheit ist, sondern als wertvolle Erinnerung zum Leben einfach dazugehört.

Regine Hildebrandt: *Na, so ist es ja auch mit seinen Liedern. Seine Kinderlieder gehören einfach dazu in unserer Familie, da sind wir absolut treu. Da kann ich mir vorstellen, daß das in ganz vielen Familien so ist, je nach Tradition. Bei uns gibt es einfach bestimmte Schallplatten, die gehören zum wertvollen Familieninventar, wenn Sie so wollen. Da gehörten auch »Die Weihnachtsgans Auguste« dazu und die Platten von Gerhard Schöne. Wir haben bei uns jetzt z.B. auch das Silvester zum Jahr 2000 mit der ganzen Familie gefeiert, indem wir uns alte Schmalfilme angesehen haben aus der Zeit, als unsere Kinder klein waren. Für uns ist das wichtig. Die Vergangenheit gehört, wie es eigentlich auch normal ist, zu unserer Gegenwart dazu und im Sinne der Kinder und Enkel auch zur Zukunft. Und da kommt man dann auch auf bestimmte Schallplatten und Kinderlieder. Das hat nichts mit DDR-Nostalgie zu tun, sondern mit der Tradition in einer Familie, auch damit, daß da bestimmte Dinge für uns wichtig waren und wir sie gern auch über die Generationen weitergeben möchten. Bei uns steht auch das ganze Wohnzimmer voller Fotoalben, die gut beschriftet sind, daß man nicht erst lange suchen muß. Ich war ja die Haus- und Hoffotografin in der Familie und habe ganz viel geknipst. Und wenn dann einer sagt, das Enkelkind sieht ja so aus wie die jüngste Tochter, dann nimmt sofort jemand das entsprechende Fotoalbum, findet's auch gleich und wir überprüfen das. Ich will damit sagen, wir leben mit diesen Fotos und in diesem Sinne mit der Vergangenheit. Und für unsere Kinder war diese Zeit mit solchen Personen wie Gerhard Schöne und solchen Platten ja viel enger verbunden, als das heute in dieser Überfülle von Krempel überhaupt sein kann.*

Frau Hildebrandt, was Sie jetzt für Ihre Familie beschrieben haben, könnte man in einem bestimmten Sinne doch auf andere Formen des Gemeinwesens auch übertragen, z.B. auf Parteien. Die SPD beispielsweise hat im Westen seit Jahren eine bestimmte Klientel von Künstlern im näheren und weiteren Umfeld bei sich. Bei der SPD im Osten sehe ich da vor allem die Puhdys und wundere mich ein bißchen. Ein Sympathieträger wie Gerhard Schöne, der überdies die Generationen verbinden kann, taucht da bei Ihnen nicht auf. Ich glaube kaum, daß die SPD Gerhard Schöne vielleicht vor parteipolitischer Vereinnahmung schonen will. Vielmehr habe ich den Verdacht, daß ein Gemisch aus Unbedarftheit und Unkenntnis in diesen Fragen vorherrscht.

Regine Hildebrandt: *Ja, also ich muß gestehen, daß ich mir darüber noch keine Gedanken gemacht habe. Ich weiß auch gar nicht so genau, wie bei den Parteiveranstaltungen darüber entschieden wird, wer wo spielt, welche Künstler da geeignet sind und wie sie zu uns passen würden. Naja, da haben Sie aber schon recht. Insofern muß sich meine Partei kümmern... Wahrscheinlich spielt da der Zufall eine Rolle und das ist nicht so gut.*

Gerhard Schöne hat aus meiner Sicht sehr viel mit einem nicht-nostalgischen Blick auf die Ost-Vergangenheit zu tun, weil er eine machbare Alternative im Osten vorlebte und auch heute noch kräftig im Leben steht.

Regine Hildebrandt war bis 1999 Ministerin im Land Brandenburg, ist engagierte Sozialpolitikerin und Mitglied im Bundesvorstand der SPD.

VERÖFFENTLICHUNGEN VON GERHARD SCHÖNE:

Tonträger:

(Beteiligungen an Samplern werden hier nicht berücksichtigt)

1981: »Spar Deinen Wein nicht auf für morgen«
Amiga 1981, Buschfunk 1995 CD 00052

Die Titel: *Oder fehlt noch was / Katrin malt / Die Flötenspielerin / Verluste / Highlife in the city / Nimm mein Herz / Unterm Dach / Spar deinen Wein nicht auf für morgen / Meine Freunde / Hinterhoflied / Unterwegs / Klang der Stille / Liebeslied / Wie oft schon / Heizers Geburtstagständchen / Poetisches Begräbnis / Das Festmahl / Schlaflied*

1982: »Lieder aus dem Kinderland«
Amiga 1982, Jumbo 1994 CD/MC/LP 876289

Die Titel: *Kinderland / Hampelmännerlied / Der Riese Glombatsch / Bude baun / Schmusen muß sein / Lügenlied / Der Traummann Fiedibus / Der F-Tsch-Chqu-&%-Wumm-Apparat / Der Meeresbezwinger Thomas / Alle deine Namen / Jule wäscht sich nie / Kalle, Heiner, Peter / Der Zauberer von Zirkus Luft / Augen, Ohren und Herz / Raxli faxli / Der Märchenprinz*

1985: »Menschenskind«
Amiga 1985, Buschfunk 1995, CD 00082

Die Titel: *Sei willkommen / Ein Junge weint nicht / Die Alte auf der Schaukel / Erinnerung / Ich bin im Fernsehen aufgetreten / Prinzessin / Fern und nah / Gesprengte Bunker / Woher die Kinder kommen / Manchmal sagt der Opa Sachen / Erwachsen / Wellensittich und Spatzen / Ganz einfach / Phantasia / Ich kann es nicht vergessen / Frühlingslied*

1986: »Kinderlieder aus aller Welt«
Amiga 1986, Jumbo CD/MC/LP

Die Titel: *Wochentage auf dem Markt / Clementin / Frosch und Maus / Geburtstagslied / Die Katze singt Fideleihe / Das Auto von Lucio / Omas Nähkünste / Alfonsina / Der Popel / Morgenlied / Susi hat ein Baby / Die Schule vom Killifisch / Gab ihr Küßchen / Oma Emilia / Mein Apfelsinchen / Mariomonito / Mein Papa gab mir einen Mann / Der Pferdekutscher / Wenn du glücklich bist / Woher kommt die Karawane*

1988: »Du hast es nur noch nicht probiert«, live
Amiga 1988, Buschfunk 1995, DCD 00132

Die Titel: *Jetzt können sie was erleben / Weil ich Geburtstag hab / Kleines Mädchen / Blues im Blut / Vielleicht wirds nie wieder so schön / Geil geil geil / Tagebuch / Sascha lernt laufen / Alles Liebe / Morgen / Alles muß klein beginnen / Mann o Mann / Früher in Papas Hütte / Mit der Mütze unterm Arm / Makkaroni-Tarantella / Pechvogel (instr.) / Stille Wunder / Mit dem Gesicht zum Volke / Meine Rache / Lied für den Feind / Angst / Zauberlied / Geh du nicht auch noch weg von mir / Altersheim / Irgendwann / Du hast es nur noch nicht probiert / Sanftmut den Männern / Autofahrn im Mondschein / Es ist Zeit*

1990: »Lebenszeichen«
Amiga 1990, D 00162

Die Titel: *Lebenslied / Dodo und die anderen / Den Kinderschuhn entwachsen / Lied von der zu früh aufgestandenen Wahrheit / Neben mir / Ich bin dein Hund / Kopf im Sand / Mädchen aus Managua / Kaltes Klima / Der Engel / Herz und Hirn / Jeder Tag ist gezählt / Das weiße Band / Liebes Leben, Danke*

1990: »Kinder-Lieder-Galerie«
Musicando 1990, CD/MC/LP / Buch 2160062

Die Titel: *In die Federn Husch, husch, husch / Der Jahrmarktsathlet / Kinderspiele / Juschka, unser kleines Kätzchen / Nachbarsmädchen Ingrid / Verliebt / Meine Mama, Tante Brigitta und die hübsche Rita / Das Ponny auf dem Rummel / Laß uns eine Welt erträumen / Die Wundergans / Drei Trommler / Guter Mond am Abendhimmel / Ich schreibe in mein Tagebuch / Die schlafende Zigeunerin / Das Heideprinzeßchen / Die Ruine / Die ersten Schritte / Der Schornsteinfeger Egon / Die kleine Zeitungsfrau / Mamas Liebling / Trampelmann / Das Lumpengespenst / Lili, mein zartes Püpchen*

1991: »Ich bin ein Gast auf Erden«
Buschfunk 1991, CD/LP/MC 00252/1/4

Die Titel: *Ich bin ein Gast auf Erden / Jesu, meine Freude / Die güldene Sonne / Wach auf, wach auf, du deutsches Land / Wach auf (instr.) / Vom Himmel hoch / Schrille Nacht, eilige Nacht / Sanfter Gott, wir loben dich / Wo soll ich fliehen hin / Ich steh an deiner Krippe hier / Ach wie flüchtig, ach wie nichtig / In dir ist Freude (Instr.) / Du großer Schmerzensmann / Nun danket alles Gott / Wohl denen, die da wagen*

1993: »Lieder«
Pila 1993, Buschfunk 1998, CD 00112

Die Titel: *Dann öffne ich meine Arme / Festmahl / Fragen / Wer wird über Charly Chaplin lachen / Jeder Tag ist gezählt / Unterm Dach / Die Alte auf der Schaukel / Fern und nah / Ganz einfach / Wellensittich und Spatzen / Bruder Judas / Jesu, meine Freude / Spar deinen Wein nicht auf für morgen*

1993: »Schönes Liederpaket - eine Auswahl der Kinderlieder«
Jumbo 1993, CD/MC 875 750

Die Titel: *Die Katze singt Fideleihe / Der Popel / Oma Emilia / Nachbarsmädchen Ingrid / Meine Mama, Tante Brigitta und die hübsche Rita / Die kleine Zeitungsfrau / Kinderland / Trampelmann / Der Riese Glombatsch / Schmusen muß sein / Der F-Tsch-Chqu-&%-Wumm-Apparat / Der Meeresbezwinger Thomas / Jule wäscht sich nie / Raxli, faxli*

1993: »Bis die Katze bellt«
Jumbo 1993, CD/MC 876 353

Die Titel: *Ganz schön verrückt mein Darling / Der Nick-Nack-Mann / Alouette / Woraus sind kleine Babys gemacht / Frau Dummerle und das Schwein / Bis die Katze bellt / Prinzessin Annabell hat lange Unterhosen an / Die Schokolade / Husch liebes Baby / Das Kater-Lied / Zehn grüne Flaschen / Das Superhäschen / Drei kleine Quall'n / Am Tag als ich auf die Welt kam / Mein Papa druckt Falschgeld im Keller / Drei Eskimos / Der Mausebraten / Fuba-Wuba-John / In Holland steht ein Haus*

1994: »Die Sieben Gaben - Lieder im Märchenmantel«
Buschfunk 1994, CD/MC/LP 00102/4/1

Die Titel: *Der Laden / Der knurrige Hund / Hölle und Himmel / Vergeßt ihr auch das Beste nicht / Die zurückgelaß'nen Kinder / Der Stein / Dieser Teufel / Der Maler / Haweh / Anklungmärchen / Die Liebe des Fischers / Glück oder Unglück / Das Hemd des Glücklichen / Das Glück / Windgesang / Leichter Ausweg / Die kleine Quelle / Die sieben Gaben*

1995: »Böses Baby Kitty Schmidt«
Buschfunk 1995, CD/MC 00192/4

Die Titel: *Willst du richtig zaubern können / Das Wolfkind / Der späte Fred / Der weiße Dampfer / Das Wolfskind II / Klein Kapütze mit der roten Mütze / Die Sammlung des blinden Herrn Stein / Böses Baby Kitty Schmidt / Wenn die Eltern erzählen / Lena war krank / Die Abenteuer des Löwenkindes Hugo / Ling, ling geht das Telefon / Das Entlein I, II, III / Die Dudeldödelstr. / Das Wolfskind III / Konfetti, Spaghetti / Das bucklige Mädchen*

1996: »Die große Erfindungd des kleinen Herrn Mutzelbach«
Buschfunk 1996, CD/MC 00732/4

Ein musikalisches Hörspiel für Kinder. Als Kinderbuch von Gerhard Schöne schon 1983 veröffentlicht, als Hörspiel dramaturgisiert, mit bekannten Schauspielern wie Madelaine Lierck, Helmut Müller-Lankow und Thomas Wolf produziert. Musik: Michael Schubert und Gerhard Schöne.

1997: »Seltsame Heilige«
Buschfunk 1997, CD/MC 00062/4

Die Titel: *Klabüster, Klabuster / Die List des Roger Joans / Nach langer Zeit / Die couragierte Frau / Zorros verwegene Schar / Die Mundharmonika / Brief von Devi / Mein Traumjunges / Tresniavac / Monsieur Claude / Der Pilger / Kein Geld dem Militär / Tante Hanna / Elzear Bouffier / Die Nase / Das was aus der Seele kommt / Geschwister*

1997: »Der glattrasierte Weihnachtsmann«
Buschfunk 1997, CD/MC/Buch 00742/4/7

Fast eine Kriminalgeschichte mit Liedern von Gerhard Schöne. Mitwirkende: Kurt Böwe, Gerhard Schöne, Ursula Werner, Horst Bollmann, Achim Wolf, Franziska Troegner u.a.

1997: »Jule wäscht sich nie, die besten und ganz neue Lieder«
Kinderwelt 1997, CD/MC 04202/4

Die Titel: *Jule wäscht sich nie / Der Traummann Fidibus / Kalle, Heiner, Peter / Alfonsina / Das Auto von Lucio / Der Jahrmarktsathlet / In die Federn husch, husch, husch / Augen, Ohren und Herz / Wenn du glücklich bist / Frosch und Maus / Der Popel / Geburtstagslied / Lili, mein zartes Püppchen / Laß uns eine Welt erträumen / neu: Am Anfang war es finster / Alle meine Hänsel*

1998: »Das Leben der Dinge«
Buschfunk 1998, CD/MC 00362/4

Die Titel: *Der Schutzraum / Kunos Schlafsack / Die Schatzdose / Die Küche / Peterchens Mondkarussell / Wimpel für gute Disziplin / Die Werkbank / Das vergessene Kochbuch / Der Stein des Vaters / Harald / Der schwarze Samtzylinder / Brief des Irren / Der Spiegel / Der Filmprojektor*

1998: »Alligatoren in der Kanalisation«
Buschfunk 1998, CD 00302

Die Titel: *Kollwitz-Platz (instr.) / Alligatoren in der Kanalisation / May Motzer / Tödliches Preisausschreiben / Das Schiff / Rattenwurst / Die rätselhaften schwarzen Opel / Der Taxifahrer-Engel / Die unterirdische Stadt / Schwarzer Rabe / Die Nachricht / Metro Moskau-Paris / Da liecht wer / Die verschwundene Braut / In memoriam Heinz / Das verschwundene Kino / Alians / Kaum zu glauben, aber wahr / Kudamm (instr.)*

Video

1998: »Die Sammlung des blinden Herrn Stein«
Buschfunk 1998, Video 00195

Eine Viedoproduktion vom 75. Gastspiel Gerhard Schönes und dem Dresdner Gitarrenduo aus der Staatsoperette Dresden. Regie: Therese Thomaschke

Die Titel: *Und dann öffne ich meine Arme / Klein Kapütze / Deine Seele ist ein Vogel / Lena war krank / Wolfskind I bis III / Der weiße Dampfer / Die sieben Gaben / Drei kleine Quallen / Die Sammlung des blinden Herrn Stein*

Liederbücher:

1997: »Lebenszeichen«
Buschfunk-Musikverlag, 00167, 47 ausgewählte Lieder mit Noten und Gitarrengriffen

Die Titel: *Alles Liebe / Alles muß klein beginnen / Angst / Blues im Blut / Das Auto von Lucio / Das Mädchen aus Managua / Das weiße Band / Der Engel / Der Märchenprinz / Der Riese Glombatsch / Die Alte auf der Schaukel / Dodo und die anderen / Du hast es nur noch nicht probiert / Ein Junge weint nicht / Ganz einfach / Geburtstagslied / Geil, geil, geil / Gracias a la vida / Herz und Hirn / Ich bin ein Gast auf Erden / Ich bin dein Hund / Irgendwann / Jeder Tag ist gezählt / Jesu, meine Freude / Kalle, Heiner Peter / Katrin malt / Klang der Stimme / Kleines Mädchen / Lebenslied / Lebenszeichen / Lied von der zu früh aufgestandenen Wahrheit / Mann, oh Mann / Meine Rache / Morgen / Neben mir / Nun danket alle Gott / Sanfter Gott wir loben sich / Sanftmut den Männern / Sascha / Schmusen muß sein / Schönster Herr Jesus / Spar deinen Wein nicht auf für morgen / Stille Wunder / Vielleicht wirds nie wieder so schön / Wellensittich und Spatzen / Wohin geht die Reise / Wo soll ich fliehen hin*

1999: »Ich muß singen«
Buschfunk-Musikverlag 1999, 00047, 42 ausgewählte Lieder mit Noten und Gitarrengriffen

Die Titel: *Altersheim / Der blinde Herr Stein / Das böse Baby Kitty Schmidt / Bruder Judas / Dann öffne ich meine Arme / Dieser Teufel / Erwachsen / Der F-Tsch-Chqu-&%-Wumm-Apparat / Festmahl / Fragen / Frosch und Maus / Glück und Unglück / Das Glück / Haweh / Himmel und Hölle / Ich kann es nicht vergessen / Ich muß singen / Jule / Kinderland / Klabüster, Klabuster / Klein Lena war krank / Die kleine Quelle / Der Laden / Laßt uns eine Welt erträumen / Lebendig tot / Leg deine Hand / Die Liebe des Fischers / Der Maler / Manchmal sagt der Opa Sachen / Meeresbezwinger Thomas / Nimm mein Herz / Phantasia / Der Popel / Die sieben Gaben / Der Stein / Tresnevac / Trommle mein Herz für das Leben / Unterm Dach / Unterwegs / Wer wird über Charly Chaplin lachen / Willst du richtig zaubern können / Die zurückgelassnen Kinder*

Frank Schäfer
KULTBÜCHER
Von »Schatzinsel« bis »Pooh's Corner« – eine Auswahl
PETER MATZKE • TOBIAS SEELIGER
gothic!
Michael Fuchs-Gamböck
GEDD' IT ?!
66 Rock'n'Roll-Interviews aus 10 Jahren
GRAFFITI ART 11
GRAFFITI IN PARIS
MARCEL FEIGE
DEEP IN TECHNO
DIE GANZE GESCHICHTE DES MOVEMENTS
Marlies Menge
Spaziergänge
Die Serie aus der Wochenzeitung DIE ZEIT
Mit Fotografien von Roger Melis
THE BOYS ARE BACK IN TOWN
SCHWARZKOPF & SCHWARZKOPF VERLAG
Keine Macht für Niemand
POCHOIR
DIE KUNST DES SCHABLONEN-GRAFFITI
Der Musiker Guide
Tips für Musiker vom ersten Konzert bis zum Plattenvertrag.
BEI UNS GEHT EINIGES
DIE DEUTSCHE HIPHOP-SZENE
Matthias Gründer
SOS im All
Pannen, Probleme und Katastrophen der bemannten Raumfahrt
Schwarzkopf & Schwarzkopf

DIE OLSENBANDE
TEIL 14: DER NEUE FILM
DAS NEUE BUCH
DER (WIRKLICH) ALLERLETZTE STREICH DER
OLSENBANDE
Der 14. und letzte Film der Olsenbande.
EXKLUSIV: MIT EINEM DREHBERICHT VOM 14. OLSENBANDE-FILM »DER (WIRKLICH) ALLERLETZTE STREICH DER OLSENBANDE« UND EINEM INTERVIEW MIT BØRGE!
Frank Eberlein • F.-B. Habel
DIE OLSENBANDE
Das große Buch für Fans / Erweiterte Neuausgabe
Schwarzkopf & Schwarzkopf Verlag
SCHWARZKOPF & SCHWARZKOPF VERLAG

MUSIK, SZENE, MEDIEN, POLITIK DER DDR
Henrik Eberle
Anmerkungen zu Honecker
Einverstanden, E.H.
Mit sozialistischem Gruß!
Parteiinterne Hausmitteilungen, Briefe, Akten und Intrigen aus der Ulbricht-Zeit
Herausgegeben von Henrik Eberle
Schwarzkopf & Schwarzkopf
Wir sind doch nicht die Meckerecke der Nation!
Wir wollen immer artig sein ...
Punk, New Wave, HipHop, Independent-Szene in der DDR 1980 – 1990
Herausgegeben von Ronald Galenza und Heinz Havemeister
Schwarzkopf & Schwarzkopf Verlag
Birgit und Michael Rauhut
DIE AMIGA
Schwarzkopf & Schwarzkopf
Das FREYGANG-Buch
PEITSCHE OSTEN LIEBE
Die Gagarin-Story
Von Gerhard Kowalski
Schwarzkopf & Schwarzkopf Verlag
Als ich wie ein Vogel war
Gerulf Pannach: Die Texte
NACH DER SCHLACHT
DIE RENFT STORY – VON DER BAND SELBST ERZÄHLT.
AUFGESCHRIEBEN VON DELLE KRIESE
KLAUS RENFT
ZWISCHEN LIEBE UND ZORN
DIE AUTOBIOGRAFIE
Gerhard Gundermann: Rockpoet und Baggerfahrer
MUSIK, SZENE, MEDIEN, POLITIK DER DDR

GREGOR GYSI
Gregor Gysi: Neue Gespräche über Gott und die Welt
Gregor Gysi im Gespräch
Über Gott und die Welt
GREGOR GYSI
FRECHE SPRÜCHE
SCHWARZKOPF & SCHWARZKOPF
GREGOR GYSI:
NICHT NUR FRECHE SPRÜCHE

Die DDR im Lexikon.
Lexikon der DDR-Sportler
Die 1000 erfolgreichsten Sportler aus der DDR, ihre Erfolge, Medaillen und Biografien.
Von Volker Kluge
Lexikon der DEFA-Spielfilme
Vollständige Dokumentation der DEFA-Spielfilme von 1946 bis 1993
Von F.-B. Habel
Lexikon des DDR-Alltags
Von »Altstoffsammlung« bis »Zirkel schreibender Arbeiter«
Von Stefan Sommer
Lexikon der DDR-Stars
Schauspieler aus Film und Fernsehen
Von F.-B. Habel und Volker Wachter
Rocklexikon der DDR
Das Lexikon der Bands, Interpreten, Sänger, Texter und Begriffe der DDR-Rockgeschichte.
Von Götz Hintze
Je Band etwa 350 – 400 Seiten, viele Abbildungen, DM 29,80.
Bücher aus dem Verlag Schwarzkopf & Schwarzkopf

DIE AUTOREN

Dr. Danuta Görnandt, geboren 1958, ist Musikjournalistin und eine profunde Kennerin der Liederszene in Ost und West. Seit vielen Jahren verfolgt sie künstlerische Entwicklungen und Biografien und gestaltet für den Hörfunk seit 1985 entsprechende Sendungen: Bei DT64»Songs – Lieder mit Grips« und seit 1992 beim ORB die Sendung »LiederSprüche«. Sie ist Mitglied der Jury der SWR-Liederbestenliste und des Deutschen Kleinkunstpreises.

Matthias Görnandt, geb. 1952, war zwischen 1980 und 1990 selbst als Sänger und Texter der Gruppe Circus Lila oft mit Gerhard Schöne auf einer Bühne (»Liedercircus«), war als Vorsitzender der Sektion Chanson und Lied in der DDR eng mit der Szene verbunden. Nach 1990 produzierte er verschiedene Liederprojekte und gab Publikationen im Auftrag des Landes Brandenburg heraus. Er arbeitet als freier Autor, Maler und Kulturmanager für diverse Projekte.

IMPRESSUM

Danuta und Matthias Görnandt
Gerhard Schöne: Ich bin ein Gast auf Erden. Ansichten, Gespräche, Lieder
ISBN 3-89602-347-0

BILDNACHWEIS

Privat Gerhard Schöne: Seiten 14, 20, 21, 29 , 32, 41, 47, 52, 56, 58, 59, 62, 69, 72, 78, 82, 86, 90, 97, 98, 104, 109, 110, 112, 125, 148, 214
Thomas Neumann: Seiten 4, 102, 123, 144, 174, 193, 205, 211, 230, 234, 236, 238, 246, 294, 331, 336 + Titel
Dietmar Korth: Seiten 196, 250, 254, 265, 285, 308, 309, 313, 322, 325
Gabriele Senft: Seiten 106, 168, 170, 179, 181
Privat Joachim Schöne: Seiten 18, 22, 30, 37, 38, 50, 232
Buschfunk-Archiv: Seiten 10, 130, 186, 189, 216, 222, 228, 253, 277
Privat Barbara Thalheim: Seiten 126, 134, 268
Privat Rainer Rohloff. Seiten 142, 245
Wir bitten alle weiteren Rechtsträger, sich an die Autoren zu wenden.

KATALOG

INTERNET

EMAIL: